甲戌年　丙寅月　辛未日　辛卯時

此八字辛未日相配柱中木火才官之格正謂才藏上官終身有慶值斷象者丰姿英傑天性果剛椿萱双耐脫鴻雁有聯翔筆夜源流三峽遠胄中學業五車歲一朝騰蹈飛黃去濟濟衣冠拜寵軍此則榮貴之命鴛幃金玉重重嚴桂子森森有維芳運行初丁卯幼年之景冬暖夏涼戊辰運中讀戊第杏月踏破津橋霜己巳運中禹浪三層都躍過輝輝祿位凜風霜庚午運中祿元重顯擢衡重位列大夫行辛未運中一番風雪過化日照蘭堂壬申運中柄持重柄未許還鄉癸未到甲午運中歸去也

甲戌年　丙寅月　辛巳日　癸巳時

此八字辛巳日玄相配柱中木火才官之格才藏生官終身有慶人生得此生於右族長於高居椿萱双脫茂鴻雁各行鳴丰姿清秀天性能為般般稍覺件件頗知孝問不親顏孟深知囊裏精粗行藏果斷作事三思豈無高仕敬終有貴人欽終是功名之客豈教田里耕勵不就三場選好將刀筆施佇看頭角聳光耀旧門閭不労區區力終身福祿人此則擊石生烟之命外幃有犯須招硬子嗣秋来有最榮運行初丁卯上人庇下未断高低戊辰運中世事宛如春夢人情薄似秋雲己巳運中藏器待特特必達特来遇貴姓名馳須史風雨頃刻趨趄庚午運中雪晴雲散天如洗跨馬長安守幾特辛未運中雖則榮沾榮貴还宜困守門閭壬申運中皇恩應有感遥眷姓名馳癸酉運中有才重又招子貴返東篱甲戌運中一枕平生

甲戌年　丙寅月　庚申日　丁亥時

此八字庚申日相配柱中木火才殺之格人生得此多機多变不勇不懸椿萱堂上双年耄鳴鴈天邊有共飛學識淺知書史智謀多好奔馳才襲宜自積根葉必更移但願貴人交敬厚自然晚節有光輝此則富旺之命鴛幃配合須年少桂子金風戲綵衣運行初丁卯上人庇佑無慮無思戊辰運中有心生貨利何必向書帷己巳運中湖海英雄歡仰鄉邦名勢光輝庚午運中世事儼如雲裏月人情渾似雪中梅辛未運中家業多饒潤風霜不致悲壬申運中桂蘭挺秀癸酉運中歸去來兮

子平遺書　三

甲戌年　丙寅月　丙辰日　己亥時

此八字丙辰日相配柱中水木殺印之格人生得此仕路榮爲椿萱榮贈雖全耄鳴雁天邊各書鳴羊姿洒落天性英能學問胷中廣詞源筆下精終向仕途騰踏豈教筆野躬耕一從揚姓字氣猷自高騰此則顯揚之命鴛幃金玉麗子嗣桂蘭榮運行初丁卯上人福庇黃卷青灯戊辰運中執卷登瀛探月來應金榜題名己巳運中錫宴沾恩寵班聯粉署清庚午運中祿元階進風雪九生辛未運中戢列大夫千里勢一番行樂有傷情壬申運中榮回故里癸酉運中夢入蓬瀛

子平遺書　四

甲戌年　丙寅月　辛酉日　壬辰時

此八字辛酉壽祿之辰相配柱中木火財官之格
財盛生官終身有慶堂上椿萱及耐晩天邊鴻鴈
幾分飛其爲人也能攡布快施爲丰姿濟濟和氣
怡怡萬里韶華自有亨通之日一聯美景豈無發
達之時高人一攜手名德滿光輝此則穩荣之命
鴛幃合連理桂子秀枝枝運行初丁卯上人之庇
有何是非戊辰運中春寒風料峭花柳未芳菲己
巳運中報道此程光彩果然快足心機庚午運中
滚滚財源旺滔滔福祿宜辛未運中西風洒雪樂
處生悲壬申運中遣興莫過三爵酒消閑惟有一
盤棊癸酉運中夕陽倒景歸與歸歟

甲戌年　丙寅月　丙辰日　己亥時

此八字丙辰日相配柱中之水殺印之格人生得
此丰姿英傑天性剛明椿親踴勇萱同耄鴻鴈天
邊後有鴨心明韜畧法學貫聖賢經旗穿曉日烟
霞雜山倚秋空劍戟鳴三跳御潐沾寵渥威飛营
花虎風清此則武貴之命鴛幃全正副桂子有象
衆運行初丁卯上人庇下快樂昇平戊辰運中便
有威稜驅武士豈無才帛旺門庭己巳運中肆踈
風雪過日日振威名庚午運中風生紫塞秋横劍
月落黃河夜点兵塞辛未運中皇恩有感金紫加
陞壬申運中黃花綠酒癸酉運中一梦難醒

甲戌年　丙寅月　戊寅日　辛酉時

此八字殺印之格正謂殺印相生功名顯達其為人也丰姿瀟洒性格異常椿萱双皓首鴻雁隻聯行聰明書藝遠倜儻世情長終是功名客豈為田舍郎一朝馬上衣冠别此是男兒當自強此則清出於藍之命篤幃宜有贈子嗣晚擇香運行初丁卯上人庇下襲慶迎祥戊辰運中欲思登仕路何不習文章己巳運中風雲相際會跨馬入朝堂庚午運中皇恩有感頭角軒昂辛未運中雖則聲名振顯還愁雪滿門墻壬申運中猛虎渡河民快樂飛蝗過境歲安康癸酉運中語田天地致引風霜甲戌運中解組歸田里清風引夢長

甲戌年　丙寅月　乙卯日　丙戌時　亥時夭

此八字乙卯專祿之日傷官助才之格女人得此福是以庇夫子主人生於茂盛之族配於詩禮之家椿萱有倚妯娌分詳姿容清秀髮皃不低有針綫之巧立業之機一苑杏花鋪錦秀滿山松柏映屏幃萬象光華沾沛澤四時佳趣勝常時此則榮秀之命良人得配名門友桂子生成俊俏兒運行初乙丑上人庇下安樂何如甲子運中菡萏花深鴛並立梧桐枝穩鳳雙棲癸亥運中自有順天之慶豈無福地之時壬戌運中簾捲香風生百福軒開化日祿元齊辛酉運中荷盡已無擎雨蓋菊殘猶有傲霜枝庚申運中沖擊之所月入雲衢己未運中一夢黃粱何處去春殘花落鷓鴣啼

甲戌年　丙寅月　甲寅日　丙寅時

此八字甲寅專祿之日傷官助財之格人生得此生
於右族長於富門金火椿萱雙晚茂天邊鴻鴈獨超
群其為人也丰姿磊落天性聰明筆底詞源三峡遠
胸中瑩潔一天星鰲遂玉蟾攀桂去馬隨青帝踏花
行更有文章兼議論定居臺閣展經綸此則肅憲之
命鴛幃配合須年長子嗣生成奪錦人運行初丁卯
上人庇下詩酒趍庭戊辰運中十年窓下無人問一
舉成名天下聞己巳運中威飛虬浪怒今重虎風生
庚午運中一番風雪過金紫戟加陞辛未運中九天
閶闔開黃道十郡山河化日明壬申運中重重沛澤
疊疊光榮癸酉運中花落水流春已失蘭摧玉損恨
何明

甲戌年　丙寅月　乙亥日　丙子時

此八字乙亥日元相配柱中火土助財之格人生
得此生於右族長於名門土命椿萱双晚茂天边
鴻鴈各行鳴其為人也丰姿聰俊天性聰明世事
頗好覽李業久精通水光浮處琴尊潤花氣侵人
咲語馨重成新事業再整旧門庭當為萬里容不
是等閒人月掛碧天多皎潔名揚湖海有光榮好
意番成惡真心換得嗔雖不建庚封爵貴也應財
旺也榮身此則富貴之命伊幃水命須年小子嗣
森枝晚節榮運行初甲子上人庇下未斷平生戊
辰運中世事宛如春夢人情薄似秋雲已巳運中
有得有失有喜有驚庚午運中財源豐足行藏好
素耗閒非頃刻侵辛未運中一輪明月當空皎萬
里秋波澈底清未字之中雪風突逃壬中運中軒
開化日千祥集簾捲香風百和馨癸酉運中子貴
孫榮家業盛甲戌運中訃音一紙乘人書

甲戌年　丙寅月　巳巳日　甲戌時
此八字巳巳之日相配柱中木火官印之格人生得此本顯功名官多化殺滅我光榮主人生於右族長於華宗土命捧宣雙晚茂天邊鴻雁各行鳴其爲人也年少清秀天性平能頗知礼義稍識古今有理白分清之智應上和下之能祖業添新慶根源勝舊風笋長名園過舊竹花開上苑勝先春不以功名爲念豈将冠冕縈江湖有意公卿小爵屑無心宇宙輕財源富足福祿駢臻此則旺富之命鴛幃金玉潤子嗣襁衣新運行初丁卯上人庇下化日陽春戊辰運中春歸柳葉睛初吏紅入桃花燦未到巳巳運中漸漸精神爽看看氣象新庚午運中簾捲香風生百福軒開化日福元增辛未運中一番風雪初晴後從此滔滔福祿增壬申運中歲寒松尚茂秋老菊无馨癸酉運中晩年光景好子貴學無窮甲戌運中春光去也花落月沉

甲戌年　丙寅月　乙卯日　戊寅時
此八字乙卯專祿之辰傷官助才之格女人得此生於茂族配於高堂姿容淡秀髮皃異當深胜閨壼理調職古今辛翁姑有倚妯娌聮行心静如月明雲漢性急似風捲滄浪風送浮雲歸古洞雨滋花蓋発新粧此則発福之命良人配合仁義交嗣子秋来朶朶香運行初乙丑幽樂綉房甲子運中竹憑花蝴蝶花貪竹鳳凰癸亥運中春草春江相妬綠春鶯春柳競爭荣壬戌運中行藏雖有慶人事尚悠揚辛酉運中梠斂濟濟家業昂、庚申運中冲擊之所月入香囊庚午運中帰去来兮

甲戌年　丙寅月　戊辰日　丙辰時

此八字戊辰日德之辰相配柱中木火杀生印绶之格人生得此生於右族長於仁門水土椿萱双晚寿天邊鳴鴈各飛鳴其為人也丰姿清俊天性聰明般般好爭件件不精從無深計較稍有淡聰明出土黄金重長價離雲皎月倍清明田園桑柘茂畎畝稻梁馨門楣壯觀樓閣凌雲萬衆光華沾沛澤四時佳趣瑞祥生有心於貨利無意慕功名消閑碁一局遣興酒三鍾雖不達侯封爵自然潤屋潤身此則穩富之命篤怫年長方偕老子嗣先

虧後栗英運行初丁卯上人庇下化日陽春戊辰運中漸漸精神爽看看氣象新片雲捲月雨過山青己巳運中爆竹聲催殘臘盡梅花香引早春還庚午運中才源富足第宅增新辛未運中人生正在風光處風雪飄飄倍添情壬申運中梅須遜雪三分白雪亦舒梅一段馨癸酉運中黄花晚節會友開樽甲戌運中春光盡也一枕清風

甲戌年　丙寅月　庚申日　甲申時

此八字庚申專祿之日相配柱中木火才殺之格女人得此生於右族長配名門椿萱難並老鴻鴈各行鳴其為人也姿容清秀聲貌精神勝丈夫之氣槩有男子之材能雲妝華嶽千山秀水到湘江一樣清每懷丸膽意時抱擇鄰心揚柳無風枝嫋娜梅花有月夢精神處事無偏無黨治家克儉克勤心靜似月明雲淡性急如風捲殘雲雖不佩冠披服夫榮子貴沾恩此則榮益之命良人木命榮華容子嗣生成貴顯人運行初乙丑上人庇下母訓輔導甲子運中詠桃

夭之化洽魚水之情癸亥運中雖則夫門多快樂幾多人事尚虧盈壬戌運中幾度樂中有悶数番靜裏憂生辛酉運中夫榮子秀當斯際尚有趦趄未順情庚申運中羅綺千般色珍羞百味新己未運中子貴沾榮贈戊午運中春歸鳥不鳴

甲戌年　丙寅月　庚申日　壬午時

此八字庚申專祿之日相配柱中木火才殺之格人
生得此生於右族長於名門萱母先歸椿耐晚天邊
鴻鴈各行鳴其爲人也丰姿清秀天性聰明胷
羅今古事學識聖賢心衣冠濟濟人中傑和
氣怡怡席上風笋長名園過舊竹花開上苑
勝先春終是功名客豈爲田舍翁鵬路高
搏知健翼龍門深躍見脩鱗一自天官奏鼎
滔滔祿位加陞此則榮貴人命鴛幃有犯須招
副子嗣晚榮門運行初丁卯上人庇下未斷平
生戊辰運中欲向雲中舉足須從灯下留心己
巳運中一朝雲露合頃刻化爲龍庚午運中
驛中晴日催行站江上春風促去程當此之際
風雲滿庭辛未運中戰迁金紫政令大行壬
申運中佇看官封三級酌然祿享千鍾癸酉
運中酒解平生恨衣沾上國塵甲戌運中歸去也

甲戌年　丙寅月　戊寅日　辛酉時

此八字戊寅專權之日相配柱中木火殺生卯綬
之格主人生於右族長於仁門椿萱已皓首鴻鴈
隻前鳴其爲人也丰姿清秀天性聰明般般稍覽
件件不精謀動君子威伏小人祖業添新慶根原
勝舊風欲爲商賈思慕功名時來自有淵淵福運
至還教路路通君若有心於貨利還須名福顯門
庭此則擊石生烟之命鴛幃有犯須招副子嗣秋
來朵朵成運行初丁亥上人庇下淡淡春雲戊辰
運中世事宛如春夢人情薄似秋雲己巳運中晝
水無聲空有浪繡花有艷不聞馨庚午運中財源
旺足家居好須臾耗片時生辛未運中着意種
花花不發無心挿柳柳成陰當是時也耗還生
壬申運中延賓玩物會友開樽癸酉運中晚年快
樂甲戌運中春夢無憑

甲戌年　丙寅月　戊寅日　壬子時

此八字戊寅專權之日相配柱中木火杀才印綬之格女人得此生於古族長于衣纓椿萱有倚难双奉鴻鴈天边各奮騰其為人也姿顏閏朗德茂行真勝丈夫之氣槩有男子之材能春入水光成嫩綠日匀花蕚發新紅相夫應有道訓子總成祥深明閨壼理洞識古今情难觸难犯易喜易嗔佇看才源富足也應帔服榮封可惜青春年小女却将玉体配残婚此則榮旺之命良人得配金屏客子嗣生成貴顯人運行初乙丑上人庇下毓秀閨門甲子運中契合翠鸞

成好慶夤緣紅葉是良姻癸亥運中濟濟裙釵絢輝輝羅綺臨風片時風雨雨過山青壬戌運中光華疊疊沛澤紛紛須叓風雨雨過山青辛酉運中彩中加彩色紅上又添紅一番素耗如月入雲庚申運中子貴重榮貴滔滔福祿增巳未運中晚年多快樂戊午運中粧臺鏡掩塵

甲戌年　丙寅月　甲子日　辛未時

此八字甲子日元相配柱中火土傷官助才之格喜逢時值貴人遇斯命者生於盛族長於高門土火椿萱双晚茂天邊鴻鴈有行鳴其為人也多智慧稍聰明行藏竟消洒笑傲仕枯榮豈無高士敬自有貴人欽萬里韶華世事每從忙裡就一聯美景財源自向遠方生滿世功名身外事五湖風月樂怡情此則穩厚之命鴛幃燭夜添新丕子嗣秋来晚節馨運行初丁卯上人庇下淡淡青雲戊辰運中雨過山方秀梅開月始明已巳運中報竹聲催殘臘盡折梅香引早春逢庚午運中軒開化日千祥集簾捲香風百福臻未字之中花放風生壬申運中粟陳貫朽行藏好何慮閑非頃刻中癸酉運中閑樂晚景甲戌運中一枕難醒

甲戌年　丙寅月　甲寅日　甲戌時

此八字甲寅專祿之日相配柱中火土傷官助財
之格木在春生處世安然必壽遇斯命者生於右
族長於名門萱親先別還有繼椿父蒼年促去程
天邊鴻鴈有各飛鳴其為人也丰姿清秀天性聰
明理窮古事兼今事書對賢經與聖經北海蛟橫
頭角聲南山豹变爪牙新一朝騰達飛黃去濟濟
衣冠拜九重盈箏四海祿享千鍾此則榮貴之命
鶯帰土命須年長子嗣榮門朶朶與運行初丁卯
上人庇下負笈趨庭戊辰運中篤學十年窗下時

来一舉成名己巳運中躍過三層浪威飛郡縣驚
庚午運中虎風驚郡縣化雨潤双旌一番風雪過
金紫再加陞辛未運中十郡山河吾職掌九天恩
詔再光榮壬申運中權高擯福帰勑渊明癸酉運
中晚年籬下樂甲戌運中一桃入巫峯

甲戌年　丙寅月　乙卯日　庚戌時

此八字丁卯之日相配柱中旺木印綬之格人生
得此生於右俗長於良門椿父先帰萱耐晚天边
鴻鴈各行鳴其為人也丰姿清秀天性聰明斷高
理直處事公平有微微之計較淡淡之聰明得意
江山詩句健忘情日月酒盃深花無桃李飛春色
人有笙歌是太平但願時通才祿旺何必天边沐
寵榮此則發福之命鶯幃水命須年小子嗣椿来
朶朶榮運行初乙卯上人庇下淡淡青雲戊辰運
中雪晴天未燦行樂未如心己巳運中爆竹聲停

燄騰盡折梅鄉飲早春風甲戌運中天上三陽泰
人間五福增辛未運中梅須遜雪三分白雪亦輸
梅一段馨壬申運中才源旺足地澤增新癸酉運
中心事數莖之白髮春從一片之閑情甲戌運中
人生從此別無復見儀刑

甲戌年　丙寅月　壬戌日　癸卯時

此八字壬戌日德之辰傷官助財之格喜行運歷南方主人生於良族長於仁門椿萱有倚鴻鴈飛鳴其為人也手姿青秀天性聰明李問有成一牽可冲天之務算財敏健片特言有折獄之能一從姓字登黄甲凜凜威風群縣驚瞿橫金作帶符節玉為鱗此則榮貴之命鴛幃得配名門女子嗣生成蹊灶人運行初丁卯上人庇下霄目光風戊辰運中焚膏晨卷秉烛觀文己巳運中騰身離泮水攀桂步蟾宮庚午運中令重奸邪伏威嚴鬼瞎驚辛未運中一番風雪過

金紫戩加陞壬申運中正宜東弼匡朝野未許懸車故里中癸酉運中春光如見隙花落水沉沉

甲戌年　丙寅月　癸丑日　癸丑時

此八字癸水相配柱中木火傷官助才之格人生得此生於右族長於高居丰姿清秀天性操持椿萱不逮祿養鴻鴈有不聯飛袖裏虹霓冲霄色筆驚風雨駕雲梯一朝騰踏飛黄去崢嶸頭角拜丹墀此則榮貴之命鴛幃正副方偕老子嗣秋来孝已枝運行初丁卯上人庇下季礼聞詩戊辰運中灯火稍可就簡編宜卷舒己巳運中到此始知文李好長安道上馬嗔嘶庚午運中三年不改時来政百姓感懷去後思辛未運中一番風雪初晴後三度君恩墜紫泥壬申運中欲全晚節當如此不待西風始見機癸酉運中花以落月尤西

甲戌年　丙寅月　丙辰日　戊戌時

此八字丙辰日德之辰相配柱中木火傷官帶印綬之格人生得此生於右族長於名門椿萱有倚難双耄天邊鴻鴈各行鳴其為人也丰姿清秀天性聰明有博古通今之志窮書覧史之能衣冠雅麗標格精神終是功名客豈為田舍翁際會風雲官敏拜恩登鳳閣均沾雨露豈無文學沐身榮佇看揚姓字秉笏拜明君此則榮貴之命鴛幃燭夜添新登子嗣榮門孝且忠運行初丁卯上人庇下未斷升沉戊辰運中十年窓下留心志他日天邊性字馨己巳運中雪案須留篤志天偕未許榮登庚午運中報道是龍還不信果然奪得錦標新辛未運中令重奸邪伏威嚴見贈榮黎花舞雪雨過山青壬申運中南陽郡杜名高美橘酒馨黃令正行癸酉運中鮮組回田里甲戌運中春帰鳥澆吟

甲戌年　丙寅月　辛酉日　庚寅時

此八字辛酉專祿之日相配柱中木火才官之格才盛生官之論遇斯命者生於右族長於名門椿萱双晚茂鴈陣各行分其為人也姿容開朗夔龍精神勝丈夫志氣過男子材能雲收華岳千山秀水到湘江一派清每懷乳膽意時抱斷機楊柳無風終裊娜梅花有月倍精神難觸難犯易喜易嗔佇看夫榮子貴也應同沐天恩此則榮貴之命外帰土命良人合子嗣榮門晚封成運行初乙丑上人庇下毓秀閨房甲子運中路飛源花爛熳綉據錦漢水澄清片時風雨頃刻突迯癸亥運中萬疊好山雲作歛一輪明月雨初晴壬戌運中羅綺千箱足珍羞百味新辛酉運中光華疊疊沛澤紛紛庚申運中綠中加綠紅上贈紅英己未運中晚年快樂子貴夫榮戊午運中搖臺人去也塵饒施晨明

甲戌年　丙寅月　庚午日　丁丑時

此八字庚午日貴人之日相配柱中木火財殺之格官殺混襍事不十全女人得此姿容秀麗性格明良生於華順之族長於豊潤之堂椿萱棠棣風前䌓妯娌翁姑九上霜有立業營家之道相夫教子之方衍看来晚節福祿自洋洋此則旺益之命良人有碍須年敵子嗣生成孝義郎運行初乙丑上人庇下未斷炎凉甲子運中紫紅綠章經幙翠掩羅髙粧癸亥運中片雲能發千山雨雨過千山依旧粧壬戌運中縈絰霜雪過財帛自然昌辛酉運中夫門富樂多饒裕何處霏霏雪與霜庚申運中百味珍羞列廣一番人事乖能已未運中晚年增福慶風急捲滄浪戊午運中春光去也一枕黄梁

甲戌年　丙寅月　癸酉日　丙辰時

此八字癸酉日元相配柱中木火傷官助才之格人生得此生於右族長於高堂椿萱双晚茂鴻鴈各翱翔其為人也丰姿清秀天性果剛聰明書意遠侗儻世情長英雄志氣慷慨行藏學問不親類孟業生平常在貴人鄉播名里巷生涯好財帛豊盈又積倉五湖生計好四海祿元長遣興棋三局消閑酒一觴湖海有名多富貴何必思登天子堂此則穩厚之命鴛幃重合頸生雪子嗣生成貴顯郎運行初丁卯上人庇下未斷災祥戊辰運中如花向日枝枝嫩似筍穿泥漸漸長己巳運中水向石邊流出冷風從花裏過来香庚午運中財源從此長福祿自汪洋須臾風雨幸不成傷辛未運中簾捲香風生百福軒開化日納千祥當此之際栁絮飛揚壬申運中延賔玩物會友流觴癸酉運中春光去也一枕黄梁

甲戌年　丙寅月　癸亥日　甲寅時

此八字癸亥之日相配柱中木大傷官助財之格傷官者今变之物也主人生於右族長於名數門一對椿萱含晚翠鐵枝標棣向陽調其為人也參詩參礼不剛不柔名必顯才必優一旦風雲相際會錦衣光耀步瀛洲此則榮貴之命鶯幃得令情意綢繆子嗣長成班衣晚節運行初丁卯只宜庇下快樂優悠戊辰運中參之必講名之必修己巳運中名登龍虎榜身到鳳凰池庚午運中威風華奸惡蕙政贊望猷辛未運中正是權衡之處一番風雨颶飈壬申運中高廷金紫日近晃旒癸酉運中名聞八表四境傳揚甲戌運中百年英傑事都向水東流

甲戌年　丙寅月　癸丑日　甲寅時

此八字癸水配寅戌之火傷官帶才之格值此命者行藏慷慨智行端方口吐珠璣言語胸罗錦繡文章滄海驪珠終須得豐城雷劍不終藏獅酒鑾枕中魁選人人争看狀元郎此則清輝之命光幃重倚桂子晚方運行初丁卯只宜襁褓何論炎凉戊辰運中窓前時炮挽灯下宴凄凉己巳運中但得風雲便冲雷羽翼揚庚午運中滄州濟独步翰苑布声光辛未運中禄位雖然不高廣文風飆得遠馨香壬申運中正宜金玉重重貴夢遂仙遊了此生

甲戌年　丙寅月　己丑日　戊寅時

此八字己丑日元相配柱中火土傷官助財之格女人得此生於右族長配名門翁姑榮晚茂妯娌有聯芬其為人也姿容清秀德茂行真有針綫之巧立業之勤風迎芰荷香滿院日旬花華發新紅萬里無雲天一色三秋好景月長明滔滔無阻滞步步助夫門玉産崑崙藏韞色蘭生楚澤散清馨克勤而克儉易喜而易嗔晚年子貴夫榮日自然福禄身無窮此則旺益之命良人同屬須年小子嗣生成貴显人運行初乙丑上人庇下蔭秀閨門

甲子運中契合琴瑟成好梦當緣紅葉是良姻癸亥運中雖則夫門多快樂幾番徵雨幾番晴萬疊好山雲乍歛一輪明月尚分明辛酉運中朝中加彩色江上贈紅英庚申運中子貴夫榮當此際何愁茅屋不光榮己未運中安樂晚景戊午運中春梦無憑

甲戌年　丙寅月　庚辰日　辛巳時

此八字庚辰魁罡之日相配柱中木火才殺之格全得此丰姿洒落探幹有方搘萱堂上双年壽鴻雁天边少列行捐識古今之奇祖知礼義之方祖業增華麗才囊自積藏世歷生計廣湖海姓名香任前來晚節豪傑擁門牆此則穩富之命鶯啼能合須年少桂子森森有秀香運行初丁卯工人庇下快樂安洋戊辰運中便向市廛生貨利何須窓下閲文章己巳運中才得來旺知人事有舒張庚午運中門闌壯觀多饒裕

鳳雪兼端惱一場辛未運中行藏人敬仰金玉積盈囊壬申運中老當發旺快樂何當癸酉到甲戌運中歸去也

甲戌年　丙寅月　戊辰日　丁巳時

此八字戊辰日德之辰相配柱中木火煞生印綬之格人生得此生於右族長於高居椿親耐晚萱先別天邊鴻雁各飛鳴其為人也丰姿清秀氣岩高奇頗知礼義稍識詩書有近貴親賢之德應上和下之能重成新事業再整舊門閭五湖生計好四海祿元齊出土黃金退赤色離雲破月倍光輝施恩惹怨布德成非滿世功名身外事五湖風月樂多餘此則穩厚之命鴛幃有犯須招副子嗣秋來有出脊運行初丁卯上人庇下有何是非戊辰運中雪晴天未煖未是賞花時己巳運中淡烟楊柳岸薄霧杏花堤庚午運中財源旺足家居好還愁素耗與鬧非辛未運中成四時之佳趣立萬古之根基壬申運中延賓玩物會友圍棊癸酉運中晚年閑快樂甲戌運中一夢入仙衢

甲戌年　丙寅月　壬戌日　丁未時

此八字壬戌日旺之辰食神助才之格人生得此椿萱有倚難雙老天邊鴻雁不離行丰姿清秀天性果剛聰明書藝遠凋偷世情長萬里春風行樂頌四時佳趣瑞祥光樓臺疊疊生涯富才帛盈囊又積倉玉堂崑崗藏韞色蘭生楚澤散清香此則富足之命鴛幃正副子嗣標香運行初丁卯上人庇下襲慶迎祥戊辰運中如花向日枝枝艷仙芳穿籬節節長己巳運中青草春江拍如綠新舊新柳競爭黃庚午運中村逕遠山松葉暗紫門流水稻花香辛未運中飄殘楊柳絮萬物被春陽壬申運中納粟奏名揚四海綺羅筵裏奏笙簧癸酉運中春光一去無消息流水年年送夕陽

甲戌年　丙寅月　癸丑日　癸亥時

此八字癸丑日元相配柱中木火傷官助才之格亦有權祿之意主人生於有族長於仁門椿萱双悅茂鴻鴈各搏風其為人也手姿清秀天性聰明胸羅今古事學識聖賢心太山北斗千年在和氣春風四座傾驪珠照耀光难結雷劍生豐氣自充終是錦衣肥馬客豈為田舍業耕人北海蛟虹頭角聳南山豹变体于新一從食玳宴金紫联階陞此則榮貴之命鴛幃重合丞子嗣悅光榮運行初丁卯上人庇下未断平生戊辰運中十年窓下業時至便升騰己巳運中雨浪三層都耀過東芴金鑾拜聖明庚午運中雪晴雲散天如洗金紫煌煌雨露陞辛未運中位看官封三級果然祿享千鍾壬申運中悅年閑快樂癸酉運中一枕永难醒

甲戌年　丙寅月　甲戌日　甲戌時

此八字甲木配于柱中火土傷官助才之格才盛生官終身有慶女人得此生於右族配於高居姿容清秀髮鬼不低有針綴之巧立業之機萬里無雲天一色三秋好景月楊聲翁姑有倚妯娌行齊過如男子勝如丈夫春風桃李韶華景夏日荷蓮蕩漾時霞帔鳳冠身外事平生才祿豈相干此則旺旦之命良人年長良門文子嗣生成奪錦兒運行初乙丑上人庇下毓秀深閨甲子運中共結絲蘿山海固永諧琴瑟故天齊癸亥運中淡烟楊柳岸蒲露杏花堤壬戌運中簾捲香風生百福軒閑化日祿元齊辛亥運中桃紅柳綠燕雨鶯啼庚申運中歲寒松栢晚景桑榆己未運中清風明月不月一錢買玉山自倒無人推

甲戌年　丙寅月　乙亥日　辛巳時

此八字乙亥日元相配柱中金火傷官制殺之格刑冲太重減吾貴氣主人生於右族長於高門萱母先歸椿後別天邊鴻鴈各搏風其為人也丰姿清秀天性聰明般般精覽件件不精高謀遠見機關別慷慨情懷一妙人風月處文消洒客情欲為商價思慕功名五湖生計好四海祿元增時來自有淵淵福運至还相路路通君若有心於仕路貴人一薦放雲豈不費區區力終為發跡人此則淘沙見金之命鶯帶有犯項招副子嗣秋來朵朵榮

運行初丁卯上人庇下未斷平生戊辰運中雪晴天未煖行樂未如心己巳運中得中有失晦後还明庚午運中鬧則不須遠鬧則利豐盈須臾風雨雨過山青辛未才源富足家居好頂史風雨不為驚壬申運中庭前竹報平安日檻外花開富貴春癸酉運中晚年多快樂子貴又重榮甲戌運中春光去也一枕清風

甲戌年　丙寅月　乙卯日　癸未時

此八字乙卯專祿日元相配柱中火土傷官助才之格木在春生慶世安然必壽遇斯命者生於右族長於名門椿萱双脫蔭鴻鴈各行鳴其為人也丰姿清爽天性聰明胸羅星斗學貫古今詞鋒穎利應無敵筆力縱橫若有神定擬當朝朱紫貴豈教南畝務躬耕奮身於白屋平步入青雲一朝姓字傳揚後九五天門拜聖容此則榮貴之命鶯幃宜有贈子嗣晚光榮運行初丁卯上人庇下詩禮趨庭戊辰運中不負寸陰之惜豈辜題柱之功己巳運中禹浪三層都躍過秉笏金鑾拜聖明庚午運中性如乱浪急令重服蒼生辛未運中三度君恩重兩番風木驚壬申運中廟庭瑚璉貴權任職非輕癸酉運中九地可憐埋寸玉五雲無復見儀形

甲戌年　丙寅月　壬申日　甲辰時

此八字壬申長生之日相配柱中木土傷官制殺之格人生得此生右族長於高門土命椿萱双晚茂天邊鴻鴈各行鳴其為人也丰姿清秀天性乖能行藏果斷作事老成般般稍覧件件不精萬里無雲天一色三秋好景月常明祖業添新慶根源勝風有心於貨利無意慕功名水光浮座盃盤瑩花氣侵人笑語馨雖不建侯封爵自然財祿餘盈此則穩厚之命鴛幃有犯須同屬子嗣秋來朵朵馨運行初丁卯上人庇下未斷平生戊辰運中春

園雖雨過桃李未生英己巳運中乍雨乍晴苗容景或寒或煖困人春庚午運中財源從此倍尚有事廚盈辛未運中旺中尚有盈廚處雪霽滔熙福祿增壬申運中延賓玩物會友開樽癸酉運中晚年閑快樂子貴樂無窮甲戌運中落花片片流水溶溶

甲戌年　丙寅月　癸酉日　壬戌時

此八字癸酉日元相配柱中木火傷官助才之格女人得此生於右族長於名門椿萱有侍雖雙耄妯娌翁姑分尚輕其為人也姿容清秀髮兒超群治家有理處事雖纖春入水光成[illegible]日旬花蓮發新紅順則春風拂拂逆則波浪層層相夫應有道訓子穩成群憂福自能辨閑味愛琴應群辨絃聲家門饒裕福祿崢嶸此則穩厚之命良人兩敵方偕老子嗣秋來長俊英運行初乙丑上人庇下毓秀閨門甲子運中諄桃夭之化洽魚

水之情須史風雨不損精神癸亥運中婦隨夫唱家和如意頃刻天邊雲霧生壬戌運中區區未安跡日出事還生辛酉運頃刻風波起須史雲月明庚申運中勤儉當家財祿旺片時風雨事難盡已未運中歲寒松栢茂秋老菊添新未字運中歸去也

甲戌年　丙寅月　壬申日　庚戌時

此八字壬申長生之日相配桂中木火傷官助才之格人生得此生於西室長於仁門木火椿萱、、列副天邊鴻鴈不行群其為人也丰姿清秀天性乖能知高識下過火黄金重長價離雲皎月倍光明梅開向雪笋出新梢不向仕途求問達好來湖海覓黄金此則穩厚之命死幃配合須年少子嗣榮門晚節香運行初丁卯上人庇下未斷井況戊辰運中雲籠日水泛浮萍已巳運中朝中天姓字閭里有声名庚午運中近水楼臺先得月向陽花木早逢春辛未運中才帛盈囊人事廣也愁飛絮襲衣襟壬申運中廷前竹報平安日檻外花開富貴春癸酉運中桑榆晚景甲戌春夢無憑

甲戌年　丙寅月　癸丑日　甲寅時

此八字癸水相配寅戌之火傷官帯財之格值此象者行藏慷慨智行端方口吐珠璣詞語胸羅錦繡文章滄海驪珠能幾見豐城雷劍不終藏御酒瓊花中魁選人人争看状元郎此則清耀之命鴛幃重續桂子晚芳運行初丁卯只宜穠褓何論炎凉戊辰運中窓前時龜勉灯下每凄凉已巳運中但得風雲便冲霄羽翼揚庚午運中瀛洲誇獨步翰苑布声光辛未運中禄位雖然不高廣文風龕得遠馨香壬申運中正宜金玉重重貴夢逐仙遊了此生

甲戌年 丙寅月 己未日 甲子時

此八字己未陽刃之日官印之格女人得此姿容清雅姓格機閑治家有理立事多賢万里無雲天一色三色好景月長員平生祿多豈阜遣驅奴樂自然此則旺福之命良人豪傑子嗣班蘭運行初乙丑上人庇下春苑春山甲子運中路入堯源花爛熳橋横眠漢水漸遮癸亥運中滾滾才源旺滔滔福祿添壬戌運中富貴榮華多快樂綠楊亭院看鞦韆辛酉運中万里青天如洗一樣明月嬋娟庚申運中沖擊之物旺处此運己未運中歸去也

甲戌年 丙寅月 丁巳日 甲辰時

七

斷杉中之木印綬之格臨綬者
手姿穩重操幹能為棒
泗鴛聯飛又各飛艘艘好
業难相倚財囊自積 悦 心
枕接杏倚芳林但頗貴人
面彌此則離祖成家之命鴛
蘭三四芳枝運行初丁卯
運中時来逢貴助喬木自
四方之豪傑旺十倍
戴壹過才旺整門闌辛
開花木芳林壬申運中志
癸酉運中春殘尽憂 遂杜

甲戌年　丙寅月　乙卯日　壬午時

此八字

丙之日配于柱中之火傷官之格

翔椿萱难擬双依老鴻鴈天边

英傑操幹能為學識粗知書史了了

祖業有依宜自整財費聚散順豐

至騰踏上天梯此則晚榮之兮

午步桂子金風三兩枝運行初丁

俠樂怡怡戊辰運中世事翻翻

己巳運中歷過風濤雪浪香稀

中不独財源来旺尚

俠淮贈劍三尺豪傑相逢

水澤癸酉運中歸去來兮

甲戌年　丙寅月　丙寅日　戊子時

此八字丙寅日相配柱中水木官印之格人生得

此高享清尚萱有倚成無倚鴻鴈連鳴又各翔

之奔窮佛氏之章一劫一塵都歷過諸恨

馨香沛澤榮加來晚節菜林誰不仰權

清榮之命運行初丁卯或寒或煖乍熱乍凉

運中法身清淨塵無染便有光明照卜方巳

巳運中旺中生阻節行樂倍於常庚午

臻福慶日日會賢良辛未運中時來

沐恩光壬申運中老當益

依然昌樂甲戌運中夢入工

甲戌年　丙寅月　丙辰日　己亥時

此八字丙辰日德之辰相配柱中水木報印之格人生得此仕路榮登椿親眞倜儻鴻鴈有分盟年、天性剛明理貫古今之學心明賢聖之經以冲天之勢片言有析獄之能長安花夾道、彩禎明此則榮耀之命鴛幃金玉質子嗣桂蘭英運行初丁卯上人庇下黃卷青燈戊辰運中讀殘窗下月囊聚叢頭螢己巳運中高浪衣冠拜鳳廷庚午運中一番黎雨祿6未運中權衡千万里風浪不高起大用癸酉運中夢入蓬萊

子平遺書　四

甲戌年　丙寅月　丁卯日　壬寅時

此八字丁卯日相配柱中之木印綬之格人生得此本顯功名只嫌印重官衰減吾福力椿親耐晚萱歸早鴻鴈天邊少共鳴年姿清俊天性乖能自英雄提挈豈無才帛生成佇看時来財帛旺也公府假威稜此則富實之命鴛幃配合須年少桂子金風三兩枝運行初丁卯庇佑之下風雲趁趣戊辰運中身衣蘆花絮悲慬正此時己才帛有成人事廣一番行樂有驚悲己辣黎雨過厚厚積家資辛未運色雲開千里月揚輝壬申運異常時癸酉運中孫賢子秀甲戌運

子平遺書　五

甲戌年　丙寅月　壬戌日　庚戌時

此八字壬戌日德之辰相配柱中木土食神制殺
之格才多身弱殺重身輕歲吾貴氣主人生於右
〻長於仁門水命椿萱連珠屬天邊鴻鴈各摶風
人也丰姿清秀天性乖能有微徹之計較淡
〻茲聰明高謀遠見機関別慷慨春風一妙人祖
業添新慶根源勝舊風不向仕途求聞達却來湖
海覓黃金施恩惹怨布德成嗔身將隱矣一
人不知之味更真但願粟陳貫朽何〻
此則穩學之命鶯幃有犯頁〻

忠運行初丁卯上人庇下未宙平廿、
山峰翠雨過竹重青己巳運中雖則行芇
忌閑非晦耗生庚午運中才源不意滔滔長〻
愁素耗侵辛未運中一枝梅破臘萬象漸回春當此
巃雪还生壬申運中門昭壯觀福祿駢臻申字
〻月入雲癸酉運中子貴營家世甲戌運中春
歸鳥不鳴

甲戌年　丙寅月　丙子日　辛卯時

此八字丙火相配柱中旺木官印之格人生得此
生於右族長於高門木命椿萱雙晚茂天邊鴻鴈
鮮聯群其為人也丰姿清秀天性乖能高謀遠見
〻別慷慨情懷學識深雖不成名利終身作貴
〻萬象光華沾沛澤四時佳趣瑞祥生樓臺疊疊
生涯好財帛豐饒福祿增豐年田舍禾盈嚳臘日
山家酒滿斟雖然不是青雲客有金有粟也光〻
此則發福立身揚名之命鴛幃連珠高
森枝有顯榮運行初丁卯上人〻

辰運中莫道儒冠悞螢窗患不芇
樓臺先得月向陽花木早逢春庚午運
雪過萬物被陽春辛未運中富貴榮華當此〻〻
愁人事有虧盈壬申運中威權有布人欽伏財帛
〻陰第宅盈癸酉運中延賓玩物會友開樽甲戌
運中春光歸去也一枕入巫峯

甲戌年　丙寅月　乙丑日　丁亥時
此八字乙丑日之相配柱中火土傷官助才之格
女人得此生於温潤之族長於遊宦之門椿萱有
倚成無倚鴻鴈聯群又斷群其爲人也姿容清秀
髮貌精神有針黹機績之巧治家立業之勤風送
芰荷香馥郁日匀花蕚發新紅相夫應有道訓子
拖成群難觸難犯易喜易嗔雖然不是榮封婦也
應才祿足豐盈此則旺益之命良人同屬四魚[illegible]
子嗣秋來孝且忠運行初乙卯幼年之一
生甲子運中路入桃源花爛熳嬌[illegible]
癸亥運中花嬌復含宿雨柳媚才了
中雖不夫門多快樂幾番微雨幾番晴
裙釵濟濟家業餘盈庚申運中夫賢子貴樂意
情已來運中折梅間叠景明月照黃昏

甲戌年　丙寅月　戊寅時　壬戌時
此八字戊寅專權之日相配柱中木火殺生印綬
之格主人生於右族長於高門椿萱雙晚茂棠棣
發生榛其爲人也丰姿清秀天性無能知高識下
理白分清理窮右事兼今事書對覽經與聖經般
般稍覽件件不精起無高仕敬特有貴人欽重戍
新事業再整舊門庭特未獨自吹嘘力也應禄馬
旺前程不費區區力終為隱跡人此則繫石土間
之命鴛幃須配晚子嗣尚遲生運行初一
庇下未斷平生戊辰運中晝鼓門前仁
境內擞棲身己巳運中雖則閙中
如心庚午運中貴人相指引揮筆助公
中間名則名顯達倒利則利豐盈當此之際康雪
滿庭云申運中威權布瑞声名重禄進才福門
均癸酉運中慌年閑快楽甲戌運中一挽入巫峯

甲戌年　丙寅月　戊午日　癸亥時

此八字戊午日刃之辰相配柱中水火殺生印綬之格人生得此生於右族長於仁門椿萱叟晚茂棠棣各數榮其為人也丰姿清秀天性聰明知高識下趨吉避凶有近貴親賢之德應上和下之能祖基祖業添新慶財帛資囊自豚成歎為商賈思慕功名萬里春風行樂頌四時佳趣瑞祥生花無桃李非春色人有笙歌是太平滿世功名身外事五湖風月樂怡情此則發祿之命篤㡌重重。

嗣桂蘭榮運行初丁丑上人庇下之。

運中兩過桃園簇錦風和堤柳拖金。

水樓臺先得月向陽花不早逢春庚午運中之

三陽泰人間五福增辛未運中梅須遜雪三分白

雪亦輸梅一段馨當此之際風雪重重壬申運中

經霜松栢儼然秀冒雨芝蘭分外馨癸酉運中悅

年決樂甲戌運中春夢無憑

甲戌年　丙寅月　壬戌日　丙午時

此八字壬戌日德之辰相配柱中木土食神殺印才官之格才多身弱減我功名人生得此生於右族長於名門椿萱有倚一期別天邊鴻鴈各翻風其為人也丰姿清秀天性聰明世事多好足艇般有欠精曰福曰榮自有順天之慶常安常樂豈無福地之深祖業添新慶財源勝舊風五湖生計好四海福元增花無桃李添春色人有笙歌是太平好意成惡意真心喚得嗔難不健侯村村

潤屋潤身此則旺足之命篤㡌有犯。

金風孝且忠丁卯運中上人庇下未

運中世事往如春夢人情薄似秋雲已已

則行藏而有慶還須愁素耗非生庚午運中才旺

福興家業廣也愁風雪滿門庭辛未運中桃李千

路錦江山一畫屛當此之際風雨還侵壬辰運中

愈老黃花香馥郁歲寒松栢耐長青癸酉運中延

實有　會友開樽甲戌運中晩年間快樂子嗣又

光榮乙亥運中歸去也

甲戌年　丙寅月　辛未日　甲午時

此八字辛未日元相配柱中木火才殺之格從殺之論主人生於右族長於高門上命椿萱同屬配椿親早別後萱行天邊鴻鴈有不同群其為人也丰姿清秀天性聰明錦綉胸藏賢聖學珠璣口吐文武風覽句妙為天下白高材俊似海東青終是文場榮貴客豈為田舍鑿耕人鰲逐玉蟾攀桂去馬隨青帝踏花行一從姓字傳揚後九五天門面聖容此則榮貴之命鸞幃有犯須年敵子嗣歎矣有顯榮運行初丁卯上人庇下風雲滿庭戊辰運

中雲精天未發芹泮有書聲己巳運中莫言此運難騰踏時至終須顯姓名庚午運中戢列粉班材[illegible]称皇恩有感文腰金辛未運中佇看官封三級爵然祿享千鍾壬申運中正宜秉笏匡朝野何事辭榮故里中癸酉運中子貴晚年閑快樂甲戌運中春歸花落水沄沄

甲戌年　丙寅月　壬子日　乙巳時

此八字壬子日刃之辰相配柱中木土傷官制殺之格人生得此生於良族長於仁門椿父先歸萱耐晚天邊鴻鴈各行鳴其為人也丰姿清秀天性聰明胸羅星斗學貫古今辭鋒穎利疑無敵筆力縱橫若有神豈是池中物尤耒席上珎鰲逐玉蟾攀桂去馬隨青帝踏花歸一日風雲相際會九天雨露沐皇恩此則榮貴之命鸞幃正副方偕老子嗣秋未有挺榮運行初丁卯上人庇下風雲滿庭戊辰運中不負寸陰惜豈辜題柱名己巳運中劉

此始知文學好長安道上馬蹄輕庚午運中自沐天邊寵朝朝識聖明辛未運中三度錦衣歸故里雨扶日月上天雖壬申運中正宜秉笏匡朝野何事思尊故里中癸酉運中九地可憐埋片玉五雲無復見儀形

甲戌年　丙寅月　辛未日　癸酉時

此八字辛未日元相配柱中木火財殺之格人生得此生於右族長於高門其為人也丰姿清秀天性聰明頗知禮義稍識古今有抵雪欺霜之智截長補短之能行藏覺消洒笑傲任枯榮祖業添新慶根源勝舊風得意江山詩句絕忘情日月酒盃深花無桃李非春色人有笙歌事太平時至才源富足運來福祿駢臻一生自得清高趣何必求榮入帝京此則穩足之命鴛幃連珠須配硬子嗣秋來有挺榮運行初丁夘上人庇下來斷平生戊辰運中寒向梅中盡春從柳上生己巳運中雖則求源富足尚愁素耗相侵庚午運中天上三陽泰人間五福增當此之際微雨弄晴辛未運中嚴霜積雪都經過從此才源倍有增壬申運中富之以潤其屋德之以顯其身癸酉運中無慮書傳詩禮樂有朋來自遠方親甲戌運中春歸花落啼鳥無聲

甲戌年　丙寅月　辛巳日　辛卯時

此八字辛巳日元相配柱中木火才官之格才威生官終身有慶人生得此生於右族長於高門椿萱不逮祿養鴻鴈有各飛鳴其為人也丰姿清秀天性聰明錦綉胞藏賢聖學珠璣口吐武文風衣冠濟濟人中傑和氣怡怡席上珍終是功名之客豈為田舍之翁龍門變化三春浪鵬路逍遙萬里程一從姓字傳揚後金紫榮香次第陞此則榮貴之命鴛幃有花須招硬子嗣生成貴顯人運行初丁卯上人庇下未斷平生戊辰運中雪晴天未暖芹泮有書声巳巳運中遠望天恩雲外降思攀桂子手中馨庚午運中躍過禹門三級浪秉笏天門拜聖明辛未運中腰横金作帶笏剖玉為鱗壬申運中佇看官封三級酌然祿享千鍾癸酉運中大抵功名只如此不如解組顯恩榮甲戌運中夕陽有限春夢無憑

甲戌年　丙寅月　辛酉日　己亥時

此八字辛酉專祿之日相配柱中木火才官之格
才盛生官終身有慶遇斯命者生於右族長於名
門椿萱晚茂翠鴻鴈各行鴈鳴其為人也丰姿清
秀天性聰明胸羅今古事學識聖賢心太山北斗
千年在和氣春風四座傾終是功名之客豈為田
舍之翁龍虎榜中先取于鳳凰池上早標名一從
姓字傳揚後凜凜威風四海清此則榮貴之命鴛
幃得配名門女子嗣生成貴顯人運行初丁卯上
人庇下未斷平生戊辰運中十年窗下留心志何
屢雲程不奮騰己巳運中自飲瓊林後威飛郡縣
驚庚午運中職位遷金紫權衡出等倫辛未運中
三度君恩喜一番風木驚壬申運中佇看官遷二
品昭然祿享千鍾癸酉運中天邊無沛澤籬下樂
高情甲戌運中人生從此別無復見儀刑

甲戌年　丙寅月　乙丑日　己卯時

此八字乙丑日元相配柱中火土傷官助才之格
人生得此生於右族長於名門椿萱双晚茂鴻鴈
各行鳴其為人也丰姿清秀天性聰明源流三峽
誰能及筆掃千軍孰與倫衣冠濟濟人中傑和氣
怡怡席上珍終是文場折桂客豈為田舍鑿耕人
龍門變化三春浪鵬路逍遥萬里程一從揚姓字
秉笏拜天門此則榮貴之命鴛幃燭夜添新蚕子
嗣秋來朶朶榮運行初丁卯上人庇下未斷平生
戊辰運中欲向雲中舉足須從燈下留心己巳運
中莫愁雪阻藍關道時來頃刻便飛騰庚午運中
寒拂紫衣催驛騎先生玉節下雲層辛未運中三
度君恩喜兩番風木驚壬申運中一方宰政重重
貴何事辭榮故里中癸酉運中晚年閑快樂甲戌
運中一枕入巫峯

甲戌年 丙寅日 庚寅日 癸未時
此八字庚寅日元相配柱中木火才殺之格人生
得此生於右長於名門椿萱双脱茂鴻鴈各行群
其為人也年姿清天性聰明習羅今古事奉識聖
賢心 太山斗比千年在和氣春風四座傾於是功
名之客豈為田舍之翁雲程坦坦登天去幸足悠
悠名利成比海蛟騰頭角聳南山豹变爪方新一
日風雲相濟會九重雨露沐恩榮此則榮貴之命
鴛幃水命須年小子嗣生成貴顯人運行初丁卯
上人庇下未斷平生戊辰運中遂歡平生志潛心
對藥己巳運中窓下不辞今日苦時未須剋便飛
騰庚午運中振道是龍还不信果然奪得錦標新
辛未運中仁風播處人民仰九重雨露再加陞當
此之際風雲滿庭壬申運中赤心扶日月素志展
經綸癸酉運中晚年籬下樂會友以閑醒甲戌運
中夕陽有限春梦無憑

甲戌年 丙寅月 庚申日 丙戌時
此八字庚申專祿之日相配柱中木火才殺之格
人生得此生於右族長於仁門椿父先帰萱耐晚
天边鴻鴈不同群其為人也年字清秀天性老識
頗知礼義稍識古今有近貴親賢之德應上和下
之能祖業添新慶根本再整新福布江山外名聞
湖海中是非莫管門前客得失須憑塞上翁好意
蕃成忠真心换得真英雄惟贈劍三尺豪傑相逢
酒一鍾時来才祿旺運至福駢臻鄉民仰德閭里
推尊此則穩享之命鴛幃木命須年小子嗣秋来
有秀声運行初丁卯上人庇下未断平生戊辰運
中雪晴天未煖行楽未如心己巳運中雖則行藏
而有慶还忌閑非素耗侵庚午運中才源富足家
居好究度風波尚恼人辛未運中買栽不辞千里
遠貨才惟喜四方通當此之際風雨灾逃壬申運
中福若泉源湧財如春氣生申字之中一番晦耗
癸酉運中子貴晚年多快楽何愁白髮鬢邊生甲
戌運中訃音一播酹酒三鍾

甲戌年　丙寅月　丙辰日　丁酉時

此八字丙辰日德之辰相配柱中旺木印綬之格
人生得此生於良族長於名門椿父先帰萱耐娩
双飛兩雙鴈行分其為人也丰姿清雅天性高強
高謀遠見機関别慷慨春風一妙人水光浮座盃
盤瑩花氣侵人咲語馨雖不成名利生平近貴人
琴棋風月閑生計金玉松筠舊歲春得意江山
秋句健志情日月酒盃深極終自己德與他人才
源旺足平生好何須天府拜皇恩此則旺相之命
鴛幃命徒頭生雪子嗣秋成貴顯人運行初丁卯
上人庭下天朗氣清戊辰運中雪特天未煖行梁
未如心已巳運中不是一番寒徹骨焉得梅花噴
鼻馨當此之時素耗還生庚午運中着意種花
花不發無心插柳柳成陰午字之中風雪還侵辛
未運中才權兼美福禄駢臻壬申運中引鶴陰行
三徑曉約梅同醉一壺春癸酉運中安閑娩景甲
戌運中一枕清風

甲戌年　丙寅月　壬戌日　甲戌時

此八字壬戌日德之辰食助才之格人生得此椿
萱双晚茂鴻鴈不聯鳴其為人也丰姿清秀天性
垂能豈是池中物尤未席上珎筆鋒雄建千人敵
談笑風流四座傾一朝但得風雲便騰踏飛黃顯
利名此則出白之命鴛幃春色麗桂子枝衣新運
行初丁卯春風駘蕩夏日炎炎戊辰運中十年窓
下業黃卷与青灯己巳運中三疊陽関斟别酒九
重天府沭深恩庚午運中雪散雲散天如洗沛澤
重沾雨露新辛未運中須臾風浪頃刻波平壬申
運中棠中生阻節何不早思籌癸酉運中無思無
慮甲戌運中花落月沉

甲戌年　丙寅月　辛巳日　辛卯時

此八字辛巳日元相配柱中木火財官之格財盛生官終身有慶遇斯命者生於右族長於高門堂上椿萱同屬壽天邊鴻雁各分鳴其為人也丰姿清秀天性聰明學問頗知今古筆鋒稍有威棱般般稍覽件件不精祖業添新優根源勝舊風田園東拓茂畝弘稻粱馨花無桃李非春色人有笙歌是太平財源富足福祿駢蕃雖不遷侯封爵自然潤屋潤身此則穩厚之命鴛幃同屬須手敵子嗣秋來有繼榮運行初丁卯上人庇蔭祿平生戊辰運中青歸柳葉精初變紅入桃花暖未旬己巳運中雖則行藏有慶錢多人事獻盈庚午運中財源滾滾家居好還愁索耗序時生辛未運中桃李千谿鄉江山一畫屏當此之際風雨還生壬申運中庭前竹報平日安檻外花開富貴春癸酉運中子貴晚年多快樂甲戌運中春歸花落鳥無聲

甲戌年　丙寅月　丁卯日　癸卯時

此八字丁卯日元相配柱中水木煞生之格女人得此生於右族長配高門萱母先歸椿耐晚天边鴻雁各行鳴其為人也姿容清秀髮貌精神有厨綴之巧立業之勤一苑杏花鋪錦綉扁山松柏映帏屏滔滔無阻滞步步聯夫門玉崖崑崗藏蘊色蘭生楚澤散清馨难欺难犯易喜易嗔雖不顯榮耀一世福無窮此則旺益之命良人木命須年長子嗣森枝晚節成運行初丁丑上人庇下毓綉閣門甲子運中路入花原花爛熳橋横銀漢水澄清癸亥運中雖則夫門多快樂須臾風雨更憂生壬戌運中正是太平光霽景幾番微雨幾番晴辛酉運中天上三陽泰人間五福臻片時風雨雨過山青庚申運中如松含晚翠似菊吐金英己未運中子貴夫賢家宅旺戊午運中春歸花落鳥無聲

甲戌年　丙寅月　丙辰日　已亥時

此八字丙辰日德之良相配桂中水木殺印之格人生得此生於右族長於仁門椿萱双晚茂鳴鴈各行鳴其為人也年姿清秀天性聪能頗知礼義稍識古今有近貴親賢之德應上和下之能祖業添新慶根基勝旧風遊山翫水携詩卷對月觀花把酒斟不必覔珠來水府何須求劍到豐城庭前竹报平安日檻外花開富貴春雖不建侯封爵自然潤屋潤身此則旺足之命鴛幃重合叠子嗣晚榮門運行初丁卯上人疵下未斷年生戊辰運中

刻鵠不就昼虎不成巳巳運中雖則行藏有慶幾多人事亏盈庚午運中才源旺足家居好尚有閑非素耗生辛未運中天上三陽太人間五福增當此之際風木悽情壬申運中引鶴徐行三徑晚約梅同醉一壷春癸酉運中多陽有限春梦亢憑

甲戌年　丙寅月　辛亥日　戊戌時

此八字辛亥日元相配桂中木大才官之格才盛生官終身有慶遇斯命者生於右族長於高門椿萱有倚难双耄天邊鴻鴈各行鳴其為人也年姿清秀天性老誠有博古通今之志截長補短之能萬里無雲天一色三秋好景月長明祖業添新慶根原勝旧風笛因落葎方成竹魚為奔波始化龍君若有心於仕路也應光耀旧門庭不是功名客終為隱跡人此則撃石生烟之命鴛幃春麗須年敲子嗣秋來孝義深運行初丁卯上人疵下未斷

升沉戊辰運中撃開水府珠光現掘出豐城劍始明巳巳運中求名則名显達門利則利豐盈庚午運中威權布瑞声名显禄進才源雨露均辛未運中藜杖舞雪過權势愈峥嵘壬申運中冲撃之所如月入雲癸酉運中春光去也一枕清風

甲戌年　丙寅月　甲戌日　乙亥時

此八字甲戌之日相配柱中火土傷官助才之格木在春生処世安樂然必壽遇斯命者生於右族長於名門椿萱双晚茂鴻鴈有聯鳴其為人也丰姿清秀天性老誠世事頗能就將般般李欠精通終是功名之客豈為田舍之翁雖不三登科李自然刀筆榮身晚年光霽景德澤惠黎民此則榮貴之命氿幃連珠高一載子嗣秋來原、榮運行丁卯上人庇下未斷平生戊辰運中蔵氣待時、必逹時來遇客便成名己巳運中九載辛勤甘苦守時來天府可榮身當此之際風雲紛、庚午運中皇恩重有感連幕播芳名辛未運中腰銀不用三場李治政全憑九載功壬申運中金木交盈帰劾渊明癸酉運中琴樽消永日詩酒樂怡情甲戌運中花落水流春已失蘭摧玉折恨何深

甲戌年　丙寅月　壬戌日　庚戌時

此八字壬戌日德之辰食神助財之格人生得此生於右族長於高門水命椿萱含晚翠天邊鴻鴈有飛騰其為人也丰姿清雅性格沉昏謀動君子感伏小人笋長名園過舊竹花開上苑勝先春江湖有意廊廟無心簾捲香風生百福軒開化日祿光增一生多旺足快樂過平生此則發福之命鴛幃宜正副子嗣秀金英運行初丁卯上人庇下月白風清戊辰運中始覺陽和藹日还愁微雨弄情己巳運中近水樓臺先得月向陽花木早逢春庚午運中財源旺足第宅增新辛未運中一番風雪過萬物被陽春壬申運中延賓玩物會友開樽癸酉運中花已落月亢沉

甲戌年　丙寅月　戊辰日　乙卯時

此八字戊辰日坐之辰杀印之格本是功名官杀混雜福力稍虧其為人也多智惠揩摸持行識知進退作事識高低般般好奈件件粗知麗日園花灼灼春風堤柳依依懶拙豐城爲得劍不敵水府遇逢珠傳至時通逢好逢能利名事業遂心機雖不腰金衣紫貴也登此津此則鑿山逢玉之命鴛帏得配名門女子嗣生成貴显見運行初丁卯上人庇下未斷何知戊辰運中事業必須富貴籍光弦何童措三余己巳運中一朝但得春搖力嶄露頭角与人殊庚午運中釘長化日桑麻茂融溥仁風雨露濤辛未運中片時風雨頃刻遯趣壬申運中黃花晚癸酉運中花落春歸

甲戌年　丙寅月　己未日　丙寅時

此八字己未陰刃之日相配柱中木火官印之格官反化殺喜印持身女人得此生於右族長配名門椿萱棣萼聯日妯娌翁姑尚小輕其為人也姿容閒朗髮兒精神有肝食宵衣之與恪治家立業之材能雲收華岳千山秀水泛湘江一樣清有遺訓斷機之志相在教子之能克勤而克儉易喜而易嗔錦繡花開齊富貴琅玕竹報日平安此則榮益之命良人年長尤宜硬子嗣秋來有繡榮運行初乙丑上人庇下天朗氣清甲子運中紅葉溝中傳密意赤繩月下結良姻癸亥運中正是梅青月白還愁徹雨弄晴壬戌運中天上三陽泰人間五福增辛酉運中彩中加彩色紅上贈紅英庚申運中子貴夫榮當此際也愁人事有虧盈己未運中妝樓人去遠臺鏡掩晨明

甲戌年　丙寅月　乙卯日　壬午時

此八字乙卯專祿之日相配柱中火土傷官助才之格人生得此生於右族長於名門椿親耐脱萱先別天边鴻鴈各行鳴其為人也丰姿清秀天性乖能頗知礼義稍識古今有抵雪欺霜之志截長補短之能筭長名園過旧竹花開上苑勝先春門外田疇千古計庭前花木四時新不以功名為念豈得冠冕磨礱得意江山詩句建忘情日月酒杯深時来才祿旺運至祿無窮福元成岳濟威勢壓鄉民此則穩盛之命鴛幃有犯須重續子嗣金風孝且忠運行初丁卯上人庇下淡淡春雲戊辰運中雪晴天未暖行樂未如心已巳運中不意之中曾得意用心之處不如心庚午運中才源富足行藏好尚有閑非索耗生辛未運中小池雨過添新綠深谷春來發旧馨未字之中如履薄氷壬申運中琴樽風月閑生計金玉松筠旧歲春癸酉運中歸去也

甲戌年　丙寅月　癸亥日　壬戌時

此八字癸亥之日相配柱中水火傷官助才之格人生得此生於右族長於名門土木椿萱双晩茂天边鴻鴈各行鳴其為人也丰姿清秀天性聰明学問有成源流三峽誰能及英材敏挺筆掃千軍熟與論定向月中攀桂子便從天上領陽春鵬路高搏知徙翼龍門深壓見脩鱗衣冠濟濟人中傑和氣怡怡席上珍一從姓字傳陽後秉笏金鑾朝聖明此則榮貴之命鴛幃得配名門女子嗣生成貴顯門運行初丁卯上人庇下天朗氣清戊辰運中十年窓下業黃卷與青灯已巳運中到此始知文学好融融青浪躍三層庚午運中綉衣耀日鉄面生風辛未運中一番風雪過金紫職權衡壬午運中正宜輔国未許辞榮申字之中已進退歲宜謹守免得籃閑遇雲驚癸酉運中安閑晩景甲戌運中一枕清風

甲戌年　丙寅月　庚申日　丙子時

此八字庚申專祿之辰才殺之格主人生於平淡之族長於迁变之居椿萱有倚咸無倚鴻鴈聯飛又斷飛其為人也丰姿清秀天性操持常以特人不如己每道世間之事不如機耙地栽花多艷麗移桃接李色芳菲渴驥思千里飢鷹待一呼但願高人何必求榮上帝戲此則平常之命鶯懦瓜葛相婚配子嗣秋來秀幾枝運行初丁卯梅開白雪飄東閣笋出新稍過北畦戊辰運中世事宛如新展柳人情渾似半開梅己巳運中穩穩輕雷抽碧笋微微細雨潤楊枝庚午運中羅綺飄香風淡薄壺觴列座草萋萋辛未運中一番風雨過依舊樂怡怡壬申運中暮年快樂癸酉運中花落月西

甲戌年　丙寅月　丁丑日　庚子時

此八字丁火相配柱中水木殺印之格運行背地撼我功名福享清閑主人椿萱有倚咸無倚鴻鴈聯飛又斷飛風流氣岸高邁容儀常行如未地衣穿忍辱衣方廣清虛甘隱隨蓬來漂緲遂棲遲紵看晚年光壽累名山主席衆皈依此則傑僧之命運行初丁卯棄塵居蓋地經卷用心機戊辰運中乾坤清氣歸時句江海春風上納衣已巳運中摩空殿宇雲生早倚樹祥房月到遲庚午運中許特風雨頃刻趦趄辛未運中人道清閑好还愁世迷迷壬申運中高人起敬善士紡衣癸酉運中入宅應知誰是伴千年白鶴與灵龜

甲戌年　丙寅月　己卯日　戊辰時

此八字己卯專權之日相配柱中木火煞生印綬之格人生得此生於右族長於名門椿萱不相守鴻鴈各行分其為人也丰姿清雅立性機關知高識下近貴親賢六親分薄骨肉無緣閑中經卷談書法靜裏殘棋笑紫烟片石孤峯窺色相清池明月照禪心衣鉢充吾足隨緣樂自然此則清陽之命運行初丁卯上人庇下春花香山戊辰運中不思塵俗事有意向林泉己巳運中莫道山門請靜幾多人事邅迍庚午運中倘逢貴客相扶助主席明名山也不難片時風雨過依旧福關闌辛未運中浪急風狂溪岸小依然不失釣漁舡壬申運中世事浮生皆自得不如高臥且加飡癸酉運中徒孫滿目其樂安然甲戌運中彌珍來接引高登般若般

甲戌年　丙寅月　辛酉日　戊戌時

此八字辛酉專祿之日相配柱中財官印三奇之格女人得此生於右族長配仁門椿萱难並耄鴻鴈各行鳴其為人也姿容清秀髮貌精神有針黹之巧立業之勤一苑杏桃鋪錦綉滿山松柏映幃屏春入水光成嫩綠日匀花蕚發新紅滔滔無阻滯步步助夫門楊柳無風枝嬝娜梅月有月蕚精神难觸难犯易喜易嗔雖不鳳冠帔服自然福祿駢臻此則旺益之命良人土命須年長子嗣秋來朶朶成運行初乙丑幼年之下毓秀閨門甲子運中淡烟楊柳岸薄霧杏花村癸亥運中雖則夫門多快樂幾番微雨幾番晴壬戌運中正是太平光霽景須史風雨晦還生辛酉運中好雨知時節當生正發生庚申運中夫賢子貴樂意忘情申字之中如履薄冰己未運中訃音一道酹酒三鍾

甲戌年　丙寅月　乙卯日　甲申時

此八字乙卯專禄之日相配柱中金火傷官助財之格人生得此生於右族長於名門金水椿萱双晚茂天邊鴻鴈各行鳴其為人也丰姿清秀天性聰明般般稍覧件件不精行藏果斷作事乖能水光浮座盃盤瑩花氣侵人笑語欣祖業添新慶根源勝舊風福布江山外名聞湖海中花無桃李非春色人有笙歌是太平但願一生多發福何須天府沐皇恩此則豐潤之命鴛幃同屬龙宜硬子嗣秋來旺宅門運行初丁卯上人庇下未斷平生戊辰運中世情濃又淡淡處又還濃己巳運中始覓陽和滿目還愁素耗相侵庚午運中財源雖旺足風雪滿門庭辛未運中成四時佳趣立萬古門庭壬申運中不獨財源富足尚祈聲勢豪洪癸酉運中英雄都盡也高塚臥麒麟

甲戌年　丙寅月　甲戌日　甲戌時

此八字日元相配柱中火土傷官助才之格女人得此生於右族長於名門椿親耐晚萱先别天邊鴻鴈各行鳴其為人也丰姿清秀德茂行真勝丈夫之氣象有男子之材能一苑杏花鋪錦綉滿山松柏映幃屏滔滔無阻滯步步助夫門玉容崑崗藏焰色蘭生楚澤散清馨衣冠濟濟三從備家業昂昂四德新难觸难犯易喜易嗔雖不鳳冠披服自然金谷豐盈此則穩享之命良人水命須年小子嗣秋來朶朶戊運行初乙丑上人庇下婉秀閨門甲子運中契合翠鸞成好夢黃緣紅葉是良姻癸亥運中雖則夫門多快樂还愁花放尚風生壬戌運中錦綉千般色珎羞百味新須史風雨過山青辛酉運中一輪秋夜月萬里倍清明庚申運中夫賢子貴樂意忘情己未運中無憂無慮戊午運中花落月沉

甲戌年　丙寅月　丙辰日　壬辰

此八字丙辰日德相配柱中水木杀生印綬之格女人得此生於右族長配名門椿萱双耐晚棠棣菀边生其為人也丰姿清致容皃超群青入水光成嫩緑白帰花卉發新紅有助夫教子之德起家立業之能一苑杏桃鋪錦綉滿山松栢映幃屛喜則雲收華岳怒則風捲殘雲那時子貴光華日滔滔福祿享無穷此則旺益之命良人會合須年長子嗣秋成出显人運行初乙丑上人庇下未斷平生甲子運中路入挑

源花爛熳綉鋪銀漢水澄清癸亥運中正是太平光霽景又被金風不放晴壬戌運中綉幕風光多壯觀片時風雨片時驚辛酉運中不用高燒銀燭月華添戥光明當此之際風雨徵驚庚申運中夫賢子旺克動提綱微禍相侵己未運中晚年多享福戊午運中臺鏡暗塵昏

甲戌年　丙寅月　己未日　乙丑時

此八字己未滄月之日相配柱中木火煞生印綬之格官煞混雜刑冲大重藏我功名主人生於右族長於名門椿父先居萱耐晚天邊鴻雁各行鳴其為人也丰姿清秀天性平能多聞多見自是自能般般稍覺件件不精有近貴親賢之德應上和下之能祖業添新慶根源勝舊風無慮盡傳詩禮樂有鵬來自遠方親身將德美文何用人不知之味更真雖不建侯封爵自然潤屋潤身此則穩享之命鴛幃有犯須添室子嗣枝頭有梃榮運行初

丁卯上人庇下未斷平生戊辰運中雪積天未煖行樂未如心己巳運中始覓湯和满目還愁露鎖烟凝庚午運中財源旺足家居好須史風雨尚愁人辛未運中天上三陽泰人間五福增未字之中如履薄氷壬申運中庭前竹報平安日檻外花開富貴春癸酉運中晩年閑快樂一枕入巫峯

甲戌年　丙寅月　癸酉日　丙辰時

此八字癸酉日相配柱中木火傷官助才之格人生得此丰姿俊彥操幹能爲棟樑堂上双年耋鴻鵰天邊有共飛學識粗知書史智謀能别是非祖業增新慶財囊自積齊但願門迎車馬客自然湖海有名馳此則富實之命鸞幃配合双偕老桂子金風舞綵衣運行初丁卯上八底下有何是非戊辰運中有心生貨利無志讀詩書巳巳運中萬象光華行樂順踈踈風雪一番飛庚午運中彫殘楊柳絮金玉積多餘辛未運中粟陳貫朽八事光華壬申運中老當發旺癸酉運中歸去來兮

甲戌年　戊辰月　己未日　戊辰時

此八字陰刃之日相配柱中水火雖氣官印之格比肩太重減我功名主人生於右族長於仁門椿萱难並耄鴻鴈各西東其為人也丰姿清秀天性聰明般般稍覽件件不精󠄀何近貴親賢之德應上和下之能祖業添新慶根源勝舊風花無桃杏春色人有筌歌是太平處世素無榮辱生平高富貴一生自得清高趣何必求榮上帝京此則穩旺之命鴛鴦有抱須招硬子嗣金風香且忠運行初已巳上人庇下未必詳論庚午運中岸薄霧杏花村辛未運中着意種花栽棹柳柳戌陰須更風雨雨過山青壬申運中天生三陽泰人間五福增癸酉運中梅須遜雪三分白雲亦輸梅一段香甲戌運中無慮書傳詩礼樂有朋來自遠方親乙亥運中享子孫之福慶丙子運中夢香香之佳城

甲戌年　戊辰月　甲子日　丙寅時

此八字雜氣財官之格日祿歸時之助女人得此生於茂族長於華宗椿萱中道别鴻鴈逐西風姿容穩重性格雍容家業昂昂全四德䄉鈫濟濟守三從一世衣粮足終身福祿光不是貞堅能守節焉能沛澤表門中此則良淑之命良人歸去早子嗣有豪雄運行初丁卯只宜強䄉未論枯榮丙寅運中鴛鴦樓畔笛丹鳳宿梧桐乙丑運中喜處曾生恨人情有淡濃甲子運中且忻家業好何慮卧房空癸亥運中正是梅青斗月白豈於一番求下曲隆壬戌運中終身表出貂鈫筆天地無手□□辛酉運中東籬黃菊西嶺青松庚申運中依然光霽己未運中夢入巫峯

甲戌年　戊辰月　己卯日　丁卯時

此八字己卯日相配柱中之木偏官之格人生得
此手姿英雅性格剛雄椿萱雙耐晚鴻雁各西東
學識古今頗曉英材詩禮粗通祖業有依宜再整
才囊還宜自磨礱不必跨鞍登上道自然日日會
英雄佇看未晚節財祿旺重重此則穩富之命死怫配
合須年少桂子森森有出奇運行初己巳庇佑之下
快樂安舒庚午運中志思登仕路也讀聖賢書辛未
運中料想雲程行不到不如市井貨財綏壬申運中一番
風雪後家業總豐肥癸酉運中自有貴人作[illegible]
財帛盈餘甲戌運中沖擊之所樂處生非乙亥運中
子孫蟄蟄丙子運中花落春歸

甲戌年　戊辰月　乙卯日　戊寅時

此八字乙卯專祿之辰雜氣財官之格金土椿萱
雙皓首聯枝棠棣獨呈芳卉姿出衆性格異常筆
底倒流三峽水胸中學就錦雲章一朝馬上衣冠
別此是男兒當自強此則顯奕之命篤怫賢淋桂
子標香運行初己巳雙親庇下冬煖夏涼庚午運
中讀書映雪觀史偷光辛未運中驥足千程隨蹀
躞雲霄萬里任翱翔壬申運中凜凜威風聞四境
紛紛沛澤潤諸方癸酉運中雪消雲散天如洗依
舊承恩覲聖王甲戌運中想是英雄[illegible]恨何日
解組早思鄉乙亥運中香魂杳杳流水[illegible]

甲戌年　戊辰月　辛巳日　乙未時

此八字辛金生於官鄉相配柱中旺土雜氣印綬之格人生得此多機变善操持平姿磊落氣宇高奇生於宦室長於高居椿親皓貴方歸去鴻雁聯行各奮飛識見高明不向綺羅衣錦紡其才特達也應湖海姓名馳因圖桑柘茂畝畝稻米肥此則穩富之命鴛幃金命宜年長桂子秋風朵朵奇運行初巳巳上大庇下快樂安舒庚午運中倦書廢鄧陵雲志拾翠尋芳正及時辛未運中旺中生阻滯樂處有趋退壬申運中幾欲登高望遠依然日里很遲癸酉運中延賓玩物會友斟棋甲戌運中孫賢子秀暮景桑榆乙亥運中七年正享無窮樂一夢胡為不復歸

甲戌年　戊辰月　乙卯日　丁亥時

此八字乙卯專祿之日相配柱中火土傷官助才之格生人得此生於右族長於良門萱親先別還格繼椿父華年始送程天邊鴻雁有名賓聲其為人也羊姿清秀天性聰明有理白分清之智截長補短之能胸羅今古事李識聖賢心太山北斗年千年在和氣春風四座傾佟是錦衣青瑣客豈為田舍務耕人鵬路高飛知健翼龍門深躍見脩鱗一朝揚姓字東筋拜金門此則榮貴之命鴛幃有犯須柏小子嗣榮門朵朵奇運行初巳巳叔親室下身衣蘆花緊寒來恨自生寅午運中十年窓下無人問一舉成名天下聞辛未運中鳳威飛怒龍浪怒令重虎生風壬申運中金紫延榮權任重甲戌運中何期瑞雪滿長空乙亥運中重沐恩波鳳池裡朝朝染翰侍明君丙子運中榮中生阻節何不乞恩榮丁丑運中早處收拾窓前月夢入南柯永不醒

甲戌年 戊辰月 壬申日 辛丑時

此八字壬申長生日元相配金土雜氣殺印之格人
生得此生於右族長於仁門水命椿萱同屬壽夭边
鴻鴈有行鳴其為人也丰姿清秀天性聰明頗知礼
義稍識古今高謀遠見機関別懐慨春風一好人祖
業添新慶根原勝旧風田園桑柘茂畝畆稲梁馨雖
不成名利生来近貴人英雄惟贈劍三尺豪傑相逢
酒一鍾時至才源富足運来福禄駢臻郷民仰德閭
里推尊此則豊潤之命鴛幃同屬尤年敵子嗣秋来
桑桑榮運行初己巳上人庇下未断平壬寅午運口
青帰栁葉晴初變紅入桃花煖未匀辛未運中作雨
乍晴留客景或寒或煖困人春壬申運中才源雖旺
足素耗尚愁人癸酉運中曲池雨過添新漴谷春来
發旧馨酉字之中一番風雨甲戌運中逞賔玩物會
友開樽乙亥運中稅年開哄樂丙子運子一枕了平
生

甲戌年 戊辰月 甲寅日 戊辰時

此八字甲寅專祿之日木克土為才之格才盛生
官終身有慶其為人也丰姿清俊性格操持生於
良善之家長於仁德之門有出類之英才聰明之
秀氣學問有成異日南山豹变英才敏捷他年北
海蛟横一朝馬上衣冠别此是男兒當自強此則
榮显之命鴛幃得令定娶名門桂子有成家門壯
觀運行初己巳父母之鄉樂意忘懷庚午運中上
五年讀書刺股下五年足步天墀辛未運中慶事
但憑三尺法治民渾是一團春壬申癸酉運中重
重祿位承恩厚點點甘泉下九重黃堂显姓展閫
馳名甲戌運雲深明月霧鎖晴空乙亥運中錦衣
肥馬貴班兩早朝天丙子運中正宜安享春夢無
憑

甲戌年　戊辰月　己卯日　乙亥時

此八字己卯日配乎柱中水木雜氣財官之格人生得此仕路馳聲椿萱榮養相鬬奉鴻鴈天邊有各鳴丰姿俊秀天性聰明理貫古今之學心明賢聖之經擊開水府珠生彩掘出豐城劍有聲姓字登黃甲衣冠拜聖明此則顯榮之命鸞幃全正副桂子有承榮運行初己巳上人庇下不辱不榮庚午運中讀殘芋店月行落泮林星辛未運中禹浪三層都躍過聯班粉署職兵刑壬申運中一番風雪過祿位大夫榮癸酉運中權衡千萬里風詔又

榮徽甲戌運中大才大用乙亥運中清身留名

甲戌年　戊辰月　甲寅日　乙丑時

此八字甲寅專祿之日金神之格雜氣之助人生得此丰姿標致天性剛餂高謀遠見機関別慷慨情懷志氣深其為人也生於仁族長於名庭一對嚴慈中一別鴻鴈遥天我有鳴父置根基何足羨自涉高堂福不輕學問聰明終是利名之容英才特達豈為田舍之翁非獨家門而有慶鄉里高人盡喜欣般般習學件件欠精悪人不惧酌酒邀朋一朝貴人來扶起晉交祿馬旺前程此則勝祖之命鸞幃有尅宜年敵桂子生來奪錦人運行初己巳蔭庇之下學礼攻經庚午運中自有貴人來扶引官灾憂素未離身辛未運中祿如春水滔滔㶁福似秋蟾皎皎明壬申運中門楣壯觀雪雨淋淋癸酉運中四方人仰敬車馬賀門庭甲戌運中子顯朝廷倉廩豐盈乙亥運中人生有酒須當醉一滴何曾到九泉

甲戌年　戊辰月　丙寅日　丙申時

此八字丙寅日相配柱中土木傷官用印之格人生得此丰姿洒落志氣豪洪水火椿萱双耐歲寒行隨後有凌風般般都歷學件件不全通祖業有依須自整才囊還擬晚蔵豐有志未能登甲第貴人薦引拜飛龍此則際遇之命鴛幃全正副桂子秀叢叢運行初己巳双親福庇齊月光風庚午運中功名雖不遂貨利自交通辛未運中氣勢豪雄人敬仰一番風雪不成凶壬申運中時來機會好擬可跳青驄癸酉運中但覺行蔵光霽不妨風漫空甲戌運中人生從此别無復見儀容

甲戌年　戊辰月　丁卯日　丙午時

此八字傷官帶印之格喜逢日祿歸時金命親椿耐晚庭前棠棣聯枝丰姿清楚性格操持頗知今古事稍讀聖賢書運至自增秀氣時來方長光輝高人提挈去一旦姓名馳此則逢時顯貴之命鴛幃連理合桂子有標奇運行初己巳花紅柳綠燕語鶯啼庚午運中一苑杏桃錦綉滿山松柏映幃屏辛未運中驀地財權來英豁然桃李芳菲壬申運中威權顯有布風雪使人悲癸酉運中聲名壯觀標位崔嵬甲戌運中早歸千里驥剛釣五溪魚乙亥運中春殘花落萬事皆飛

甲戌年　戊辰月　壬戌日　辛亥時

此八字戊戌日德之辰月上偏官之格食神制伏得其中和其為人也人材倜儻詩礼吟哦嚴慈俱有俱鴻鴈阻山河家庭旧業須磨琢世利新規用切鏈春風行樂頌佳氣積偏多財源浩蕩福慶崖戕此則豐饒之命鶯帏賢淋桂子婆娑運行初己已承上人之庇居安樂之窩庚午運中無恩無慮處樂如何辛未運中到此始知光景好間閑黃鳥雖箠歌壬申運中不愁遠漢飄晴雪尚慮撒風起緑波癸酉運中韶華滿目真堪羨豈患乞食似嘆梭甲戌運中華堂安享乙亥運中争入南柯

甲戌年　戊辰月　丁丑日　己巳時

此八字𥙊氣才官之格人生得此生於淡白之室長於遷变之居椿親年耄萱堉室棠棣同根異葉奇般般都歷學件件只祖知祖業重新雖自倚才囊遂擬晚操持來往江湖無限景莫將事世苦奔馳此則守常之命鴛幃須帶硬子嗣假真奇運行初己已上人庇下風雪相欺庚午運中春園風雨過未是可人時辛未運中雖則行藏有慶一番人事趦趄壬申運中才源來旺人欽伏旺處須防有是非癸酉運中遊山翫水樂事何如甲戌運中迷生從此別無復見儀形

甲戌年　戊辰月　己巳日　甲戌時

此八字己巳日元相配柱中水木旗氣才官之格人生得此生於右族配於名門櫓萱双晚茂鴻雁各行鳴其為人也姿容清秀髮貌精神有針線之巧主業之勤一充杏桃鋪錦繡滿山松栢映幃屏深明歸壼閫動識古今情玉臺崑崗蔵韞色蘭生楚澤散清馨克勤而克儉易喜而易嗔錦繡花開春富貴琅玕竹根日升平晚年步霄子貴樂栄付此則益人之命良人水命頁

子嗣秋桑有挺桑運將初丁卯上九六下來斷平生丙寅運中孔雀屏開春富貴橋橫銀漢水澄清當此之際風雨運生乙丑運中正是梅青月白再愁微雨弄晴丁卯運中羅綺千般色祢蓋百味祈癸亥運中一輪明月當秋夜無限奇花正遇春壬戌運中子貴夫賢家業旺辛酉運中粧臺空掩鏡生塵

甲戌年　戊辰月　癸酉日　庚申時

此八字癸水配合柱中金土旗氣官印之格合祿之助值斯象者丰姿慷慨天性剛能高謀遠見機閑別倜儻情懷志氣深其為人也生於望族長於良庭雙恩難並耄棠棣我枝興學問也知夫子語生平出類達賢欽非獨積玉堆金富郡縣馳名福不輕初限中年官災耗晚年富貴子孫榮此則豪傑之命鴛幃宜贈子有英英運行初己巳幼年之下不論平生庚午運中螢窗難下志災憂未脫身辛未運中此運四遠人尊仰官非災險紛紛憂逃壬申運中富貴必從天上降往來盡是貴人用癸酉運中梨梅謝盡耿耿權能甲戌運中門迎車馬客田園倍有增乙亥運中子朝帝闕丙子運中夢返佳城

甲戌年　戊辰月　丁卯日　庚子時

此八字丁卯日相配水局時上偏官之格人生得此行藏倜儻性理剛明生於仁義之簇長於豐潤之庭椿樹敷榮萱早別鴈行天際共飛騰學問有成一舉可冲天之勢英才特達片言有折獄之能一朝騰踏去四海惠風清此則顯榮之命鴛幃有碍須偏正桂子秋來長嫩英運行初己巳上人庇下風雪嚴凝庚午運中螢窓雖篤志蟾窟未榮登辛未運中到此一声春霹靂擬教禹浪躍三層壬申運中縈沾罷溼肅振威稜癸酉運中录位重加貴梨花帶雨生甲戌運中山河開一君嵓亟力陞乙亥運中訃音莫遺行人說花落庭前恨莫勝

甲戌年　戊辰月　辛酉日　丙申時

此八字辛酉專祿之日相配柱中火土雜亂官印之格官印者上格也人生遇此丰姿厚重天性温存異日強爺勝祖顯四海馳名福不輕其為人也生於名族長於豐門椿親萱毋難同耄鴻鴈行中挺出鳴學問聰明煙樹依依遮北斗英才出類楼臺疊疊隱南深非獨財囊生涯富一郡馳名四遠聞初限中年官灾破暮年富貴子孫榮此則強宗勝祖之命鴛幃宜敵桂子香馨運行初己巳上人庇下學禮攻書庚午運中有心貸利難學子史淵源進退破憂驚辛未運中此運必然光霽如官灾破耗險憂迍壬申運中財祿豐厚雪雨盈庭癸酉運中堆金積玉車馬盈門甲戌運中子朝帝闕乙亥運中一夢蓬瀛

甲戌年　戊辰月　壬午日　乙巳時

此八字壬午日相配柱中火土雜氣才官之格女
人得此儀容英麗天性明良生於善族配於填房
椿萱棠棣難齊耄耋妯娌翁姑侍奉當有應聲和下
之葉相夫教子之方楊柳無風娜娜梅花有月〻
香晚年更有光華日子秀夫榮福祿昌此則榮福
女命良人年長家榮容桂子森枝兩提芳運行初
丁卯上人庇下風雪何當丙寅運中屏開孔雀帶
綰鴛鴦乙丑運中雖則夫門才業旺旺中何慮事
乖張甲子運中一番風雪過羅綺熊軒〻〻癸亥運
中榮加沛澤福禀軒昂壬戌運中孫閣〻秀辛酉
運中夢入仙鄉

甲戌年　戊辰月　甲子日　辛未時

此八字甲子日相配柱中金土雜氣才官之格人
生此姿容秀爽性格良能椿萱堂上雙榮老鴻鴈
天邊有奮鳴學識聰明終是求名之容英才特達
豈為避世之靈雖不明登鴈塔也須身沐恩榮此
則榮秀之命鴛幃全正別桂子秀秋乎運行初已
已上人庇下月白風清庚午運中讀書漂麥觀史
引燈辛未運中一從楊姓德化啓儒生辛未運中
一番風雪過祿位自階陞壬申運中皇恩有感重
加貴百里絃歌頌太平癸酉運中旺中〻且節依
舊振威稜甲戌運中老當益壯籬下高〻乙亥運
中惟有猿啼處山空月自明

甲戌年　　戊辰月　　壬寅日　　辛亥時

此八字月上偏官之格喜逢日祿歸時椿萱俱耐

睨棠棣競爭菲其為人也丰儀清楚性格能為習

聖賢之道學誦今古之詩書運至時來自有風雲

際會日地靈人傑豈無雨露沐恩時德澤諸六

人民四境歸此則榮華之命鴛幃娶得貞良

嗣生成俊傑児運行初己巳只宜穩保、、

庚午運中十載書窗無間斷九丙

未運中到此始知文學好綠楊汀

運中四方民樂業百里姓名馳癸酉

高堅祿位雪霜縱冷壯名威甲戌運一

人罕羨未應解印向東籬乙亥運丙子 紛春去也 方大

蓬島信來催 燕長

甲戌　　戊辰　　壬戌　　辛亥

此八字壬戌日德之辰月上偏官之格喜逢日祿

歸時堂上椿萱雙白首天邊鴻雁幾聯飛其為人

也多智慧讀詩書際會風雲必作科名之傑七、

沾雨露還為駿馬之男一天膏雨隨車至五、

風遂扇揮此則榮顯門風之命鴛幃得

藥聯輝子嗣有成鸑鷟麟児競秀運行

宜庇下安康何如庚午運中欲伸男、

人書辛未運中時來風送滕王閣秋

馳壬申運中朝覲袞繡日覲皇威癸

高[illegible]紫誰知風雪相欺甲戌運中亻

快樂飛蝗過境我惟祺乙亥運〻正、

華胥

甲戌年　戊辰月　乙亥日　丁亥時

此八字乙亥日相配柱中之土雜氣財官之格人生得此生於賢順之族長於華麗之堂丰姿標致器宇軒昂椿萱榮後方分別棠棣庭前有挺芳學問資先覺英財壓衆芳一身文場鏖戰勝快登於府沐恩光此則榮顯之命駕幃須正副桂子發秋香運行初己巳上人福庇其樂徜徉庚午運中漂麥讀書似高鳳引燈觀史効匡衡辛未運中執卷登場尤嘆息一翻雪後桂花香申辰運中仁風揚遠近祿位倍榮昌癸酉運中皇恩有感郡縣爾之

甲戌運中桑麻千里秀此際莫還鄉乙亥運中六落猿聲切寒雲掩夕陽

甲戌年　戊辰月　庚辰日　丁亥時

此八字庚辰魁罡之日祿馬朝元三奇上格人生得此豈不為良椿萱宜水火鴻鴈有翱翔手姿清俊智慧光揚衣冠冲粹性格異常詞源三峽遠學業五車藏終是利名之客豈為田舍之郎應聘定須名譽顯咸尊萬古有餘香此則榮傑之命駕幃金玉潤子嗣旺門墻運行初己巳蹤雲掩月何損其光庚午運中明窓淨几須留意他日聲名必播揚辛未運中漸漸精神爽滔滔雨露長壬申運中聲名耿耿氣宇昂小癸酉運中威風揚四境德澤被諸方當此之際致九

運中衣冠正在光華處未遂懸車返故鄉

閑門不管堂前事分付兒孫自主張

甲戌年　戊辰月　甲戌日　乙丑時

此八字雜氣財官之格金神之助值此象者生於仁德之門長於溫和之俗椿萱水火命鴻鴈獨前飛其為人也能攤布會施為高士敬貴人携祖業添新慶聲名勝舊時田園桑柘茂畝稻粱肥覔得薦書名始顯也教素服換緋衣此則剖石逢珎之命鴛幃連理合桂子長芳枝運行初己巳雖居庇下未足為奇庚午運中雨過山方秀雲開月有輝辛未運中報道春光明媚果然桃李芳菲壬申運中閑中生駭雜靜重有趦趄癸酉運[illegible]酉亂[illegible]雪徊須畏須刻春陽滿戶歸甲戌運中茂本小[illegible]劍三尺豪傑相逢酒一巵乙亥運中夕陽有限逝水無迴

甲戌年　戊辰月　癸酉日　壬戌時

此八字癸酉日相配柱中之土雜氣財官之格人生得此行藏倜儻處置多分椿萱雙耐晚鴻鴈有成行學識聰明未許榮登仕路智謀超卓可教交結賢良祖基重整頓財帛自空藏但願一樽交貴客自然晚節福榮昌此則富實之命鴛幃金玉麗子嗣貴桂蘭香運行初己巳上人庇下冬暖夏涼庚午運中便向市廛生貨利洞房擬有喜洋洋辛未運中財源來滾滾米粟自盈藏癸酉運中旺中生偶節依舊樂安康甲戌運中老富營[illegible]堂乙亥花落春何處猿啼人斷腸

甲戌　戊辰　庚午　丙戌

此八字庚午日貴之辰相配柱中之火騎上偏官之格人生得此丰姿洒落天性聰明椿萱含晚翠鴻鴈独飛鳴争問有成終是求名之客英才特達豈為避世之炅一從揚姓字便擬沐恩榮此則榮貴之命鴛幃全正副柱子秀秋英運行初己巳上人庇下黄巻青灯庚午運中讀殘窗下步行樂晚天星辛未運中風雲相際會天路馬蹄輕壬申運中政化東西洽仁風遠近清癸酉運中一番風雪過賤列大夫榮甲戌運中未許閑田君

聲乙亥運中蒙回故里丙子運中夢入

甲戌年　戊辰月　丙辰日　戊戌時

此八字丙辰日德之辰相配柱中之土魁罡之格人生得此貴至重金椿萱皓首雙榮瞻鴻鴈天邊有共鳴丰姿磊落天性剛明理窮今古事學貫聖賢經北海蛟横頭角聳南山豹變爪牙馨一從揚姓字爾氣便奔騰此則榮爾之命憐鴛年少尤掐富驻子秋來三兩枝運行初己巳上人福庇黄巻青燈庚午運中詩書多勉力探月便光榮辛未運中錫宴沾恩渥戚飛爾氣清壬申運中一番風雪過祿位大夫陞癸酉運中再加祿位万

戌運中大才大用乙亥運中青史留名

甲戌年　戊辰月　丁卯日　戊申時

此八字丁火相配柱中金水雜氣財官之格人生值此一對椿萱先別父幾行鴻鴈各飛鳴其爲人也丰姿穩達歷事從容祖業宜粉豎財囊自磨襲初步平和中欠順晚年浮子享無窮此則成立之命鸞幃重重剋子嗣有品翁運行初己巳上人之下日未升東庚午運中欲速則未達揚帆待風辛未運中一聲絃斷過財帛漸漸豐壬申運中財源進益壺向公門癸酉運中一番梨雨過幾度有子攻數戊戌乙亥運中一連二運多光彩　順風丙子運中優遊晚景丁丑運中

此八字乙　禄之日相配柱中金水官印之格有官有印無破作廊廟之材刑冲太重擬吾科第成名主人生於右族長於名門椿萱有倚先斷父天邊鴻鴈各行鳴其為人也丰姿清秀天性聰明般般稍覽件件不精風月處友瀟洒客情行藏果斷作事老成終是功名之客豈為田舍之翁不費十年苦學定應三載成名佇看頭角嶄然聳九天雨露沐皇恩此則榮貴之命鸞幃連珠須配硬子嗣生成貴顯人運行初己丑上人庇下未斷平生

庚寅運中雪晴天未暖行藥未如心辛卯運中貴人指引登公府恭承威命侍公廳須史風雨雨過山青壬辰運中跨馬起程登上國始知冠冕可榮身曉日迎來騎春風促去程梨花聲雪雨過山青癸巳運中皇恩有感重加禄百萬粮儲日用心甲午運中除邪捉惡聲名重佐政琴堂德望新乙未運中子貴重榮贈丙申運中春歸馬不吟

癸丑時
中木火傷官助才
殺長於名門椿萱以晚哉
此 榮其為人也姿容清秀髮貌精神有針
綴之巧立業之能一苑杏桃鋪錦繡滿以松柏映
幃屏滔滔無阻滯步步助夫門風送芰荷香滿院
日匀花萼發新紅心靜侶月明雲漢性急如風捲
殘雲雖不鳳冠帔服自然金谷豐盈此則穩厚之
命良人不會剋後重婚子嗣有成班衣孝感運行
初丙寅上人庇下未斷平生乙丑運中契合翠鸞
成好夢賚緣紅葉是良娼甲子運中雖則夫門多
快樂還愁風雨片時生癸亥運中不用高燒銀燭
月明添倍精神壬戌運中明月當天生氣爽光華
萬景色尤新辛酉運中夫賢子貴樂意忘情酉字
之中如履薄冰庚申運中安閑晚景己未運中一
枕難醒

甲戌　戊辰　己未　癸酉
此八字己未日相配柱中之水雜氣才官之格女
入得此不愚不勇多智多剛椿萱皓首相慶奉鴻
鴈天邊有各翔有應上和下之計相夫教子之方
錦繡花開富貴琅玕竹報安康佇看未晚節金
玉積盈箱此則榮旺女命良人年長以名客村
子生成奪錦郎運行初丁卯上人福安何論炎
涼丙寅運中匹配成佳偶花開錦綉一皇
中裙釵濟、家業昂、甲子運中一黍
万物向春陽癸亥運中財源濟、名
戌運中夫門才祿旺光審異於常辛
堂安樂庚申運中魂斷人傷

甲戌　戊辰　壬辰　癸卯

此八字壬辰魁罡之日相配柱中之合生月上偏官之格羊刃作合有功人生得此丰姿洒落性格良能椿萱雙皓首鴻鴈各分飛祖業重新麗才囊自積成但傾一樽交貴客何須身到鳳凰城此則守成之命鸞幃有配重羊水桂子花開果少成運行初己巳上人庇下快樂和平庚午運中春園雨過桃李芳榮辛未運中萬象光華家業成一令人洒門庭壬申運中行藏多順利人事又𠃍運中一夢歸何處良使三兩工

子平遺書　三三

甲戌　戊辰　丙子　庚寅

此八字丙子日相配柱中土木傷官用印之格女人得此姿容秀爽性理明良生於茂族長於文房椿萱有依分中道妯娌多情各一方有針綴之功立業之常佇看家榮財業旺千般錦綉自盈箱則榮安女命良人配合須年長桂子森森上運行初丁卯上人庇下其樂何當丙寅□桃花媚鳶歌鳳亦翔乙丑運中雖則夫□也防人事暗悲傷甲子運中風雪初晴後席香癸亥運中裙釵濟濟家業昌昌年臻福慶何慮有乖張辛酉運中依然黃粱

子平遺書　三四

甲戌年　戊辰月　壬申日　庚戌時

此八字壬申日相配柱中金土殺印之格食神伏有功人生得此金紫榮封椿萱榮贈難以馮天邊有奮風半姿清俊天性剛忠學問一詩書萬卷通萬里扶搖騰彩鳳一聲霹靂上姓字登黃甲衣冠拜九重此則榮耀之命正副桂子有豪洪運行初已巳庇佑之容庚午運中欲遂凌霄志須加映雪功禹浪運三躍名揚四海中壬申運中黎位加封癸酉運中戝列大夫金紫貴請風甲戌運中大才大用樂處生涯花緑酒丙子運中夢入五峯

甲戌年　戊辰月　丙子日　癸巳時

此八字丙子日相配柱中水局雜氣財官之格生得此行藏倜儻操幹多方椿萱皓首相待馮天邊不共翔學問有成終是仕途之客也利豈為田舍之郎一朝騰踏朝天去此是自強此則顯身之命鴛帳招賢諧白首女發天香運行初已巳上人福庇冬暖夏中雖不娃登科甲也須娃顯名揚辛未登天路何愁娃柳揚壬申運中寵渥於惜一場癸酉運中黎元感德祿位軒昂再遷祿位便擬還鄉乙亥到丙子運中

甲戌　戊辰　壬戌

此八字壬戌日惡之良偏官之格良神春親崇達畫貞淋鴻雁行中有逆于其為冠出白性格異常奪人中之秀氣剖胞于驪珠照乘光难掩雷劉生豐氣藏一胡下奔蒼英八動四方此則貴達之命子嗣秀麟鳳運行初已巳既無崇良午運中慮前李易心無倦志歆中、運中一声霹靂咬龍化頭角峥嵘中酉帶霜威辞此斷口傳天語，風悠壽醫作奉棹司吏平静福酉夫𡉏致引風霜乙亥運中正事𡮢名又從

甲戌　戊辰月　丙子日　己丑時

此八字丙子日元相配柱中水土傷官帶印爲格人生得此生於右族長於高門萱毋先歸還有繼天邊鴻鴈各行鳴其為人也丰姿清秀天性機關不急不忙可方可貞謀智深宏能近貴行藏瀟洒可親賢自有順天之慶豈無福地之深風流名晋王華昔馬上逃秦魯仲連處士星孤經世俗大夫松好賤官班五湖生計好四海福閫閫祖基空華古事業再增添但欲一生財祿旺何須兼筭一生鑿此則穩厚之命也

桂蘭運行初巳巳上雪晴天未暖人事尚迍邅辛未運中或寒或冷霧淡烟壬申運中財帛滔滔長旺世情還有覆番癸酉運中韶華萬里美景一聯當此之際素耗未安甲戌運中冲激之鄉還發福福盡還愁禍又纏乙亥運中得過且過得閑且閑丙子運中春光去也花落月残

甲戌年　戊辰月　辛酉日　庚寅時

此八字辛酉專祿之日相配柱中火土精氣官印之格喜逢時值貴人遇斯命者生於右族長於名門椿親耐晚宜賢耕天邊鴻鴈各飛鳴其為人也丰姿清秀天性聰明理窮古事萬今事書對賢經與聖經驪珠照耀光难掩雪劍生風自氣充豈是池中之物允來席上珍萬里扶搖鶯騰蟄一声霹靂躍潛鱗長安人滿路爭看錦衣新瑤池鞭爭朝南極五夜鐘停拱北宸此則榮貴之命鸞幃重叠子嗣脫光榮運行初己〻・

辛運中十年窘君須守分

運中自沐天边寵朝班立縉紳壬申運中驛中曉日催行始江上春風促去程癸酉運中耽延金紫宇内澄清當此之際風雪滿途甲戌運中未許思还傳还留侍聖明乙亥運中归去松筠三径足倘来冠冕一重教丙子運中一枕清風

甲戌年　戊辰月　丁卯日　丁巳時

此八字傷官帶印之格人生得此生於平淡之族長於良善之門椿萱双晚戊鴻鴈独飛鳴其為人也丰姿清淡言語輕清世事頗能將就般般學久精通祖業添新慶根源勝舊風黄金過火重增價白璧離塵色更明市廛生計廣湖海祿元增功名身外事無辱樂平生戌四時佳趣立萬古門庭此則發福之命鸞幃配合須年敵子嗣金風蘭桂馨運行初己巳只宜攝祿何論平生庚午運中乍雨乍晴留客景或寒或煖困人春辛〻運中漸漸陽和布看看祥瑞生壬申運中財如春水滔滔長福似秋蟾皎皎明癸酉運中驀地財源旺足藹然家業興隆甲戌運中冲擊之所月入雲屏乙亥運中人生從此别無復見儀形

甲戌年　戊辰月　庚午日　甲申時

此八字庚午貴人之日相配柱中火土雜氣官印之格女人得此生於右族長於名門翁古秉有倚妯娌尚情輕其為人也妖嬈体貌消洒姿容有肝食宵衣之懊惱治家立業之村能春入水光成漱綠日匀花萼發紅紅憂禍自能辞肉味愛琴應辭辦絃声难觸难犯易喜易嗔聊綉花開家富貴琅玕报竹日升平夫荣子貴樂業無窮晚年光霄景疊疊受帶封此則榮華之命良人連荣華客子祠秋來貴顯人運行初丁卯幼年之下母訓輙遵丙寅運中梦托翠雲成契合媒憑紅葉就良姻乙丑運中乍雨乍晴留客景或寒或煖困人春甲子運中嚴霜積雪都經過從此滔滔福祿增癸亥運中綿中加綠色紅上映紅英壬戌運中夫荣子貴樂意忘情辛運中一宵春梦斷萬事總成空

甲戌年　戊辰月　丙寅日　庚寅時

此八字丙寅長生之日相配柱中木火傷官帶印之格人生得此生於右族長於高堂椿萱萱歲長鴻鴈有双双其為人也丰資清秀天性果剛聰明書藝遠倜儻世情長口吐珍珠言語胸藏錦綉文章東海明珠須覓見豐城雷劍不終藏笑顏登試院喧手赴科場一朝馬上衣冠別此是男兒當自強此則榮貴之命鶯幃宜有贈子嗣長珠光運行初巳巳上人庇下未斷炎涼庚午運中未遂心千古論文自立行辛未運中執卷幾田空[illegible]月時來跨馬上長安壬申運中自沭天邊寵衣冠拜袞龍癸酉運中雪晴雲散天如洗金鱗光照紫微堂甲戌運中重紫重金當是景何勞解組休還鄉乙亥運中春光去也一枕黄梁

甲戌年　戊辰月　辛酉日　辛卯時

此八字辛酉專祿之日相配柱中火土旗氣殺印之格四柱兩冲減我功名主人生於右族長於名門椿萱榮晚茂棠棣苑邊春其為人也丰姿清秀天性聰明般般稍覽件件不精有近貴親賢之德應上和下之能祖業添新慶根源勝旧風福布江山外名聞閭里中花無桃李非春色人有笙歌是太平時至自然才祿旺運來福祿享無窮但願一生才祿旺何必天邊沐寵榮此則穩享之命鴛幃有犯須招副子嗣秋來昰宅門

運行初巳巳上人庇下雲月朦朧庚午運中青帰柳葉晴初变紅入桃花暖未旬辛未運中雖則行藏而有慶幾番微雨幾番晴壬申運中才源旺足第宅增新當此之際素耗还忠癸酉運中金勒馬嘶芳草地玉樓人醉杏花天酉字之中花放風生甲戌運中晚年快樂乙亥運中啼鳥無声

甲戌年　戊辰月　丁巳日　己酉時

此八字丁巳孤高之日相配柱中金土傷官助才之格女人得此生於右族長配名門萱母先帰椿耐晚天邊鴻鴈各行鳴其為人也姿容閨朗髮貌精神有飦食宵衣之慎惱有治家立業之才能風送芰荷香滿苑日旬花萼發新紅每懷丸膽意時報擇鄰親克勤而克儉易喜而易嗔雖不鳳冠帔服自然金谷豊盈此則豊旺之命良人有犯須年長子嗣森枝有顯榮運行初丁卯上人庇下毓秀閨門丙寅運中重晴天未暖困守在夫門乙丑運中幾多喜中有悶歡番靜裏憂生甲子運中片雲能發千山雨雨過千山依舊晴癸亥運中羅綺千般足裙釵化日明壬戌運中夫賢子貴樂意忘憂辛酉運中安閑晚景庚申運中一枕佳戌

甲戌年　戊辰月　甲子日　丙寅時

此八字甲子日元相配柱中火土食神助才之格女人得此生於右族長配名門椿萱有倚雖雙耄天邊鴻雁各行鳴其為人也姿容清雅德備行貞有針綴之巧立業之勤雲收華岳千山秀水到湘江一樣清每懷九膽意時抱揮憐心玉產崑崗藏韞色蘭生楚澤散清馨性急如風翻浪心安似月離雲霞悅鳳冠身外事平生財祿足豐盈此則穩厚之命良人有犯中年別子嗣森枝孝義深運行初丁卯上人庇下毓秀閨門丙寅運中雖則夫門才業旺旺中尚有事虧盈乙丑運中一抹曉烟迷芍藥半泓秋水浸芙蓉甲子運中正是太平光霽景何期夫喪反傷心癸亥運中幾度閑中有悶歎番靜裡憂生壬戌運中月明雲翳花放風生辛酉運中享子孫之福慶庚申運夢杳入佳城

甲戌年　戊辰月　癸丑日　壬戌時

此八字癸丑日元相配柱中火土雜氣才官之格人生得此生於右族長於名門椿萱有倚雖双耄天邊鴻雁各凌雲其為人也半姿清秀天性聰明袖裡紅霓沖霄色筆端風雨駕雲程玉產崑崗藏韞色蘭生楚澤散清馨終是功名之客豈為田舍之翁龍門變化三春浪鵬路逍遙萬里程瑤池鞭靜朝南極五夜鍾停拱北宸此則榮貴之命鴛幃得配名門女子嗣生成貴顯人運行初已已上人庇下讀礼趨庭庚辰運中十年窓下無人問一舉成名天下聞辛未運中獄折片言民訟息九天雨露沐深恩當此之際風雪蒲庭壬申運中錦衣肥馬重重貴天上恩深淡淡新癸酉運中一番風雪初晴後金紫煌煌雨露隆甲戌運中只為功名多檢束何不思尊帰里中乙亥運中擣壘有酒延佳客蘭室存書教子孫丙子運中春光去也一枕清風

甲戌年　戊辰月　已巳日　甲子時

此八字已巳之日相配柱中水木雜氣才官之格女人得此人於右族長於名門椿萱雙既茂鴻鴈各搏風其為人也姿容清秀髮貌精神勝丈夫之氣槩有男子之材能一苑杏桃鋪錦綉滿山松栢映幃屏萬里無雲天一色三秋好景月長明克儉而克勤易嗔而易喜翁姑有倚妯娌行輊雖下鳳冠帔服自然福祿無窮此則旺益之命良人連珠低一載子嗣秋來朵朵成運行初丁卯上人庇下毓秀閨門丙寅運中契合琴鸞成好夢實緣紅葉是良姻乙丑運中雖則夫門多快樂幾多人事尚虧盈甲子運中正是太平光霽景幾番微雨弄新晴癸亥運中羅綺千般色亦羞百味新須史風雨雨過山青壬戌運中夫賢子秀樂意忘情辛酉運中晩年開快樂庚申運中臺鏡掩塵昏

甲戌年　戊辰月　戊辰日　戊午時

此八字戊辰日德之辰相配柱中之木歲殺之格人生得此生於右族長於名門椿萱不逮祿養鴻鴈有不同群其為人也半姿清秀天性聰明頗知禮義稍識古今行藏果斷作事老誠有近貴親賢之德應上和下之能遇水造橋名必振逢山開路路方通終是功名之客豈為田舍之翁時來借得吹噓力九載辛勤沐寵榮晩年光霽景德澤惠黎民此則榮達之命鴛幃重合產子嗣襁衣新運行初已巳上人庇下天朗氣清庚午運中欲速不達揚帆待風辛未運中貴人相指引揮筆入公門壬申運中三疊陽関斟别酒九重天府沐皇恩癸酉運中雪晴闔闢黄道拜授除書雨露均甲戌運中除奸捉惡聲名顯佐政琴堂德望新乙亥運中解組田田里籬邊樂性情丙子運中花落水流春已失蘭摧玉折恨何明

甲戌年　戊辰月　辛未日　戊子時

此八字辛未日元相配柱中火土雜氣官殺印之格殺印相生功名顯達只燋土重埲埋臧我科第成名主人生於右族長於仁門椿父先歸萱晚別天邊鴻鴈影行分其為人也手姿清秀天性聰明世事頗能將就般般學欠精通欲為商賈思慕功名終是功名之客豈為田舍之翁不貫十年苦學定應九載成名佇看頭角聳光耀舊門庭不貫區區力終為隱跡人此則擊石生烟之命驚怖有犯須招副子嗣秋來朶朶成運行初己巳上人庇下未斷平生庚午運中雪晴天未煖行樂未如心辛未運中藏器待時時必達時來機會便成名壬申運中勞形禁犢多光霽雨晴跨馬入神京癸酉運中皇恩重有感天府便光榮甲戌運中蓮幕聲名執滔滔雨露陞乙亥運中榮田故里美酒盈罇丙子運中歸去也

甲戌年　戊辰月　戊寅日　乙卯時

此八字戊寅尊權之日相配柱中木火雜氣官印之格人生得此生於右族長於名門椿親耐晚萱先別天邊鴻鴈各飛鳴其為人也手姿清秀天性聰明世事頗能將就般般學問精通水光浮塵盃盤瑩花氣侵人笑語馨祖業添新慶根源勝舊風欲為商賈思慕功名時來自有淵淵福運至还教路路通一朝借得吹噓力也應祿爲旺前程不貫區區力終為隱跡人此則抱鼓有聲之命驚怖有犯須招小子嗣秋來有挺榮運行初己巳上人庇下未斷平生庚午運中風帶雪來初覺冷鳥啼花落始知春辛未運中幾歎思高慕遠行藏还待時亨壬申運中天上三陽泰人間仕路通當此之際素耗还生癸酉運中利名兩旺福祿駢臻須是風雨雨過山青甲戌運中有名閑富貴無事樂平生乙亥運中子貴光亨世丙子運中春歸焉不吟

甲戌年　戊辰月　乙卯日　丙戌時

此八字乙卯專祿日相配柱中火土傷官助財之格人生得此生於右族長於名門椿萱榮晚茂棠棣有光榮其為人也手姿清秀天性聰明錦綉胸藏賢聖學珠璣口吐武文風詞鋒穎利疑無敵筆力縱横若有神終是功名之客豈為田舍之人一朝騰踏飛黄去濟濟衣冠拜聖明晚年光景好亹亹祿元陞此則榮貴之命鴛幃金玉閨子嗣秀還榮運行初己巳上人庇下化日陽春庚午運中十年窗下業黄卷與青燈辛未運中虬門三級浪平地有雷聲壬申運中寒拂紫衣催驛騎光生玉節下雲層癸酉運中重還金紫貴權任棟樑洪當此之際風雲滿庭甲戌運中有材應大用未許便思歸乙亥運中安閑晚景丙子運中春夢無憑

甲戌年　戊辰月　乙卯日　丙戌時

此八字乙卯專祿之日相配柱中火土傷官助財之格人生得此生於右族長於名門萱毋先歸椿耐晚天邊鴻鴈各行鳴其為人也手姿清秀天性聰明行藏覺消洒笑傲任枯榮萬里無雲天一色三秋好景月長明福布江山外名聞湖海中花無桃李非春色人有笙歌是太平門楣壯觀第宅增新滿世功名身外事五湖風月樂怡情此則穩旺之命鴛幃得配名門女子嗣生成貴顯人運行初己巳上人庇下天朗風清庚午運中世事宛如春夢人情薄似秋雲辛未運中堤柳已敷新幹綠園桃不改舊時馨壬申運中才旺福興家業慶須臾風雨幸不驚癸酉運中成四時之佳趣立萬古之門庭甲戌運中晚年閑快樂子貴樂無窮乙亥運中春光歸去也一枕入巫峯

甲戌年　戊辰月　庚申日　丙戌時

此八字庚申專祿之日相配柱中火土𥙷氣殺印之格人生得此生於右族長配名門椿萱雙悅浅鴻鴈各行鳴其為人也姿容清秀髮皃精神翁姑不並侍妯娌尚情輕雲收華岳千山秀水到湘江一樣清萬里無雲天一色三秋好景月常明斷機每勤和熊膽剪髮紘傳侃母心錦綉花開家富貴琅玕竹報日平安拍夫每羨平生好何必天邊受贈封此則穩厚之命良人契得名門友子嗣生成貴顯人運行初丁卯上人庇下未斷浮沉丙寅運運中紅葉濤中傳客意赤繩月下結良姻乙丑運中淡烟楊柳岸薄霧杏花村甲子運中羅綺千般色珍羞百味新癸亥運中滔滔無阻滯步步勵夫門壬戌運中一輪秋皎月萬里倍清明辛酉運中子貴孫賢家業旺庚申運中春歸花落鳥無聲

甲戌年　戊辰月　辛未日　戊子時

此八字辛未日元相配柱中大土雜氣殺印之格殺印相生功名顯達只嫌土重減我金榮之榮主人生於右族長於名門椿萱有倚成無倚鴻鴈天邊又斷群其為人也半姿清淡天性乖能雖無讀書志安喜近高人世事頗能將就般般學欠精通曰福曰榮自有順天之慶常安常樂豈無福地之深祖基不守事業鼎新東嶺栽松西嶺秀南園種樹北園青有近貴新賢之德應上和下之能拙於自己巧與他人但頗時來逢貴助也應福祿享無窮此則穩厚之命𥫗憚須配晚子嗣尚遲生運行初己巳上人庇下未斷平生庚午運中稅地栽花多艷艷種桃梅李色鮮明辛未運中雖則行藏有慶還恬人事因循壬申運中着意種花花不發無心揮柳柳成陰須史風雨雨過山青癸酉運中不獨才源富足尚祈贊務豪洪甲戌運中晚年開快樂會友以開樽乙亥運中無思無慮丙子運中春夢無憑

甲戌年　戊辰月　丙辰日　甲午時

此八字丙辰日旺辰相配柱中旺土傷官之格女人得此生於良族長於名門椿萱棠棣霜嬌日妯娌翁姑事尚輕其為人也姿容清秀髮兒超群勝丈夫之氣槩有男子之材能風送芰荷香滿院日匀花蕚發新紅万里無雲天一色三秋好景月長明难觸难犯易喜易嗔才源旺足福祿駢臻别人夫婦同偕老偏我夫妻兩次新晚年光霽景子貴旺夫榮此則旺益之命良人有魁須招長子嗣森枝有挺榮運行初乙卯上人庇下毓秀閨門丙辰運中契合翠鸞成好梦寅緣紅葉是良姻乙丑運中契合悲歡當此際依然春入洞房中甲子運中万疊好山雲乍歛一輪明月雨初晴癸亥運中濟濟裙釵耀日輝揮羅綺生風壬戌運中子貴夫榮多快樂何愁白髮鬢边生辛酉運中安閑好景庚申運中一枕清風

甲戌年　戊辰月　丙子日　乙未時

此八字丙子之日相配柱中水土傷印帶印之格人生得此生於右族長於名門椿萱雙晚茂鴻鴈各行鳴其為人也丰姿清秀天性聰明學問有成源流三峽誰能及英財敏捷談笑風流四座塵衣冠濟濟人中傑和氣怡怡席上珍終是文場榮貴客豈為田舍鑿耕人鰲逐玉蟾攀桂去馬隨青帝踏花行一從姓字傳揚後直上金鑾輔聖明此則榮貴之命鴛幃宜有贈子嗣桂蘭榮運行初巳已上人庇下未斷平生庚午運中欲遂平生灒心對史辛未運中何事不辭今日苦時来頃刻便升騰壬申運中禹浪三層都躍過秉笏金容列聖明癸酉運中三度君恩兩番風木驚甲戌運中有財應大用未許便辭榮乙亥運中無慮盡傳詩礼樂有朋來自遠方親丙子運中一枕清風

甲戌年　戊辰月　癸亥日　癸亥時

此八字癸水相配柱中旺土樸氣才官之格人生得此生於良族長於高門水木榕蔭雙親茂天边鴻鴈陣行分其為人也丰姿清秀天性聪明知高下識重輕月離海嶠山山秀春入園林處處英祖業添新慶才源勝舊風竹因落籜茂竹魚為奔波始化龍君若有心於仕路也教光顯舊門庭此淘沙見金之命鴛幃得配名門女子嗣金風有顯榮運行初己巳上人下庇月白風清庚午運中輕雷拍碧笋微雨潤紅辛未運中近水樓臺先得月向陽花木早逢春壬申運中才源將此長福祿勝常春癸酉運中人生正去風光處只恐天边雪滿庭甲戌運中延賓玩物會友開樽乙亥運中花落水流吾已失蘭摧生折恨明君

甲戌年　戊辰月　丁巳日　辛丑時

此八字傷官之格傷官傷盡為奇女人得此資容雅麗髮親精神治家有理處事多能翁姑稍倚妯娌緣輕有針綴之機巧立業之辛勤深明閨壼理洞識古今文處世無榮辱生涯不富貧此則榮旺之命良人得合錦上聯紋桂子有成鸞凰並秀運行初丁卯娟娟梅月白淡淡柳風清丙寅運中契合翠鸞成好夢黃綠紅葉是良烟乙丑運中片雲掩月不損其明甲子運中錦綉花開家富貴琅玕竹根日升平癸亥運中花紅柳綠語燕啼鶯壬戌運中冲擊之所月入雷雲辛酉運中粧樓人去也臺鏡掩晨明

甲戌年　戊辰月　丙寅日　甲午時

此八字丙寅長生之日相配柱中旺土傷官帶印之格人生得此生於右族長於名門椿父先歸萱晚別鴈行天際不同群其爲人也丰姿清俊天性老成機謀輙服舉用人欽有心於貨利豈復問功名萬里春風行樂須四時佳趣瑞祥生重成新事業再整旧門風江湖浮得意軒冕不留心英雄誰贈劍三尺豪傑相逢酒一尊才源旺足平生好任他身外從功名此則饒裕之命鴛幃有犯須相觝子嗣全覿孝義深運行初己巳上人庇下淡淡青雲庚午運中春陽柳葉晴初放紅入桃花幾未匀辛未運中精神又憔悴憔悴又精神壬申運中既濟尤防未濟得經尤慮失經癸酉運中不獨才源厚足但知声勢豪横當此之際一番風雨甲戌運中引鶴徐行三徑晚約梅同醉一壺春乙亥運中桃源春去晚蓬島信難通

甲戌年　戊辰月　甲寅日　己巳時

此八字甲寅專祿之日相配柱中火土傷官助才之格喜逢時值金神女人得此生於右族配於高門椿萱半道別鴻鴈各翱翔其爲人也丰姿清秀髮皃異常有針綴之秀主業之良風送芰荷秀藹苑日烘花萼色盈窓喜則雲收華岳怒則風捲滄浪錦綉花開家富貴琅玕竹報日昇華此則穩厚之命良人土命須年長子嗣生成貴顯郎運行初丁卯上人庇下氣秀蘭房丙寅運中泥融生燕子沙煖睡鴛鴦乙丑運中水過石邊流出冷風從花底過來香甲子運中幾度閒中有閑數番靜裏憂生癸亥運中天上三陽泰人間五福增壬戌運中夫賢子貴當斯際何愁微雨暗滄浪辛酉運中享子孫之福慶庚申運中夢杳杳入黃梁

甲戌年　戊辰月　乙卯日　戊寅時

此八字乙卯專祿之辰雜氣才官之格金土椿萱雙皓首聯枝棠棣独呈芳手姿出衆性格異常筆底倒流三峽水胸中學就錦雲章一朝馬上衣冠別此是男兒當自強此則顯貴之命鴛幃鸞淑桂子標香運行初己巳運中雙親庇下冬暖夏涼庚午運中讀書映雪觀史司光辛未運中驥足千程隨蝶踐霄霄萬里任翱翔壬申運中凜凜威風聞四境紛紛德澤潤諸方癸酉運中雪消雲散天加洗依旧承恩觀聖王甲戌運中想是英雄心有阻何如解組早思鄉乙亥運中香冤杳杳流水沉沉

甲戌年　戊辰月　乙卯日　甲申時

此八字乙卯專祿之日相配柱中金土雜氣才官之格女人得此生於右族長配名門椿萱昌逐双双老鴻鴈幸能隊隊群其為人也姿容清秀天性精神有針線之巧立業之勤雲收華岳千山秀水到相江一派清每懷危膽意時抱断機心難觸難犯易喜易嗔楊柳無風枝嫋娜梅花有月倍精神晚年夫子貴也許福無窮此則榮貴之命良人得配名門女子嗣生成貴顯人運行初丁卯上人庇下毓秀閨門丙寅運中紅葉溝中傳客意雲朦月下結良姻乙丑運中雖則夫門多快樂幾番微雨幾番晴甲子運中羅綺千艘足珍羞百味新癸亥運中彩中加彩色紅上增紅英壬戌運中子榮夫貴樂意忘情辛酉運中春光去也花落月沉

甲戌年　戊辰月　壬午日　庚戌時

此八字六壬生臨午位號曰祿馬同鄉月上偏官之格食神制伏有功主人生於遊宦之族長於閥閱之門椿樹高榮萱聞洲天邊鴻雁各飛騰丰姿清雅天性聰明李門有成定向月宮攀桂日英材出類便送天上歆春回一送恭賦宴祿位享千鍾此則繼榮之命鴛幃春靄名門女子嗣秋來有挺榮運行初已巳上人庇下磁祿平生庚午運中漂麦讀書似高鳳引灯觀史効匡衡辛未運中霹靂一声雲霧合禹門躍過浪三層壬申運中千里霜威金斧重三秋風色繡衣輕癸酉運中既皇恩重还愁白髮親甲戌運中明時柱名盛世股肱乙亥運中天边無沛澤離下樂高情丙子運中英雄都尽也高壕臥麒麟

甲戌年　戊辰月　戊辰日　庚申時

此八字戊辰日德之辰歲殺之格喜食神制伏為良值斯象者椿萱秀茂鴻雁行聯頗知今古事稍識聖賢偏不慈不勇可方可員萬里詔筆金勤馬嘶芳草地一聯芙景玉楼人在杏花天飛詔任他來北闕草玄終不出南山此則穩足之命鴛幃全正副桂子旺門蘭運行初已巳上人庇下春苑春山庚午運中寒向梅中尽春從柳上還辛未運中千里関山千里會一番風雨一番寒壬申運中天上三陽泰人間五福全癸酉運中旭日桑麻茂盛薰風禾黍連仟甲戌運中世利浮生皆若此不如穩坐且加飡乙亥運中人生從此別無復見容顏

甲戌年　戊辰月　癸亥日　甲寅時

此八字癸亥之日相配柱中木土傷官助才之格女女得此生於右族長配名門椿萱有倚先歸母天邊鴻鴈各行鳴其為人也姿容清秀精格聰明有衹食衣之慎治家主事之辛勤風送浮雲歸古洞雨滋花蕊發新紅明月當天生意美光華天象色尤新月離海嶠山山秀春入園林處處英一朝運動特通泰益旺夫門此則榮貴之命良人連珠底壹載子助榮門晚節香運行丁卯春風駘落夏日炎燕丙寅運中所配名門支花從錦上埋丁丑運中乍雨乍晴晋容景或寒或煖困人天甲子運中水池雨過清新綠錦谷春来發舊馨癸亥運中食則珎羞百味衣則羅綺千重壬戌運中錦中加錦色紅上贈紅英辛酉運中四時多快樂庚申一枕清風

甲戌年　戊辰月　庚申日　丁亥時

此八字庚申專祿之日相配柱中才官印三奇之格人生得此生於官族長於名門金水椿萱双悅贈天邊鴻鴈各行鳴其為人也丰姿清秀天性聰明錦綉胸藏賢聖學珠璣口吐武文風終是功名之客豈為田舍之郎一朝姓字傳揚後九五天門拜聖明此則榮繼之命鴛幃有犯須年敵子嗣生成貴顯人運行初己已上人庇下詩禮趨庭庚午運中篤學十年窓下時来有日飛騰辛未運中雲程坦坦登天去舉足悠悠名利成壬申運中列宿朝南極周天拱北宸癸酉運中三度君恩寵兩番風木驚甲戌運中佇看官封三級酌然祿享千鍾乙亥運中春光去也花落月沉

甲戌年　戊辰月　乙亥日　乙酉時

此八字乙亥日元相配柱中金土雜氣煞印之格人生得此生於右族長於名門椿萱有倚先虧父天邊鴻鴈各行鳴其為人也丰姿清雅天性乖能雖無深計較稍有淡聰明重成新事業尋整舊門庭世事每從忙裏就才源自向遠方生不向仕途求闗達却來湖海覓黃金花無桃李非春色人有笙歌是太平是非莫悶門前客得失須憑塞上翁但顧時來才祿旺何須誇馬入青雲駕幃重合登子嗣强衣斷運行初己巳運中上人庇下未斷平生庚午運中雪晴天未暖行樂未如心辛未運中乍雨乍晴留客景或寒或暖困人天壬申運中萬里烟雲收臉一輪秋月光明癸酉運中成四時佳趣立萬古門庭甲戌運中松尚茂柏尤青乙亥運中晚年閑快樂丙子運中一夢入佳城

甲戌年　戊辰月　甲寅日　甲戌時

此八字甲寅專祿之日相配柱中火土傷官助財之格人生得此生於右族長於名門水命椿萱双晚戌天邊鴻鴈各行鳴其為人也丰姿清秀天性老誠知高下識重輕過火黃金重長價離雲皎月倍清明樓臺疊疊生涯好財帛盈餘福祿增福作江山外処好名揚湖海有光榮豐年田舍禾盈壟臘日山家酒滿斟花無桃李非春色人有笙歌是太平但願財源富足何須天府求榮此則旺益之命駕幃連珠低一載子嗣榮門晚節馨運行初巳巳上人庇下天朗氣清庚午運中傲遊湖海多風味須臾雲月尚朦朧辛未運中世情濃又淡淡處又還濃壬中運中財源旺足家居好風雪飛來倍慘情癸酉運中挑李千谿錦江山一盃昇甲戌運中子秀孫賢家業旺乙亥運中春殘花落水流西

甲戌年　戊辰月　戊辰日　己未時

此八字戊辰之辰歲殺之格陽刃合殺之格人生得此生於右族長於高門椿父先歸萱耐晚天邊鴻鴈各行鳴其為人也丰姿清秀天性聰明學問三冬足群書萬卷通袖裏虹霓沖霄色筆端風雨駕雲程鵬路高博知健翼龍門深躍見修鱗一從性字傳臚後人似神仙馬似龍處事但憑三尺法理刑渾似一團春此則榮貴之命鴛幃得配年庭女子嗣生成貴顯人運行初已巳上人庇下未斷平生庚午運中一番風雪過芹泮有書聲辛未運中報道是龍還不信果然奪得錦標新壬申運中驛中曉日催行棹江上春風促去程癸酉運中江山迎五馬花柳拂双旌甲戌運中三度錦衣歸故里兩扶日月上天庭乙亥運中英雄有限早捲絲綸丙子運中桃源春已去蓬島信難通

甲戌年　戊辰月　庚午日　壬午時

此八字庚午貴人之日相配柱中火土禄氣官印之格有官有印無破作廊廟之才只嫌土重金埋棫吾科第成名主人生於右族長於高門椿萱有倚先虧父天邊鴻鴈各搏風其為人也丰姿清俊礼貌温恭般般稍覽件件不精機謀輕服牽用人欽笋長名園過舊竹花開上苑勝先春豈是池中物尤来席上珍一旦謀為遂選揚九載名佇看頭角聳光耀舊門庭此則榮達之命鴛帏有妃須招副子嗣金風有暈榮運行初已巳幼年之下未必評論庚午運中雪晴天未暖行藏未如心辛未運中揚帆風正順何慮事虧盈壬申運中雨晴雲散天如洗跨馬天邊拜聖明癸酉運中幾年困守家門內一旦重沾雨露恩甲戌運中耿耿聲名重滔滔雨露均乙亥運中子貴晚年開故里丙子運中訃音一播衆傷情

甲戌年 己巳月
人此八字癸亥日相配柱中
合有助人生得此出於右族長 不高門
雁語同鳴[illegible]爲也[illegible]清秀天性作
通今之志哉長補[illegible] 無雲天
好景丹長明祖業 舊風
思慕功名滿都秋色皆春[illegible]旧風流有幾人
來自有淵淵福運至還教限[illegible]一旦逢幾會滴
然顯利名此則擊石生烟[illegible]命[illegible]有[illegible]招剔
子嗣生成貴顯人運行庚午上人[illegible]
辛未運中青歸柳葉情初変紅入桃花[illegible]
申運中幾欲捕風捉月依然世事因循癸酉運中
到此始知時運好萬物先華[illegible]通當是時也素
耗還侵甲戌運中財權並美福祿駢臻乙酉功名
有遂萬[illegible]無心丙戌運中馬嘶月落 [illegible]筆

甲戌年 己巳月
人此八字己丑日元相配柱中
得此生於右族長於衣纓 [illegible]霜
菊姑分尚輕其爲人也姿禎清雅惠我
綴之巧立業之勤一池杏桃鋪[illegible]山松[illegible]
幃屏風送笈荷香當[illegible]日白花夢發新[illegible]
阻滯步步勳夫門玉産崑崗藏[illegible]芝蘭生楚[illegible]
清馨惟觸唯祀易喜易[illegible]子貴也[illegible]福
祿無窮可惜青春年少女卻將玉体配[illegible]此則
榮益之命良人年長榮華[illegible]子嗣秋[illegible]
行初戊辰幼年之下毓秀閨門丁卯[illegible]門
蚤成好夢黃緣紅葉結良姻丙寅運[illegible]天
榮快樂幾苗微雨幾苗晴乙[illegible]奇[illegible]斂耀
日輝輝羅綺臨風當此之際風雨遂生甲子運亡
樓臺疊疊瑞澤紛紛癸亥運中夫賢子秀[illegible]意
情壬戌運中臺鏡掩晨明

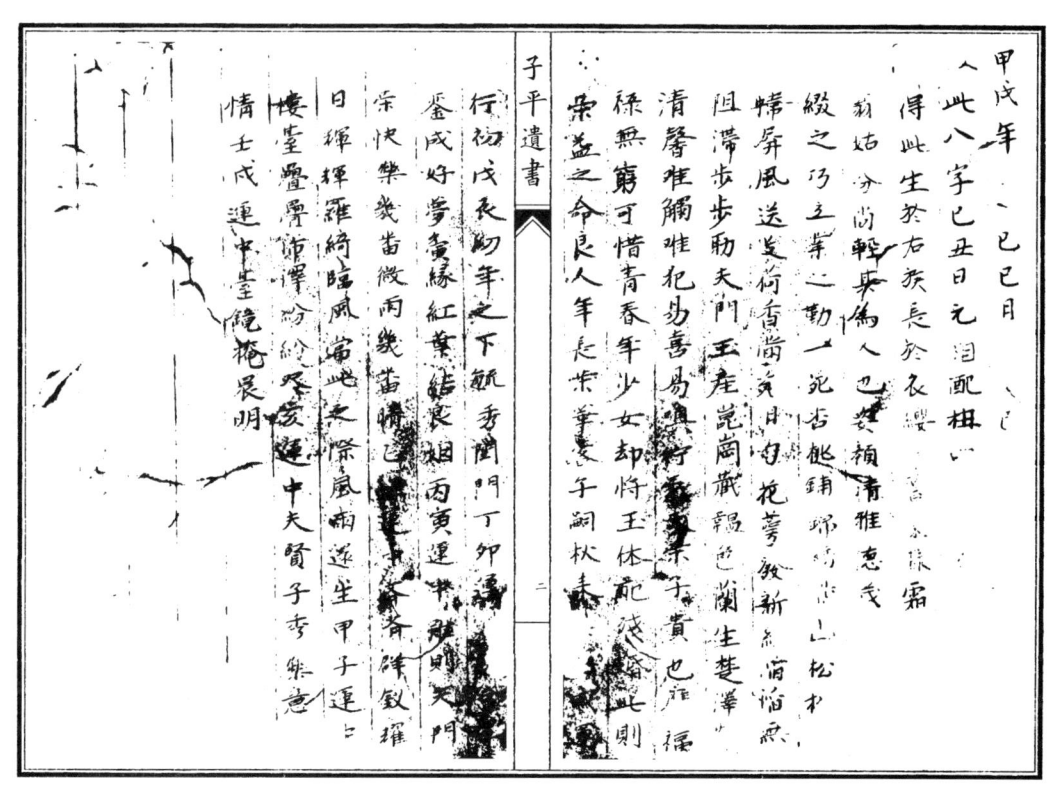

子平遺書 三

甲戌年 己巳月 辛

此八字辛金相配性中才官印三奇
此生於盛族配於高倍姿容清秀髮亮不
從之仍立業之機翁姑雙有椅妯娌不行二
果斷作事三思性不受觸心不藏機勤心支光善
沛澤四時佳趣勝常時財源旺足福祿多餘雖
鳳冠霞帔自然富足何知此則為旺之命良人徒
你低一歲子嗣生成出類覘運行初戊辰上人疵
下毓秀深閨丁卯運中共結絲羅山海園林皆琴
瑟地天齊丙寅運中財源滾滾家居好
使人悲乙丑運中羅綺臨風驟你羣
運中夫賢子秀多如意只恐天邊雪作堆癸亥運
中冲擊之所要喜不齊壬戌運中安閒晚景辛酉
運中歸歟歸歟

子平遺書 四

甲戌年 己巳月 戊申

此八字戊申長生之日相配狂中子
之格人生得此生於明門長於大族椿萱雙
鴻鴈各行鳴其為人也手姿清秀性格明百
禮義稍識古今有近貴親賢之德奉上和下
祖業須重立根源勝因風月掛碧多陵潔名
湖海有光榮不以功名為念豈潭貴顯閑心兩
秋色皆喬木一代風流有幾分田園多茂盛畝畝
廣妝成身將隱矣文何冊人不知之味與真但願
一生湖海樂何須跨馬入青雲此則為
幃金玉潤子嗣桂蘭榮運行初庚午
柳分春辛未運中兩過山方秀雲開月明中
運中滾滾財源求方覺瑞祥壬申運中近水樓
先得月向陽花木早逢春甲戌運中本原雖富之
鳳雪擁門庭乙亥運中無處盡從詩酒樂有懷
向酒中尋丙子運中桑榆晚景丁丑運中長
燦

甲戌年　己巳月　甲戌日
此八字甲辰日元相配柱中金土[illegible]
人生得此生於右族長於名門椿父先歸萱府
天邊鴻鴈各行鳴其為人也丰姿清雅天性乖
頗知禮義稍識古今有理自分清之智截長補
之能祖基祖業添新慶財帛豐囊自琢成福布
山生秀麗名揚湖海有光榮花無桃李非春色
有坐款是太平但願一生才[illegible]何須跨馬入青
雲此則穩厚之命篤偉同屬須平敵子[illegible]
挺榮運行初庚午上人庇下未斷平[illegible]
雪晴天未煖行樂未如心壬申運中[illegible]
慶幾多人事虧盈癸酉運中才旺[illegible]興家
愁素耗片時生甲戌運[illegible]成[illegible]佳趣立萬古門
庭須吏風雨過山青乙亥運中簾捲香風伴
福軒開化日祿[illegible]丙子運中子貴沾榮贈丁
運中春歸鳥不啼

甲戌年　己巳月　庚寅日
此八字庚寅日元相配柱中火土煞生印
煞印相生功名顯達遇斯命者生於右族長於
門椿父先歸萱府晚天邊鴻鴈各行鳴其為[illegible]
丰姿清秀天性聰明錦繡胸藏[illegible]聖學珠璣[illegible]
武文風定向月中攀桂子便從天上領陽春
風雲相際會九五天閒向聖容運行初庚午
庇下未斷平生辛未運[illegible]苦頃刻
騰壬申運中一從沐得天邊寵澤[illegible]盛[illegible]
[illegible]癸酉運中龍浪怒虎風生職遷金紫[illegible]
戌運中金紫官榮權任重還愁門外[illegible]
運中身膺瑚璉器權任棟梁洪[illegible]子運[illegible]
花酒丘中白雪琴丁丑運中春[illegible]過[illegible]枕了
平生

甲戌年 己巳月 癸巳日 丙[illegible]

此八字癸巳日貴之辰相配[illegible]中火土貝官之格
甲己合殺有功女人得此生於右族配於名門椿
萱双挽茂鴻鴈各行鳴其為人也姿顏閨[illegible]學[illegible]
精神有針緻之巧立業之[illegible]一苑杏桃鋪錦繡瀾
山松栢映幃屏每懷丸膽意時抱擇憐心雪為輕
粉憑風傳霞作朋暗伏日勻難觸難犯易喜怡
雖不鳳冠帔服[illegible]稱學一命哀
人土命須年長[illegible]繼長[illegible]運
人庭下孫秀閨門丁卯運中孔雀屏[illegible]
蓉帳煖氣氤氳丙寅運中雖則夫門[illegible]
事豚盈乙丑運中桃李[illegible]黏錦江山一[illegible]書[illegible]
掩月雨過山青[illegible]耀目[illegible]愁灾
晦相侵癸亥運中一輪秋夜月萬里皓清明[illegible]戊
運中子貴夫賢家業旺辛酉運中春歸花落鳥無
聲

甲戌年 己巳月 辛卯日 [illegible]

此八字辛金相配柱中土火官印之格人少[illegible]
於右族長於高門椿萱有倚供双鸞天邊鴻鷹[illegible]
風精神惆悃智慧明明知高下曉重覺輕[illegible]
山外名聞湖海中鼓棹清韻動石擊紫燭生君看
心於仕路也教光耀舊門庭此則擊石生烟之命看
幃同屬須年高子嗣蒙門孝且忠運行初庚午入
庭下不登不榮辛未運中[illegible]扎歸[illegible]林春[illegible]壬申
運中有路必達有志必伸癸酉運中一輪[illegible]
皎萬里秋波徹底清甲戌運中富潤[illegible]
亥運中才權秉美樓閣凌雲壬子運中[illegible]書[illegible]
外衰猿三兩聲

甲戌年　己巳月　壬寅日

此八字壬寅趨艮之日相配柱中火土才殺人生得此生於右族長於名門椿父先歸萱耐歲天邊鴻鴈陣行分其為人也丰姿清秀天性聰明般般稍覺件件不精謀動君子感伏小人行藏覺瀟洒咲傲任枯榮箇長名闈邊舊竹乾開上苑勝先紅終是功名之客豈為田舍之翁不費十年苦學定因三載成名銛長[illegible]衆麻茂[illegible]風雨露春此則榮貴之命驚幃有犯須年長[illegible]朶朶榮運行初庚午土入庇下未斷[illegible]運中行藏雖有慶還慮雪盈庭壬申運[illegible]入[illegible]登臺省恭承威令佐公廳癸酉運中雨[illegible]天府便沾恩甲戌運中[illegible]息重有感[illegible]黎民當此之際風雪滿庭乙亥運中腰銀不用三場舉治政全憑九載勤丙子運中子貴重榮贈丁丑運中春歸鳥不鳴

甲戌年　己巳月　戊戌日

此八字戊戌魁罡之日殺印之格女人得此主仁門配於良族椿萱有倚鴻鴈飛鳴姿容雅順天性垂能有針綫之巧立業之能深明閨壼[illegible]識古今情春入水光成嫩綠日勺花蔫發新紅處事無崇尋生平富不貧此則助旺之命良人金命須年長子嗣生成孀又盈運行初[illegible]辰上入庇下柳綠花紅丁卯運中[illegible]入桃源[illegible]橫銀漢水澄清丙寅運中幾度[illegible]中有[illegible]裏憂生乙丑運中不用高燒銀燭[illegible]神甲子運中花開上苑春光好月到[illegible]癸亥運中夫賢子秀樂意忘情壬戌運[illegible]也

甲戌年　己巳月　丁亥日

此八字丁亥日貴之良相配水才日才之於丑冲
太重減我功名主人生於右族長於高門水命潛[illegible]
營營歲長天邊鴻鴈各行鳴其為人也聿姿清
天性聰明般般稍覺件件不精有近貴親賢之德
應上和下之能祖業宜脩皆根源勝旧風五湖生
計好四海祿元增萬里無雲天一色[illegible]秋好景月
長明常為萬里客有愧[illegible]年身好意[illegible]真心
換得嗔得意江山詩句健[illegible]情日月酒[illegible]雖然
不是金鞍客時来也許教才名此則[illegible]
憔有犯須重續子嗣秋来孫孫榮運[illegible]上
人庇下未斷平生辛未運中始覓陽和[illegible]愁
絃斷重声壬申運中雖[illegible]則源旺[illegible]人事戲
盈癸酉運中桃李千谿錦江山一[illegible]梨花舞雪
雨過山肯甲戌運中戍四特佳趣立萬古門庭成
字之中如月入雲乙亥運中不独才源富足尚新
声协豪洪丙子運中子貴孫賢家業旺丁丑運[illegible]
春歸花落鳥無声

甲戌年　己巳月　丁酉日

此八字丁酉日貴之良相配[illegible]中金土伊，且[illegible]
之格才盛生官終身有慶遇斷命者生於右族長
於高宅椿萱有倚雄双鶱天邊鴻鴈有行飛其
人也多聞多見禮禮高情有輔世長民之德高謀
遠見之機學問有成碧落九重騰彩鳳英才特達
青雲萬里躡霜蹄榮沐恩波駢美[illegible]四方民物[illegible]
熙熙此則脫[illegible]掛綠之命鴛幃兩[illegible]自宜子
嗣有成發榮登貴運行[illegible]庚午上人庇[illegible]之
中辛未運中欲達相如志潛心下董帷[illegible]運中
三月一聲雷動地果然秉笏拜丹墀癸酉運中赫
赫威權布紛紛雨露濡甲戌運中萬里人[illegible]遷
愁風雨悲乙亥運中有才應大用未許[illegible]車丙
子運中遠驛千年驥閑釣五溪魚丁[illegible]運中婦[illegible]
也

甲戌年　己巳月　、庚寸[illegible]
此八字庚戌魁罡之日相配柱中八土
之格人生得此生於右族長於富門水土椿萱
歲長天邊鴻鴈各行鳴其為人也半坐清[illegible]天
聰明知高下識重輕過火黃金重長[illegible]離雲皎月
倍清明享見成之事業承遺蔭之功名樓臺疊疊
生涯好才帛豊盈福祿增朝中無[illegible]囊底足珠
珎拙於自已而於他人但願一生財祿[illegible]天府
沐皇恩時來機會至獻策也光榮此則富[illegible]命
鴛幃有犯須招副子嗣秋來有晚成運行初庚午
上人庇下未斷平生辛未運中寒向梅[illegible]盡春從
柳上生壬申運中才源雖富足人事尚虧[illegible]癸酉
運中納粟奏名揚四海須更風雨尚[illegible]甲戌運
中庭前竹報平安日鑑外花開富[illegible]乙亥運中
片段窮畬連野綠迴迴甲第聳[illegible]鹿丙子運中晚
年閑快樂丁丑運中一枕入佳城

甲戌年　己巳月　乙未日　戊寅時
此八字傷官取才之格人生得[illegible]　為甚火
速鴻鴈天边下共聯其為人也知高可[illegible]貢高人
起敬貴客相便梅開白雪飄[illegible]閣筆出新利過
園福佈江山外名聞閭里間自有項[illegible]之變豈無
福地之緣旭日桑麻茂盛薰風禾黍連阡此[illegible]德
足之命鴛幃瓜葛成婚配桂子[illegible]桂蘭運行
初庚午上人庇下風雪嚴寒辛未運中[illegible]雖有
慶人事尚徒然壬申運中漸覺春光明媚[illegible]柳
絮飄綿癸酉運中千江有水千江月万里無雲万
里天甲戌運中富貴榮華當此際綠楊亭院看鞦
韆乙亥運松尚茂菊乜妍丙子運中百年[illegible]歸
何處只處孤山淺水边

甲戌年　己巳月　丁亥日

此八字丁亥日貴之辰相配柱，
之格四柱兩冲得其所宜主八椿萱難並老鴻雁
秀庭柯其為人也手姿磊落志量寬我不惇武
留心緒肖把文章每琢磨際會風雲騰蹈飛黃登
上國早登科第早承恩命听鳴珂朝中馳名望人
民樂咲歌此則榮貴之命鴛幃得合如魚水桂子
森然向日多運行初庚午双親健不大悔如何辛
未運中春風惆悵早就師磨壬申運中一聲霹
靂驚天地萬丈龍門直跳過癸酉運中威權正
在朝堂上何慮人間好事磨甲戌運中忠君
得展經綸志承合朝朝步鳳坡當此之際蘼
璽誰驚乙亥運中正宜重為挺朝班丙子運中
一旦英雄似柳梭

十五

甲戌年　己巳月　壬午日

此八字六壬生臨午位號曰祿
稜之格人生得此生於右族長於名門椿萱榮
倚奕双耄天邊鴻雁各行其為人也手姿端
秀天性聰明立仁立義多聞多見窮書覽史李足
三冬麗句妙為天下白高材俊以世東青終是文
場榮貴容豈為田舍鑿耕人鵬路高搏知健翼
龍門深躍見脩鱗風得五漏金門[illegible]映千旗
王殿春一從揚姓字金紫戟階陛此則榮貴之命
鴛幃金玉潤子嗣繼衣新運行初庚午父庇下
化日陽春辛未運中欲遂平生志潛心對短檠
壬申運中報道是龍還不信果然奪得錦標新
癸酉運中千里霜威金谷重三秋[illegible]色綵衣輕甲
戌運中金紫迭榮權任重須史風雪尚愁人乙
亥運中正欲思君輔國未應解組思尋丙子運
中榮回故里美酒盈樽辛丑運中春光去也一枕
巫峯

十六

甲戌年　己巳月　壬寅[illegible]
此八字壬寅趄艮之日相配柱中
合官留綬之論主人生於右族長於名門梓
歸萱耐晚天邊鴻鴈各行唱其為人也手姿清
天性聰明胸羅今古事等識聖賢…氏向妙為天
下白文材俊仕海東青終是功名之客豈為田舍
之翁北海蛟橫頭角聳南山豹變介牙新三級浪
中難變化九霄雲外鳳飛騰一日青名遍天下滿
城桃李咲陽春此則榮貴之命鴛幃還珠為一載
子嗣生成跨灶人運行初庚午上人庇下亦斷平

生辛未運中雪晴天未燧汻泮有中青壬申運中
何事不須令日苦時來恐刻躍潛鱗癸酉運中
禹浪三層都躍過風生鉄面鬼神驚甲戌運中
一番風雨過金紫戢近榮乙亥運中有材應大
用未許便為榮丙子運中樽…直酒延佳客蘭
室存書教子孫丁丑運中花已落月尤沉

甲戌年　己巳月　乙酉[illegible]
此八字乙酉日貴之辰相配柱…　官助才
之格女人得此生於右族配於仁門…萱叹晚茂
鳴鴈幾行分其為人也姿容清秀…兄精神右
綴之巧立業之勤雲收華岳千山…到湘江一
樣清每懷九膽意時报惘憐心…崖崑崗藏豔色
蘭生楚澤散清瑩春日水光成嫩綠日匂花萼發
新紅滔滔無阻滯步步助夫門雞雛難配易喜易
嗔雖不鳳冠霞帔自然福祿增新此則益旺之命
浪人木命須年長子嗣秋来孝且榮運行初戊辰

上人庇下未断平生丁卯運中契合翠鸞成好夢
黄綠紅葉是良姻丙寅運中雖則…多快樂幾
番人事尚虧盈丁丑運中梅須遜雪三分白雪宴
輸梅一樣青甲子運中三陽開泰運五福日駢臻
癸亥運中夫榮子貴樂意忘壽　壬戌運中倍納喜
年之慶辛酉運中夕陽有限春夢怕憑

甲戌年　己巳月　己亥
此八字己亥日之元相配柱中才
有太重减戌功名主人生於大厦下　椿
棠號別棠棣不聯美其為人也精神烱烱智慧明明
高理直處事公平謀動君子威伏　而里無雲
天一色三秋好景月長明田園濮潤樓閣凌雲笙歌弗
處嘗行樂羅綺叢中幾醋醒身將隐矣更何用人
不知之味更真雖不登科第也應受帝恩非吏非
儒非汙馬献金納粟也光榮此則高尚之命[illegible]死怫
達珠第一載子嗣森枝有挺榮運行初庚午上人

子平遺書　十九

庇下天朗氣清辛未運中隐隐輕雷抽碧笋微微
細雨潤紅英壬申運中春風播爽微雨[illegible]癸酉
運中氣教昂昂然如光風霽月才源浩浩若逝
之流東當此之際一番素耗納[illegible]奏名甲戌運中
福若泉源湧才如春氣生成字之中進退因循乙
亥運中引鶴徐行三徑晚約梅同醉一壺春　丙子
運中無思無慮丁丑運中[illegible]花落月沉

甲戌年、己巳月　丁
此八字木未陰刃之日相配柱　壬傷官之格
人生得此生於右族長高門椿萱有倚難又[illegible]
天邊鴻鴈各行鳴其為人也丰姿清秀天性聰
般般精覽件件不精有近貴親賢一德上和下
之能欺霜抵雪理白分清水[illegible]澄[illegible]
從人咲語聲終是功在客[illegible]舍[illegible]不貲[illegible]
若學定應九[illegible]成[illegible]看[illegible]角[illegible]光[illegible]門庭
則榮貴之命[illegible]有已須拾副子嗣秋[illegible]
運行初庚午上人庇下雲月朦朧辛未運中青歸

子平遺書　二十

柳葉晴初渡紅入苑花煖未白壬申運中貴人指
引登公府雨有[illegible]從事未[illegible]癸酉運中[illegible]起程
登上國雪晴[illegible]散炎光榮甲戌運中雖則[illegible]嶸頭
角還宜省察家門乙亥運中皇恩有感聲名[illegible]
政琴堂德澤新丙子運中此運見陞還遷[illegible]
又喜沐皇恩丁丑運中夕陽[illegible]

甲戌年　己巳月　辛丑

此八字辛丑之日火土官印之十

主人生於右族長於名門椿萱雖一

東其為人也半姿清秀天性聰明知

有近貴親賢之德應上和下之能

整舊門庭不必麗珠來水府自須求劍列豐城花

無桃李非春色人有笙歌是太平身將隱矣文章

用人不知之味更負但願才源富足不求身外功

名此則穩厚之命鴦幃合重配子嗣晚景運行

初庚午上人庇下未斷平生辛未運中莫道儒官

悞螢窓患不勤壬申運中淡烟楊柳岸薄露杏花

村癸酉運中着意種花花不發無心插柳柳成陰

甲戌運中到此始知時運好萬物光華世事通當

此之際風雪滿庭乙亥運中有田皆種玉無地不

生英丙子運中春光去也一枕清風

甲戌年　己巳月　丁

此八字丁未陰刃之日相配格

人生得此生於右族長於名門椿萱一仙又九

公公壹富父親貧天邊鴻雁兩隻隨鳴其為人

丰姿清秀天性聰明行藏不特達之始重輕解

般稍覽件件不精有近貴親賢之德應上和下之

能重成新事業再整舊門庭好向杏林傳秘訣莫

來仕路問功名安分自然主意好妄為反致禍臨

身但願一生多旺足何必天邊沐寵榮此則九流

中傑者之命鴛幃貌醜貧家女子嗣秋來貴顯人

運行初庚午上人庇下未斷平生辛未運中雪晴

天未煖行樂未如心壬申運中登臨雨濘賞玩春

陰癸酉運中好術廣傳神動聽才源滾滾旺門庭

甲戌運中天上三陽泰人間五福增乙亥運中晚

年快樂會友開樽丙子運中子貴家門多快樂丁

丑運中訃音一播衆傷情

甲戌年　己巳月　子

此八字壬辰朔望之日相配中　一令六
之格人生得此生於温潤之節、於名望之日
命格萱離祖客天边鴻鷹各行群其為人也丰
清秀天性聰明李間不親顏直紫ヒヽ常喜近京
人楼臺疊疊生涯好才帛豐饒福禄增春入园林
杳遍歷寰之藹月離海嶠光揚宇宙之明但餘粟
陳并貫朽何必笑边沐寵榮此則穩富之命鴛幃
全正副子嗣桂蘭馨運行初庚午上人庇下客月
光風辛未運中未覩桃李紅紅色且喜湖光淡淡情
壬申運中正是梅青并月白何愁第宅不興隆癸
酉運中才源富足楼閣凌雲甲戌運中天上三陽
泰人間五福均十番風雪過萬物總陽春乙亥運
中觥籌交錯賓朋羨孫賢子秀樂無窮丙子運中
無慮尽傳詩礼樂有朋來自遠方親丁丑運中花
已落月在沉

甲戌年　己巳月　庚

此八字庚子日元相配柱中火
女人得此生於右族長於高門椿萱有倚霜
妯娌翁姑分上輕其為人也姿顏清秀髮貌精
有肝食神霄衣之懊惱治家立業之勤能萬里無
雲天一色三秋好景月長明春入水光成嫩緑日
勻花芸發新紅憂禍由能辞内味古琴應辭辞絃
声克勤而克勤愚喜而易嗔才源既是福禄豐盈
若非二次明花燭定是生来配舊婚姻則旺益之
命良人得配英豪客子嗣秋来有信實運行初戊
辰上人庇下未断并沉丁卯運中春歸樹葉精婿
度紅入桃花幾未勻丙辰運中雖知朱門多快樂
幾番人事有虧盈丁丑運中濟濟裙釵絢日層層羅
綺臨風當此之際風雨還生甲子運日天上三陽
泰人間五福增癸亥運中子貴夫榮多快樂壬戌
運中訃音一道酹酒三鍾

甲戌年　己巳月

此八字戊申長生之日相配柱〻人〻生印〻之格陽刃合殺有功位至公卿之職主人生於大族長於名門椿萱雙脫茂棠棣多數榮其為人丰姿清秀天性聰明理窮古事熟諳事書對賢以與聖經終是功名客豈為田舍人[illegible]級浪中龍變化九天雨露沐皇恩一從揚姓字職位秉權總此則榮貴之命鸞儔配得宦門女子嗣生成貴顯人運行初庚午上人庇下未斷平生辛未運中林人高展巻秉燭觀文壬申運中遠望天恩霑外除思[illegible]桂子手中英當是時也橋門寄跡天府就榮癸酉運中躍過三層浪朝班立縉紳慶事但遵三尺法理刑渾似一團春甲戌運中重成金紫貴字內更澄清乙亥運中藩臬階陛當此際官超五品倍居尊丙子運中明時柱石何事歸榮[illegible]丁丑運中子貴閑晩景春歸鳥不吟

甲戌年　己巳月

此八字己亥之日相配柱中水木財官　己亥

此生於右族長配名門椿萱雖並老遇鴈〻為人也姿容清秀髮冕精神勝丈夫之氣槩有容之材能雲為輕粉憑風傳霞作胭脂丈日匀每懷丹滕意時抱擇隣心楊柳無風枝嬝娜橋花有月影精神滔滔無阻滞步步助夫門雖觸難犯易喜為唄羹非二次明花燭矢定生來配舊婚佇看夫榮子貴福祿無窮此則榮貴之命良人年長榮[illegible]壽子嗣生成貴顯人運行戊辰上人庇下敏秀閨門[illegible]運中紅葉溝中傳審意赤繩月下結良姻丙寅運中[illegible]沿沛澤四時佳趣瑞祥生須更風雨[illegible]過山春乙丑運中羅綺千層庭珎羞百味新甲子運中粉中加美色紅上贈紅英癸亥運中晚年多快樂子貴又陞恩壬戌運中粒壟人去也奩鏡捲塵明

甲戌年 己巳月 戊戌日

此八字戊戌魁罡之日相配柱中
之格陽刃合殺有功女人得此生於右方
門椿萱有倚難雙耄天邊鴻鴈各為行其為人
姿容閨致髮貌精神有肝食宵衣之奧惱治家六
業之材能萬里無雲天一色三秋好景月長明相
夫應有道訓子總成群克勤而克儉必喜而易直
非娉亦非奔福禄自天生晚年光霽景子貴
榮此則益旺之命良人年長同偕老子嗣杰
宅門運行初戊辰運中上人在下毓秀閨門

丙寅運中路入桃源花爛熳橋横銀
乙丑運中正是太平光霽景是悠花丈
甲子運中羅萬疊好山霽信欲下嶺明上
綺千般錦珍羞百味新癸亥運中子榮賢羨福禄
駢臻壬戌運中春光去也一枕難醒

甲戌年 己巳月 乙未

此八字乙未日元相配柱中金火傷
人生得此生於右甚長於高名金火
天邊鴻鴈有隨飛其為人手姿清淡天性操持般
稍覽件件粗知行藏果斷作事三思豈無高仕敵
時有貴人携祖業添新慶根源奧昔時花盈上苑
菓盈園稻滿平疇水滿池自有順天之變豈無福
地之時英雄惟贈[illegible]緣相逢酒一卮但[illegible]
一生財源旺何[illegible]貴人雲衢求君甚生[illegible]
却如番轉若搯皮此則穠厚之命[illegible]

長子嗣秋成貴显榮運行庚午上人下灾瘟[illegible]
時辛未運中淡烟楊柳岸薄霧杏花 壬申運中
有得有失有喜有悲[illegible]運中才源富足家居好
須史素耗與閑非甲戌運中雨過園桃簇錦風和
提挪 綠戌字運中花放風欺乙亥運中門楣壯
觀福禄崔嵬丙子運中晚年閑快樂丁丑運中一
枕入仙衢

甲戌年　己巳月　甲午

此八字甲午日元相配柱中金火傷官喜逢時值金神主人生於右族長於倚一期壽天邊鴻雁各行鳴其為人也丰姿天性聰明頗知礼義稍識古今有傲雪欺霜之志截長補短之能重成新事業再整旧門庭福佑江山外名聞湖海中兩都秋色皆喬木舊舊風流有幾人不以功名為念豈將冠冕磨龔得意江山詩句健忘情日月酒盃深才源富又何須騎馬入青雲此則豐饒之命焉子嗣枝頭孝義深運行初庚午上人　壬辛未運中世事宛如春夢人情薄　申運正是梅青月白还愁桑耗相侵癸酉運中才源[illegible]旺足風雨尚愁人甲戌運中嚴霜積雪都經過從此才源倚有增乙亥運中門招壯觀福祿駢臻亥字運中如月入雲丙子運中夕陽有限春夢無憑

甲戌年　己巳月　壬午

此八字六壬生臨午位號曰祿馬同之格注人生於温潤之族長於迭變倚成無倚鴻雁聯群又斷群其為人也丰姿天性聰明般般稍覽件件不精截長補短理白不清世事每從忙裏就才源自向遠方來　業添新慶才源晚積存争長若圖遍旧竹花開此苑勝先春終是成名之客豈為由舍之翁一月遇貴相扶挈也應光顯旧門庭此則擊石生炬　巾鶩帽金玉潤子嗣稱衣新運行初庚午上　[illegible]沉辛未運中登臨兩後賞玩春陰　[illegible]播爽微雨弄晴癸酉運中時來逢貴　馬旺前程甲戌運中澤感[illegible]　木動陽春乙亥運中才權並美福祿駢臻丙子運中晚年閑快樂樽酒樂怡情丁丑運中春光去也　枕巫峯

甲戌年　己巳月　丙戌日

此八字丙戌日元相配柱中旺土者剛毅之物也主人生於右族長之萱僾晚茂天邊鴻鴈各行鳴其為八也手[illegible]天性乖能知高下識重輕過火黃金顯十分之貴色離雲皓月倍清明祖業添新慶根原勝舊風[illegible]布江山外名聞湖海中得意江山詩[illegible]健忘情日月酒盃深豐年田祭[illegible]海[illegible]酒滿斟福大元戌岳遺威勢[illegible]邊沐寵榮此則旺森枝孝且忠運行初庚午上人庶下未運中天冷雲还凍江寬風[illegible]生[illegible]太平光霽景須臾風雨不為[illegible][illegible]中[illegible]谿錦江山一畫屏須臾風雨兩過山[illegible]運中軒開化日千祥集簾捲香風百福增梨花[illegible]雪[illegible]過山青乙亥運中延賓覲[illegible]會交開樽[illegible]子運中歸去也

甲戌年　己巳月　丁亥日　辛丑時

此八字丁亥日貴之辰配合柱中金土傷官生才之格又生值此丰姿沉利立性剛能生於喬木之家長於萱室之庭椿府寵榮揚四海萱庭有贈福弥深鴈字難兄招有弟惟吾早歲便馳名學問有成終作在朝俸祿客英才出[illegible]定須金殿玉堦行闈闥開黃道衣冠拜紫宸此則貴秀之命鴛幃必配金枝葉子嗣齊招瑚璉人運行初庚午本則榮裏客運神久助不能成辛未運中蛟龍豈是物一旦承恩逢鳳城壬申運中猛虎若前次青氈下有權名癸酉運中衣冠正在權衡歸去雪飄襟甲戌運中富貴榮華多此際衣紫隨身沐聖恩乙亥運中衣錦还鄉歸故里一門僾顯有重封丙子運中玉骨可憐歸去也歎難院落夜沉沉

甲戌年　己巳月　己亥日　庚午時

此八字已亥日相配柱中之火印授之格喜逢日祿以帰時人生得此显揚姓名椿萱堂上双栄耄鴻鴈天边有共鳴丰姿洒落天性聪明理貫古今之學心明至賢之經繫閬水府珠生彩標出豊都劍有声光逕揚姓字肅氣便奔騰此則栄肅之命鸞帰全副重轄脉有承栄運行卯庚午初承上庇快樂异三二來運中讀殘牕下月三更案頭萤萤運中壬辰春霹靂躍過浪三層癸酉運中寵剛威神主甲戌運中一番風雪過金帶大亥運中六才大用威揆边城丙子運中栄出丁丑運中夢入蓬凡

甲戌年　己巳月　丙戌日　癸巳時

此八字丙戌日相配柱中旺土傷官之格人生得此宜乎仕路登栄椿樹高栄萱耐晚鴈行天際有飛騰丰姿石砌落性理剛明學問淵源一舉首登龍虎榜十年身到鳳凰城黃甲尊魁選丹墀播姓名寵渥栄沾後威飛肅氣清此則承芳之命鴛幃全正副桂子蘭金英運行初庚午上人庇下黃卷青灯辛未運中讀殘官舍月行落泮林星壬申運中禹浪三層都躍過光生玉節繼金英簪纓癸酉中皇恩有感金紫加陞甲戌運中重金重紫輔皇明乙亥運中扶持日月攝理兵刑丙子運中依然光耀丁丑運中一夢難醒

甲戌年　己巳月　丁亥日　戊申時

此八字丁亥日貴之辰相配柱中金土傷官助才之格傷官者傲物氣高常人時人爲及己人生得此年姿秀氣天性聰明源流三峽誰能及腹中學業聖賢經其爲人也生於名族長於詩庭嚴慈爲育同鸞別鳳行出我播高鳴學問有成萬里彩旗經過客英才豪邁一聲霹靂躍潛鱗変世衣冠從今望九天雨露休深恩佇看天下揚名顯黼黻之中偏讓尊此則權貴之命鴛幃有疵宜正副桂子来又出第運行初庚午災憂之除學礼攻經辛運中天門侍放黃金榜仙杖催開紫玉宸危非之礼憂素並行壬申運中皇恩陞高爵郡縣盡皆尊癸酉運中重金重紫雪雨淋淋甲戌運中十郡山河吾職掌職居都憲鎮邊廷乙亥運中兩朝無事安磐石鮮印帰来于顯身丙子運中皇門之砥石一夢入蓬瀛

甲戌年　己巳月　癸卯日　戊午時

此八字癸卯日貴之辰相配柱中火土財旺生官之格人生得此本顯科名只爜殺重身柔福居鬧地椿萱双耐晚鴻鴈各分飛足踐蓬萊之地身披霞彩衣識古今之事明賢聖之書佇看未晚節容貌輝煌此則清安之命運行初庚午上人庇下未必爲奇辛未運中行藏塵不染月朗鶴帰遲壬申運中得遇[illegible]無情事有欺癸酉運中漸新辣道高造洞玄機甲戌運中財源滾滾德望乙亥運中老當青樂深隱峻居丙子運中謟享用丁丑運中帰去来兮

甲戌年　己巳月　丙午日　戊戌時

此八字丙午日刃之辰相配柱中旺土傷官之格傷官者傲物氣高人生得此丰姿瀟洒天性剛能異日強爺勝祖到那時福氣遠傳名其為人也生於右族長於豐居双思難並鸞鴻雁我鳴清學問也知文與礼生平鄉里盡相欽非獨家門生涯富田園富貴不非輕初限中年灾非破暮年出子必朝君此則富足之命篤怖宜敵子嗣英英運行初上人庇下學礼攻書辛未運中意欲思高昇貪官非破耗憂壬申運中才如春水滔滔憂驚癸酉運中嚴霜消盡才寶豊甲戌運中門心車馬客積玉與堆金乙亥運中子朝鳳閣官誥封身丙子運中金銀賣不去分與衆兒孫

甲戌年　己巳月　辛丑日　戊子時

此八字辛丑日相配柱中之火正官之格女人得此儀容秀爽天性良能椿萱棠棣齊榮壽妯娌翁姑有共盟立業掌家有道針綫刺綉多精雲開華岳千峰秀水到瀟湘一樣清佇看来晚節福慶挺崢嶸此則榮秀女命良人金命須難属桂子庭前三四英運行初戊辰閨門之内快樂昇平丁卯運中杏艷桃還媚鸞歌鳳亦鳴丙寅運中裙釵雖壯風雪又飄零乙丑運中助夫之財業樂自己之平癸亥運中蘭馨桂馥壬戌運中機杼無聲

甲戌年　己巳月　辛卯日　癸巳時

此八字辛卯日相配柱中火土官印之格正謂有
官有印無破作節庙之才人生得此立仁立義不
勇不慈椿親荣且耄鴻雁有分飛學問有成一舉可
冲天之勢英才特達片言有折獄之為一旋沾寵
渥祿位自輝輝此則榮耀之命鴛幃全正副桂子
秀枝枝運行初庚午上人在下処樂自如辛未運
中志欸登天步月身還困守書帷壬申運中三跳
[illegible]隨变化衣冠濟濟拜丹墀癸酉運中一番風
[illegible]祿位再加嵬甲戌運[illegible]名謹肅振德望高踊
中戌年蘭桂秀[illegible]耀鄉閭丙子運中桑
[illegible]丁丑運中夢断華胥

子平遺書　八

甲戌年　己巳月　戊申日　辛酉時

此八字戊申日身生長生歲殺之格喜
逢印綬守提綱遇斯命者椿萱耐晚鴻
[illegible]其為人也丰姿俊俏天性果剛
[illegible]礼義有紀綱驪珠照魏光難掩雷劍
生輩氣莫藏[illegible]岐黄之訣且觀顏孟
之章佇看騰踏飛黄去荣沐恩波覲聖
王此則光華之命鴛幃得配真良女子
[illegible]成孝義郎運行初庚午融融景色
[illegible]登[illegible]辛未運[illegible]上詩書時黽勉
[illegible]問道路可飛揚[illegible]運中欲速未達
[illegible]凄[illegible]癸酉運中報道是龍还不信
峥嶸頭角拜明王甲戌運中威風播遐
[illegible]清[illegible]凜氷霜當此之際樂憂悲傷乙
亥運[illegible]勿匡朝野未許懸車返
[illegible]運中一夢知何處去一輪明
[illegible]

子平遺書　九

甲戌年　己巳月　甲午日　乙丑時

此八字甲木配予火土傷官帶財之格丙干不帶亦帶金神主人生於右族長係閣[illegible]萱賢且壽鴻鳳多聯群丰姿濟[illegible]禮貌綿新月掛碧天多皎潔花開英華勝先甚備得有心於名利仕途亦可[illegible]身此則傑才之命鴛幃得合百年[illegible]永之權桂予有成一彩鵬程之命行初庚午惠風和暢天朗氣清辛未甲[illegible]初出月[illegible]似半開英壬申運高人援挈去祿[illegible]旺前程癸酉運中[illegible]旺祿元增甲戌運中威權有布舉用人欽乙亥運中傷官入墓風雪滿庭兩子送中人生從此去無復觀音容

甲戌年　己巳月　癸巳日　癸丑時

此八字癸巳日相配柱中水土才殺之格人生得此本顯功名只嫌身弱遇之不貴而富椿萱堂上雙年耄鴻鴈天邊有各飛知輕識重將高就低祖業添新換舊財囊自積豐腴但願門迎車馬客何須身到鳳凰池此則富實之命鴛幃配合須年少[illegible]子[illegible]三四枝運行初庚午上人庇下有何是非辛未運中[illegible]園[illegible]雨過桃杏吐芳菲壬申運中[illegible]敝如新折鄉人情渾似半開梅癸酉運中滔[illegible]運中萬象回春生意[illegible]成悲乙亥運中沖擊之所人事趍[illegible]當益壯丁丑運中歸去来兮[illegible]子運

甲戌年　己巳月　壬寅日　丁未時

此八字壬寅日相配柱中火土財旺生官之格
正謂才感生官終身有慶值斯象者丰姿
洒落天性聰明椿萱雙耐晚鴻雁有隨鳴
學識窮通今古智継能合賢英可向仕途求
聞達須教湖海旺才名佇看晚年光霽景
也須頭角聳峥嵘此則富貴兩全之命鴛幃
配合雙諧蘭桂子庭前吐錦美運行初庚午
[illegible]水土底詩禮趣庭辛未運中詩書雖有
貲[illegible]閑情壬申[illegible]進續來湖海財
[illegible]有[illegible]酉運中[illegible]有[illegible]敬仰東風
[illegible]舞門庭甲戌運中世事多光霽才名
旺不勝乙亥[illegible]中老當益壯頭角峥嵘丙子
[illegible]運中歸去也

甲戌年　己巳月　己亥日　甲子時

此八字己亥日配乎柱中水火棄印就財之格人
生得此仕路聲揚椿萱堂上雙羊屬鴻雁天邊有
共翔丰姿英雅天性柔剛理貫古今之學心明柱
直之章時來揮劍筆公府勢鷹揚孝最成功沾寵
渥仁風百里勢軒昂此則榮貴之命鴛帳連珠低
[illegible]蘭東[illegible]天香運行卯庚午上人庇下何
論炎凉辛未[illegible]歡遂平生志潛心守雪窗壬申
[illegible]筆向公堂癸酉運中疋馬登
[illegible]中一[illegible]風雲過化日照
便擬還鄉丙子
[illegible]運中夢入仙鄉

甲戌年　己巳月　丁未日　丙午時

此八字丁未日相配柱中之十傷官之格喜逢日
祿以歸時稟得五形之秀氣人生得此多機多智
不勇不慈椿萱堂上焚年耄鴻鴈天邊有共飛學
識粗知詩禮智謀自有操持湖海田園多興趣晚
年第宅挂光輝此則亞富之命鴛幃諧老須添寵
桂子金風三四枝運行初庚午幼承上庇有何是
非辛未運中詩書心力倦貨利便生肥壬申運中
，黃鬯風花下興怡怡癸酉運中跡
[illegible]旺家資甲戌運中玉潤金輝車馬
偏元綏乙亥運中峥嵘頭角丙子運
河鵬去

甲戌年　己巳月　乙未日　丁丑時

此八字乙未配于柱中火木傷官助才之格人生
得此多機文谷操持般般好學件件粗知椿萱難
倚耄鴻鴈不同飛祖業自離自棄財囊自積旋肥
湖海市廛財兩旺米然先得貴人攜仔看來晚節
安樂勝常時此則自成之命鴛幃諧麗女桂子兩
三枝運行初庚午幼年之景雲逐風飛辛巳運中
有心生貨利無志讀詩書壬申運中家業有成行
小順東風擲祭又輕飛癸酉運中財源來益旺狐
威義甲戌運中[illegible]務旺日日醉扶歸乙
亥運中沖擊之所財[illegible]到丁丑運中歸
云也

甲戌年　己巳月　丙午日　戊子時

此八字丙午日刃之辰傷官之格子午沖破不顯功名椿萱有倚如無倚鴻鳫同翔又各翔其為人也難觸難犯自是自能怒則天崩地裂喜則雲淡風輕東嶺栽松西嶺秀南園種竹北園青江湖生意廣鄉黨姓名馨此則成立家園之命鴛幃獲配賢能女子嗣生成孝義人運行初庚子以年之際傍壁安身辛丑運中雲收山聳翠雨過竹重青壬運中財源進益人事光榮癸酉運中人生正是景口、恐西風雲戌運中小池雨過添得谷春來發舊運中消閑棊一局遣三鍾渤昇運中江山不盡登臨興夢斷南柯了

甲戌　己巳　癸卯　己未

此八字癸卯日貴之辰偏官之格傷官作合為奇值此象者椿萱有倚棠棣聯輝姿儀清俊性格能為爭究天下無名事讀盡囊中不到書蘭逐玉蟾攀桂上爲隨青帝踏花帰烜赫声光着汪洋雨露濡比詞英達之命鴛幃得合連理之枝桂子有成書運行初庚午不煖不寒留客景乍晴乍辛亥運中青灯労困雪案論思壬申運步冊墀癸酉運中衣冠正在權衡中政令諸方布威風未許懸車丙子運中丁丑運中漂渺之蓬壷

甲戌　己巳　丙申　丙申

此八字丙申日相配柱中金木傷官助財之格人生得此丰姿瀟落天性能爲椿萱皓首難全奉鴻鴈天邊有齒飛歷學古今之事辯外時務之宜祖業重新慶財囊自積齊倘若留心於仕路也須頭角登巍巍此則富貴兩全之命鴛幃有碍須相觝來有出奇運行初庚午上人庇下快樂怡子高雖有志仕路未名馳壬申運中白髮輝輝癸酉運中一番風行蔵人敬仰名勢壓禄高彌丙子到丁丑

戌　己巳　甲申　乙丑

此八字傷官助才之格亦有金神之意人生得此生於茂族長於高居椿萱雙有倚鴻鴈少聯飛學問粗知禮義機謀稍別賢愚恒招君子敬時有貴人携田園恭柘茂畝畝稻梁肥莫思仕路之險且向花前醉一巵此則富足之命鴛幃金合桂子秋殘庚午上人庇下安樂何如辛未運中春芽壬申運中才源來旺人欽伏一枝臺疊疊德望揮揮甲戌柳作花飛乙亥子運中春光去也花

甲戌年　己巳月　甲午日　己巳時

此八字甲木配乎火土傷官帶財之格兩干不雜亦帶金神主人生於右族長於仁門椿萱賢且壽鴻雁多聯群半姿清致禮貌維新月掛碧天多皎潔花開上苑勝先春倘得有心於名利仕途亦可以榮身此則傑才之命篤幃得合百年魚水之惟僕子有成一舉鵬程之便運行初庚午惠風和暢清辛未運中心如初出月身似半開英壬[illegible]提挈處祿馬旺前程壬申運中財自增癸酉運中武[illegible]中舉用入欽甲戌運基風雪滿多[illegible]運中入生從此去無

甲戌年　己巳月　乙酉日　壬午時

此八字乙酉日相配柱中火土傷官助才之格人生得此姓顯名揚椿萱榮贈難双苍鴻雁天邊有共翔半姿俊秀天性果剛學問有成終是青雲之客英才卓冠豈為白屋之郎一從姓字俾揚後榮沐恩波勢顯揚此則榮貴之命篤幃配合良門女子庭前有挺芳運行初庚午上人庇下何慮風[illegible]氣卷登場探月時來也許名揚壬申[illegible]升騰沾寵遲[illegible]風凜凜散封　癸酉運雪初[illegible]樓[illegible]河[illegible]日長甲戌運中功光[illegible]一[illegible]夢入[illegible]小妨乙亥運中榮

甲戌 [illegible]巳 乙未 丁亥

此八字乙木生於巳月傷官生才之格人生值此
生於華屋長於喬木丰姿俊偉体貌精神善決善
斷慶事多機懷百變之機謀樂君子之風月一飯
未曾留俗客數年常讀古人書但顧有酹招客飲
河洞騎馬上神京此則榮盛之命鴛幃玉潤桂子
水清運行初庚午辛未桃紅梆綠春苑青山壬申
[illegible]杏桃鋪錦繡滿山松栢映幃屏甲
[illegible]逸北斗樓臺疊疊隱南崗
中富潤屋德潤身家
丰生[illegible]華堂丁丑運中三盃

甲戌 己巳 辛卯 甲午

此八字辛卯日相配柱中之火偏官之格甲巳化土最
為奇人生得此丰姿英傑氣宇高嵬椿萱榮耐
晚棠棣有連枝學識粗知書史筆鋒能掃究危
佇看時來逢貴客相攜直擬到曹司一從沾寵
政悅黔黎此則顯榮之命鴛帳招賢魚
桂蘭挺秀有聯枝運行初庚午庇佑之
辛未運中便有貴人提挈聲華
運中宮[illegible]濠財源來旺徽徽風浪
榮[illegible]露光耀舊門閭甲
[illegible]火加寃乙未運中世
[illegible]菊花卮丙子運中孫賢
中歸去來兮

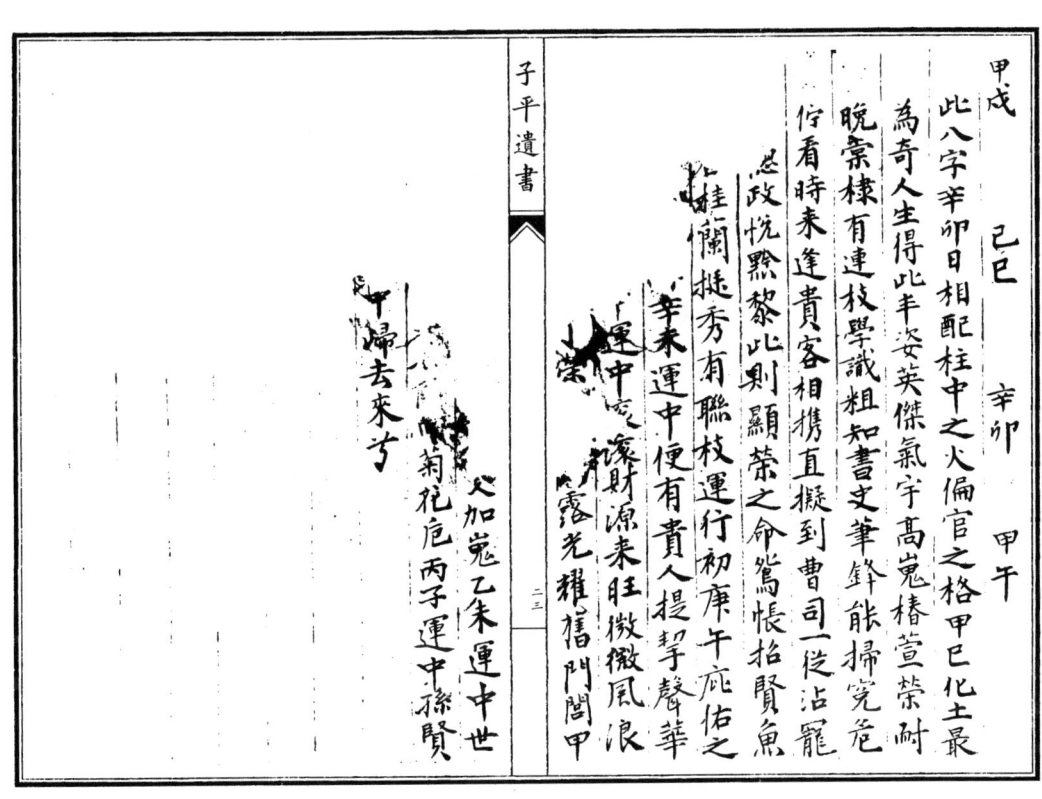

甲戌年　己巳月　丁未日　丁未時
此八字丁未日相配柱中之土傷官之格女人得此福足以享其榮堂上椿萱金命壽翁姑妯娌有同盟儀容秀爽天性良能有針綫之機巧立業之勤精性急江濤春壯心安山月秋清琅玕竹鞭平安福錦綉花開富貴英佇看未晚嘆福慶享峥嵘則榮淋女命良人配合豪華客桂子生成俊秀

良幼年之景花放風生丁卯運中吉鳳亦自丙寅運中裙釵雖壯麗風般色珍羞百味馨甲

安榮癸亥運中老當

壬戌運中粧樓人去也臺鏡晚空

甲戌　己巳　丙申　壬辰
此八字丙申日相配柱中之水時上偏官之格人生得此嚴毅之志慷慨之資椿萱金土双榮盛鴻鴈既遭有共飛知世情之冷暖識人面之高低祖基祖業加新慶才帛才囊自積肥湖海才名耿耿鄉邦德望輝輝佇看時来逢貴助金珠滿目壯威儀此則發旺之命鴛幃火命須猪屬桂子金風舞

綵衣當[illegible]初庚午幼承尊庇快樂怡怡辛未運中[illegible]學堂開詩壬申運中才帛来

旦數[illegible]片雲能發千山雨雨

[illegible]色奇[illegible]畜梨雨過金玉積多

[illegible]鐵旺蘭桂芳菲丙子運中桑榆

暮景[illegible]運[illegible]歸去来兮

甲戌年　己巳月　戊子日　丁巳時

此八字戊子日相配柱中之火印授之格女人得此儀寵莫屬天聰明椿萱棠棣難相守妯娌翁姑兩樣情立業掌家有道應上和下易能非奔非聘天生福旺節光華福氣生此則能事女命良人有碍須婚舊柱子生成後季英運行初戊辰初年之景庇下昇平丁卯運中配匹以凡佳偶貫端賠潑傾丙寅運中家業多豊[illegible]乙丑運中不獨金珠滿目尚添人事[illegible]旺年光霽樂享昇平癸亥運中悠[illegible]

運中[illegible]

甲戌年　巳巳月　甲午日　乙丑時

此八字甲木相配柱中火土傷官助財之格亦有金神之意人生得此生於茂族長於名門金木椿萱雙晚茂天邊鴻雁有飛騰其為人也丰姿清秀天性老誠斷高理直處事公平自有順天之慶豈無福地之源莫向仕途誇歲月好來湖海覓黃金春入園林香遍塵寰之藹月離海嶠光陽宇宙之明此則旺衆乙命已[illegible]正副方偕老子嗣春生成貴顯運行庚午上人庇下淡淡春雲辛未運中不為惜花春多應愛月夜[illegible]中始知春盈水方[illegible]梓生之[illegible]運[illegible]劉錦江山一屏甲戌運中富貴榮華當此際風雪飛來倚惨晴乙亥[illegible]中[illegible]三尺豪傑相逢酒一鍾丙子運中桑榆暮景丁丑運中春夢無憑

甲戌年　己巳月　壬寅日　甲辰時

此八字壬寅趣艮之相配柱中火土財殺之格人生得此生於右族長於仁門萱母續絃椿磊落天邊鴻雁各搏風其為人也丰姿清秀性格剛忠知高下識重輕有近貴親賢之德應上和下之能重成新事業再整舊門庭門外田園千古計庭前花太四時新花無桃李非春色人有笙歌是太平但[illegible]生財祿旺何須跨馬入雲津此則穩福之命[illegible]運合登子嗣秀聲馨運行初庚午上人庇下淡春雲辛未[illegible]過桃李未生英壬

[illegible]中畫水無[illegible]維艷不聞馨癸酉
春色滿園關不住一枝紅杏出墻來甲戌運
[illegible]雪晴[illegible]放天如洗從此財源倍有增乙亥運中
豐年田舍禾盈壑臘日山家酒滿斟丙子運中樽
壘有酒延佳客蘭室存書教子孫丁丑運中春光
去也一道訃音

甲戌年　己巳月　壬寅日　癸卯時

此八字壬水相配柱中木土去官留殺之格喜逢陽刃以相幫人生得此生於茂族長於高門椿萱雙晚茂棠棣萼春榮丰姿清秀天性乖能高謀遠見機關別懷慨情懷學識深雖不建侯封爵自然潤屋潤身此則穩足之命鴛幃得配名門女子嗣生成俊俏人運行初庚午上人庇下未斷平生辛未運中分勞書[illegible]運中滾滾財源旺滔滔福祿增癸[illegible]沛澤日時佳趣瑞祥生甲戌運[illegible]運中如松含晚翠

[illegible]命[illegible]

為旅[illegible]佳誠

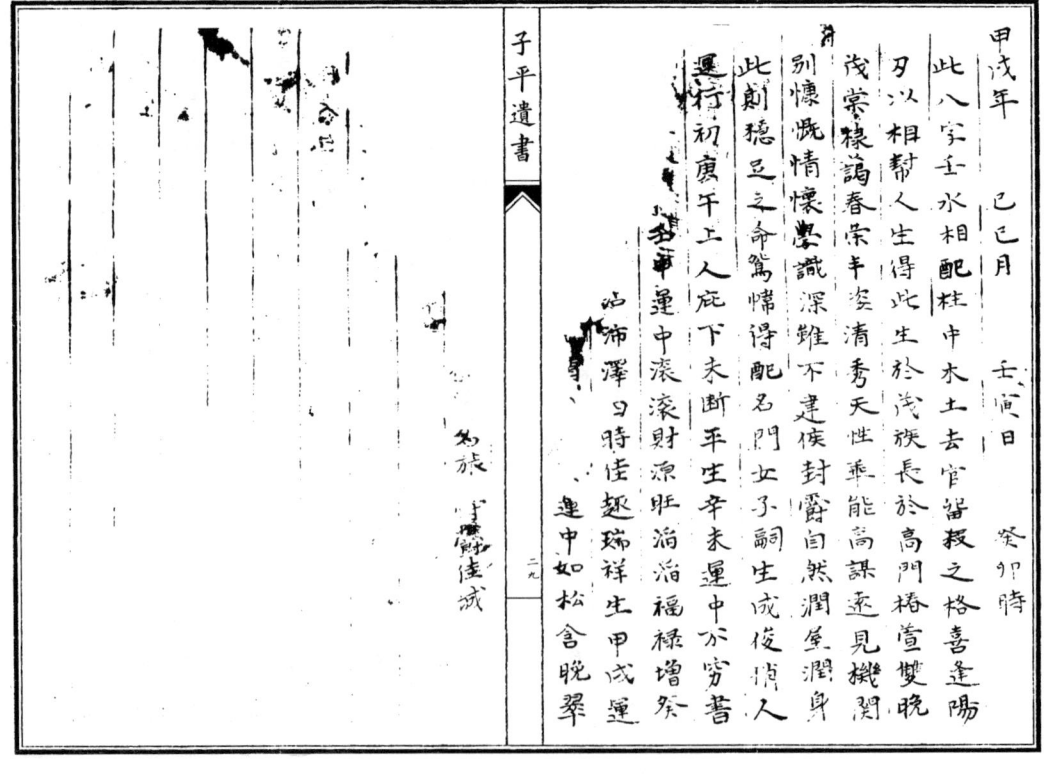

甲戌年　己巳月　乙未日　癸未時

此八字乙未日[illegible]相配柱中火土傷官助才之格
[illegible]人生得此生於右族長於高門萱母先歸椿耐晚
[illegible]鴻鴈各行鳴其為人也非姿清秀天性老誠
[illegible]計較稍有淡聰明自有順天之慶宣福地
[illegible]沮乞宜再整事業必重新欲商賈思慕功名
月淵淵福運至還教路路通一旦逢幾會
[illegible]區區力終為隱跡人此則淘沙
酒格脫子嗣秋来有挺榮運
[illegible]性[illegible]未運中雪晴天
[illegible]中[illegible]鼓遠[illegible]遠揚帆待風
至達間利則利豐盈甲戌運
除幾戲榮繁接送近乙酉運中
[illegible]聲名重淵淵福祿增丙申運中子貴孫榮才
[illegible]名就乙未運中花落鳥無聲

甲戌年　己巳月　乙酉日　戊寅時

此八字乙酉壽權之日相配柱中[illegible]火傷官制[illegible]
之格人生得此生於右族長於名門椿萱双晚茂
鴻鴈各行鳴其為人也非姿清秀天性剛忠頗知
礼義稍識古今有近貴親賢之德應上和下之能
重成新事業再整舊門庭生涯湖海上道路往西
東萬里春風行樂訟四時佳趣瑞祥生花無桃李
[illegible]春色人有笙歌是太平時至自然才祿旺運来
[illegible]宅[illegible]然[illegible][illegible]福之命鴛幃兩敵方偕老子
[illegible]午上人庇下天明氣清
淡烟揚柳岸薄霧杏花村壬申運中爆
竹[illegible]傳臘盡折梅香引是春通癸酉運中天上
三陽泰人間五福增甲戌運中到此始知時運好
萬物光華百事通當此之際風雪何驚乙亥運中
延賓玩物會友聞樽丙子運中人生從此別無憂
見儀形

甲戌年　己巳月　戊戌日　壬子時

此八字戊戌魁罡之日相配柱中木火殺印之格
人生得此生於右族長於仁門椿萱耐晚萱先別
天邊鴻鴈各行鳴其為人也丰姿清秀天性聰明
頗知礼義稍識古今有近貴親賢之德應上和下
之能祖業添新慶才源旺積存萬里春風行樂頌
四時家趣瑞祥生不以功名為念豈將官冕磬譽
得意江山詩句絕忌情日月酒盃深田園有意心
卿小廊宿無心宇宙寬晚年光霽景才福自駢臻
七則憂狂之命外惼有兆須年歒子嗣秋来有挺

運行初庚午上人庇下未斷平生辛未運中雪
晴天未幾行樂未如心壬申運中春風扇幾微雨
弄晴癸酉運中才源旺足福祿榮昌還愁事有虧
盈甲戌運中福若秋蟾皎才如春水生須臾風雨
素耗愁人乙亥運中天上三陽泰人間五福增丙
子運中晚年快樂丁丑運中一梦佳城

甲戌年　己巳月　甲申日　乙丑時

此八字甲申日相配柱中金火傷官制殺之格主
人生於右族長於仁門候鼠椿萱耆歲長天邊鴻
鴈各搏風其為人也丰姿清秀天性聰明般般都
好奈件件不全精巧無高仕敵時有貴人欽終是
功名之客豈為田舍之翁三級浪中難變化九年
墻上卻馳名佇看頭角揮光耀舊門庭此則榮貴
之命鴛幃燭夜添新丕子嗣秋來朵朵英運行初
寅午上人庇下未斷平生辛未運中世事宛如春
人情薄似秋雲壬申運中勞形案牘多光霽哉

趁起來順情癸酉運中雨晴雲散天如洗騎馬
滌門之一程甲戌運中雖則崢嶸頭角還宜省察
家門乙亥運中皇恩有感聲名顯絲絲德澤惠軍
民丙子運中正宜加爵祿未許便歸榮丁丑運中
子貴家安樂春歸鳥不吟

甲戌年　己巳月　壬寅日　甲辰時
此八字壬寅趨艮之日相配柱中火土才煞之格女
人得此生於右族長配高門萱母續絃椿磊落到頭
終是母先行天邊鴻雁有各摶風其為人也姿容闓
朗髮兒超群雖是女流之輩過如男子材能萬象光
華沾沛澤四時佳趣瑞祥生克勤而克儉易喜而易
嗔深明閨壼理洞識古今情雖不鳳冠帔服自然益
旺夫門此則穩厚之命鴛幃遲配方偕老子嗣秋來
孝且忠運行戊辰香閨之內母訓輒遵丁卯運中春
卯藥晴初變紅入桃花媛未旬丙寅運中雖則夫

卜多快樂幾番雲月尚朦朧乙丑運中萬疊好山雲
作斂一樓明月雨初晴甲子運中羅綺臨風舞珍饈
百味新癸亥運中簾捲香風生百福軒開化日祿元
增壬戌運中晚年安樂子貴光榮辛酉運中粧樓人
去也臺鏡掩晨明

甲戌年　己巳月　乙酉日　丁亥時
此八字乙酉專權之日相配金火傷官制殺之格
傷官者剛毅之物怜変之星注人生於富潤之族
長於大厦名門萱母先歸蓬有繼椿親後別厲無
踪其為人也丰姿瀟洒天性聰明風月處友瀟洒
容情般般稍覽件件不精豈無高士敬時有貴人
欽傲物氣高常以時人不如已行藏特達每嫌世
事不如心田園曠濶樓閣凌雲花無桃李非春色
人有笙歌是太平季倫錦帳何為貴秦帝阿房未
足亦拙於自已巧於他人終是功名之客豈為田

舍之翁非吏非儒非汗馬也應献衆顯榮身此則
因富致貴之命鴛幃金命須招副子嗣秋来有挺
榮運行初庚午雪晴天未煖椿樹又凋霜辛未運
中納粟奏名揚四海綺羅簾裏奏笙簧當此之際
一番刑剋幾度憂驚壬申運中富貴榮華當此際
須臾風雨尚回循癸酉運中庭前竹報平安日檻
外花開富貴春一番素耗人事亏盈甲戌運中軒
開化日千祥集簾捲香風百福增乙亥運中子貴
晚年家業旺丙子運中春歸花落鳥無聲

甲戌年　己巳月　丙午日　丁酉時

此八字丙午日相配柱中之次時上偏才之格亦有倒沖之意值其蔭者丰姿洒落性格官賢椿萱水命雙全老遇鷹天边行有聯通令博古文貴親矣貨利生涯海才名旺市塵往看未聯節禮慶自講講此則富旺之命驚懐經合須年必桂子森森秀色連運行初庚午初年之景不勝不寒辛未運中不向書窗為志却来整琢才源壬申運中行樂多光霄人情有淡然癸酉運中滔滔旺家業九雪又生顛甲戌運中智慮貫湘東為乙亥運中老當發旺子秀孫賢丙子運中歸去也

甲戌年　己巳月　庚寅日　丁亥時

此八字庚寅日元相配柱中火土殺生印綬之格刑沖太重減我功名主人生於右族長於名門椿萱有倚先虧母天邊鴻各行聯其為人也丰姿清秀天性機閑不獨知輕識重尤能近貴親賢不急不猛可方可員祖基須革古事業拜增添不必覓珠来水府何須躍馬去朝天琴樽風月為生計金玉松筠舊歲寒飛詔任他来比闊草玄終不出南山木源滿足平生好阿須東窗拜金鳶此則穩盛舊懷有犯須重續子嗣秋来登桂蘭運行初上人庇下未斷暑寒辛未運中雪晴天未煖行樂尚遠廻壬申運中雖則行藏而有慶幾番微雨弄晴天癸酉運中大地湯回光萬象春深还見桃飄綿甲戌運中屏列金釵行十二門迎珠履客三千戌字之中風雨一番乙亥運中晚年快樂福禄闊閒丙子之中佳城欝欝名旋翩翩

甲戌年　己巳月　戊子日　庚申時

此八字戊子日元相配柱中木火殺生印綬之格甲己作合身旺科甲才星主人生於右族長於仁門金水播萱之皓首天邊鴻鴈各行鳴其為人也丰姿清秀天性乖能學問頗知今古筆鋒稍有威稜曰福曰榮名利必須天上降常安常樂才源自向遠方生終是功名之容豈為田舍之翁不費十年苦業定應九載成名一朝但得吹噓力隨馬天邊沐寵榮此則榮貴之命鸞幃是珠高萱載子嗣森枝有挺榮運行初庚午上丿庇下未斷平生辛未運中莫愁前路多險脢時來遇貴入公門壬申運中雨晴雲際隙天府沐皇恩癸酉運中雖則崢嶸頭角还宜困守門庭甲戌運中皇恩有感重光顯達暮光榮德澤新乙亥運中有才應任用未許便茲榮丙子運中晚年閑故里丁丑運中一枕入巫峯

甲戌年　己巳月　庚寅日　戊寅時

此八字庚寅之日相配柱中火土殺生印綬之格女人得此格福星以庇夫子主人生於右族配於高門椿萱有倚難双耄天邊鴻鴈各行鳴其為人也姿容清秀髮貌超群箕箒蘋蘩存禮節相夫教子蹈賢明玉產崑崗藏艷色蘭生楚澤散清馨滔滔無阻滯步步旺夫門克勤而克儉易耆和易嗔脫年子貴夫榮日也應同沐聖王恩此則發福之命良人得合如魚水子嗣生成貴顯人運行初戊辰亡人庇下天朗氣清丁卯運中正配名門友花洶氣上生丙寅運中一抹曉烟迷芍藥半泓秋水潤紅英乙丑運中萬疊好山雲乍斂一樓明月兩初晴甲子運中紅日点空湘水碧白雲堆破楚山青癸亥運中濟濟裙釵烱目輝煇羅綺臨風壬戌運中晚年閑快樂辛酉運中一枕入佳城

甲戌年　己巳月　己酉日　戊辰時

此八字己酉日元相配柱中木火官印之格人生得此生於右族長名門椿萱有倚鴻鴈成群其為人也丰姿清秀天性乖能般般稍覽件件不精謀動君子威伏小人行藏竟消洒笑傲任枯榮水光浮座杯盤瑩花氣侵人笑語聲不必覓珠來水府何須求劍到豐城拙為自己巧與他人時至財源富足運來福祿無窮江湖有意公卿小廊廟無心宇宙輕此則穩厚之命鴛幃有犯須招副子嗣生成貴顯人運行初庚午上人庇下祿機平生辛未運中世事短如春夢人情薄事秋雲壬申運中乍雨乍晴階客景或寒或煖困人春癸酉運中財源滾滾家居好須吏素耗尚愁人甲戌運中成四時家趣立萬古門庭戌字之中遂巡乙亥運中庭前竹報平安日檻外花開富貴春丙子運中享子孫之福慶丁丑運中夢杳杳之佳城

甲戌年　己巳月　乙酉日　庚辰時

此八字乙酉專權傷官助才之格主人生於良族長於仁門椿萱双挽戊鴻鴈不行聯其為人也丰姿清秀天性機關行藏果斷作事方員雖成新事業难守旧根源煙樹依依遮北斗雲樓疊疊隱南山才源有分生涯好官貴無緣誓不貪但願無榮無辱何須朝拜金鑾此則清隱之命鴛幃孤剋子嗣莫成運行初庚午上人庇下未斷平生辛未運中春風播輿徹雨弄晴壬申運中淡烟揚柳岸薄霧杏花村癸酉運中古樹含風常帶寒岩四月始知春甲戌運中旺中尚有盈虧事依旧才名倍有增乙亥運中家園旺足樂享無窮丙子運中春歸花落逝水無聲

甲戌年　己巳月　乙未日　辛巳時
此八字乙未日元相配柱中金火傷官制杀之格
人生得此生於右挨長於杏林椿萱双晚别鴒鷹
隻行鳴其為人也手姿清秀天性聰明般般稍覽
件件不精行藏果断作事老成親君子近貴人祖
基宜華古事業必重新笋長名園過旧竹花開上
苑勝先春醫尤體而造道藥用當而通神終是功
名之客豈為田舍之翁和剂局中名大振貴人招
引显光荣此則術显之命处幃有犯須招副笄副
未有显荣運行初庚午上人庇下未断平生辛
未運中隱隱輕雷抽碧笋微微細雨潤紅英當此
壬辰運中雖則才源富足也愁人事亏盈癸酉運
中時来自有渊渊禄運至還教路路通片時風雪
雨過山青甲戌運中耿耿声名重滔滔才禄增乙
亥運中庭前竹爆平安日檻外花開富貴春丙
子運中子貴重荣贈何愁白鬓生丁丑運中始
知藥餌全無用靈醫扁鵲也成空

甲戌年　丁巳月　己亥日　甲辰時
此八字己亥日貴之辰傷官之格人生得此椿萱
双晚茂棠棣秀庭柯手姿清秀詩禮吟哦家庭事
業應加立世利新成用琢磨大鵬視宴思笙子頑
石藏珎憶卞和學問相親顏孟樂財源厚積晚来
多終是功名之客豈教歲月蹉跎懸知承寵日金
殿聽鳴珂此則榮貴之命鴛幃偕老桂子婆娑運
行初丙午上人庇下世事更羅丁未運中窓前事
業時時習燈下工夫日日磨戊申運中時来機會
奸丁舉便登科己酉運中萬民忧服四境安和壬
戌運中威權正在風光處只恐西風起綠波辛亥
運中射不主改心亦正誰談為力下同科當此之
際重重祿士子運中堤栁已敷新幹木綠園梅不
改舊時枝柯癸丑運中春光去也仙凫来槎

甲戌年 己巳月 丙午日 辛卯時

此八字丙午日刃之辰相配柱中金土傷官助才之格人生得此生於右族長於高門水土椿萱先別父萱遲遲玉樹春天邊鴻鴈有不同其為人也丰姿清秀天性乖能斷高理直處事公平謀動君子威伏小人世事頗能將就般般學久精通曰福田榮自有順天之慶常安常樂豈無福也之深門外生涯曠濶江湖活計惟新田園千古計花木四時春富之以潤其屋德之以顯其身雖不建侯封爵自心享用平生此則發福之命鴛幃水命須年成亡尚金風桑桑榮運行初庚午運中椿親棄世去行樂奉如心辛未運中始覺傷和滿月还愁人事虧盈壬申運中到此始知時運好萬物光華百事通癸酉運中才源富足第宅贈新甲戌運中一番風雪過萬物被殤春乙亥運中延賓玩物會友開樽丙子運中無忌無慮梅白竹青丙子運中花已落月尤沉

甲戌年 己巳月 癸卯日 甲寅時

此八字癸卯日貴之辰相配柱中火土才殺之格傷官合殺留官主人生於溫潤之族長於青白之門椿父早歸萱耐脫天邊鴻鴈各行聯其為人也丰姿清秀天性機閔知高識下近貴親賢行藏果斷作事方員旭日桑麻茂盛薰風禾黍連阡重成新事業再整舊根源琴樽風月閑生計金玉松筠舊歲寒五湖生計好四海福閥閬財源有分生涯好官貴無緣耆不貪脫年光霽景福祿享無邊此則憑厚之命鴛幃水命須年敵子嗣秋来發桂蘭運行初庚午上人庇下風雪滿巔辛未運中欲退不後欲進不前壬申運中始覺春光明媚還愁人事迍邅癸酉運中須臾風雨過瀼瀼茂財源甲戌運中正是太平光霽景須臾風雨尚憂煎乙亥運中白髮人中傑逍遥海上仙丙子運中春光去也一抛難還

甲戌年　　己巳月　　丁亥日　　甲辰時

此八字丁亥日干有相配柱中水土傷官之格人
生得此生於右族長於名門椿萱双茂晚鴻鴈陣
行分其為人也丰姿清秀天性聰明頗知礼義稍
識古今行藏果斷作事老誠有近貴親賢之德應
上和下之能重成新事業弃整舊門庭有心於貨
利無意於功名酒解平生恨衣沾湖海塵是非莫
管門前客得失須吏塞上翁但願才源富足何須
天府求榮此則穩盛之命鴛幃須有敵子嗣秋来
朶朶榮運行初庚午上人庇下雲月朦朧辛未運
中世事宛如春夢人情薄似秋雲壬申運中才源
駘蕩癡事虧盈癸酉運中桃李千谿錦江山一畫
屛須史風雨霜雪晴明甲戌運中有得有失有喜
有悲乙亥運中門閭壯觀福祿駢臻丙子運中花
落水流春已去桐摧梧折恨秋風

甲戌年　　己巳月　　庚寅日　　丙申時

此八字庚金相配柱中狂火偏官之格喜逢印
綬生身人生得此生於良族長於名門椿萱双
晚茂崇揀各數榮其為人也丰恣清雅天性聰名
礼樂縱横字詩書具雅文七朝壓隱成文露千里
恩承破曉風終是功名之客豈為田舍之人自天
官選寵緋衣日日親
君此則奕貴之命鴛幃符合須偏正子嗣生
成貴顯人運行初庚午上人庇下未斷平生辛
未運中讀書映雪觀史引灯壬申運中報道
是龍还不信果奪得飲驟新癸酉運中威風驚
郡縣仁政移黎民甲戌運中一番風雪過金紫
戰廷榮乙亥運中省堂声價疊貴又重榮丙
子運中解帯安樂青變重音一播千傳情

甲戌年　己巳月　己丑日　丁卯時

此八字己丑日相配中火土殺印之格女人得此福足以榮椿萱棠棣榮还耄妯娌翁姑显有常儀容嬌麗天性温良生於宦族配於高堂有立業掌家之道相夫教子之方晚年更有封榮福帔朊霞衣絢日光此則榮㳒女命良人配合英華客桂子生成奪錦郎運行初戊辰幼承上庭快樂何當丁卯運中屛開孔雀帶綰鴛鴦丙寅運中裙釵光絢日羅綺色疑霜乙丑運中百味珎羞列席千般錦繡甲子運中不獨夫榮身貴尚祈金玉滿堂癸亥運中子顯沾恩寵安榮倍勝常壬戌運中悠悠如樂辛酉運中鏡掩晨光

甲戌年　己巳月　甲申日　乙丑時

此八字甲申專祿日相配柱中金火傷官制殺格喜逢才值食神值斯命者生於右族長於名門火土嚴慈萱耐晚天遐鴻鴈不同群其為人也丰姿清秀立性聰明世事頗能將乾般般學父精通有通經之學念上和下之能水光浮座香盤瑩花氣侵人咲語馨不以功名為念豈將冠冕磨襲門外遠觀千畝地座前花放四時春好處番成惡真心招得嗔鄉民仰德閭里推尊此則貴潤之命鴛帏有碍須重續子嗣秋來旺旦今運行初庚午春風淡薄夏日炎蒸辛未運中幾歆思高望遠番成捉月捕風壬申運中始覺陽和滿目还愁霧鎖烟凝癸酉運中財源富足門庭好風雪官非亦惱人甲戌運中人生正在風光處一夜風波頃刻驚乙亥運中富足以潤其屋德足以潤其身丙子運中賞心樂事飲宴開樽丁丑運中翩翩銘旌欝欝佳城

甲戌年　己巳月　丁亥日　丁未時

此八字丁亥日元相配柱中水土傷官之格生人得此生於右族長於高門椿萱有倚難双耄天邊鴻鴈不行群其為人也丰姿清秀天性聰明般般稍覽件件不精有近貴親賢之德應上和下之能欺霜抵雪理白分清不必覓珠來水府何須求劍到豊城花無桃李非春色人有笙歌是太平翠梅風月開生計金紫相符以是春但願才源富足何須天府求榮此則旺顯之命鴛幃有犯須年献子嗣秋來有桂馨運行初上人庇下雲月朦朧辛未運中世事宛如春夢人情薄似秋雲壬申運中漸漸精爽看看氣象新須臾風雨雨過山青癸酉運中財源雖富足風雨又虧盈甲戌運中天上三陽泰人間五福增乙亥運中世事尽傳詩礼樂有財來自遠方新丙子運中夕陽有限春夢無憑

甲戌年　己巳月　庚子日　甲申時

此八字庚子日元相配柱中火土杀生印授之格人生得此生於右族長於名門椿萱易遂難双耄鴻鴈天邊隊隊群其為人也行藏慷慨生計老誠雖無官爵位且喜近高人財源富足樓臺凌雲活情活船自是自能粟麻蕩蕩福祿全盈五湖生計好四海祿元豊身將隱矣文何用人不知之味更真一生財祿旺何用慕功名此則稳富之命鴛幃合健頭生雪子嗣生成跨灶人運行初庚午上人託下來斷平生辛未運中娟娟雲裏月灼灼葉中黄壬申運中春風播爽微雨弄晴癸酉運中不独財源旺足尚祈聲勢豪洪須臾風雨頃刻困脩甲戌運中但得樽中有酒任教身外無名丁丑運中春光去也花落月沉

甲戌年　己巳月　辛亥日　乙未時

此八字辛亥日元相配柱中木火才官之格才盛生官終身有慶遇斯命者生於右族長配名門翁姑有倚妯娌行輕其為人也姿容闓朗髮貌超群雖是女流之輩過如男子材能萬里無雲天一色三秋好景月長明紅日点穿湘水碧白雲堆破楚山青性急如風捲浪心安但月離雲但願一生財祿旺時来悏服受榮封此則旺益之命良人火命榮華客子嗣生戌貴顯人運行初戊辰上人庇下毓秀閨門

丁卯運中路入堯源花爛熳橋横銀漢水澄清丙寅運中雖則大門榮快樂須臾風雨不為驚乙丑運中光華疊疊沛澤紛紛甲子運中彩中加彩色紅上贈紅英癸亥運中子貴重榮贈壬戌運中春歸鳥不吟

甲戌年　己巳月　丁亥日　乙巳時

此八字丁亥日貴之辰相配柱中水土傷官之格人生得此生於喬木長於名門播萱双晚茂棠棣各數榮其為人也丰姿清秀天性聰明常以時人不如己每憐世事不如心筆底倒流三峽水胸中李叢五車深龍飛九五青霄下鵬挈三千瀚海中不特魏珠能照乘還應趙璧堪連城一朝騰踏飛黃去凜凜威風四海清佇看官封三級酌然祿享千鍾此則榮盛之命鴛幃有碍重整新声子嗣有成晚年有慶運行初庚午上人庇下霄月光風辛

未運中不負寸陰之惜豈舉題柱之功壬申運中躍過三層浪翱班立縉紳一番風雪三載諒陰癸酉運中獄折片言民訟息九天雨露再加陞甲戌運中重金重紫政合太平乙亥運中大夫贈位何須羡紫誥頻頒上
帝京丙子運中天恩無沛澤蘸下樂高情丁丑運中桃源春去也蓬島信难通

子平遺書　二三

甲戌年　己巳月　壬寅日　辛亥時

此八字壬寅趨艮之日相配柱中水土合官留杀之格人生得此生於右族長於名門椿萱荣晩茂棠棣各敷荣其為人也丰姿清秀天性聦明胥羅今古事學識聖賢明衣冠濟濟人中表和氣怡怡席上珎驥珠照梲光难掩雷劍生風氣自充終是文場荣貴客豈為田舍鑿耕人一朝騰達飛黃去金紫荣看次第陞此則荣継之命外幃春色麗子嗣桂蘭馨運行初庚午上人庇下詩禮趨庭辛未運中十年窓下業一舉便勝騰壬申運中禹浪三層都躍過風生鉄面鬼神驚癸酉運中虎風生群縣威鎮一方齊甲戌運中重紫重金當此際十郡山河化日新當此時也風雪滿庭乙亥運中旺時摧秉盛世肬股丙子運中荣回故里美酒盈樽丁丑運中春光去也一枕巫峯

甲戌年　己巳月　丁亥日　壬寅時

此八字丁亥日貴之辰相配柱中水土傷官之格人生得此生於右族長於名門椿親荣茂鴻鴈各群其為人也丰姿清秀天性聦明異常奎閗𩮗捷材能衣冠濟濟人中傑和氣怡怡席上珎終是功名之客豈為田舍之翁三級浪中龍变化九霄雲外鳳飛騰一朝騰蛸飛黃去金紫荣看次第陞此則荣貴之命鸞幃連珠合子嗣𦆭衣新運行初庚午上人庇下未断平生辛未運中篤志十年窓下時来一舉成名壬申運中禹浪三層都躍過秉笏朝班立縉紳癸酉運中錦衣肥馬重重貴天上恩波浩浩新甲戌運中雪晴雲散天如洗金鱗光照紫微堂乙亥運中未許懸車轉还留侍聖明丙子運中晩年帰隠田園樂丁丑運中一枕胡為永不醒

甲戌年　己巳月　甲午日　庚午時

此八字甲午日元相配柱中金火傷官助煞之格人生得此生於右族長於名門椿文先萱後别天邊鴻鴈各行鳴其為人也手姿清秀天性聰明世事頗能將就般般學足精通萬里春風行樂頌三秋好景月長明祖業添新慶根源勝舊風有心於貨利無意慕功名水光浮座盃盤瑩花氣侵人笑語馨時至財源富足運來第宅豐盈江湖有意公卿小廟廟無心宇宙輕此則穩厚之命鴛幃有犯須年敵子嗣

秋來旺宅門運行初庚午上人庇下未斷平生辛未運中風帶雪來應覺冷鳥啼花落始知春壬申運中不意之中曾得意用心之處不如心癸酉運中天上三陽泰人間五福增甲戌運中福若泉源湧財如春氣生乙亥運中門楣壯觀福祿駢臻丙子運中無思無慮會友開樽乙丑運中鳥啼花落春不再逢

甲戌年　己巳月　戊申日　壬子時

此八字戊土長生之日相配柱中木火救印之格主人生於文望之族長於詩礼之庭金火椿萱雙既茂天邊鴻鴈後聯鳴其為人也手姿清秀天性聰明辟鋒穎利疑無敵筆力縱橫若有神風雲相際會雨露沐深恩此則繼榮之命鴛幃得配名門女桂子先歸後有盈運行初庚午上人庇下天朗氣清辛未運中潘破野橋霜殘枝讀殘暑店月三更壬申運中奮身辟白屋平步入青雲癸酉運中千里霜威金斧重三秋風色綉衣輕甲戌運中一

番風雪過寂舊沐深恩乙亥運中金紫任棠權任重一番殘涉效淵明丙子運中印行才地夢入蓬瀛

甲戌年　己巳月　丙申日　乙未時

此八字丙申之日相配柱中金土傷官助才之格
女人得此生於右族長於名門萱母續絃椿貴顯
天邊鴻雁有隨鳴其為人也姿容清雅髮貌超群
有肝食宵衣之勤謹治家立業之材能青入水光
成嫩綠日勻花蕊發新紅不隨大家牽纍只守自
己門庭憂悶自能解閑時愛琴應解辨絃古錦繡
花開春富貴娘扞竹報日昇平雖不鳳冠帔服自
然福祿無窮此則旺益之命良人得配同庚夫子
九秋素月運行初戊辰上人底下未斷平生丁卯
運中洞房生喜氣風雨不為驚丙寅運中或寒或
煖乍雨乍晴乙丑運中万里好山雲乍歛一輪明
月雨初晴須臾風雨頃刻逡巡甲子運中夫榮子
貴家如意五夜金風未放晴發亥運中晚年開快
樂福祿愈駢臻壬戌運中人生從此別無復見儀
形

甲戌月　己巳月　丙午日　丙申時

此八字丙午日刃之神相配柱中金土傷官助才
之格人生得此生於右族長於名門椿父先歸萱
後別天邊鴻雁各行鳴其為人也丰姿清雅天性
平能知高識下理白分清風月處交道洒寒情世
事頗能將就般般孝欠精通自有順天之慶豈無
福地之深五湖四海生才好万水千山過路通是
非莫管門前客得失須憑塞上翁拙於自己巧與
他人時來才祿好何用問功名此則旺益之命鴛
幃有化須招硬子嗣生來始秀榮運行初庚午上
人底下辛未運中霜雪滿天轎拂面還宜方寸待
時來壬申運中不是一番寒徹骨焉得梅花噴鼻
香癸酉運中才源旺處行藏好得一程而失一
程甲戌運中花嬌纓貪宿雨紅群裙柳楣金風乙
亥運中一輪明月當秋夜無限奇花正遇春丙子
運中三百團棊消永日八千美酒賞芳晨丁丑運
中花已落月尤沉

甲戌年　己巳月　己酉日　壬申時

此八字己酉日元相配往中金水傷官制才之格人生得此生于名門長于右族椿父先歸萱晚別天邊鴻雁各飛鳴其為人也丰姿清秀天性聰明頗知禮義稍識古今有近貴親賢之德應上和下之能祖業添新變根源勝舊風福布江山外名聞江海中雨餘秋色皆喬木耆舊風流有幾人不以功名為念豈將經史磨礱施恩慈然有德成嗔時夫才源富足運來福祿無窮此則豐厚之命〻〻逢酏須交硬子嗣秋來有後榮運行初庚午上人庇下未斷平生辛未運中老樹含風常帶雪寒岩四月始知春壬申運中則雖行藏有慶還應素耗相侵癸酉運中才源事業家居好風雪飛來尚惱人甲戌運中福吉恩波潤才如春氣生乙亥運中軒闊化日千祥集黨捲香風百福增丙子運中子貴孫賢家業旺丁丑運中春去鳥無聲

甲戌年　乙巳月　乙酉日　癸未時

此八字乙酉專權之日傷官合殺之格甲己作合有功遇斯命者丰姿清秀天性聰明椿萱有倚难全奉業棣庭前各挺榮頗知今古書香識聖賢經祖基有倚而重增事業鼎新而華古錦綉花開春富貴琅玕竹振日昇平此則穩足之命兆帶金正副子嗣挂蘭馨運行初庚午上人庇下雲淡風輕辛未運中小池雨過添新綠深合春來發旧馨壬申運中萬象光華沾沛筆四時佳趣瑞祥生癸酉運中三陽開宇宙一氣轉鴻鈞甲戌運中一番風雪依旧瑞祥生乙亥運中[illegible]安[illegible]丙子運中春夢無憑

甲戌年　庚午月　壬戌日　壬寅時

此八字壬戌日德之辰樵氣才官之格主人椿萱晚茂鴻雁聯行聡明書藝遠倜儻世情長虽成新事業難守旧田庄梅開白雪飄東閣笋長新梢過北墻但額有馨招過客何須身入五雲鄉此則守戌之命凡帏春麗桂子標香運行辛未上人庇下不㦡東京壬申運中雲散家家月春來処処花癸酉運中正是梅青并月白何愁第宅不光揚甲戌運中一番風雨過依旧祿元昌乙亥運中不独楼臺疊疊[illegible]丙子運中羊刃之地樂処生殃丁丑中[illegible]夢不知何処去年年流水送残陽

甲戌年　庚午月　己卯日　丙寅時

此八字己土相配柱中木火官印之格正謂有官有印無破作廊庙之材值斯象者生於大厦長於英豪姿清秀詩礼吟朝早登蟾窟攀丹桂伏向龍門奪標一日声名顕束帶立於朝此則出白之命鴛帏春麗乜招副桂子秋風整旧袍運行初辛未上人庇下其樂滔滔壬申運中明窓浄几雪案心劳癸酉運中蔵氣待時時來達特来平步上雲霄甲戌運中威飛氣浪怒令重虎鳳嘯當此之際風雪飄飄乙亥[illegible]紫重金當是景未許籬边酌美醪丙子運中[illegible]里丁丑運中憂入雲宵

甲戌年　庚午月　庚午日　壬午時

此八字庚午日元相配柱中木火才官之格人生得此生於右族長於仁門椿父先歸萱後別天边鴻鴈各行鳴其為人也丰姿清楚天性聪明頗能三分道理文章一竅不通曰福曰栄自有順天之慶常安常樂豈無福地之深祖業有依須再整財源厚積倍豊盈有心於貨利無意慕公名花無錦綉非春色人皆家称是太平凡掛碧天光皎潔名書湖海有光栄施恩惹怨布德成嗔但願人生多旺足何須栄耀

此則穩厚之命鴛幃有犯須招副子嗣全

栄運行初逢卯工人庇下未斷平生壬申運中淡烟籠水面薄霧鼻山頭癸酉運中乍雨乍晴留客意輕寒猶輕煖困人春甲戌運中雖則行藏而有慶还恐雨非素耗生乙亥運中才源雖冨足人事有虧盈丙子運中成四時之佳趣立萬古之門庭丁丑運中花放風生丑字之中無思思慮不辱不栄戊寅運中花落水流春已去夕陽有限夢難憑

甲戌年　庚午月　丁丑日　壬寅時

此八字丁丑日元相配柱中水土傷官助才之格人生得此生於良族長於名門木火椿萱雙晚茂天邊鴻鴈各行鳴其為人也丰姿清淡天性老成頗知礼義稍識古今親賢近貴自是自能有心於貨利無意慕功名祖業添新慶根源勝舊風得意江山詩句絕玄情日月酒盃深時至自然才祿旺運来福祿享無窮此則穩厚之命鴛幃有犯須年長子[illegible]晚節成運行初辛未幼年之下未斷

壬申運中寒雨梅中冬香從柳上生癸酉源深潭家居好尚有須史素耗生甲戌運中不料片耕生進退依然才祿旺門庭乙亥運中負載不辭千里遠貨才惟喜四方通丙子運中如松含脫翠似菊吐金英丁丑運中黃花晚節萬事盛亨戊寅運中一枕黃粱夢千年不復醒

甲戌年　庚午月　丁丑日　壬寅時

此八字丁丑日元相配柱中才官印綬三奇之格傷官在柱減我功名主人生於右族長於高門木火椿萱蔵長天邊鴻鴈各行鳴其為人也丰姿清秀天性老誠頗知禮義稍識古今行藏果斷作事弗能祖基宜弃整弃事業必重增五湖生計好四海祿元豐於無桃李非春色人有筆歌是太平拙於自己巧與[illegible]人但顧一生才祿旺何必天邊滿[illegible]穩厚之命鴛幃須配晚子嗣尚遲生

戶

辛未上人庇下來斷平生壬申運中世事[illegible]人情薄似秋雲癸酉運中乍雨乍晴留[illegible]暖閨人春甲戌運中雖則行藏有慶遂愁[illegible]耗相侵過此乙亥運中才源旺足家居好風雪関非尚[illegible]人丙子運中門楣壯觀福祿駢臻子字之中如履薄氷丁丑運中晚年閑快樂戊寅運中一枕了平生

甲戌年　庚午月　乙丑日　辛巳時

此八字乙丑日元相配柱中金火傷官制殺之格人生得此生於右族長於名門椿萱晚茂萱年長天邊鴻鴈各行鳴其為人也丰姿清秀天性老誠知高下識重輕般般稍覺件件不精行藏覺消洒咲傲性枯荣祖業添新慶根源勝旧風過火黄金重長價[illegible]雲[illegible]月倍清明無盡畫傳詩禮樂有朋来[illegible]遠方覩花無桃李非春色人有筆歌是太平[illegible]鋪錦綉也應才祿足豐盈此則發福之重[illegible]配子嗣[illegible]衣新運行初辛未上人庇

春[illegible]壬申運中未知桃李紅紅色且喜湖[illegible]癸酉運中寒向梅中畫春從柳上生甲[illegible]天上三陽春人間五福增須臾風雨雨過山青乙亥運中才如春水滔滔長福若秋蟾皎皎明當此之際風雪滿庭丙子運中高朋滿座美酒盈樽丁丑運中經霜松柏侵岩秀冒雨蕙蘭分外清戊寅運中花落水流春已去蘭摧玉折恨何明

甲戌年　庚午月　乙亥日　己卯時

此八字乙亥日元相配柱中火土傷官助財之格
喜逢日祿以歸時人生得此生於右族長於名門
萱毋先歸椿特達天邊鴻鴈各博風其為人也手
姿清秀天性乖能多聞多見自會自能般般都好
[illegible]覽件件不全精有近貴親賢之德應上和下之能
祖業添新慶根緣勝舊風欲為商賈不慕功名月
[illegible]文多皎潔名揚湖海有光榮此則豐饒之命
[illegible]我是太平好意番成惡真心換得真但
多[illegible]何須天府去求榮此則豐饒之命
[illegible]孤[illegible]敵子嗣秋來朵朵成運行初平未
[illegible]斷平生壬申運中古樹含風常帶雪
[illegible]始知春癸酉運中雪晴湖海樂得失未
如心甲戌運中雖則行藏有慶還愁素耗非生乙
亥桃李千谿錦江山一叠屏梨花舞雪雨過山青
丙子運庭前竹報平安日苑內花開富貴春丁丑
運中子貴孫榮多快樂戊寅運中春歸花落鳥無
聲

甲戌年　壬午日　庚辰日　丙戌時

此八字庚辰日德之辰相配柱中木金火傷官制
殺之格喜逢這福身強建斯命者生於右族長於
名門椿萱共贈難双耄天边鴻鴈各博風其為人
也丰姿清秀天性聰明理窮古事兼今事書對賢
[illegible]聖經衣冠濟又人中儀和氣怡又席上珍終是文
章折桂容豈為田舍犂耕之人舉步有蟾攀桂去馬
[illegible]金門一日風雲相際會九重金闕拜君
[illegible]貴之命他帰連珠須配硬子嗣秋來
[illegible]西出人應下未斷平生甲戌運中
[illegible]姊兄功乙亥運中莫愁迢阻藍
[illegible]頂劍踏澄鱗丙子運中躍過三層浪
[illegible]縉紳丁丑運中郎著官函何足羨大夫職
位貴重陞戊寅運中有材應大用來許樂帰榮
己卯運中子貴晚年閑故里庚辰運中春帰花
落鳥無声

甲戌年　庚午月　戊寅日　己未時

此八字戊寅專權之日相配柱中木火殺生印綬
之格羊刃有助雙顯均倚位至公侯只嫌火焚燥
土減吾料第成名主人生於古族長於名門椿親
耐悅萱先別天邊鴻鴈各搏風其為人也丰姿清
秀天性聰明雖無讀書志亦有貴人欽知高識下
理白分[illegible]高人相敬貴客相欽遇水造橋名必播
[illegible]路路方通終是功名之崇為田舍之翁一
[illegible]逃揚[illegible]名此則豐穩之命鴛幃有犯
[illegible]有[illegible]榮運行初辛未土人庇未
申[illegible]中幾致窮書溫史殺勤雖雪囊螢
[illegible]振引登[illegible]有威令位公廳甲戌運中有
[illegible]場[illegible]任果戒却與家翁促去程當是時也風雪
還生乙亥運中皇恩有威重加祿变耽傳臚遇貴
戊丙子運中京國聲名振顯果然不次加陞丁丑
運中富貴歸田里戊寅運中一夢難醒

甲戌年　庚午月　辛巳日　辛卯時

此八字辛巳之日相配印綬木火才殺之格生人
得此生於良族長於名門椿萱有倚分中道天邊
鴻鴈各行聯其為人也丰姿清秀天性機関知高
識下近貴親賢不慈不勇可方可貞重成新事業
再整旧根源琴樽風月閑生計金玉松筠旧歲寒
福布江山外名聞湖海間飛詔任他來比關草立
終[illegible]羽山才源有分生涯好官貴無緣誓不貪
[illegible]湖海落[illegible]須秉笏去朝天此則穩旺之
[illegible]性[illegible]子嗣秋來發桂蘭運行初辛
卯[illegible]旅[illegible]巳春山壬申運中數点雨余雨一
[illegible]癸酉運中雖則行藏有慶还愁人事迯
遇[illegible]戊運中遨遊湖海多光露頂史素耗事憂煎
乙亥運中韶華萬里美景一時丙子運中軒開化
日千祥集薦捲香風進祿之丁丑運中得過且過
得閑且閑戊寅運中歸去也

子平遺書

甲戌年　庚午月　己卯日　庚午時

此八字己卯專権之日相配柱中木火殺生印綬之格人生得此生於右族長於西室椿親有傍萱歸剛天邊鴻鴈各飛鳴其為人也丰姿清秀天性老成頗知禮義稍識古今知高下識重輕萬里春風江外領四時佳趣瑞祥生祖業添新慶根源勝舊風農半田全禾盈磬臘日山家酒満斟月掛碧天多〔□〕族聲名揚湖海有光顯榮拙於自己巧與他〔□〕生才祿旺何必天邊沐寵榮此則穩旺悍〔□〕須生長子嗣秋来有顯榮運行初〔□〕未斷平生壬申運中娟娟雲裹月〔□〕光祀癸酉運中莫宜此運近光彩得一程〔□〕失之譏甲戌運中才源雖旺足奈耗尚愁人乙亥運中不獨才源富足尚祈声勢在洪當是時也風雲還生戊子運中富之以潤其身德之以顯其身丙子運中晚年閑快樂會友以開樽丁丑運中一宵春夢斷萬事總成空

十二

子平遺書

甲戌年　庚午月　己巳　甲戌時

此八字己巳之日相配柱中木火官印之格運行背地減我功名主人生於右族長於仁門椿萱雖並耄棠棣各數榮其為人也丰姿磊落天性剛忠頗知禮義稍識古今有近貴親賢之德應上和下之能祖業須重立根源自整新欲為商賈思慕功名幾事仕路蜜留意數載辛勤枉用心江湖有意〔□〕鄉小廟無心守當輕時来才祿旺運至福無〔□〕技难結果東君留意更慇懃此則不覊帰有〔□〕須招硬子嗣生成貴顯人運行初〔□〕斗之下未断平生壬申運中刻鵠不就盈〔□〕此之際耗還生癸酉運中幾欲思高〔□〕遠省成剪雪截冰甲戌運中時来自有淵淵福運至通安路路通須臾風雨頃刻逡巡乙亥運中到此始知時運好自然才祿足豐盈丙子運中富潤屋德潤身丁丑運中子貴沾榮贈戊寅運中春歸鳥倦吟

十二

甲戌年　庚午月　乙丑日　壬午時

此八字乙丑日元相配柱中金火傷官助才之格女人得此生於右族長配名門椿萱双慶茂鴻鴈各行鳴其為人也姿容清秀髮兒精神有針線之巧立業之勤一苑杏桃鋪錦綉滿山松栢映幃屏翁姑先別妯娌尚情輕女工機巧維全娩婦道頻繁蠹頗能滔滔無阻滯步步助夫門心靜似月明[illegible]漢性急如風捲殘雲雖不鳳冠帔服自然享福[illegible]此[illegible]穩旺之命良人連珠底一載子嗣森枝竹礼也巳上金鹿下瓴秀閨門戊辰運[illegible]貴起好梦賞緣紅葉是良姻丁卯運中[illegible]梅[illegible]月白遶羅花放風生丙寅運中羅綺臨庫多壯觀月明雲聲事兮盈過此乙丑運中萬疊好山雲卷斂一輪明月雨初晴甲子運中夫賢子貴樂意忘情子字之中如履薄冰癸亥運中粧樓人去也臺鏡掩晨明

甲戌年　庚午月　癸未日　戊午時

此八字癸未日元相配柱中火土才殺之格戊癸作合有功主人生於右族長於高門椿萱有倚一朝别天邊鴻鴈各行鳴其為人也姿手清秀天性聰明般般稍覽件件不精頗窮玄妙術稍識古今文機識[illegible]腹學用人欽行藏果斷作事志誠樓臺疊疊生[illegible]富禾秀運阡粟麥陳遊山玩水題詩卷對[illegible]香花杷酒鼓朝中無姓字閭里有声名不必誇[illegible]上[illegible]恒祈金谷口豐盈此則富貴榮華之命[illegible]把須招副子嗣秋來有晚榮運行初辛未[illegible]人未斷升沉壬申運中春歸柳葉晴初变紅[illegible]桃花[illegible]未句癸酉運中雖則行藏有慶幾多人[illegible]甲戌運中不獨才源富足尚祈樓閣凌雲[illegible]此之際耗丞生乙亥運中堤柳已敷新幹綠園梅不敢舊時臺丙子運中庭前竹報平安日檻外花開富貴春丁丑運中富貴須榮贈戊寅運中春歸鳥不鳴

甲戌年　庚午月　甲戌日　乙丑時

此八字甲戌日元相配柱中金土傷官制殺之格乙庚作合有功主人生於右族長於名門椿父先歸萱脫別天邊鴻雁各行鳴其為人也丰姿清秀天性老成般般稍覽件件不精有近貴親賢之德應上和下之能祖業添新慶根源勝舊風門外田疇千古[illegible]庭前花木四時春不以功名為念豈將冠冕[illegible][illegible]好[illegible]當成志真心換得眞消閑碁一局遣興酒[illegible]壺雖不建侯封爵自然潤屋潤身此則[illegible]命鴛幃木命須年敵子嗣生成貴顯人運[illegible]水上人庇下未斷平生壬申運中雪晴天暖行[illegible][illegible]如亡癸酉運中幾欲思高慕遠着成捉月捕風甲戌運中財源滾滾家居好風雪閑非晦[illegible]生乙亥運中庭前竹爆平安日檻外花開富貴春須吏風雨過山青丙子運中子貴晚年多快樂丁丑運中春歸花落鳥無聲

甲戌年　庚午月　戊寅日　丁巳時

此八字戊寅專權之日相配柱中木火殺生印綬之格殺印相生功名顯達主人生於右族長於名門椿父先歸萱尉脫天邊鴻雁有陣飛其為人也丰姿清秀天聰聰明有博古通今之志高謀遠見之機[illegible]功名客[illegible]為田舍翁定向月中攀桂子便從天上領[illegible]香赫赫公台位紛紛雨露霈此則榮貴之命[illegible][illegible]有犯須將副子嗣秋來有出奇運行初[illegible]上[illegible]夫斬高低壬申運中螢窗須篤志風[illegible]癸酉運中人生富貴皆前定時來懶刻要蟾[illegible]日[illegible]運中三登中名雖是縱便歡中又有悲乙亥運中嚴[illegible][illegible]酷吏仕埋措寃危丙子運中威風千萬里[illegible]雨[illegible]良[illegible]丁丑運中掛子登金殿自陳何事尊[illegible]有[illegible]思戊子運中撚指光陰留不住夢魂難[illegible]送杜鵑啼

子平遺書　十七

甲戌年　庚午月　甲戌日　庚午時

此八字甲戌日元相配金火傷官制杀之格両干不雜之論主人生於右族長於高門椿萱不建晚荣贈天边鴻鴈各行鳴其為人也丰姿清秀天性聰明源流三峽誰能及筆掃千軍孰與論衣冠濟濟人中傑和氣怡怡席上珍終是錦衣肥馬客豈容田舍耕人万里扶搖驚睡蟄一声霹靂躍滄溟長安一路看春錦衣新此則榮貴之命然嫌月己須防子嗣生成貴显人運行初辛未上人未断平生壬申運中欲遂平生志須加董子[illegible]運中莫愁雪阻藍關遠時来頃刻便飛騰甲戌運[illegible]沐天边龍能飛得海清乙亥運中金紫[illegible]榮權重[illegible]花飛不損身丙子運中田冲[illegible]之[illegible]權重生凶丁丑運中晚節生時宜菊酒西風起憂憶鄉尊戊寅運中帰去也

子平遺書　十八

甲戌年　庚午月　辛酉日　己丑時

此八字辛酉專祿日主相配蛙中旺火偏官之格喜逢印綬生旺人生得此生於盛族長於高門丰[illegible]清秀天性聰能積基有倚源稍慶才帛資貴自理成能機变識重輕恒格高士敬時有貴人欽常持好意蓄成惡每把真心換得嗔但願一生交貴[illegible]性他白髮鬢邊來雖不逢侯封爵自然鄉黨馳[illegible]此則享榮之命然嫌金健方無乳佳子生成俊秀人運行[illegible]辛未上大旺下未断平生壬申運中欲尋芳[illegible]翠何期風雨紛紛癸酉運中難則行[illegible]有慶一番世事相蒙甲戌運中幾度樂中有悶數番慶[illegible][illegible]生乙亥運中田園桑柘茂畝畝稻梁馨當此之際

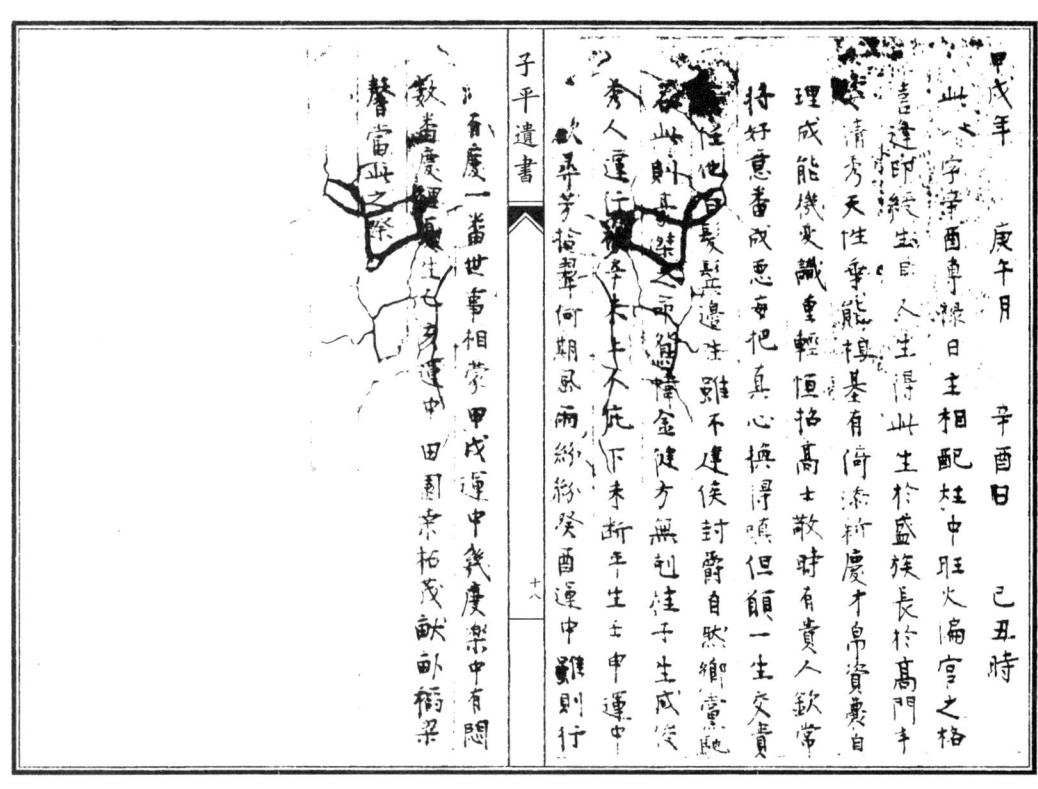

甲戌年　庚午月　戊寅日　丙辰時

此八字戊寅專祿之日相配柱中木火煞生印綬之格女人得此生於右族長於名門椿萱雖並耄鴻雁各行鳴其爲人也丰姿清秀髮貌精神翁姑有倍妯娌行輕勝丈夫之氣槩有男子之材能一苑杏桃鋪錦綉满山松柏膚幃屏萬里無雲天一色三秋[illegible]景月長明克勤而克儉易喜而易嗔雖不鳳冠霞服自然益旺夫門此則穩厚之命良人命潰年[illegible]子闘[illegible]門脫節聲運行初己巳上人不夫斷平生戊辰運中匹配名門支花從錦上添吏風雨雨過山青丁卯運中淡烟楊柳暗薄霧[illegible][illegible]丙寅運中[illegible]過園桃簇錦風和堤柳捉金乙丑運中[illegible]家業餘盈甲子運中羅綺千般色彩羞百味新癸亥運中夫貴子貴福祿無窮壬戌運中歸去也

甲戌年　庚午月　己巳日　乙丑時

此八字時上偏官之格喜得印綬生身土木椿萱雙皓首春風棠棣有奇英其爲人也丰姿磊落天性豪邁英材敏捷學問聰明終是功名之客豈爲耕鑿之人雲程坦坦登天去舉足悠悠名利成此則貴顯之命鴛幃正副桂子芳馨運行初辛未只宜庇下何處平生壬申運中留心黄卷篤志青燈癸酉運中變化三春浪消[illegible]萬里程甲戌運中政化東西洽仁風遠近清乙亥運中雖然風雲急幸不損權衡丙子運中有感祿位高陞丁丑運中解組閑田里清風夢不醒

甲戌年　庚午月　壬午日　庚戌時

此八字六壬生臨午位號曰祿馬同鄉才官之格
官殺相逢賦吾貴氣主人生於右族長於高居椿
萱雙[illegible]茂鴻鴈各行飛其為人也丰姿清秀天性
操持頗知禮義稍識詩書善決善斷不暴不慈重
成新事業再整旧根基羅綺飄香風蕩蕩壺觴列
座草[illegible]妻豐年田舍禾盈營勝日山家酒滿巵但
額財源[illegible]宮之何須騎馬入雲衢此則發福之命
鴛[illegible][illegible]犯[illegible]強四配始齊眉子嗣有成綵綵班衣
[illegible]節運行初辛未上人庇下有何是非壬申運
[illegible]花向日如筍穿泥癸酉運中雨過園桃簇錦
風和[illegible]柳垂絲甲戌運中嚴霜積雪都經過次第
春風到故[illegible]乙亥運中梅梢忽報春消息始覺陽
滿太虛丙子運中延賓招客詩酒琴棊丁丑運中
落花片片遊水無迴

甲戌年　庚午月　乙卯日　丙戌時

此八字乙卯專祿之日相配柱中金火傷官助才
之格人生得此生於右族長於名門金命椿萱一
期壽天邊鴻鴈各行歸其為人也丰姿清秀天性
聰明般般稍覽件件不精有微微計較淡淡聰明
出土黃金顯十分之美色離雲皎月照萬里之清
明樓臺疊疊生涯好財帛興隆福祿增不是功名
客終[illegible]發富[illegible]身[illegible]隱矣文何用人不知之味更
真但[illegible]財[illegible]富足何須矢府求榮此則穩旺之命
[illegible]春霖須年敵子嗣森枝朵朵榮辛未運初幼
[illegible]之不未斷平生壬申運中世事究如新折柳人
情薄似[illegible][illegible]癸酉運中漸覺衣涼池雨過信知
花放晚風輕甲戌運中財旺祿興家業好還愁素
耗片時[illegible]乙亥運中祿元成岳績威勢壓鄉民丙
子運中晚年開快樂會友以開樽丁丑運中落花
片片流水汇汇

子平遺書　二三

甲戌年　庚午月　辛未日　己亥時

此八字辛未之日相配柱中火土杀生印綬之格
人生得此生於石族長於名門金火椿萱茂長
天邊鴻鴈後飛鳴其為人也丰姿清秀天性聰明
世事精能將就盤般學又精通家業㨿新慶根原
勝似風竹蔵霓清洒咲傲任枯榮才源旺足第宅
增新生涯湖海上道路武西東月掛碧天多皎潔
春楊湖海有[illegible]勞長非莫官門前客得失須旋塞
上[illegible]時[illegible]運至福駢臻但得才源旺足何
貝[illegible]得祿[illegible]各此則穩享之命鴛幃金命須年長子
一[illegible]得門好且忠運行初辛未上人庇下天朗氣清
壬申運中[illegible]卯春夢人情薄似秋雲癸酉運
甲[illegible]春風播曜[illegible]雨[illegible]晴甲戌運中夜雨目添池水
[illegible]春風吹綻海棠紅乙亥運中才源滾滾家居旺
風雪飛來幸不驚丙子運中延賓設宴會友開樽
丁丑運中晚年快樂子且孫榮戊寅運中春光如
過隙一枕了平生

子平遺書　二四

甲戌年　庚午月　乙丑日　壬午時

此八字乙丑之日相配柱中金火傷官助財之格
女人得此生於右族長配仁門椿父先帰萱耐晚
天邊鴻鴈各行鳴其為人也丰姿清秀天性聰明
勝丈夫之氣槩有男子之材能霜為輕粉憑風傳
霞作胭脂[illegible]日句萬里無雲天一色三秋好景月
長明[illegible]理立件件當心㚇嶨有心終向日楊花
無力暂隨[illegible]財源時足衣祿豐盈一家井水難剣
老重向人家再結婚此則先虧後益之命良人有
[illegible]年長子嗣森枝晚節榮運行初己巳上人庇
一[illegible]生戊辰運中帳前復綰鴛鴦帯堂工重
開孔雀屏丁卯運中幾度樂中有悶数番静裏憂
[illegible]丙辰運中[illegible]羅綺臨風秀裙釵化日明乙丑運中
天上丰陽泰人間五福增甲子運中晚年快樂樂
意忘情癸亥運中安閑此際壬戌運中一道訃音

甲戌年　庚午月　丙午日　癸巳時
此八字丙午日刃之辰相配柱中水木官印之格
人生得此生於右族長於良門椿父先歸萱耐晚
天邊鴻鴈各行鳴其為人也丰姿清秀天性聰明
頗知礼義稍識古今有理白分清之智應上和下
之能祖業添新廈根原勝舊風月掛碧天多皎潔
名揚湖海有光榮萬里無雲天一色三秋好景月
長明弟長名園過日竹花開上苑勝先春田園桑
柘茂畎畝稻禾豐雖不清驄肥馬也應金谷豐盈
慈學之命鴛幃木命頂年長子嗣森枝一顯
運行初癸丑萱親庇下風雪初晴壬子運中世
情濃又淡淡又還濃辛亥運中財源滾滾家居
瑞莊中常有事盈庚庚戌運中簾捲香風生百福
軒閣化日祿元增己酉運中成四時佳趣立萬古
門庭戊申運中門楣壯觀樓臺凌雲丁未運中晚
年多快樂何慮有虧盈丙午運中夢遊蓬島魂返
巫峯

甲戌年　庚午月　癸未日　丁巳時
此八字癸未日元相配柱中火土財殺之格人生
得此生於右族長於名門椿父先歸萱耐晚天邊
鴻鴈各摶風其為人也丰姿清秀天性聰明頗知
礼義稍識古今有近貴親賢之德應下和上之能
祖業添新廈根源勝舊風月掛碧天多皎潔名揚
湖海有光榮朝中無姓字囊底足珠瑜花無桃李
非春色人有笙歌是太平但願財源富足何須天
府沐榮此則慈學之命鴛幃有犯須招副子嗣秋
[illegible]運行初辛未上人庇下福祿弓盈壬申
運中風帶雪來應覓冷鳥啼花落始知春癸酉運
中雖則行藏有憂幾多人事弓盈甲戌運中近水
樓臺先得月向陽花木早逢春乙亥運中庭前竹
報平安日檻外花開富貴春丙子運中門楣壯觀
樓閣凌雲丁丑運中無思無慮戊寅運中一道訃
音

甲戌年　庚午月　乙亥日　己卯時

此八字乙亥之日相配火土傷官助財之格值斯格者生於盛族長於高居行藏高古作事三思當仁不讓見善則持世事增新慶声名異昔時未開水府珠先見不掘豐城劍自輝一朝秉笏登天府萬古声名四境馳此則益達之命駑怫有犯須兩敵無虞子嗣有奇枝運行初年未上人庇下未斷高低壬申運中茅齋燈火學礼聞詩癸酉運中雖有凌雲志緣無步月梯甲戌運中雖未登名於黃甲亦逢機會以相催乙亥運中丹墀從此步大學以今離丙子運中紫誥頻頒留大用白頭未許解簪帰丁丑運中綬祖華堂會賓朋進玉卮戊寅運中春已暮爲空啼

甲戌年　庚午月　癸未日　戊午時

此八字癸未日元相配柱中火土才殺之格戊癸作合有功主人生於宮室長於宦門當田續絃椿磊落天邊鴻鳳各行嗚其為人也丰姿清秀言語不清般般精覽件件不精頗窮玄妙術稍識古今文機謀輙伏衆用人欽行藏果斷作事老成樓臺疊疊生涯好禾黍連阡粟麥陳遊山玩水携詩卷對月觀花把酒斟朝中無姓字閭里有聲名施恩惹怨布德成雠不必跨鞍登上國但祈金谷足豐

此則富足之命駑怫有犯須格副子嗣秋来有挑榮運行初年未上人庇下未斷平生壬申運中春歸柳葉情初變紅入桃花暖未匀癸酉運中雖則伸藏有慶幾多人事盗迷梨花舞雪雨過山青甲戌運中不獨財源富足尚期聲勢豪洪當是時也素耗還生乙亥運中堤柳已敷新幹綠園梅不改舊時馨丙子運中庭前竹報平安日檻外花開富貴春丁丑運中子貴沾恩澤戊寅運中春歸鳥不吟

甲戌年　庚午月　丁巳日　庚子時

此八字丁巳日元孤寡之日相配柱中水土傷官制伏之格女人得此福足以庇夫子主人生於右族長於名門椿萱双晚别鴻鴈各行鳴其為人也丰姿清秀鬒鬟精神勝丈夫之氣有男子才能一苑杏花鋪錦綉滿山松柏映層屏箕箒頻繁存礼義相夫教子得賢明滔滔無阻滞步步助夫門难觸难犯易喜易嗔錦綉花開富貴琅玕竹報日平安佇看夫榮子貴也須同沐皇恩此則榮貴之命良人金命冲之客子嗣生成貴顯人巳巳運中幼年之景無閑門成辰運中路入桃源春爛熳舟横巫峽水澄清丁卯運中雖則夫門多快樂幾多人事尚虧盈丙寅運中羅綺千般色群釵化日明須史風雨雨過山青乙丑運中山雲疊疊海浪紛紛甲子運中夫榮子貴車馬駢臻癸亥運中老尤快樂壬戌運中夢入佳城

甲戌年　庚午月　庚申日　庚辰時

此八字庚申專禄之日相配柱中木火才官之格人生浮此生於良族長於高門椿萱一享期頤壽天邊鴻鴈各行鳴其為人也丰姿清秀天性聰明断髙理直處事公平有剛断明之機関慷慨賢良之智氣高人起敬貴客相欽月掛碧天多皎潔名揚湖海豈無榮雨餘秋色香喬木耆舊風流有幾人豊年田舍禾盈馨膳日山家有酒斟歆為商賈思慕功名一朝但浮風雲便富貴慶此生此則不羈之命鴛幃有配須招嗣冲之嗣榮門朶朶馨運行初辛未上人庇下天朗風清己卯運中世事短如春夢人情薄似秋雲癸酉運中近水樓臺先浮月向陽花木早逢春甲戌運中夜雨自添池水滿春風吹綻海棠紅乙亥運中人生才禄輝光旺尚有西風雪滿庭丙子運中愈老黃花香馥郁歲寒松柏耐長青丁丑運中無憂無慮戊寅運中一枕清風

甲戌年　庚午月　乙亥日　壬午時

此八字乙亥日元相配杖中金火傷官助才之格只嫌身弱減我功名主人生於右族長於名門椿父先帰萱耐貌天邊鴻鴈各行鳴其爲人也丰姿清秀天性乖能知高識下理白分清親賢近貴自是自能祖基祖業添新慶才帛資囊自琢成福布江山外名聞湖海中是非莫管門前客得失須須憑塞上翁田園有意公卿小廊廟無心宇宙軽時至才源富足運来福禄駢臻鄉民仰德閭里推尊此則穩盛之命駕帨有犯須年小子嗣全風

李尸怂運行初辛未幼年之下淡淡青雲壬申運中雲騎閑来暖行樂未如心癸卯運中精神又憔悴撫辣又精神甲戌運中着意種花花不發無心插柳柳成陰當此之際素耗還生乙亥運中桃李千般綿江山一畫屏亥字之中片特風雨丙子運中威推布有人欽伏才帛興隆福禄增丁丑運中子榮孫秀梅白竹青戊寅運中楚臺雲散空留夢漢死香消不返寬

甲戌　庚午　癸酉　壬戌

此八字癸酉之日相配柱中火土才來之格人生得此生於良族長於名家椿萱難並老鴻鴈各天涼其爲人也丰姿清秀天性聰明孝悌三冬之胸中暁五車書竅定須領紫誥節超不傳賜黄麻五度衣冠昌變業百年喬木挺槎榜此則榮貴之命允怖得配名門女子嗣秋来長異龍初行辛未運中上人庇下安樂何加壬申運中夜宴執灯明翠幕暁客滴露點朱砂癸酉運中到此始知文李好飛黃騰踏入皇家甲戌運中玉殿承恩重金階拜爵嘉乙亥運須則金甌拜爵还愁三載投麻丙子運中雲路播迯遅丁丑運中春光去也一枕清風

甲戌年　庚午月　戊辰日　癸丑時

此八字戊辰日德之辰殺生印綬之格人生得此生於百年喬木長於累世衣纓椿萱榮傑鴻鴈飛騰其爲人也丰姿清奕性格乖能銲鋒欽利筆無敵筆力縱横若有神終是承芳之客堂爲避世之災亂飛九五青宵近鵬擊三千翰苑深懸知承龍日金殿覲

明君此則萊肅之命鶯悍春麗尤柏副子嗣生成驕壯人運行初辛未上人庇下樂享無窮壬申運中洞房生喜氣雪案有書聲癸酉運中特未風送滕王閣頃刻高搏萬里程甲戌運中威風揚四海澤廣起疲癃亥運中三度君恩喜一番風木驚丙子運中股肱仕世鞠躬

明君丑運中解組田田里戊寅運中黃粱夢不醒

甲戌年　庚午月　己卯日　庚午時

此八字己卯專權之曰相配柱中木火殺生印綬之格女人得此生於良族長配高門椿萱有倚成無倚鴻鴈聯群又斷群其爲人也丰姿清雅髮兒超群有肝食宵衣之懊惱治家立業之材能一苑杏桃鋪錦繡滿山松柏映幃屏相夫應有道教子撓成群心靜侶月明雲漢性急如風捲殘雲若非二次明花燭天定生來配旧婚此則旺益之命良人年長殘婚客子嗣森枝有捷豪行初己巳上人庇下未斷平生戊辰運中紅鸞中傳喜意赤繩月下結良姻丁卯運中萬疊好山雲乍斂一樓明月雨初晴丙寅運中天上三陽泰人間五福贈乙丑運中狐駕虎威而獲福龍居虎穴逞精神甲子運中夫賢子貴樂意忘情癸亥運中歸去也

甲戌年　庚午月　癸亥日　丙辰時

此八字癸水相配拄中火土才殺之格人生得此椿萱双脫茂棠棣獨標奇丰姿清秀天性操持行藏果斷作事三思見善則持於己當仁不讓於師懶掘豊城焉得劍不散水府忽逢珠君若有心於仕路也教光耀旧門閭此則揺鼓有声之命篤幃金玉潤子嗣桂蘭奇運行初辛未上人庇下福祿之時壬申運中歎遂平生志潛心下董惟癸酉運中幾歎思高慕遠依然困守門閭甲戌運中到此
丁運好才名榮旺福元吝乙亥運中衣冠正
丙子疊洒雪使人愁丙子運中重添新氣象優振旧威儀丁丑運中桑拴景暮酌酒殫棊戊寅運中春光歸去也花落鳥空啼

甲戌年　庚午月　丁卯日　丙午時

此八字丁卯日元相配柱中金土傷官助財之格亦有倒冲之意主人生於右族長於名門金火椿萱蔭嵗長天邊鴻鴈各行鳴其為人也丰姿清秀天性聪明般般稍覽件件不精肖抵雪欺霜之智截長補短之能祖業添新慶根源勝舊風笛長名園過舊竹花開上苑勝先春終是功名客豈為田舍翁成名不用三場學顯達還須九載勤佇看頭角光耀舊門庭此則榮貴之命鸞幃有犯須年
丁火未有継榮運行初辛未上人庇下未斷
達場汎詩風癸酉運中旁
光霽尚書趨趄来順情甲戌運中雪積雲路達騎馬入神京乙亥運中雖則崢嶸頭角還宜困守門庭丙子運中皇恩有感聲名顯紛紛德澤潤黎民丁丑運中天邊步恩澤雖下樂高情戊寅運中花已落月尤沉

甲戌年　庚午月　辛未日　壬辰時

此八字傷官制殺之格五行無破四柱純粹遇斯命者生於大廈長於高堂椿親耐脫萱先别天邊鴻雁有聯行半姿清秀礼樂鏗鏘季問三冬足詩書萬卷藏咲顔登鳳闕唾手入朝堂一從姓字傳臚後凜凜威飛群豫仕此則爾昰之命外帷全正副多嗣有呈方運行初辛未上人庇下其樂何當壬申運中讀書漂麥觀史引光癸酉運中奮身辟白屋平步入朝堂甲戌運中威飛虬浪怒令重虎風生乙亥運中重金重倍振權衡丙子運中語同天地政引風霜丁丑運中榮回故里戊寅運中一夢黃梁

甲戌年　庚午月　癸酉日　戊午特

此八字癸水相配柱中火土才杀之格人生得此上刑無破然中四柱有伏動主人生於右族長於仁門大命椿連珠屬天邊鴻雁獨飛儔其為人也半姿清秀天除聰明胸羅今古事學識聖賢心礼樂縱横字詩書興雅文馬蹄塵土三千里鵬翼雲飛萬程一朝揭姓字兼節拜聖明此則榮貴之命鴛帷有碍須偏正子嗣生成黃頭人運行初辛未上人庇下齊月光風壬申運中踏破泮橋霜幾杈讀𢦏茅店月三更癸酉運中到此始知文學好長安道上馬蹄輕甲戌運中承恩帰贈榮三品再整衣冠拜九重乙亥運中雪消雲散天如洗金紫煌煌雨露隨丙子運中紫詔頻頒留重用木許離邊樂性情丁丑運中宗帰故里戊寅運中帰去也

甲戌年　庚午月　庚申日　己卯時

此八字庚申專祿之日相配桂中木火財官之格人生得此生於右族長於名門萱毋先帰椿耐晚天邊鴻鴈各搏風其為人也丰姿清秀天性聰明世事頗能將就般般學久精通曰福曰榮自有順天之慶長安長樂豈無福地之深重成新事業再整舊門庭福布江山外名聞湖海中兩都秋色皆喬木舊風流有幾人雖不成名利生平近貴人花無桃李非春色人有筐款是太平但願財源富足任他身外無名此則發福之命篤有贈子嗣重秋前運行初辛未上

人庇下未断平生壬申運中雨過山方秀雲開月始明癸酉運中春風播爽微雨弄晴甲戌運中梅須遜雪三分白雪亦輸梅一段馨乙亥運中春光滿園関不住一枝紅杏出墻來當此之際黎雨弄晴丙子運中天上三陽泰人間五福增丁丑運中無思無慮戊寅運中一道訃音

甲戌年　庚午月　甲寅日　己巳時

此八字甲寅專祿之日相配桂中金火傷官制殺之格人生得此生於右族長於名門萱親先别還招繼椿父蒼年促去程天邊鴻鴈有各飛鳴其為人也丰姿清秀天性聿能知高下識重輕黃金遇火重增價白璧離塵色更明不是功名容終為發福人祖業添新慶根源勝舊風兩都秋色皆喬木舊風流有幾人五湖四海生涯好萬水千山道路通但願財源富足任他身外無名此則發福之命篤幃雨敵方偕老子嗣秋來孝且忠運行初辛未上

人庇下雪月朦朧壬申運中淡烟楊柳岸薄霧杏花村癸酉運中小池雨過添新綠深谷春來發舊馨甲戌運中桃李千谿錦江山一畫屏乙亥運中晚年尚有盈頭雪雪霽財源倍有增丙子運中門楣壯觀樓閣凌雲丁丑運中晚年多快樂樽酒樂怡情戊寅運中春光去也啼鳥無声

甲戌年　庚午月　甲子日　乙亥時

此八字甲子日元相配柱中金火傷官制殺之格
乙庚作合有功主人生於右族長於名門土命椿
萱雙晚茂天邊鴻鴈各行鳴其爲人也丰姿清秀
天性老成知高下識重輕有抵雪欺霜之智截長
補短之能祖業添新慶根源勝舊風月掛碧天多
皎潔名揚湖海有光榮花無桃李非春色人有笙
歌是太平但願一生財祿旺何須跨馬入神京此
則穩享之命鴛幃有犯須招副子嗣秋來孝且忠
運行初辛未上人庇下仳日陽春壬申運中未覩

桃李紅紅色且看湖光淡淡晴癸酉運中寒向梅
中尽春從柳上上甲戌運中着意種花花不活無
心插柳柳成陰乙亥運中雪晴雲散天如洗從此
滔滔福祿增丙子運中門楣壯觀摟凌雲丁丑運
中無處尽傳詩礼樂有朋來自遠方親戊寅運中
花落水流春已失蘭摧玉折根何明

甲戌年　庚午月　壬戌日　辛亥時

此八字壬戌日德之良才官之格才盛才官終身
有慶遇斯命者椿萱有倚鴻鴈行聯丰姿清秀頭
角嶄然文章飄逸金閨叅標格風流玉笋班揚清
激濁祛惡除奸清名已在雲霄上逸氣还充宇宙
間緋衣日煖趨金闕宝殿雲開識聖顏此則穩崇
之命鴛幃正副桂子班蘭運行初辛未上人庇下
未斷暑寒壬申運中穷古今之事理讀聖人之簡
癸酉運中自錫瓊林後还聯粉署班甲戌運中連
陞三級筆掃莅寃乙亥運中一番風雪初晴後三

度崇陞覲聖顏丙子運中冲擊之所樂處迯遭丁
丑運中崇田離下費入黄泉

甲戌年　庚午月　乙丑日　丙子時

此八字乙木日元相配柱中金火傷官助才之格六乙鼠貴沖破事不十全主人生於右族長於仁門火命椿萱雙晚戊天邊鴻雁各行鳴其為人也丰姿雅淡性格昏沉頗曉三分人事詩書一竅不通行藏果斷作事老成是非莫問門前客得失須憑塞上翁慶世素無榮辱生平喜不富貧生平一疾生腰背跎背渾如龜鱉刑此則平穩之命鴛幃得配名門女子嗣生成蹺灶人運行初辛未上人庇下未斷平生壬申運中世事宛如春夢人情薄似秋雲癸酉運中淡烟楊柳岸薄霧杏花村甲戌運中須臾雲掩月頃刻月離雲乙亥運中小池水雨過添新綠深谷春來發舊英丙子運中門楣壯觀第宅增新丁丑運中無思無慮戊寅運中一枕佳城

甲戌年　庚午月　丙寅日　辛卯時

此八字丙寅長生之相配柱中金土傷官助才之格人生得此生於右族長於仁門火土椿萱双晚茂天邊鴻有飛騰其為人也丰姿儒雅天性老誠頗知礼義稍識古今行藏竟消洒咲傲任枯榮曰福曰榮自有順天之慶常安常樂豈無福地之深笋因落籜方成竹魚為奔波始化龍停香時來逢貴助也應祿馬駐前程此則擊石生烟之命鴛幃有犯須招硬子嗣秋來朶朶榮運行初辛未上人庇下未斷升沉壬申運中春歸柳葉晴初变紅入桃花燦未匀癸酉運中寒向梅中尽春從柳上生甲戌運中到此始知時運好萬物光華百事通乙亥運中才源富足家業餘盈當此之際風雲蒲度丙子運中富之以潤其屋德之以潤其身丁丑運中晚年多快樂戊寅運中一枕入佳城

甲戌年 庚午月 丁巳日 庚戌時

此八字丁巳孤高之日相配桂中金土傷官助才之格女人得此生於右族長配名門椿萱有侍难双養天邊鴻鴈各行鳴其為人也姿容清秀髮貌精神有針綴紡績之巧治家立業之勤風送芰荷香滿院日匀花蕊發新紅女工機巧惟金曉婦道蘋蘩頻頻能紅日点穿淅水碧白雪堆破楚山青性急便如風捲浪片時風起片時停但顯才源旺足何須懷眼榮身此則益旺之命鸞幃得配名門友子嗣生成孝義人運行巳巳上人龐下毓秀閨門戊辰運中青歸柳葉晴初度紅入桃花煖未匀丁卯運中雖在夫門才祿旺旺中尚有事斜盈丙寅運中罗綺臨風多壯觀何愁人事不光榮乙丑運中明日當天生氣奕豈無葉葉色尤新甲子運中門楣壯觀家業豐盈癸亥運中松尚茂柏尤生壬戌運中春光如過隙一梭入巫峯

甲戌年 庚午月 乙亥日 甲申時

此八字乙亥日元相配桂中金水官印之格傷官助財為奇女人得此生於右族配於高房椿萱有倚難雙養天邊鴻鴈各行飛其為人也姿容清秀天性操持過如男子勝如丈夫鮮同心於妯娌不並侍於翁姑楊柳無風枝婀娜梅花有月尊精神桃李紛紛嬌媚財源滾滾來綏性急便如風捲浪片時言起片時停雖不鳳冠帔服自然金谷盈餘此則益旺之命良人連珠高一載子嗣秋來孝義人運行初巳巳上人龐下毓秀閨門戊辰運中共結絲羅山海固永偕琴瑟地天齊丁卯運中雖則夫門財業旺旺中尚有事趦趄丙寅運中乃積乃倉千箱千箱乙丑運中羅綺千般色珍羞百味齊甲子運中夫賢子秀慶樂自如癸亥運中子貴晚年快樂壬戌運中春歸杜宇空啼

甲戌年　庚午月　己亥日　戊辰時

此八字己亥日主相配柱中木火官印之格女人得此生於右族生配名門椿萱棠棣霞映日妯娌翁姑尚存情其為人也丰姿清秀髮貌精神有針線之能立業之勤勝丈夫氣槩有男子之能雲開華岳千山秀水到湘江一樣清助勤每效和熊膽剪髮能傳侃母心滔滔無阻滯步步助夫門楊柳無風枝嫋娜梅花有月倍精神难觸难犯易喜易嗔佇看子榮多快樂滔滔福祿亨無窮此則穩厚之命良人同屬如魚水子嗣生貴顯人運行初己巳上人庇下未斷平生戊辰運中青窺柳葉晴初更暖入挑花色未匀丁卯運中雖則夫門財業旺旺中尚有事亏盈丙寅運中須臾雲掩月傾刻月離雲乙丑運中正是梅青月白也愁人事亏盈甲子運中幾度樂中有悶數番靜裏憂生癸亥運中子貴孫賢家業旺何愁人事不光榮壬戌運中平坡防有窄峻嶺豈無驚辛酉運中帰去也

甲戌年　庚午月　辛未日　癸巳時

此八字偏官助印之格值斯象者椿萱含胱翠棠棣發春紅天賢明敏性格從容事事頗能將就般般手不精通世事添新慶根源勝舊風筍因落籜方成竹奥為奔波始化龍倘若有心於文顯貴人一薦禄元豊此則豈榮之命篤帰得配當家女子嗣班衣旺宅門運行初辛未驚濤乱水脉驟雨晴峯綾壬申運中蔵器待時時必達何須心下太忽匆癸酉運中忽逢知己相提挈萬事光華百事通甲戌運中衣冠濟楚才帛豊隆乙亥運中富貴榮華當此際西風洒落自西東丙子運中萬疊好山雲乍歛一樓明月正當空丁丑運中春光帰去也花落水深深

甲戌年　庚午月　丙寅日　己丑時

此八字丙寅長生之日相配柱中金土傷官助才之格女人得此生於右族長於名門椿萱有倚雖双耄天邊鴻鴈各行鳴其為人也姿容清秀髮兒精神有針綫之巧立業之勤雖是女流之輩過如男子材能一苑杏桃鋪錦綉满山松柏映幃屏箕箒頻繁有礼節相夫教子蹈賢明性急便如風捲浪片時言起片時停子榮夫显福禄無窮此則益旺之命良人得配名門友子嗣生成貴显人運行初己巳上人庇下未斷卅況戊辰運中紅葉濤中傳密意赤繩月下結良姻丁卯運中淡烟楊柳岸薄霧杏花村丙寅運中雖則夫門多快樂幾番黴雨幾番晴乙丑運中羅綺千般色珎羞百味新甲子運中夫榮子貴樂意忘情癸亥運中安閑晚景壬戌運中一枕難醒

甲戌年　庚午月　癸亥日　丁巳時

此八字去官留殺之格遇斯命者水命椿萱堆並耄天邊鴻雁不聯群羊姿清秀天性聰明季悶有成一拳可冲天之势英材敏捷片言有折獄之能瑶池鞭静朝南極五夜鐘声拱北宸此則榮貴之命兜嬬青色巹子嗣季金英運行初辛未上人庇下未斷平生壬申運中十年蹤下葉黄花與青灯癸酉運雲程坦蹬天去拳足悠悠名利成甲戌運中一番風雨過咫尺至腰金乙亥運中風飛乳浪怒今重虎風生丙子運中権高損福禎則無驚丁丑運中悠悠晚景戊寅運中一夢佳城

甲戌年　庚午月　戊辰日　甲寅時

此八字戊戌日元相配桂中木火殺生印綬之格人生得此生於右族長於名門椿父先歸萱耐晚天邊鴻鷹各行嗚其為人也丰姿清秀天性剛忠頗知禮義稍識古今有近貴親賢之德應上和下之能祖業添新慶根原勝舊風自有順天之慶豈無福地之深福布江山外名聞湖海中西都秋色皆喬木蒼舊風流有幾人花無桃李非春色人有笙歌是太平但願一生才祿旺何須跨馬入青雲此則旺益之命鴛幃有犯須年長子嗣生成貴顯

人運行初辛未上人花下淡淡青雲壬申運中雪暗天未變行樂未如心癸酉運中才源雖旺足人事尚虧盈甲戌運中桃李千層錦江山一蓋屏須吏風雨頃刻逡巡乙亥運中成四時佳趣立萬古門庭丙子運中延賓玩物會友開樽子字之中花放風生丁丑運中子貴晚年多快樂戊寅運中春歸花落為無聲

甲戌年　庚午月　丁丑日　丙午時

此八字丁丑日元相配桂中金傷官助才之格人生得此生於右族長於名門土命鸞椿萱同屬壽天邊鴻鴈各飛行其為人也丰姿清秀氣質高奇頗知礼義稍識詩書豈無高仕敬終有貴人攜萬里無雲天一色三秋好景月長明祖業添新慶根原勝舊風遊戲湖沼馳逐東西盈沼芰荷香馥郁滿園花木呈芳菲滿世功名身外事五湖風月久多餘此則穩享之命鸞幃獲配須年長子

嗣秋來有徒榮運行初辛未上人花下有何是非壬申運中世事渾如夢人情薄似秋癸酉運中人情雖富足人事尚逆境甲戌運中江湖傲遊才祿旺還愁耗與鬧非乙亥運中嚴霜積雪都經過從此財源享積餘丙子運中寒梅折盡景堆捨丁丑運中子貴孫賢閑業旺戊寅運中訃音一播衆傷情

甲戌年　庚午月　甲寅日　癸酉時

此八字甲寅專祿之日相配柱中金火傷官制殺之格喜逢特值金神過斯命者生於良族長於名門椿親耐脫萱先別天邊鳴鴈各摶風其為人也丰姿清秀天性聰明斷為理直處事公平有博古通今之志截長補短之能驪珠終照魏雷劍豈藏豐時來自有良機會也應光耀舊門庭此則顯揚之命鸞幃有犯須年敵子嗣秋來孝且忠運行初辛未上人庇下未断非沉壬申運中欲思登仕路須用引青灯癸酉運中莫愁雪阻藍關路時來驕馬入神甲戌運中耿耿聲名重涵洒雨露均乙亥運中三寵君恩重一番風木驚丙子運中冲擊之之所辭組思尊丁丑運中晚年閑故里樽酒樂怡情戊寅運中一枕黃粱夢千年不復醒

甲戌年　庚午月　壬午日　辛丑時

此八字六壬生臨午位芳日祿馬同鄉才官之格人生得此生於百年橋木長於累世衣纓椿親榮不壽棠棣各數榮萁為人也手姿清秀天性聰明辭峰穎利疑無敵筆力縱橫若有神北海蛟橫頭角聳南山豹变爪牙新一朝騰踏飛黃去滿城桃李嘆陽春此顯揚之命鸞幃金玉潤子嗣桂蘭馨運行初辛未上人榮庇化日陽春壬申運中歆遂班超投筆志須棲董子下帷功癸酉運中聲名從此顯雲路任飛騰甲戌運中三度君恩一番風木驚乙亥運中重重祿位金紫加陞丙子運中正宜秉笏匡朝野未許恩尋故里中丁丑運中解組田田里戊寅運中春殘鳥倦吟

甲戌年　庚午月　庚辰日　丙戌時

此八字庚辰日德之辰相配柱中火土殺生印綬之格主人得此生於右族長於名門椿萱双脫茂棠棣發春馨其為人也丰姿清秀年能頗知礼義稍識古今有抵雪欺霜之智裁長補短之能祖業添新慶財源勝舊風福布江山外名揚湖海中兩都秋色皆喬木蒼舊風流有幾人得意江山詩句絕忘情日月酒盃深花無桃李非春色人有笙歌是太平但願一生才祿旺何必天邊沐寵榮此則旺益之命鴛幃有配須年敵子嗣金風有挺棠運行初辛未上人庇下未斷平生壬申運中娟娟雲裏月灼灼葉中英癸酉運中乍雨乍晴留客景或寒或暖困人春甲戌運中才源富足家居好還愁素耗片時生乙亥運中天上三陽泰人間五福增丙子運中富足以潤其屋德足以潤其身丁丑運中子貴重榮贈戊寅運中春歸鳥不吟

甲戌年　庚午月　癸酉日　辛酉時

此八字癸未之日相配柱中火土財殺之格人生得此生於右族長於西房椿親磊落萱帰別天邊鴻雁各翻翔其為人也丰姿清秀天性明良聰明書籍遠倜儻世情長驪珠照魏光難掩雷劍生豐氣莫藏終是功名之客豈為田舍之郎雲程坦坦登天去季間悠悠名利長一朝但得風雲便九天雨露沐恩光此則榮貴之命鴛幃春麗須招硬子嗣榮門孝義昌運行初辛未上人庇下其樂何當壬申運中異鄉丰姿秉燭尋章癸酉運中囊螢林悼暮映雪莫縱容甲戌運中騰身離泮水季足便飛揚一自沐得天邊寵且與生徒慢議量乙亥運中一番風雨初晴後依然名德播鯨堂丙子運中仁風揚遠近未許便還鄉丁丑運中晚年難下樂戊寅運中一枕入黃梁

甲戌年　庚午月　癸酉日　戊午時

此八字癸酉日相配柱中火土才殺之格戊癸化火有助遇斯格者生於文望之族長於詩禮之堂双親榮晚節鴻鳫各翺翔其為人也丰姿清秀天性果劉孝問三冬足羣書万卷藏終是功名之客豈為田舍之郎豹変南山还沐九重雨露蛟横北海允成一代硅璋声名揚八表德音播諸方晚年光霽景東旁侍君王此則榮傑之命兆幃全正副子嗣显門墻運行初辛未上人庇下詩禮趨庭壬申運中味道辛千古披文目五行癸酉運中特来風送滕王閣馬蹄千里到朝堂甲戌運中獄折片言民訟息九天雨露再加昌乙亥運中一天風雪初晴沒金紫煌煌照省堂丙子運中未許懸車轍還留作棟梁丁丑運中晚年籬下樂飲壺觴戊寅運中歸去也

甲戌年　庚午月　丁卯日　丁未時

此八字丁卯之日傷官助才之格傷官傷尽為良主人生於望族長於高堂椿萱晚茂棠棣芬芳其為人也丰姿磊落天性果剛腹内包羅千古事胸中吞就錦雲章終是功名客豈為田舍郎瑶池曉鞭静東旁拜

明王疊疊光華日紛紛雨露長此則榮盛之命鸞幃全正副子嗣桂蘭香運行初辛未上人庇下紹箕迎祥壬申運中欲遂平生男子志且宜灯下習文章癸酉運中抱道是龍还不信果然雲路任飛揚甲戌運中為政必須除吏弊下車端的使民康乙亥運中一番風雪初晴後定應職列大夫行丙子運中棠中生阻節慎則以何妨丁丑運中香噴香香流水洋洋

甲戌年　庚午月　戊寅日　甲寅時

此八字戊寅專權之日相配柱中木大殺生印綬之格殺印相生功名顯達主人生於右族長於名門播父兄歸萱耐脫天邊鴻鴈不同鳴其為人也丰姿清秀天性聰明胸藏今古事奔識聖賢心驪句好為天下白高材俊似海東青終是功名之客豈為田舍之翁鵬路高騰知縱翼龍門变化見脩鱗一從姓字傳揚後九天雨露沐皇恩爪則榮貴之命鴛幃有妃須招副子繼秋未有繼榮運行初癸卯上人庇下未斷平生壬寅運中欽遂平生志須加百倍功辛丑運中莫愁雪阻藍關道時來有日便飛騰庚子運中躍過禹門三級浪秉笏趨朝拜聖明乙亥運中職近金紫貴風雪不為驚丙子運中有才庭大用何事便辭榮丁丑運中子貴重崇贈戊寅運中歸鳥不啼

甲戌年　庚午月　癸未日　丙辰時

此八字癸水日元相配柱中火土傷官助印之格時墓喜逢沖開人生得此生於右族長於宦門萱毋早歸椿頭達天邊鵠鴈有飛騰其為人也丰姿磊天性雅容異常學問敏捷材能黃卷能傳紫青雲早致身驚随玉蟾攀桂去馬随春岸踏花行足步黃金殿身朝白玉京一自天官奏日滔滔金紫階陞此則榮貴之命鴛幃得配名門女子嗣森枝桑桑榮運行初辛未上人庇下淡淡晴雲壬申運中雪晴天未煖芥洋有書聲癸酉運中十年窓下無人問一舉成名天下聞甲戌運中威飛虬浪怒今重虎風生乙亥運中三度居恩喜一方風木驚丙子運中一襲一般名揚抑能盡忠誠反有陞丁丑運中西風動処蓴鱸美晚節樂時尊酒醫戊寅運中春光去也一枕西風

甲戌年　庚午月　戊辰日　癸丑時

此八字戊辰日德之辰相配柱中火木殺印之格女人得此生於右族配於名門姿容清雅髮鬒精神有針綫之巧立業之勤勝丈夫之氣槩有男子之材能斷機曾效軻親訓剪髮能傳侃母心萬里無雲天一色三秋好景月常明衣冠濟濟三從備家業昂昂四德新紅日照穿湘水碧白雲堆破楚山青滔滔無阻滯步步助夫門克勤而克儉易喜而易嗔雖然不作榮封婦自然財禄足豐盈可惜青春年少女如何半世守孤燈此則旺盛之命良

人庚午中逢別子嗣森枝孝義深運行初已已上人庇下毓秀閨門戊辰運中紅葉溝中傳密意赤繩月下結良姻丁卯運中長江小艇縹何遠鷩散鴛鴦兩下分丙寅運中發度閑中有悶数番靜裏憂生乙丑運中精神又憔悴憔悴又精神甲子運中子秀家宅多快樂何愁人事尚虧盈癸亥運中癡雲蔽月色妬雨損花容過此壬戌運中春光帰去也花落水流東

甲戌年　庚午月　庚申日　癸未時

此八字庚申專祿之日相配柱木火財官之格喜逢時值貴人遇斯命者生於右族長於名門金火椿萱榮晚贈天邊鴻鴈各凌雲其為人也丰姿清秀天性聰明千古文章逞榮耀一天星斗換心胸禮樂縱橫子詩書典雅文不特驪珠光照乘還應趙璧擬連城馬蹄踏遍三千里鵬翼風雲萬里程此則榮貴之命鴛幃有俋須招硬子嗣生成貴顯人運行初辛未上人庇下未升沉壬申運中不負寸陰之惜豈辜題柱之功癸酉運中三場筆底文

如掃萬里鵬程路正通甲戌運中驛中曉日催行騎江山春風捉去程乙亥運中職遷金紫聲名重風雪飛來尚不驚丙子運中有材當大用何事便歸城丁丑運中故國風光好戊寅運中春歸馬不吟

甲戌年　庚午月　甲寅日　庚午時

此八字甲寅專祿之日相配柱中金火傷官制殺之格
丙午不雜之論主人生於西室長於名門椿親光曇萱先
晚别頭終是毋先行天邊鴻鴈有各行鳴其為人也丰
姿清秀天性乖能頗知禮義稍識古今有近貴親賢
之德敬上和下之能重成新事業再整舊門庭福布
江山外名聞湖海中西都秋色皆喬木耆舊風流有
幾人第因籜落方成竹魚有奔波始化龍君若有心
於仕路也應光耀舊門庭不費區區力終為發祿人
此則擊厚生烟之命鴛幃金命須年長子嗣秋来朶
朶榮運行初辛未上人庇下風雲初晴壬申運中世
事短如春夢人情薄似秋雲癸酉運中財源滚滚家
居好尚有閑非素耗生甲戌運中庭前竹根平安日
檻外花開富貴春乙亥運中桃李千谿錦江山岳屏
丙子運中門播壯觀楼閣凌雲丁丑運中春光如過
隙一枕入巫峯

甲戌年　庚午月　丙寅日　己丑時

此八字丙寅長生之日相配柱中金土傷官助才
之格文人得此生於右族長配名門椿萱並雅耄
鴻鴈各飛鳴其為人也姿容清雅鬓皃超群勝文
夫氣象有男子材能雲投華岳千山秀水到湘
江一樣清每懷丸騰意時把擇隣心錦綉花閒
春富貴琅玕竹報日外平滔滔無阻滯步步
助夫門但顯才源富足何須帔服荣封此則穩
厚之命良人水命須年小子嗣秋来朶朶荣
運行初己巳上人庇下毓秀閨門戊辰運中春又
桃源花爛熳橋横銀漢水澄清丁卯運中
淡烟揚柳岸薄霧杏花村丙寅運中一度愁
心對霜雪何須尤組报外平乙丑運中簾捲香
風生百福軒開化日禄元增甲子運中冲擊之
之所如月入雲癸亥運中春光去也一枕清風

甲戌年　庚午月　己巳日　甲子時

此八字己巳之日相配柱中火木官印之格人生得此生於右族長於仁門水木嚴慈晚蒼翠鴻鴈後隨鳴其為人也丰姿清秀天性聰明頗曉三分道理文章一竅不通自有順天之慶豈無福地之深祖基祖業添新慶才帛資囊自琢成門外田疇千古計庭前花木四時新得意江山詩句捷忘情日月酒盃深一疾微微生肺腑時運通至發才名此則穩厚之命鴛幃同屬頂年敵子嗣技技孝義深運行初辛未上人庇下淡淡青雲壬申運中花嬌怕含夜雨掷媚尤帶金風癸酉運中春風播爽微雨弄晴甲戌運中不見一番寒徹骨焉得梅花噴鼻馨乙亥運中才源有進盈人事尚虧盈當此之際風雪重重丙子運中愈老黃花香馥郁歲寒松栢耐長青丁丑運中享子孫之福慶戊寅運中夢杳杳之佳城

甲戌年　庚午月　庚申日　乙酉時

此八字庚申專祿之日相配柱中木火財官之格人生得此生於右族長於名門椿萱有倚先歸母天遐鴻鴈各行鳴其為人也丰姿清秀天性聰明理窮古事知書對賢經與聖經泰山北斗千年在和氣春風四傾終是功名客豈為田舍翁風傳玉漏金門曉花映千叢玉殿春一從題姓字舉足拜龍此則榮貴之命鴛幃有配須拾硬子嗣榮門習習春運行辛未上人庇下來斷平生壬申運中風寒天未煖芹泮有書声癸酉運中時來風送滕王閣須引高搏萬里程甲戌運中一從沐得天遷寵百里絃歌樂太平乙亥運中皇恩有咸烏府馳名當此之際風雲滿庭丙子運中職近金紫聲名重何日懸車故里中丁丑運中無雲夢傳此應樂有朋來自遠方親戊寅運中春光去也花落月沉

甲戌年　庚午月　乙亥日　甲申時

此八字乙亥日相配柱中金火食神生才之格正
地支才伏暗生者奇入生得此年姿穩重天性
英豪椿萱含晚翠鴻雁各飛高季悶有成來必揚
名顯姓英才持達擬期勢望英豪但願才名旺湖
海何須身世入天朝此則富足之命鴛幃配合須
年少桂子秋來長嫩稍運行初辛未庇佑之下折
樂滔滔壬申運中詩書窮萬卷為得踏足鰲癸酉
運中料想雲程行不到遊山觀水樂酡酮甲戌運
中雪晴才吊旺日日飲香醪乙亥滔滔旺家業車
馬擁門墻丙子運中晚年光霽具樂滔滔丁丑運
中菲凉奮去也逢凶又來招

甲戌年　庚午月　丙寅日　壬辰時

此八字丙寅長生之日配乎柱中水火殺刃之格
喜逢運入西方人生得此姓顯名揚椿貴不如萱
耄壽鴈行天際有聯翔手姿洒落天性忠良筆底
詞源三峽遠胸中李業五車藏定是登庸之客豈
為耕稼之郎禹浪三層連躍過沾恩列職拜朝堂
此則榮貴之命鴛幃正副双諧老桂子秋來吐異
香運行初辛未幼年上庇摘句尋章壬申運中際
會風雲騰驥足禹門三跳上天堂癸酉運中職列
署班才德重祿元階進大夫行甲戌運中提刑威
万里雪霽拜金章乙亥運中万里封疆舒化日無
端風雪又飛揚丙子運中邊城弥德望誰不仰權
衡丁丑運中榮回故里戊寅運中夢度石梁

甲戌年　庚午月　辛巳日　戊子時

此八字辛巳日相配柱中旺火偏官之格喜逢印綬扶身人生得此仕路光身椿萱榮耐晚棠棣有聯萘丰姿慷慨天性維新理貫古今之學心明賢聖之文萬里扶搖騰彩鳳一聲霹靂躍潛鱗閶闔開黃道衣冠拜紫宸此則榮貴之命鴛幃金玉質子嗣桂蘭萘運行初辛巳上人庇下化日陽春壬申運中螢窗萬志雪案勞神癸酉運中到此風雲際會果然三跳天津甲戌運中威聲揚四海德政脤華民乙亥運中一番風雪過祿位兩加新丙子運中政引風霜成物色語回天地到陽春丁丑運中榮回處樂戊寅運中夢入風塵

甲戌年　庚午月　癸巳日　戊午時

此八字癸未日生於庚午月戊午時財官之格財官者上格也木土椿萱齊並壽聯枝棠棣獨翱翔其為人也丰姿俊俏氣槩軒昂驪珠照魏光難掩雷劍生豐氣莫藏懇懇留心於翰苑輝輝得顯於朝堂此則光耀宗風之命鴛幃得合連理之枝桂子有成挺然發馨運行初辛未雙親庇下其樂倘洋壬申運中欲思騰驥足須用把螢囊癸酉運中報道是龍還有信果然頭聳崢嶸甲戌運中耿耿聲名重滔滔雨露新當此之際蹉跎一場乙亥運中品級高陞聲價赫黎元悅服福源光丙子運中一旦東蘺下開樽十里香丁丑運中春光去也音容渺茫

甲戌年　庚午月　辛未日　戊戌時

此八字辛金相配柱中火局月支偏官之格喜逢印綬以扶身人生得此丰姿英俊禀性聰明生於茂族長於良門火土椿萱崇皓首天边鴻雁各飛騰争問有成名必昰英才特達氣豪強一朝機會好天府沐恩榮此則榮達之衣鴛幃玉潤桂子全声運行初辛未上人庇下快樂和平壬申運中欿遂平生志潛心對短檠癸酉運中霹靂一聲雲霧合果然頭角聳崢嶸甲戌運中不独財源滚滚尚期氣勢英英乙亥運中才權益抱氣慨積層丙子運中冲擊之所暫阻威稜丁丑運中月落西風悲猿啼三兩聲

甲戌年　庚午月　甲戌日　庚午時

此八字甲戌相配柱中金火傷官制殺之格兩干不雜最為奇人生得此丰姿磊落志氣豪洪生於豐富之室長於詩禮之家椿萱不逮双棠棣庭前有錦衣學問三冬足詩書萬卷通一朝雲霧合准擬化成龍此則榮顯之命鴛幃帶硬霜添鬢桂子秋來綻錦囊運行初辛未上人庇下樂享從容壬申運中欲遂凌雲志宜加映雪功庚酉運中到此風雲相際會長安道上彩旗紅甲戌運中聲耿名名祿位重重乙亥運中猛甪渡河民快樂飛輝過境歲豐隆丙子運中冲擊之所暫阻英雄丁丑運中桃源春去也蓬島位難通

甲戌年　辛未月　戊戌日　庚申時

此八字戊戌魁罡之日相配柱中逢木傷官印
殺之格喜逢祿氣殺印之論主人生於右族長
於高居椿親耐晚萱先別天邊鴻鴈有行飛其
為人也丰姿清秀天性聰明般般好夆件件粗
知重戌新事業并整舊根基行藏果斷作事三
思萬里無雲天一色三秋好景月揚輝英雄性贈
劍三尺豪傑相逢酒一樽田園桑柘茂畝畝稻梁
肥盈沼芝荷香發郁滿園花木色芳菲但嫌人
生才祿旺何須跨馬入雲衢此則稔孚之命鶯

啼年長方偕老子嗣生成貴顯人運行初壬申上
人庇下未斷高低癸酉運中霜雪滿天輕拂掃
登臨还值雨迷途甲戌運中嚴霜積雪都經過
從此滔滔福祿餘乙亥運中天上三陽泰人間
玉福齊丙子運中花盈上苑果盈圃稻滿平疇
水滿池丁丑運中但願家園富足还愁白髮
龐眉戊寅運中春光去也花落月西

甲戌年　辛未月　癸卯日　癸丑時

此八字癸卯日貴之辰相配柱中火土雜氣才官
之格人主得此主於右族長於名門椿父先帰萱
晚別天邊鴻鴈各行鳴其為人也丰資清秀天性
聰明知高下識重輕過火黃金顯十分之貴色梨
雲皎月布萬里之清明重成新事業再整舊門庭
筍因落籜方成竹魚為跨波始化龍一朝機會從
天降也顯光耀舊門庭此則榮貴之命鶯幃有記
須年敵子嗣秋來有顯榮運行壬辰上人庇下未
斷平生癸酉運中雪晴天未煖行樂未如心甲戌

運中時来逢貴两從事入公門乙亥運中跨馬起
程登上國始知冠冕可榮身丙子運中皇恩有感
聲名顯拜授除書雨露新丁丑運中耿耿聲名重
滔滔祿位隆戊寅運中春光去也花落月沉

甲戌年　辛未月　甲辰日　己巳時

此八字甲辰日玄相配柱中金土樸氣才官之格才多身弱喜天月德扶身主人生於右族長於名門椿父先帰萱耐晚天邊鴻鴈各行鳴其為人也丰姿清秀天性聰明世事頗能詩礼般般夲欠精通曰慎曰柔自有順天之貴客常安常樂豈無福地之源重戌新事業难守旧門庭有心於貨利不必舂功名花無桃李非春色人有笙歌是太平恩雖廣布恐却多生但顧一生才祿旺何須跨馬入神京此則穩厚之命外帰有犯須年畝子嗣秋未朶朶菜運行初壬申上人庇下未斷平生癸酉運中娟娟雲裏月灼灼葉中英甲戌運中人生正是風光處只恐閑非素耗生乙亥運幾番啟樸都經過始覔陽回萬物增梨花舞雪雨過山青丙子運中不独門楣壮觀尚祈声勢豪横須叓風雨雨過山青丁丑運中晚年閑快樂會客已開樽戊寅運中無憂無慮己卯運中一枕平生

甲戌年　辛未月　戊午日　乙卯時

此八字戊午日丹之辰相配柱中木火樸氣才殺之格女人得此生於右族配於名門椿萱雅並耄鳴鴈各行鳴其為人也姿容清秀髮兔精神有肝食宵衣之懊惱治家立業之材能雲收華岳千山秀水到湘江一樣清冀箒頻繁存礼節相夫教子蹈賢明难觸难犯易喜易嗔謟之兇阻滯步之助夫門雖不鳳冠帔服自然福祿駢臻此則穩享之命良人主合須長年子嗣森枝晚節榮運行初庚午上人庇下未斷平生己巳運中路入桃源花爛熳橋横銀漢水澄清戊辰運中作雨乍晴留客景或寒或煖困人春丁卯運中雖則夫門多快樂幾多人事尚愁人丙寅運中不用高燒銀燭月明偏倍精神乙丑運中羅綺千艘色踈蓋百味新甲子運中門楣壯觀多多安樂癸亥運中一枕黃粱示不醒

甲戌年　辛未月　丁未日　庚戌時

此八字丁未陰刃之日相配柱中金土傷官助財之格人生得此生於右族長於禪門椿萱不相守鳴鴈各分群其為人也丰姿清秀天性老成理窮佛事專誦佛經高人起敬貴客相欽自有順天之慶豈無福地之深金躰三尊詩檀瑞寶樹千花佛界春佇看去髮除鬚日員頂方袍拜釋尊晚年光霽景福禄享徒孫此則清孤之命鶯啼今生莫怨子嗣後世相逢運行初壬申上人花下雲月朦朧癸酉運中臺座無塵地 听法而談經甲戌運中人道山門清淨幾多人事虧盈乙亥運中寂寞苦空僧世界法堂冷淡佛家風丙子運中高人提携起主席對叢灯丁丑運中養雛成大鵠種子作高松戊寅運中無慮無思閑快樂清清淡淡過平生已卯運中一時化鶴萬古難醒

甲戌年　辛未月　丙申日　戊戌時

此八字丙申日元相配柱中金土傷官助才之格女人得此生於右族配於名門椿萱有倚難双耄天邊鴻鴈各行鳴其為人也姿容清秀德性行真勝文夫之氣槩有男子之才能一苑杏桃鋪錦繡滿山松柏映幃屏衣冠濟濟人中傑体見昂昂四德新、天應有道訓子惣成群克勤克儉易喜易嗔雖則夫榮何足羨還看子貴又沾恩此則榮貴之命良人得配榮華容子嗣生成貴顯人運行初庚午幼年之下花放春晴己巳運中路入堯圍花爛熳閑遊梅往水澄清戊辰運中淡烟楊柳岸薄霧杏花村丁卯運中萬疊好山雲乍歛一樓明月雨初晴丙寅運中夫榮子貴福祿無窮當此之際風雪還生乙丑運中祥雲疊疊沛澤紛紛甲子運中粧樓人去也臺鏡掩晨明

甲戌年　辛未月　壬午日　癸卯時
此八字六壬生臨午位號曰祿馬同鄉雜氣才官
之格人生得此生於武官長於名門椿萱榮晚茂
鴻鴈各行鳴其爲人也丰姿清秀天性聰明頗窮
書史稍識聖賢經衣冠濟濟人中傑和氣怡怡席
上珍終是功名之客豈爲田舍之翁三跳御溝沾
寵幄腰金不用對青灯晚年光霽景疊大福元陞
此則武顯之命鴛幃重合些子嗣晚光榮運行初
壬申上人庇下未斷平生癸酉運中不勞窓下功
書史自向天边沐寵榮甲戌運中起程登上國相
繼祖先功乙亥運中旌穿晴日雲霜襟山倚秋空
劍戰明當此之際風雨还生丙子運中不入天下
路馬資將有功丁丑運中子傑未未傳事業灰心
焉遂向籬東戊寅運中英雄都盡也高塚卧麒麟

子平遺書　七

甲戌年　辛未月　丙申日　癸巳時
此八字丙申之日相配柱中水土雜氣才官之格
人生得此生於右族長於名門椿父先歸萱耐晚
天边鴻鴈各行鳴其爲人也丰姿清秀天性聰明
錦繡胸藏賢聖李珠璣口吐武文風飄的好爲天
下白高才俊似海東青終是功名客豈爲田舍翁
北海蛟騰頭角聳南山豹变爪牙新一從姓字傳
揚後九五天門面聖容此則榮貴之命鴛幃重合
些子嗣晚光榮運行初壬申上人庇下未斷外況
癸酉運中雪晴天未煖芹津有書步甲戌運中騰
身離泮水奎步入雲津乙亥運中仁風揚万里德
政播西東丙子運中江山迎過馬花柳拱歸程當
此之際風雪滿庭丁丑運中正欲忠君輔国未容
解組思尋戊寅運中晚年閑散里一枕入巫峯

子平遺書　八

甲戌年　辛未月　辛丑日　壬辰時
此八字辛丑之日相配柱中火土襍氣殺印之格
人生得此生於右族長於名門椿萱雙晚茂棠棣
各數榮其為人也丰姿清秀性格聰明理窮古事
兼今事書對賢經與聖經衣冠濟濟人中傑和氣
怡怡席上珎笋長名園過旧竹花開上苑勝先春
終是功名之客豈為避世之炅萬里扶搖鸞煋蟄
一声霹靂躍滄鱗風傳五漏金門曉花映千旌玉
殿春佇看官封三級酌然祿享千鍾此則榮貴之
客鴛悰金玉閏子嗣襁衣新運行初壬申上人庇

下未断平生癸酉運中欲思登仕路須用對青灯
甲戌運中莫言雲阻藍關道時來頃刻使升騰乙
亥運中一從揚姓字職位享權衡丙子運中已把
嚴威摧酷吏更恃仁政恤黎民重金重紫樂德仁
凤丁丑運中雪晴雲散天如洗從此滔滔雨露陞
戊寅運中晚年離下樂己卯運中一枕入巫峯

甲戌年　辛未月　癸巳日　癸亥時
此八字癸巳日貫之辰相配柱中火土雜氣才殺
之格人生得此生於右族長於高門椿萱水命双
同屬天邊鴻鴈各搏風其為人也丰姿清雅天性
聰明智羅今古事學識聖賢心辞鋒穎利疑無敵
筆力縱橫若有神終是功名客豈為田舍翁奮身
歸月窟攀步入青雲鰲逐玉蟾攀桂去花隨青草
踏花行一日風雲相際會九天雨露沐皇恩此則
榮貴之命鴛幃有祀須招硬子嗣秋來朵朵榮運
行壬申上人庇下未断平生癸酉運中十年寒下

業時至便成名甲戌運中禹浪三層都躍過秉笏
金鑾拜聖明乙亥運中含重奸邪伏威嚴鬼膽驚
丙子運中重紫重金當且景還愁門外雪盈庭丁
丑運中赤心扶日月素志展經綸戊寅運中晚年
閑故里樽酒樂怡情己卯運中春光去也幽鳥無
聲

甲戌年　辛未月　甲辰日　己巳時

此八字甲辰日元相配柱中雜氣財官之格喜逢時值金神運行背地減我功名主人生於右族長於名門椿父先歸萱有別天邊鴻鴈各行鳴其為人也丰姿清淡天性聰明世事頗能將就般般學欠精通曰福曰榮自有順天之慶常安常樂豈無福地之深重成新事業再整舊門庭福布江山外名聞湖海中花無桃李非春色人有笙歌是太平遇險終無險逢凶幸不凶才源旺足家居好何必天邊沐寵榮此則豐盛之命駕幃有犯須年小子嗣秋來朶朶成運行初壬申上人庇下來斷平生癸酉運中雪晴天來煖行樂未如心甲戌運中乍雨乍晴留客景或寒或煖困人天乙亥運中財源雖旺足人事尚虧盈丙子運中正是太平光霽景須臾晦耗尚愁人丁丑運中萬疊好山雲乍歛一樓明月雨初晴戊寅運中家園富足行樂如心己卯運中翩翩名旐鬱鬱佳城

甲戌年　辛未月　辛丑日　壬辰時

此八字辛丑日元相配柱中火土雜氣殺印之格人生得此生於右族長於名門椿萱有倚先尅母鴻鴈天邊各自飛其為人也丰姿清秀天性聰明般般精覽件件不精風月處友瀟洒客情有近貴親賢之德應上和下之德祖業添新慶根源勝舊風有心於貨利無意慕功名兩都秋色皆喬木耆舊風流有幾人好意番成悪真心換得嗔雖不遠侯封爵自然福祿無窮此則穩厚之命駕幃有犯須年敵子嗣秋來朶朶成運行初壬申上人庇下來斷平生癸酉運中風帶雪來應覔冷鳥啼花落始知春甲戌運中雖則行藏有慶還愁素耗相侵乙亥運中才源旺足家居好一度風波尚惱人丙子運中負戴不辭千里遠貨財徵喜四方通片時風雨雨過山青丁丑運中門楣壯觀福祿駢臻戊寅運中子貴家門多吉慶己卯運中春歸花落鳥無聲

甲戌年　辛未月　庚戌日　癸未時

此八字庚戌魁罡之日相配柱中火土禄氣官
印之格人生得此生於右族長於名門金土椿
萱雙晚茂天邊鴻鴈各行鳴其為人也丰姿清、
秀天性操持頗知礼義秘識詩書親覽近貴
不勇不慈自順天之慶豈無福地之源重成新
事業再整舊家門生涯湖海上道路萬里雲天一色
三秋好景月長明羅綺飄香風蕩蕩臺觴列座
華津漢才源富足家居好何少天邊添寵此則豊
盛之命篤幣有犯須招硬子嗣秋来貴显見運
行初壬申上人庇下有何是非癸酉運中淡烟
楊柳岸薄暮杏花天甲戌運中始覺陽和滿目
還愁素耗開非乙亥運中才源富足行藏好
風雲飛来未称情丙子運中才源旺足尚愁人事
羇盈丁丑運中英雄性贈劍三尺豪傑相逢酒
一卮戊寅運中延賓玩物會友開樽己卯運
中歸去也

甲戌年　辛未月　丙戌日　己亥時

此八字丙火日元相配柱中水土傷官制殺之格
人生得此生於官族長於名門金水椿萱崇且壽
天邊鴻鴈各行群其為人也丰姿清秀天性聰明
評鋒穎利疑無敵筆力縱横、若有神衣冠濟濟人
中傑和氣怡怡席上珎終是功名之客豈為田舍
之翁折桂場中誇妙手標名鴈塔振蜚聲一從姓
字傳臚後人似神仙馬似龍佇看官封三級酌然
禄享千鍾此則崇貴之命篤幣連理合子嗣綵衣
新運行初壬申上人庇下天朗氣清癸酉運中十
年窓下無人問一舉成名天下聞甲戌運中綉衣
耀日鐵面生風乙亥運中錦衣肥馬重重貴天上
恩波浩浩新丙子運中一番風雪初晴後金鱗光
照紫薇宮丁丑運中更有文章兼議論還居臺閣
展經綸戊寅運中晚年籬下樂己卯運中一枕入
巫峯

甲戌年　辛未月　辛亥日　己亥時

此八字辛亥日元相配柱中火土雜氣杀印之格杀印相生功名顯達遇斯命者生於良族長於仁門水土椿萱双晚茂天邊鳴鴈各行鳴其為人也丰姿清秀天性聰明頗知禮義稍識古今有近貴親賢之德應工和下之能重成新事業再整舊門庭終是功名之容豈為田舍之翁莫向江湖掩藏月好来仕路覓功名一日貴人相指引也應光耀舊門庭雖不登科第終為領袖人此則整舊之命鴛幃有祀須年小子嗣生成貴顯人運行初壬申上人庇下未斷平生癸酉運中蔵器待時時必達時来揮手入公門甲戌運中九載辛勤甘苦守須更風雨不為驚乙亥運中

丙子運中一番風雪過天府沐光榮

丁丑運中紅蓮幕下清如水皇恩有感自加陞戊寅運中鮮組田田里蘿邉樂性情己卯運中悠悠蘿下一枕清風

甲戌年　辛未月　壬子日　辛亥時

此八字壬子日刃之日相配柱中金土雜氣官印之格喜逢祿以帰時稟得伍行之秀氣人生得此冝乎科甲騰身主人丰姿清秀性格明良椿萱堂上双親老鴻鴈天邊有共翔學問淵源一本可冲天之勢英才敏捷片言有折玉之良一從楊姓字祿位顯英楊此則崇貴之命鴛幃金玉麗子嗣桂開香運行初壬申上人庇下共樂何富癸酉運中漂麦讀書似高鳳引灯觀史効匡衡甲戌運中霹靂一聲雲霧合峥嵘頭角現天堂癸亥運中雲精開国園祿位又加昌丙申運中有此位迁金紫一番人事來張丁丑運中晚年成大器未許樂壺觴戊寅運中悠悠處樂己卯運中夢入仙鄉

甲戌　辛未　乙未　辛巳

此八字乙木日元相配柱中金土禄氣才杀之格人生得此生於良
族長於名門萱母先帰椿晩並天边鸿雁各行鸣其為人也
丰姿清秀礼樂縱横筆底詞源三峽遠胸中崇潔一天
星終是錦衣肥騎馬客豈為田舍擊耕人萬里扶搖鷲幟
壓一声霹靂躍潜鱗一從姓字傳揚後策筋起朝拜金明
此則崇肅之命兆嫦連理合子嗣繼新衣運行初壬申上人庇下
未斷升沉癸酉運中十年窓下業黄卷与青灯甲戌運中禹
浪門三級浪天地有雷声乙亥運中千里霜威金谷重三秋凮
色錦衣輕丙子運中腰横金作帶符剖玉為鱗當此之際
凮雪滿庭丁丑運中重金重紫布德施仁戊寅運中晩年
快樂酌酒籬東己卯運中春光去也一道訃音

甲戌年　辛未月　丙申日　戊戌時

此八字丙申日元相配柱中金土傷官助才之格
人生得此生於右族長於高堂椿萱双腋别鳴鴈
不聯行其為人也丰姿清秀天性機関不慈不勇
可方可員祖業添新慶根基再整源福布江山外
名聞湖海閒旭日素麻茂盛董風禾黍運阡飛雲
化龍朝北闕奔雲彩日出南山才源旺足声名好
官貴无緣誓不全但願一生多旺足自然快樂盛
為官此則穩福之命鴛幃連珠高一載子嗣秋来
發桂蘭運行初壬申上人庇下白石青山癸酉運
中寒向梅中尽春從柳上还甲戌運中雖則家居
旺足幾多人事迍邅乙亥運中韶華万疊美景一
聯丙子運中軒開化日千祥集奇桃香風近禄元
丁丑運中世利随生皆以樂不如高臥且加飡戊
寅運中春光去也一枕难还

甲戌年　癸未月　戊子日　壬戌時

此八字戊子日辰相配柱中木火雜氣殺印之格才神在柱事不十全主人生於右族長於名門金土椿萱榮晚別天邊鴻雁不同鳴其為人也丰姿清淡天性聰明般般稍覽件件不精有近貴親賢之德應上和下之能祖業添新慶財源福祿增英雄維贈歎三尺毫傑欣逢酒一鐘欲為商賈思慕功名時来自有淵淵路運至還教路路通一朝財祿旺終為近貴人不嚴區區力終為隱跡人此則繫石生烟之命鴛幃有犯須招副子嗣枝枝晚節榮運行初甲申上人庇下未斷平生乙酉運中世事宛如春夢人情薄似秋雲丙戌運中雖則行藏有慶還愁素耗非生丁亥運中財源旺足家居好風雪飛来尚惱人戊子運中問名則名顯達問利則利豐盈己丑運中庭前竹報平安日檻外花開富貴春丑字之中如月入雲庚辰運中晚年閑快樂子貴又光榮乙卯運中夕陽有限春夢無憑

甲戌年　辛未月　丙戌日　戊戌時

此八字丙火相配柱中土木食神帶印之格人生得此生於右族長於仁門椿萱双晚茂鴻雁獨超群丰姿磊落天性聰明筆底倒流三峽水胸中飽識五車文驥足千程随蹀躞雲霄萬里仕飛騰姓字傳揚後声名達九重此則榮貴之命鴛幃得配名家女子嗣秋蘭有継榮運行初壬申上人庇下祿祿平生癸酉運中讀書用意觀史引灯甲戌運中鵬路高搏知健翼龍門深躍見脩鱗乙亥運中凜凜威飛重滔滔雨露墜丙子運中一番風雪過金紫職遷榮丁丑運中山河歸國舊管籥換離宮戊寅運中春光去也一梦佳城

甲戌年　辛未月　庚寅日　壬午時

此八字庚寅之日相配柱中木火雜氣才官之格女人得此生於右族長配名門椿萱棠棣霜幃日姍娌翁姑分尚輕其為人也姿容清致体態和溫有針繳之巧立業之勤春入水光成嫩綠日匀花蕚發新紅萬里無雲天一色三秋好景月長明喜則春和景媚怒如風捲殘雲佳看夫榮子貴也應福享無窮此則榮益之命良人年長榮華客子嗣秋成貴顯人運行初庚午上人庇下毓秀閨門已巳運中路入桃源花爛熳橋橫銀漢水澄清戊辰運中雖則夫門多快樂幾番微雨幾番晴丁卯運中萬疊好山雲乍斂一樓明月雨初晴須史素晦頃刻逡巡丙寅運中光華疊疊沛澤紛紛乙丑運中彩中加彩色紅上贈紅英甲子運中子貴重榮贈癸亥運中春帰烏不吟

甲戌年　辛未月　甲辰日　丁卯時

此八字甲木相配柱中金土雜氣財官之格人生值此丰姿平洒性格異常生於仁右之門長於潤室之庭堂椿萱邁高賢敵鴻鴈天邊挺翅鳴箏長名園過舊竹花開上苑勝先春雖不文章而敏捷詩書頗曉二三分翰墨場中緣分淺經營買賣可抰壽一朝雲霧齊相合自然祿馬旺前程根基原靠上人置財帛資囊後緩成佇看男子威權日花發園林瑞色新此則特達之命鴛幃內助招勤儉子嗣先花後菓生運行初壬申災闕尢未息扶保過無驚癸酉運中漸知和氣轉還有淡雲侵甲戌運中跳出崎嶇行坦道財源進益有声名貴人相指引勢價播鄉鄰乙亥運中順水行舟加櫓棹東更贈一帆程在家必達在邦必聞當是特也六出飄襟丙子運中蘭桂香風生意廣一庭喜慶福元增丁丑運中秋風南畝收香稻晚節東籬菊縱金有子榮身多振作延賓酌酒樂心情戊寅運中一枕香風歸不得烏啼花落夢沉沉

甲戌年　辛未月　庚戌日　庚辰時

此八字庚戌日元相配柱中火土雜氣官印之格有官有印無破作廊廟之材只嫌冲破事不十全主人生於右族長於仁門椿萱雝並耄鴻鴈各行鳴其為人也丰姿清秀天性聰明般般稍覓件件不精機謀輒腹舉用人欽萬里無雲天一色三秋好景月常明出土黃金顯十分之貴色離雲皎月布萬里之清明歎為商賈思慕功名一旦謀為遇還揚三考名不費區區力終為隱跡人此則擊石生烟之命鴛幃有犯須重續子嗣秋來朵朵榮運行初壬申上人庇下未斷平生癸酉運中欲速不達揚帆待風甲戌運中貴人相指引揮筆入公門乙亥運中時來跨馬登天路榮沾雨露耀家門丙子運中幾年困守一旦沾恩丁丑運中皇恩重有感德澤惠黎民戊寅運中正宜食祿何事辭榮己卯運中歸去也

甲戌年　辛未月　辛未日　己亥時

此八字辛金生庫相配柱中木局雜氣才官之格人生值此生於文物之家長於衣姿之族椿萱崇感鴈字聯翩丰姿清楚頭角嶄然万里韶華錦綉花間家貴富一聯美景琅玕听报日卓安显娃歡登龍虎榜真如援貴與攀賢此則成名之命鴛憐正副如魚桂子芬芳孝義全運行初壬申双親榮庇歷賢雲篇癸酉運中窓下且宜劳事業未能踏馬上長安甲戌運中倘得相雲風濟會晉教玉殿聖恩傳乙亥運中仁風揚海国沛澤潤梨元丙子運中一番梨雪天明朗名德維新祿位遷丁丑運中優游晚景樂守田園戊寅運中載酒登山春己去歸懷愁恨悠啼鵑

甲戌年　辛未月　甲辰日　丙寅時

此八字雜氣財官之格日祿歸時之助女命得之生於偏室配於高堂椿親全福壽鴻鳫有翱翔姿頻濟濟髮䫉昂昂心靜似雲收海嶠性急如風捲浪風送浮雲歸古洞雨滋花蕚發新粧此則起家之命良人得配名家子兒女芬芬喜有行運行初庚午閨門毓秀光景如常己巳運中結褵永遂蒼穹久匹配如同化日長戊辰運中福似曉山蒼翠財如春水汪洋丁卯運中須史風起行樂悠揚丙寅運中雲散自然孤月朗春來依舊百花香乙丑運中春光一去無消息回首家山淚兩行

甲戌年　辛未月　丙午日　戊戌

此八字丙午日刃之辰配合柱中全土雜氣才官之格人生得此神清氣爽理賢義融生於師府長於華宗椿親并耐萱歸早鴻鳫天邊列後行深明萬石畧類識重賢章陣雲拂漢邊塵息兵氣成虹飈將藏此則義勇之命鴛幃正副宜相紙桂子秋風始發芳運行初壬申帝庇之下一度清霜癸酉運中身衣芦花絮寒來只自當甲戌運中旌旗遮曉日劍戟凜秋霜當是時也䟦跡無傷乙亥運中威飛虬浪怒含布虎風狂丙子運中刁隊旌旗听號令一方天下秉威衡丁丑運中老景莫貪登玉帳英雄宜付與賢郎戊寅運中落日青山外猿啼人斷腸

甲戌年　辛未月　丁未日　辛亥時

此八字丁火配酉金土雜氣才官之格人生得此多機多智不孝不慈椿萱分皓首鴻鴈有同飛般般好事件件粗知十斷九連成事業三番四覆整根基佇看晚年財旺勢輝輝此則守常之命鴛幃年少双諧老桂子金風長嫩拔運行初壬申風和日麗燕語鶯啼癸酉運中便好生財覓利何愁風雷輕飛甲戌運中雨過山方秀雲開月始輝乙亥運中家業多豐富風波一旦欺丙子運中万象回春信花開滿故廬丁丑運中晚年多旺米粟多餘戊寅到己卯運中帰去也

甲戌年　辛未月　丙戌日　丙申時

此八字丙火相配柱中金土傷官助才之格稚氣印綬之論人生得此丰姿秀氣天性機深高謀遠見機關別慷慨襟懷志氣增其為人也生於名族長於良門双思難養並鴻鴈出飛騰學問聰明終是利名之貴客英才出類六年三載顯榮身非獨家門而有慶鄉里馳名福不輕一日貴人來扶起自然禄馬旺前程此則貴顯之命鴛幃正副桂子麒麟運行初壬申上人之下學孔趨庭癸酉運中貴人薦引功名路官非灾險破憂迍甲戌運中福如春水滔滔旺灾險官非耗素侵乙亥運中嚴霜消盡耿耿聲名丙子運中一運二陞權衡重人民樂業顕威稜丁丑運中腰横銀束子顯門身戊寅運中花已落月亡沉

甲戌年　辛未月　辛丑日　壬辰時

此八字辛金相配柱中木火雜氣才官之格喜逢天月德人生得此丰姿秀麗天性清奇高謀遠見機関別慷慨襟懷學識深其為人也生於名望之宅長於文賦之庭一對紫思難並鶱鴻鳫西風我奮鳴學問有成蛟龍豈有池中物英才出類一旦升騰化作鱗九天閶闔開黄道萬國衣冠拜冕英一朝天下馳名日権壓文臣與武臣此則權貴之命篤慵正副方無冠桂子遲招奪錦人運行初壬申上人庇下學礼書経癸酉運中然有淩雲之秀氣灾耗官憂未称情甲戌運中他日功名從此顯狼虎潜形郡縣驚灾素非怯謹己無侵乙亥運中一運二陞金紫貴萬里清聲播帝京丙子運中嚴霜消盡臺霎馳名丁丑運中官居一品上聖垂恩戊寅運中上五年回來故里下五年一夢蓬瀛

甲戌年　辛未月　辛卯日　丁酉時

此八字時上傷官之格比肩太盛事不十全翁姑難久倚妯娌欠相便其為人也寡智慧少機関活檣活拕可方可負處世非榮非辱生涯不暖不寒自有順天之慶豈無福地之緣此則中和之命良人早别難雙耄子嗣無戲舞綵斕運行初庚午春花春柳春苑春山巳巳運中蕉緣紅葉契合翠鸞戊辰運中誰識閑中有愁悶藁砧歸去路三千丁卯運中平為福居之安丙寅運中行藏顛光彩動用稍安然乙丑運中幾度生囊難依然福祿全甲子運中微風微雨淡霧淡烟癸亥運中香魂杳杳流水消消

甲戌年　辛未月　甲辰日　己巳時

此八字甲木相配柱中金土襍氣才官之格
金神之意主人生於人門長於右族椿萱分半道
鴻鴈陣行疎其為人也姿容朗智慧明行藏
竟蕭洒咲傲任枯荣萬里韶華名利必從天
上降一聯美景才源自向鬧中生此則穩達之
命鴛幃魚水情歡合桂子荣門孝義深運
行初壬申上人庇下雲淡風輕癸酉運中天边初
出月苑上始開庚笋甲戌運中笋長名園過
旧竹花風上苑勝先春乙亥運中春光遍林野
和氣滿門庭丙子運中秋風播爽微雨弄晴
丁丑運中才權秉美氣宇爽爽戊寅運中
孫賢兒子秀萬古不勞形己亥運卯中花已
落月沉沉

甲戌年　辛未月　己亥日　壬申時

此八字己亥日元相配柱中水木雜氣才官之格
人生得此生於良族長於仁門椿萱有倚鴻鴈聯
群其為人也手姿清雅天性老誠頗挠三分道理文
章一發不通自有順天之慶豈無福地之深重成
新事業再整舊門庭不以功名為念豈将冠冕
磨礱是非莫雷門前客得失須憑塞上翁時来
處世素無衆辱生平喜富不貧但顏才祿旺何必
慕功名此則穩旺之命鴛幃有祀須招副子嗣
秋来朶朶荣運行初壬申上人庇下未断平生癸
酉運中未歛堯李紅紅色且喜湖光淡淡晴甲戌
運中雖則行藏而有慶还忌閑非素耗生乙亥運
中若意種花花不發無心插柳柳成陰當此之際風
霎还侵丙子運中天上三陽泰人間五福增黎花
舞霎雨過山青丁丑運中門楣壯觀福祿無窮
丙辰運中一枕春梦萬事揔成空

甲戌年　辛未月　乙未日　癸未時

此八字月上偏官之格時逢印綬得其中和主人生於喬木長於名家椿親榮傑棠棣繁華年少秀爽性格豪奢源流三峽誰能及筆掃千軍孰可加連騰三汲浪乘筍步蓦坡此則榮耀之命兆幃賢順桂子婆娑運行初壬申承上人之庇居安樂之窩癸酉運中挑燈明翠幌滴露點硃砂甲戌運中錫宴瓊林後金門聽玉珂乙亥運中澤潤山川生秀履恩沾雨露動陽和丙子運中一番風雲過重疊沐恩波丁丑運中鵷鷺首班君未遂請回籬下樂如何戊寅運中借問香魂何處去楚妃祠下聽吾歌

甲戌年　辛未月　己丑日　戊辰時

此八字四庫俱全雜氣財官之格值此象者生於名望之家長於豊潤之族嚴慈中道相分手鴻雁分飛各一天其為人也行藏瀟洒智行方圓顛知今古事稍識聖賢篇運至時通必許成名得祿地靈人傑豈教豹隱龍蟠高人推舉登天闕耿耿聲名四境傳此則貴達之命鸞幃有充洞房三度締姻媫子嗣無虧晚景森枝而發秀運行初壬申上人庇下春苑春山癸酉運中詩書宜覽目有路許君前甲戌運中此際果然名必顯待時不日就登天乙亥運中冠冕輝輝人敬仰鼓盆聲慘恨綿綿丙子運中皇恩有感遷高爵風浪層層我亦安丁丑運中老來尚覺精神爽治政臨民望儼然戊寅運中少壯為名多檢束蒼顏無事守清閑己卯運中如松之盛似栢之堅庚辰運中悠悠安享辛巳運中夢入九泉

甲戌年　辛未月　癸卯日　甲寅時

此八字癸卯日貴之長生未月寅時爲雜氣才官之格女人得此掌家有道歷事多能儀容嬌媚言語輕清椿萱有倚分中道鴻鴈行踪各共鳴怒則風霆迅速喜則秋月光明佇看年脫節福氣自天生此則榮秀女命良人須配賢英客子嗣花先果後成運行初庚午無思無慮樂享昇平己巳運中春入園林桃杏艷風清庭院鳳鸞鳴戊辰運中片雲能作千山雨雨過千山色愈清丁卯運中才源須穩進非慮尚閑情丙寅運中崎嶇都歷盡福慶自添增乙丑運中沖擊之所反享安寧甲子運中孫子秀癸亥運中一夢不醒

甲戌年　辛未月　庚子日　壬午時

此八字庚金相配柱中木火雜氣財官之格人生得此多機變善操持生於富族長於華裔金命雙親荣白首天邊鴻鴈傍雲飛學問有成終是功名之客英才特達豈爲避世之儒瓊林雖不忝高宴自有仁風遠近舒此則清貴之命鴛幃偏正須金土柱子秋來舞彩衣運行初壬申上人庇下學禮聞詩癸酉運中欲遂平生志潛心下董帷甲戌運中幾欲登天步月還宜蔵器待時乙亥運中一從折得蟾宮桂濟濟生儒簇講闈丙子運中一番風雪過祿位又加嵬丁丑運中兆民樂業四境咸皈戊寅運中夕照涵空谷孤猿嘯自悲

甲戌年　辛未月　乙巳日　丁丑時

此八字一木相配柱中火土傷官助才之格人生得此丰姿穩重天性温存上和下睦之德出衆超群之志其為人也生於仁宅長於豪門嚴慈俱有慶棠棣下聯馨學問鮮知夫子語生平自有達賢朋非獨田園桑柘茂粟陳貫朽不低親初運淹淹中運好暮年快樂子豊登此則富實之命鴛幃年長宜敵桂子生來必英運行初壬申蔭祐之下不論升沉癸酉運中讀書須努力災憂未脫身甲戌運中官災素破俱歷過紛紛才利又加增乙亥運

中驅奴使婢鄉里相欽丙子運中梨梅消盡創置非輕丁丑運中季倫錦帳何為貴南倉北庫財金銀戊寅運中子顯英豪己卯運中一夢佳城

甲戌年　辛未月　丙午日　壬申時

此八字丙午日刃之辰相合柱中木水殺生印綬之格遇此格者丰姿倜儻天性剛能順之一團和氣逆之千里霜氷其為人也生於良室長於仁庭堂上嚴慈先艷父鴻雁行中出挺毗學問不通顔孟語交朋友是富賢賓非獨門庭而有慶賢貴相領福不輕般般勞碌件件操心幼歲中年曾駁雜暮年積玉與堆金此則成立富命火命鴛幃同屬配子嗣遲來奪錦人運行初壬申雨餘山路滑未許賞花春癸酉運中書窓空努力憂非不損身甲

戌運中指望此運才源旺災厄官非服破此乙亥運中此運必然才帛厚崎嶇憂耗謹身行丙子運中西風掃盡天邊雪田園富貴樂心情丁丑運中門迎車馬客貫朽粟粮陳戊寅運中得子揚名己卯運中一夢巫峯

甲戌年　辛未月　辛卯日　壬辰時

此八字辛卯日相配柱中之木雜氣才官之格女人得此富足以榮椿萱棠棣榮還壽妯娌翁姑分不輕儀容嬌麗天性聰明深明中饋礼善有掌家能性急如江濤素壯心安似山月秋清佇看来晚節嫔眼麗層層此則榮淑女命良人豪傑須年少桂子秋来有顯榮運行初庚午閨門之内月白風清巳巳運中帳前新綰鴛鴦帶堂上初開孔雀屏戊辰運中濟濟裙釵麗滔滔福慶生丁卯運中旺中生出悶悶過樂昇平丙寅運中茅宅光華行樂順一番風雪不傷情乙丑運中冲擊之所月入雲屏甲子運中人生從此别無復見儀形

甲戌年　辛未月　庚寅日　壬午時

此八字庚寅日相配柱中木火雜氣財官之格女人得此姿容英雅天性良椿萱雙耐晚妯娌有行聯勝丈夫之器槩過男子之財權喜則天清氣朗怒則風急濤翻錦綉花開富貴琅玕竹報平安佇看来晚景福慶自綿綿此則掌家女命良人配合豪華容桂子生成奪錦仙運行初庚午閨門之内快樂自然巳巳運中紅絲牽綉幙良玉種蘭田戊辰運中雖則夫門財業旺也防風雪一番寒丁卯運中珎羞香百味羅綺色千般丙寅運中㖶㖶烟雨初情後明月當天到變圓乙丑運中系柳暮景子秀孫賢甲子運中歸去也

甲戌　辛未　己酉　壬申

此八字己酉日配壬柱中金水雜氣財官之格人生得此公府馳聲播萱双娩翠鴻鵬奮秋聲丰資俊秀天性聰明學貫聖賢之道心明法律之精菁闊借得吹嘘力業牘功成九載名此則榮身之命鴛幃年少双諧老桂子秋來綻錦英運行初壬申庇佑之下快樂安寧癸酉運中詩書窗下黃仕路未經行甲戌運中名成刀筆財源旺風浪生時我不驚乙亥運中唱徹山羊登上國寵恩隶沐旺門庭丙子運中德政揚遐邇風霜一旦生丁丑運中再加祿位未返家庭戊子運中黃花籬下樂會耆英己卯運中棣斷霜飛夕悠丶夢不醒

甲戌年　辛未月　戊申日　癸亥時

此八字戊申日配乎柱中水未雜氣財官之格人生得此本顕功名只嫌用財帶殺不貴而富椿萱含娩翠鴻鴈有飛騰丰姿穩俊天性聰明理學頗知今古智謀能合賢貴但顧江湖尊德望何須跨馬上天廷此則富貴之命鴛幃配合雙同屬桂子庭前三四英運行初壬申幼承上庇快樂昇平癸酉運中詩書心力倦貨利便生成甲戌運中家業有饒裕風霜不致驚乙亥運中交四方之豪傑生一旦之悲愁丙子運中粟陳貫朽金玉盈盈丁丑運中老當益壯子秀孫榮戊寅到己卯運中歸去也

甲戌年　辛未月　丙午日　壬辰時

此八字丙午日相配柱中之水時上偏官之格人生得此手姿俊秀天性聰明椿萱双耐晚鴻鴈飛有鳴学識粗知古今智謀能動賢英遊山翫水生財利對月簪花樂酒情佇看晚年光霄景喧々車馬集門庭此則富厚之命鴛幃配合須年以桂子庭前三四英運行初壬申上人庇下月白風清癸酉運中詩書心力倦貨利便生成甲戌運中万象回春紅紫麗東風柳絮又飛輕乙亥運中財源来滾々家業積盈々丙子運中英雄惟贈劍三尺豪傑相逢酒一醒丁丑運中桂蘭挺秀晚節峥嵘戊寅到己卯運中帰去也

甲戌年　辛未月　丙戌日　戊子時

此八字丙戌日相配柱中金水雜氣才官之格人生得此手姿清爽性格英豪椿萱數晚翠鴻鴈各飛遥載花稻地接李移桃學問淵源三峽遠胄中蘊與五才高早登跨竈攀丹桂快向龍門奪錦幃此則榮顯之命鴛幃全正副桂子長秋枝運行初壬申庇佑之下詩禮吟嘲癸酉運中咲顏攀月桂嗟手踏霊鰲甲戌運中威風楊四境聲價滿皇都乙亥運中漸殘楊柳絮禄位两加高丙子運中雨過趣趄事聲光達九霄丁丑運中老當大用紫綬金彰戊寅運中人去家何在西風木葉凋

甲戌　辛未　庚寅　丙戌

此八字時上偏官之格喜逢印綬守提綱主人生於望族長於高堂木土椿萱榮有慶春風棠棣有聯芳其為人也丰姿慷慨天性忠良詞源巫峽水學業錦雲章照覲驪珠瑩連城趙璧光一朝馬上衣冠別相繼簪纓令望彰此則顯揚之命鴛幃花柳媚子嗣桂蘭芳運行初壬申上人光庇襲慶迎祥癸酉運中十年居雪案禮樂謾評量甲戌運中三春雷啓鰲頭角聳崢嶸乙亥運中赫、芳名振紛、雨露昌當此之際飛絮沾裳丙子運中掌一方之民事秉千里之權衡丁丑運中皇恩已許懸車轉故里爭看衣錦郎戊寅運中百年塵世事一枕赴泉鄉

甲戌　辛未　甲申　戊辰

此八字甲申日相配柱中之金雜氣財官之格人生得此丰姿慷愷天性剛明椿萱雙秀晚棠棣有聯英問三冬足詩書萬卷精繫閬水府珠生彩掘出豐城創有聲一從姓字登蟾窟蒙沐恩波氣興騰此則崇耀之命鴛幃全玉重重靄朵朵馨運行初壬申上人庇下詩禮趨庭癸酉運中續殘窓下月行落洋林星甲戌運中月桂高攀後陽関馬足輕乙亥運中一番風雪過祿位又加陞丙子運中權行布千里祿位大夫榮丁丑運中志當高擢戊寅運中難醒一夢

甲戌年　辛未月　壬申日　甲辰時

此八字壬申日相配柱中之土雜氣財官之格女人得此儀容秀奕天性明良椿萱雙耐晩姑舅不成雙有立業掌家之道相夫教子之方錦綉花開富貴琅玕竹報安康佇看夫榮子顯綿、福慶榮昌此則榮夫顯子之命良人金命須年長桂子森森吐錦香運行初庚午閨門之内其樂何當巳巳運中配匹成佳偶鸞歌鳳亦翔戊辰運中裙釵光絢日羅綺色凝霜丁卯運中夫顯身榮樂霞衣色勝常丙寅運中滔、旺家業日、樂安康乙丑運中桂蘭雙秀沛澤加昌甲子到巳亥運中歸去也

甲戌年　辛未月　癸巳日　壬子時

此八字癸巳貴人之日相配柱中火土襍氣才殺之格人生得此生於右旋長於名門椿萱双後別鴻雁陣行分其為人也丰姿清秀天性聰明胞次崢嶸書萬卷英材敏絶壓群倫驪龍照衛光難揜雷劍生豊氣自完終是功名客豈為田舍翁雲程穩穩登天去舉足悠悠名利成發身超白屋平步入青雲一從揭姓字戦位秉權衡此則榮貴之命鴛幃得配名門女子嗣生成奢侈人運行初壬申幼年之下負笈趋庭癸酉運中囊螢休惮苦映雪莫辭辛甲戌運中継晷終無間何愁不足名乙亥運中一自天官奏旨後除奸捉惡理刑名當是時也風雪滿空丙子運中施仁布徳掛紫膝金丁丑運中正宜食禄何事閑身戊寅運中三盃醇酒一枕香魂

甲戌年　辛未月　己亥日　乙亥時

此八字去殺留官之格喜逢身旺為奇椿萱登黃甲昆仲掛緋衣其為人也丰姿莊重天性操持學問潛千古事英材遍覽五車書寵應天府沾　恩寵必向蟾宮折桂枝凜凜威風寒兇膽紛紛德澤潤黔黎此則榮肅之命鴛幃金潤玉子嗣桂蘭奇運行初壬申上人庇下學禮聞詩癸酉運中欲遂平生志潛心下董帷甲戌運中到此始知文李好長安道上躍霜蹄乙亥運中一番風雪初晴後三度君　恩墜紫衣丙子運中權重曾生進退依然擁轄黔黎丁丑運中　皇恩有感祿位高嵬戊寅運中早宜收拾英雄事己卯運中一夢南柯永不疑

甲戌年　辛未月　戊戌日　丁巳時

此八字戊戌魁罡之日雜氣殺印之格人生得此生於右族長於高門土命椿萱椿早別天邊鴻雁幾行鳴其為人也丰姿清秀天性老誠有徵徵之計較淡淡之聰明行藏寬瀟洒咲傲任枯榮萬里清風行樂須滿庭佳趣瑞祥生田園旺足第宅增新雖不成名利生平近貴人但看潤屋潤身自然名振鄉村此則發福之命鴛幃春色麗子嗣襪衣新運行初壬申登覲庇下未斷平生癸酉運中世事究如春夢人情薄似秋雲甲戌運中近水樓臺先得月向陽花木早逢春乙亥運中才源雖則足風雨又盈庭丙子運中學倫錦障何為貴秦帝阿房未足稱丁丑運中樽罍有酒延家客蘭室存書教子孫戊寅運中松尚綠柳尤青己卯運中春光如撚指一枕了平生

甲戌年　辛未月　丁未日　乙巳時

此八字丁未陰刃之日相配柱中金土傷官助才之格傷官者於宴之宸剛役役之星主人生於右族長於名門椿萱双晚茂鴻鴈幾行分其為人也精神烱烱智慧明明胷羅今古事學識聖賢心太山北斗千年在和氣春四座傾終是功名之客豈為田舍翁北海蛟横頭角聳南山豹变爪牙新一朝騰踏飛黃去此際名為蛇化龍瑶池鞭靜朝南極五夜鍾廷拱北晨此則榮貴之命鸞幃春麗須年敵子嗣秋来晚継榮運行壬申上人庇下繼裕平生

癸酉運中讀残第店月囊聚案頭螢甲戌運中時来風送騰王閣頃刻高摶萬里程乙亥運中威飛龍浪悉令重虎風高當此之際風雲滿庭丙子運中職位兩迁金紫貴山河十郡仰威椎丁丑運中自嘆引年歸故里朝廷未遂兩踈心戊寅運中正宜解組田園樂己卯運中何事無常又促程

甲戌年　辛未月　壬寅日　己酉時

此八字壬寅之日相配柱中火土禄氣才官之格只嫌身弱𢦤我功名主人生於右族長於名門椿萱有倚難双耄天邊鴻鴈各行鳴其為人也丰姿清秀天性乖能知高下識重軽高謀遠見機関别慷慨春風一妙人曰福曰榮自有順天之慶常安常樂豈無福地之深祖業添新慶根源勝舊風月掛碧天多皎絜名楊閭里有光榮朝中無姓字囊底足珠珎雖不建侯封爵自然潤屋潤身此則穩厚之命鴛幃重合耋子嗣晚光榮運行初壬申上

人庇下雲月朦朧癸酉運中隱隱軽雷抽碧笋微微細雨潤紅英當此之際花放風生甲戌運中片雲能發千山雨雨過千山依舊晴乙亥運中到此始知時運好萬物光華百事通丙子運中威權有布人欽服才帛興隆福禄增丁丑運中樽壘有酒延佳客蘭室存書教子孫戊寅運中楚臺雲散空留夢漢苑香消不返魂

甲戌年　辛未月　戊戌日　乙卯時

此八字戊戌魁罡之日相配柱中木火雜氣才官之格官殺混雜減我功名主人生於右族長於名門木命嚴慈双晚茂天邊鴻鴈廣聯鳴其為人也丰姿清秀天性聰明世事頗能將就般般學欠精通萬里韶華世事每從忙裏就一聯美景才源自向閑中生祖業有依須再整才源旺足足豐盈豐年田舍禾盈疇膳日山家酒滿斟青入園林香遍塵寰之藹月離海嶠光揚宙宇之明雖不青雲得路自然潤屋潤身此則穩厚之命鴛幃春麗須年小子嗣森枝孝且忠運行初壬申上人庇下淡淡平生癸酉運中雨過山方秀雲開月始明甲戌運中堤柳已舒新幹綠園梅不改旧時馨乙亥運中軒閑化日千祥集簾捲香風百福增丙子運中才如春水滔滔長福似秋蟾皎皎明當此之際風木之驚丁丑運中有田皆種玉無地不生英戊寅運中安閑晚景己卯運中遊水無聲

甲戌年　辛未月　丁酉日　癸卯時

此八字酉日貴之辰相配柱中金水雜氣才殺之格殺生印綬之論女人得此生於右俗長於名門萱母生時椿耐晚天邊鴻鴈各行鳴其為人也丰姿清秀髮貌精神有針綴績紡之巧相夫教子之能一苑杏桃鋪錦繡滿山松栢映閑屏滔滔無阻滯步步相夫行王產崑崙藏韞色蘭生楚澤散薰清克勤而克儉易喜而易嗔雖不鳳冠被服自然五福駢臻此則豐益之命良人相合須年長子嗣金風發秀薰運行初庚午上辰庇下未斷平生己巳運中配匹名門友花從錦上增戊辰運中雖則夫門多快樂幾多閑事尚虧盈丁卯運中春風夫唱婦隨多快樂五夜狂風未放晴丙寅運中一輪明月當秋夜無限　花正遇春乙丑運中子秀夫賢家業旺須史風雨不為驚甲子運中無思無慮癸亥運中花落月沉

甲戌年　辛未月　壬辰日　癸卯時

此八字壬辰魁罡之日相配柱中火土襍氣財官之格喜逢時值貴人遇斯命者生於溫潤之族長於迍変之門萱毋先歸椿耐晚天邊鴻鴈各行鳴其爲人丰姿清秀天性老成有微微之計較淡淡之聰明世事每從忙裏就才源自向遠方生雖成新事業難守舊門庭軒開白雪飄東閣笋出新梢過北庭花無桃李非春色人有笙歌是太平時來財祿旺運至福元增此則發福之命奮幃有犯須招硬子嗣秋來朶朶榮運行初壬申上人庇下未斷平生癸酉運中税地栽花多艷麗移桃接李色鮮明甲戌運中寒向梅中盡春從柳上生乙亥運中不意之中曾得意用心之處不如心丙子運中一番風雪初晴後從此財源倍有增丁丑運中歲寒松尚茂秋老菊尤馨戊寅運中晚年閑快樂樽酒樂怡情己卯運中歸春光去也一枕清風

甲戌年　辛未月　壬寅日　丙午時

此八字壬寅趨艮之日相配柱中火土雜氣才官之格年殺暗藏主人生於右族長於名門椿萱分別先尉父天邊鴻鴈各行鳴其爲人也丰姿清秀天性乖能雖無深計較稍有淡聰明嚴霜欺雪自是自能謀動君子感伏小人祖基宜再整事業必重新花無桃李非春色人有笙歌是太平得意江山詩句健忘情日月酒杯深拙於自己巧與他人雖不建侯封壽自然潤屋潤身此則豐旺之命鴛幃有犯須招副子嗣秋來有槼英運行初壬申上人庇下未斷平生癸酉運中雪晴天未煖行樂未如心甲戌運中雖則行藏有慶幾多人事尉盈乙亥運中才源富足家居好片時風雨片時停丙子運中軒開化日千祥集簾捲香風百福增丁丑運中庭前竹報平安日檻外花開富貴春戊寅運中晚年閑快樂樽酒樂怡情己卯運中夕陽有限遊水無聲

甲戌年　辛未月　丁未日　辛丑時

此八字丁未陰日之日傷官之格財神旺透天干主人生於華門主賓長於蓬户喬居椿萱早賤棠棣聯枝半姿清雅性格操持祖業三番四覆財囊自整自斉親賢近貴和氣怡怡初運平常中不順晚年方見勝常持此則不羈之命鴛幃招義女子嗣晚枝枝運行初壬午上人庇下未足為奇癸酉運中淡霧淡烟迷弱柳微風微雨洒楊枝甲戌運中莫言前路多陰晦自有高人與指途乙亥運中月向梅中尽春從柳上帰丙子運中一番風雨行樂趁趣丁丑運中始得安和景戊寅運中無常又促催

甲戌年　辛未月　壬子日　癸卯時

此八字傷官制殺之格喜得時值貴人遇斯象者金木椿萱双皓首聯枝棠棣各翱翔其為人也丰姿標志礼樂鏗鏘學問三冬足詩書萬卷藏終是功名客豈為田舍郎咲顏登試院垂手赴科場一朝馬上衣冠别此則男児當自強此則榮顯之命鴛幃全正副子嗣有承芳運行初壬申上人庇下風擺斜陽癸酉運中讀書曾映雪觀史効偷光甲戌運中灵鰲起處千山振丹桂開時萬香乙亥運中緋衣日煖趨金闕宝殿雲開識聖王丙子運中嚴威推酷吏風雪恐飄陽丁丑運中三度錦衣歸故里兩扶日月上天堂戊寅運中榮國處樂己卯運中一夢黃粱

甲戌年　辛未月　壬辰日　丙午時

此八字壬辰魁罡之日相配柱中火土裸氣才敍之格人生得此生於右族長於高門萱母先歸椿耐晚天邊鴻雁各行鳴其為人也丰姿清秀天性聰明般般精覧件件不精有近貴親賢之德態上和下之能祖業添新慶根源勝舊風不必覓珠来水府何須求劍到豊城遊山翫水携詩巻對月観花把酒斟時至才源富足運来福禄無窮鄉民仰德閭里推尊此則豊潤之命鴛幃有犯須招副子嗣秋来有顯榮運行初壬申上人庇下未斷平生

癸酉運中雪晴天未燰行樂未如心甲戌運中雖則行蔵有慶幾番人事虧盈乙亥運中凜凜才源来正旺還恳開非素耗生丙子運中風中有失晦後還明丁丑運中晚年多快樂會友以開樽戊寅運中安樂晚景一送

甲戌年　壬申月　戊辰日　壬戌時

此八字戊辰日德之辰食神制殺之格殺旺身重
為奇主人生於右族長於高堂椿親耐脫萱先別
天邊鴻鴈各分行其為人也丰姿清秀禮樂鏗鏘
腹中藏錦綉筆底妙文章東海驪珠能幾見豐城
雷劍不終藏終是功名客豈為田舍郎純學科場
驚試院英才翰院沐恩光一從姓字傳揚後九天
雨露沐恩光此則榮貴之命鶯闈宜有贈子嗣脫
當揚運行初癸酉上人庇下未斷災祥甲戌運中
雪晴天未暖困守在寒窓乙亥運中莫愁雪阻藍
關道時來頃刻便飛黃丙子運中慶事但憑三尺
法理刑澤似九秋霜丁丑運中職遷金紫風雪飄
揚戊寅運中皇恩有感重加祿金紫煌煌照肴堂
己卯運中天邊無沛澤籬下樂壺觴庚辰運中春
光去也一枕黃粱

甲戌年　壬申月　庚午日　辛巳時

此八字庚午貴人之日相配柱中水火食神制殺
之格幸逢建祿身強人生得此生於右族長於名
門椿萱不逮祿養鴻鴈有不同群其為人也丰姿
清秀天性聰明五車書富三冬足兩石弓當萬騏
冲終是文塲折桂容豈為田舍鑿耕人一朝騰踏
飛黃去九天雨露沐皇恩此則榮貴之命鶯幃重
飲交盃酒子嗣生成貴顯人運行初癸酉上人庇
下未斷平生甲戌運中明窓淨几暮史朝經乙亥
運中執卷幾回空嘆月時來有日便非騰丙子運
中躍過三層浪朝朝識聖明丁丑運中腰橫金作
帶符剖玉為麟戊寅運中自嘆引年歸故里朝廷
未許兩疏心己卯運中榮為籬下庚辰運中花落
月沉

甲戌年　壬申月　癸酉日　戊午時
此八字癸酉之日相配柱中金土官印之格正謂
有官有印無破作廊廟之材遇斯命者生於名望
之族長於深邃之門椿萱榮倚一期壽天邊鴻序
各摶鳳其為人也丰姿清秀天性充威多聞多見
自是自能學問有成終顯貴英材卓犖定馳名驪
珠照耀光難掩書劒生烟氣自充一朝但得風雲便
九重雨露沐深恩此則榮貴之命鴛幃金石命子
子息桂蘭馨運行初癸酉上人庇下化日陽春
甲戌運中莫言命好不勤苦還向窗前對短檠
乙亥運中雲程坦坦登雲去舉兒悠悠名利成丙
子運中黎民歸父母頃刻再加陞當此之際威風凛
凛肅氣騰騰丁丑運中腰横金作帶符刻玉為麟番
風雲再整戊寅運中正欲思君輔國不應解組
恩尊己卯運中有名多富貴無事即仙人庚辰運
中青春去也花落月沉

甲戌年　壬申月　壬午日　甲辰時
此八字六壬壬午位號曰祿馬同鄉殺印之格人
生得此生於茂族長於名門椿萱有倚難雙耄棠
棣庭前有挺榮丰姿清秀天性聰明有親上和下
之志隨時應變之能學問知先覺詞源壓俊英終
是利名之客豈為避世之人一日聲名變天下滿
城桃李笑陽春此則榮貴之命鴛幃玉潤氷清子
嗣鳳麟並秀運行初癸酉上人庇下未斷尉盈甲
戌運中欲遂平生男子志且留燈下十年心乙亥
運中騰身離小閣舉足上神京丙子運中千里霜
威金斧重三秋風色綉衣輕丁丑運中三度君恩
喜一番風木驚戊寅運中山河歸舊國管籥換離
愁己卯運中榮回故里庚辰運中夢入蓬瀛

甲戌年　壬申月　辛酉日　丁酉時

此八字辛酉專祿之日相配柱中水火傷官合殺之格只嫌身旺無依減吾科名之貴主人生於右族長於高堂萱毋先歸椿耐晚天邊鴻鴈有聯行其為人也手姿清秀天性機關知高識下近貴親賢自有順天之慶豈無福地之緣行藏果斷作事方圓終是功名之客豈觧豹隱龍蟠騰身何必登科試自有公門案牘權晚年光霽景德澤惠黎元此則榮貴之命篤怖有犯須年少子嗣秋來發顯枝運行初癸酉上人庇下風雪盈庭甲戌運中蔵罷待時時必達時來祿馬旺前程乙亥運中勞形案牘多光霽雨晴跨馬上長安丙子運中去除巾幘簪烏帽還宜幾載困田園當此之際風雪滿天丁丑運中皇恩重有感蓮幕姓名傳戊寅運中有才還擢用何事便歸閑己卯運中烏啼花落春不再延

甲戌年　壬申月　丙辰日　己亥時

此八字丙辰日德之辰相配柱中金水才來之格喜逢印綬身遇斯命者生於良族長於名門椿萱火土双存晚天邊鴻鴈各行嗚其為人也手姿清秀天性聰明謀動君子感伏小人有理白分清之智應上和下之能笋長名園過旧竹花開上苑勝先春英雄惟贈斂三尺豪傑相逢酒一鍾時至自然名利就運來茅宅懸然莫道柳枝难結果東君留意更殷勤此則祭祿之命外𢥞有妨須納寵子嗣業門脫接馨運行初癸酉春風漂蕩夏日炎蒸甲戌運中春歸柳葉情初变紅日桃花發未勺乙亥運中爆竹生傳残鵬尽折梅香引早春逢丙子運中鬧名則显達鬧利則利余盈花子生香潤屋潤身丁卯運中才源滾滚家居好風雪飛來尚𢥞人戊子運中晚年快樂會友閑樽己卯運中無慮尽傳詩礼李有朋来自遠芳親庚申運中歸去也

甲戌年　壬申月　丁巳日　庚子時

此八字丁巳日元相配柱中金水才煞之格人生得此生於右族長於名門椿萱双晚茂棠棣各數榮其為人也丰姿清秀天性聰明知高下識重輕過火黃金重長價離雲皎月倍清明重成新事業再整舊門庭萬里光華沾沛澤四時佳趣瑞祥生不以功名為念豈將冠冕磨礱滿世功名身外事五海風月樂於情此則發福之命鴛幃金玉潤子嗣桂蘭榮運行初癸酉上人庇下未斷平生甲戌運中雨過園桃簇錦風和堤柳拖金乙亥運中爆竹聲傳殘臘盡折梅香引早春逢丙子運中天上三陽泰人間五福增丁丑運中正是梅青月白還愁風雪滿庭戊寅運中晚年快樂會友開樽已卯運中花已謝月尤況

甲戌年　壬申月　戊午日　壬子時

此八字戊午日刃之辰配手柱中水木才殺之格食神制殺生才女人得此生於右族長配官門椿萱有倚奚双耄天邊鴻鴈陣行分其為人也姿韻清致體態和溫有針綴之巧立業之勤有斷機之志九勝之能春入水光成嫩綠日勾花蕚發新紅相夫應有道訓子揔成群心靜似月明雲漢性急如風捲殘雲夫榮何足義子貴又重封若非二次明花燭天定生來配舊姻此則榮貴之命良人配舊金犀客子嗣秋成貴顯人運行初辛未上人庇下毓秀閨門庚午運中正配名門友花從錦上增當此之際如履薄冰己巳運中雖則夫門榮旺還愁風雨相侵戊辰運中一輪明月當秋夜無限奇花正遇春丁卯運中光華疊疊沛澤紛紛丙寅運中彩中加彩色紅上贈紅英乙丑運中粧樓人去也臺鏡掩晨明

甲戌年　壬申月　辛未日　壬辰時

此八字辛未日元相配柱中水木傷官財才之格人生得此生於戊子之俗長於清白之門椿萱早别先歸母天邊鴻各行鳴其爲人也丰姿清秀天性聰明般般要覽件件不精有近賢親賢之德應上和下之能学長名園過萬竹花間上苑勝先春終是功名之客豈爲田舍之翁不辭十年苦學定應三載成名仰看頭角崢嶸光耀舊門庭此則榮貴之命鴛幃連珠合子嗣晚光榮運行初癸酉上人庇下未斷平生甲戌運中雪晴天未暖行樂未如

心乙亥運中貴人相指引祿馬旺前程丙子運中跨馬起程登上國始知冠冕可榮身丁丑運中耿耿聲名重循循福祿增戊寅運中沖繫之所如月入雲已卯運中春光去也一枕清風

甲戌年　壬申月　戊午日　乙卯時

此八字戊午日丹之辰相配柱中金木食神制煞之格官殺混雜祿發晚年主人生於右族長於高門椿父先歸萱後別天邊鴻鴈各行鳴其爲人也丰姿消洒天性聰明胸羅今古事學識聖賢心恭山北斗千年在和氣春風四座傾終是功名之客豈爲田舍之翁一朝偶得風雲便九重雨露沐皇恩此則榮貴之命鴛幃有犯須同屬子嗣秋來朵朵榮運行初癸酉上人庇下未斷平生甲戌運中雪晴天未煖芹泮有書聲乙亥運中莫愁雪阻藍

關道時來頃刻便升騰丙子運中到此始知時運好長安道上馬蹄輕丁丑運中承恩歸莫榮三世再整衣冠拜九重戊寅運中有材應大用何事便辭榮己卯運中夕陽有限春夢無憑

甲戌年　壬申月　甲子日　丁卯時

此八字甲子日元相配柱中金水殺生印綬之格女人得此生於右族長配名門姿容窈窕變貌精神勝丈夫之氣槩有男子之才能一苑杏桃鋪錦繡滿山松柏映幛屏霜爲脛粉迎風傅霞作胭脂仗日勻風送芰荷香消沼日勻花蕚發新紅揚柳無風枝搦娜梅花有月倍精神才源旺足羅綺臨風莫思身作枝邊慈半露紅英惹蝴蜂若非二次臨花燭天定生來配晚婚此則怜悧之命良人有犯須年獻子嗣秋來旺顯門運行初辛未上人庇下未斷平生庚午運中春光一刻千金宜尚有趑趄未順情己巳運中紅葉灘中傳密意赤松月下結良姻戊辰運中羅綺千般色鋸釵鉤日明丁卯運中一度愁心對密雪沁衾尤鮮報昇平丙寅運中晚年多快樂子貴樂無窮乙丑運中春光去也一枕清風

甲戌年　壬申月　辛未日　戊戌時

此八字辛未日元相配柱中水傷官助才之格人生得此生於右族長於高居堂土椿萱雙晚茂天邊鴻雁有行鳴其爲人也丰姿清天性剛忠頗知禮義稍識古今高人起敬貴客相欽祖基祖業添新慶才思資囊聚積存欲爲商賈思慕功名月掛碧天多皎潔名揚湖海有光榮一生財旺遊湖海何必天邊沐寵榮此則發福之命鸞幃春色麗子嗣紗衣新運行初癸酉春風駘蕩夏日失慈甲戌運中毋事宛如新折柳人情準但半開英乙亥運中梅須遜雪三分白雪亦輸梅一段馨丙子運中財源雖旺足素耗尚還生丁丑運中山後山前皆皎月江北江南總是春戊寅運中愈老無花香馥郁庭前折柳是長春己卯運中春光去也一枕清風

甲戌年　壬申月　戊午日　丁巳時

此八字戊午日刃之辰配乎傷官用印之格喜逢日祿歸時稟得五行秀氣女人得此生於望族長於高居椿萱別毋鴻雁陣行稀翁姑有倚妯娌行齊姿顔清雅性格操持有針綫之能刺繡之功霞帔鳳冠雖不顧平生才福豈相其此則安穩之命良人聰俊須相觝子嗣庭前秀茁枝運行初辛未幽閑秀閣毓秀香閨戊午玉楼凌云聳兼葭有所依己巳月掛碧天光皓潔春来上苑色芳菲戊辰微雨洒開紅芍藥和風拂破白茶蘼丁卯陽向喬木家居好氣襲華堂福慶齊丙寅夫賢子秀慶樂自如乙丑人生此去永爲別江水東流何日西

甲戌年　壬申月　丙寅日　甲午時

此八字丙寅長生之日相配柱中金水才杀之格刑冲太重減我功名主人生於良族長於仁門椿萱有倚成無倚鴻雁聯群又斷群其為人也丰姿清秀天性乖能般般稍覺件件不精謀動君子戚伏小人行藏奄潇洒笑傲仕枯榮自有順天之慶豈無福地之深雖成新事業難整旧門庭江湖有意公卿小廊庙無心宇宙乾時至才源富足運来福祿駢臻莫道樹枯難結果東君留意更慇勤此則穩厚之命鴛幃有犯須年敵子嗣秋来有晚榮運行初癸酉上人庇下淡淡春雲甲戌運中春園雖雨過桃李未生英乙亥運中昼水無聲空有浪綉花雖艷不聞馨丙子運中才源從此振世事倍增新丁丑運中戊四時佳趣立萬古門庭戊寅運中引鶴徐行三徑晚約梅同醉一壺春己卯運中夕陽有限春夢無憑

甲戌年　壬申月　甲寅日　庚午時

此八字甲寅專祿日相配柱中金水余生印綬之格人生得此生於右族長於名門椿父先歸萱後别聯群鴻鴈有行聯其為人也丰姿清秀天性機閔知高識下近貴親賢不慈不勇可方可員祖業添新慶才源福祿金萬里春風行樂頌四時佳趣福闌闌琴樽風月開生計金玉松筠舊歲寒旭日桑麻氏盛薰風禾黍連阡飛詔任他東北闕草玄終不出南山但願一生多發福何須跨馬去朝天此則穩享之命鴛幃年長方偕老子嗣森枝發桂蘭運行初上人庇下風雪多巔甲戌運中数点雨餘雨一番寒食寒乙亥運中財源雖有望人事尚迍邅丙子運中韶華萬里美景一聯當此之際風雪滿天丁丑運中屏列金釵行十二門迎珠履客三千丑字之中風雪一番戊寅運中世利浮生皆若此不如高臥且加飧己卯運中佳城鬱々旃旋翩々

甲戌年　壬申月　辛未日　戊戌時

此八字辛未日元相配柱中水土傷官助才之格人生得此生於右族長於高門堂上椿萱双曉茂天邊鴻各行鳴其為人也丰姿清雅天性剛忠頗知礼義稍識古今高人致敬貴客相欽祖基祖業添新慶才帛豐盈厚積存欲為商賈思慕功名月出開雲清皎潔名揚湖海有光榮一生才旺遊湖海何必天邊沐寵榮此則發福之命鴛幃春色麗子嗣繼依新運行初癸酉春風駘蕩夏日炎癸甲戌運中世事宛如新折柳人情薄似半開英乙亥運中梅須遜雪三分白雪亦輸梅一段馨丙子運中才源雖旺足棗耗尚還生丁丑運中山前山後皆明月江北江南總是春戊寅運中雨愈老黃花香馥郁歲寒松柏秀長青己卯運中春光去也一枕清風

甲戌年　壬申月　壬午日　壬寅時

此八字六壬坐臨午位号曰祿馬同鄉葉印就才之格人生得此手姿秀茂性格明忠椿萱双耐晚鴻鴈各西東學問三冬足詩書万卷通擊開氷有珠光麗掘出豐城劍氣桂一從姓字傳楊得人似緋仙馬似龍此則崇顯之命鴛幃秀麗桂子秋叢運行初癸酉上人庇下樂事從容甲戌運中歡遂平生志更加快雪功乙亥運中一声霹靂躍過浪三重丙子運中肅氣雄雄奸膽碎皇恩有感賦重封乙丑運中山河開十群崇擢享千鍾戊寅運沖擊之鄉加壯麗一番行樂返鄉中己卯運中悠悠故里庚辰運中一夢五峯

甲戌年　壬申月　辛酉日　戊戌時

此八字辛酉專祿之日相配柱中水木傷官助才之格人生得此生於右族長於名門萱毋早歸椿後別天邊鴻鴈不同群其為人也丰姿清秀天性聿能知高識下理白分清世事頗能將就般般學問精通自有順天之慶豈無福地之深雖成新事業難守舊門庭有心於貨利無意慕功名水光浮座盃盤瑩花氣侵入笑語馨施恩惹怨布德成嗔但欲一生多發福何必天邊沐寵崇此則旺福之命鴛幃有犯須年小子嗣森枝柔成運行初癸酉上人庇下風雪初晴甲戌運中天冷風還凍江寬風自生乙亥運中雖則行藏有慶還應微雨弄晴丙子運中財源旺足家居好須更風雨尚愁人丁丑運中成四時佳趣立萬古門庭戊寅運中財旺生官多快樂福星臨照喜非輕寅字之中一番風雨己卯運中晚年閒快樂會友以開樽庚辰運中一宵春夢斷萬事總成空

甲戌年　壬申月　辛酉日　壬辰時

此八字辛酉專祿之日相配柱中水木傷官助才之格女人得此生於右族配於高門椿萱棠棣霜晴日妯娌翁姑分尚輕其為人也姿容清秀髮貌精神有針綴之巧立業之功一苑杏花鋪錦繡滿山松柏映幃屏萬里無雲天一色三秋好景月長明雖非正娉亦不空奔立業長家難以自專自是任隨機變尚宜听令听從六親分薄骨肉西東難觸難犯易喜易嗔晚年光景好子貴福無窮此則副妾之命良人得配殘婚富子嗣枝枝山有榮運

行初辛未上人庇下未斷平生庚午運中春歸柳葉情初度紅入花牝燎未勻己巳運中紅葉溝中傳寒意赤繩月下結良姻須史風雨雨過山青戊辰運中孤鴛紅感而優祿蛇居孔穴逞精神當此之際風雨還生丁卯運中夫賢子秀樂意忘情丙寅運中子貴重歡樂乙丑運中春歸鳥不鳴

甲戌年　壬申月　庚午日　辛巳時

此八字日貴之辰相配柱中木火傷官制煞之格人生得此生於右族長於名門木火椿萱榮晚茂天邊鴻雁各行鳴其為人也丰姿清秀天性聰明頗知禮義稍識古今豈與高士敬時有貴人欽重成新事業再整舊門庭有心於貨利無意慕功名不必覓珠來水府何須求劍到豐城酒㴤平生恨衣沾湖海塵鄉民仰德閭里推尊此則豐厚之命鴛幃金命須年長子嗣森枝朵朵榮運行初幼年之下未斷平生甲戌運中寒問梅中盡春從柳上

生乙亥運中一枝梅破臘萬象漸回春須史風雨過山青丙子運中不伸才源留延尚祈声勢柔洪子字之中索耗還生丁丑運中天上三陽泰人間五福臻丑字之中如履薄冰戊寅運中斬關化日千祥集簾捲香風百福增己卯運中晚年閑快樂

庚子運中一枕入佳城

甲戌年　壬申月　戊辰日　癸亥時

此八字戊辰日德之辰相配柱中金木才殺之格食神助財之論非格非局賊我功名主人生於文理之族長於詩礼之庭椿親耐晚萱重継天邊鴻鴈有行鳴其爲人也丰姿清秀天性昏沉般般稍覽件件不精行藏果断作事老誠謀動君子威服小人琴樽風月閑生計金玉松筠日歲青不必覔珠來水府何須求劍到豐城時來自有淵淵福運至還教路路通一旦逢機會光榮閭里中此則淘沙見金之命鴛幃重合晉子嗣晚光榮運行初癸酉幼年之下未必評論甲戌運中風雲未應覺今鳥啼花落始知春乙亥運中刻鵠不就畫虎不成丙子運中才源富足家居好風雪無端又惱人丁丑運中桃李千谿錦江山一畫屏戊寅運中有名閑富貴無事樂平生己卯運中子貴重榮贈何愁白髮生庚辰運中落花片片流水活活

甲戌年　辛未月　丙午日　癸巳時

此八字丙午日刃之辰相配柱中金水雜氣才官之格女人得此儀容英麗天性良賢椿萱棠棣難相妯娌翁姑愈有緣箕箒蘋蘩可托夫相教子多賢錦綉花閨富貴琅玕竹報平安佇看來晚節福慶享榮安此則富榮女命良人配合功名客桂子生成跨鳳仙運行初庚午幼年之景快樂自然己巳運中紅緑牽綉慢良玉種藍田戊辰運中裙釵光絢日風雪又生寒丁卯運中滔滔增福褒羅綺麗千般丙寅運中雨過山方秀雲開月始圓乙丑運中夫榮子秀福享悠然甲子運中華堂安享癸卯運中粧鏡空懸

甲戌年　壬申月　乙酉日　乙酉時

此八字乙酉專權之日相配柱中金水殺生助才印綬之格殺印相生功名顯達主人生於良族長於高門金木椿萱一順壽天邊鴻鴈各行鳴其為人也丰姿清秀禮義多般頗能今古事學試聖賢心麗句好為天下日高材俊仕海東青終是功名客豈為田舍翁奮身辭白屋平步入青雲龍門变化三春浪鵬路逍遥萬里程一從性子傳陽後直上麥雲拜聖名此則榮辱之命篤幃重有贖子嗣晚光榮運行於已酉上人庇下詩禮趨庭甲戌運中不負寸陰之惜豈無題經之功乙亥運中躍過三層浪朝班定顯揮丙子運中驛中晴日依行路江上春風促去程戊迁金柒風雪滿庭丁丑運中正是晚年光睿景還愁門外雪盈庭戊寅運中正欲思君輔國何期鮮組恩尊已卯運中春光去也花落月沉

甲戌年　壬申月　己卯日　甲戌時

此八字已卯日元相配柱中金水才殺之格傷官制殺有功人生得此生於右族長於名門火土椿萱一耄别天邊鴻鴈各行鳴其為人也丰姿清秀天性老誠世事頗能將就般般季欠精通自有順天之慶豈無福地之深水老浮座盃盤瑩花氣侵人咲語馨琴樽風月閑生計金玉松筠舊歲青雖不成名利生來近貴人花無桃李飛春花人有筌歌是太平施恩惹怨布德成嗔雖不建侯封爵名利生平近貴人花無桃李飛春色人有筌歌是太平此則稳厚之命篤幃水命須年小嗣我來有挺榮運行初癸酉上人庇下未斷平生甲戌運中雲開山聳翠雨過竹重青乙亥運中幾欲思高暮遠嵩成儕雪裁氷須叓非耗頃刻逸巡丙子運中雖則才源富足还悲風雪灾迍丁丑運中威權有布人欽伏才帛與隆福祿增丑字之中如履薄氷戊寅運中天上三陽泰人間五福增已卯運中有名閑富貴無事樂平生庚辰運中帰去也

甲申　壬申　辛未　甲午

此八字辛未日相配柱中水火傷官劫殺之格人生得此生於詩書之家長於名望之族丰姿清秀天性操持行藏果斷作事三思娇窈今古覽玩詩書見善則持於己當仁不讓於師定擬得名得祿豈從南畝耕鋤一日風雲相際會登屬衣冠拜鳳池此則榮貴之命兄儕得合牽棠齊眉子嗣有成班衣有感初行癸酉運中上八庶下未斷高低甲戌運中翰簡留神久青藜照論初乙亥運中莫言困守黃窗下時至東風送馬蹄丙子運中丹墀從此步大夲即今離丁丑運中已把嚴威權酷吏更將化政禮寬優當此之際大出花飛戊寅運中皇恩沾海似膏雨潤黔黎己卯運中遠歸千里驥閑釣五溪魚庚辰運中夕陽有限逝水無迴

甲戌年　壬申月　己卯日　癸未時

此八字己卯專祿之日相配柱中金水官印之格有官有印無破作廊廟之材人生得此生於右族長於高門椿萱有倚一期壽夭邊鴻鴈各西東其為人也丰姿清秀禮樂縱橫筆鋒健雄千人敵談笑風流四座傾珪璋自是清朝器律呂偏諧治世音豈是池中物尤來席上珎蛟横北海生雲闊豹変南山勢又生佇看官爵三級定然祿享千鍾此則榮貴之命篤幃燭夜添新慶子嗣榮門貴顯兒運行癸酉幼年之下頁笈趨庭甲戌運中維星終無間時來定顯名乙亥運中到此始知文章好長安道上馬蹄輕當此之際風雪滿空丙子運中君恩金紫貴雨雪尚侵人丁丑運中虬浪怒虎風生金鑾定安花致風生戊寅運中雖不奎甌拜命还愁權重生驚己卯運中訃音一道解酒三鍾

甲戌年　壬申月　戊辰日　甲寅時

此八字戊辰月德之辰相配柱中金木食神制殺之格人生得此生於右族長於高門萱母先歸椿耐晚天邊鴻鴈各行鳴其為人也丰姿清秀天性聰明知高識下理白分清有抵雪欺霜之志截長補短之能祖業添新慶根源勝舊風有心於貨利無意念功名水光浮座樓臺瑩花氣侵人咲語馨雖不成名利生平近貴人酒觧平生恨衣沾湖海塵遇險終無險逢凶幸不凶但顧一生湖海旺何必天邊聖恩此則穩盛之命鴛幃有犯須招副子

嗣金風有貴英運行初癸酉上人庇下未斷平生甲戌運中雪晴天未暖行樂未如心乙亥運中春風桃李微雨弄晴丙子運中才源旺足家居好遥愁索耗不時生丁丑運中桃李千綺錦江山一畫屏戊寅運中門楣壯觀福祿駢臻己卯運中蒼顏鶴髮庚辰運中一道訃音

甲戌年　壬申月　己未日　己巳時

此八字己未陰刃之日相配柱中水土食神助殺之格歲德之論只嫌比肩分官減吾貴氣主人生於右族長於名門椿父先歸萱耐晚天邊鴻鴈各行鳴其為人也丰姿清秀天性聰明斷高理直處事公平般般稍覽件件不精風月處友瀟洒客情有抵雪欺霜之智截長補短之能祖業添新慶根源勝舊風福布江山外名聞湖海中朝中無姓字囊底足珠珎拙於自己巧與他人雖不建侯封爵自然鄉黨推尊此則穩厚之命鴛幃有犯須年敵

子嗣秋來朶朶榮運行初癸酉上人庇下未斷平生甲戌運中雪晴天未暖行樂未如心乙亥運中才源富足家居好还忌閑非素耗生丙子運中福若泉源湧才如春氣生片時風雨過山青丁丑運中成四時佳趣立萬古門庭丑字之中如月入雲戊寅運中門楣壯觀福祿駢臻己卯運中子貴晚年沾龍渥庚辰運中一枕黃粱永不醒

甲戌年　壬申月　甲申日　壬申時
此八字申申專權之日相配柱中金水殺生印綬
之格女人得此生於右族長於名門萱母先歸还
有繼天邊鴻鴈各行鳴其為人也姿容清秀髮皃
超群勝丈夫之氣槩有男子之材能雲妝華岳千
山秀水到湘江一樣清箕箒頻繁存礼節相夫教
子踏賢明心静似月明雲漢性急如風捲殘雲雖
觸犯易喜易嗔一朝時運至步步助夫門此則
穩厚之命良人得配名門女子嗣生成貴顯人運
行初辛未上人庇下毓秀閨門庚午運中紅葉溝
中傳密意喜從月下結良姻當此之際風雨还生
己巳運中雖則夫門閑快樂幾多人事尚虧盈戊
辰運中萬疊好山雲乍歛一樓明月雨初晴丁卯
運中錦繡滿身扶不起金蓮無力載娉婷丙寅運
綠中加彩色紅上贈紅英乙丑運中歸去也

甲戌年　壬申月　辛巳日　壬辰時
此八字辛巳日元相配柱中水木傷官助才之格
人生得此生於武宦長於將門椿萱榮贈萱歸早
天鴻雲鴈各飛鳴其為人也丰姿清秀天性聰明
笋長名園過舊竹花開上苑勝先春終是傳芳之
客豈為田舍之翁三跳御溝沾寵渥一朝衣紫轄
三軍娩日雲霞襍秋風劍戟明此則武貴之命駕
幃水命名門女子嗣秋来異草生運行初上人庇
下未斷平生甲戌運中不勞窓下詩書業便沐天
邊雨露恩乙亥運中萬馬不嘶聽號令三邊無慮
樂耕耘須臾風雨雨過山青丙子運中德布人欽
服推舉督還戎丁丑運中金紫煌煌權任重還愁
風雨頃時生戊寅運中子貴雖功業家榮百事昌
己卯運中晚年閑快樂一枕了平生

甲戌年　壬申月　戊午日　丁巳時

此八字戊午日刃之辰食神制殺之格丁壬作合有功其為人也丰姿清秀天性聰明生於官族長於名門金木椿萱榮倚中年難顯及存辞鏟類利顯無敵筆力縱橫著有神終是功名之客豈為田舍之翁奮身登鳳闕草步入青雲信看居官輔霖雨降黎茂此則繼榮之命鴛幃燭夜添新登子嗣秋成奪錦人運行初癸酉上人庇下詩礼趨庭甲戌運中明窓淨風春史朝經乙亥運中報道是龍还不信果然奪得錦標新丙子運中捧詔暫辞三島去承恩避帝一方青丁丑運中三度錦衣歸故里兩扶日月上天庭戊寅運中黃花晚節己卯運中遊水無声

甲戌年　壬申月　辛酉日　戊戌時

此八字辛酉專祿之日相配柱中水火傷官制殺之格人生得此生於右族長於名門椿父先歸萱耐晚天邊鴻鴈各行鳴其為人也丰姿清秀天性聰明頗知礼義稍識古今有近貴親賢之德應上和下之能祖業添新慶財源勝旧風欲為商賈思慕功名筭因落篺方成竹魚為奔波始化龍君若有心於仕路三年九載便成名佇看頭角聳光顯旧門庭不廢區區力終為顯跡人此則成名之命鴛幃有犯須年小子嗣森枝有挺榮運行初癸酉上下庇下風雪滿空甲戌運中欲速未達揚帆待風乙亥運中貴人相指引祿馬旺前程丙子運中榮沾新雨露光耀旧門庭當是時也風雨还生丁丑運中皇恩有感聲名顯俄看德澤惠軍民戊寅運中耿耿聲名重滔滔祿位陞癸卯運中晚年歸故里甲辰運中一枕了平生

甲戌年　壬申月　壬戌日　壬寅時

此八字壬戌日元相配柱中水命偏官之格人生得此生於右族長於仁門金水摍萱双晚茂天邊鴻鴈各行鳴其為人也丰姿清秀天性聡明頗知禮義稍識古今有近貴親賢之德臕上和下之能祖業添新慶根原勝旧風不必覓珠来水府何須求劍到豐城江湖有意公卿小廊廟無心宇宙輕門迎珠履客户納五湖賓但願人生多發福何必天邊沐帝恩此則穩享之命鴛幃土命須年敵子嗣森枝晚節榮運行初癸

酉幼年之下如月入雲甲戌運中登臨雨濟賞翫春陰乙亥運中春風播奕微雨弄晴丙子運中才源濟濟家居好尚有閑非素耗生丁丑運中天上三陽泰人間五福增戊寅運中門婿壯觀福禄駢臻己卯運中晚年閑快樂會友以閑樽庚辰運中春光去也一枕難醒

甲戌年　壬申月　壬午日　癸卯時

此八字六壬生於午位號曰禄馬同鄉印綬之格女人得此生於良族長配高門椿萱棠棣霜晞日妯娌翁姑尚寡情其為人也姿容窈窕性格温和有針綫之巧立業之勤一苑杏桃鋪錦秀半溪山水緑淵新雖非正娉亦不言奔葵蕚有心終向日楊花無力暫随風但願一生多快樂何必天邊受贈封此則旺益之命良人得配須年長子嗣生来貴顯人運行初辛未上人疪下天朗氣清庚午運中匹配名門文花從錦上增己巳運中

姿烟楊柳岸薄霧杏花村戊辰運中狐鶯虎威而獲福蛇居龍穴逞精神丁卯運中薰捲香風生百福軒開化日禄元增當此之際風雪還生丙寅運中桑榆暮景子貴孫榮乙丑運中松尚茂菊尤馨甲子運中春光去也花落月沉

甲戌年　壬申月　甲寅日　壬申時

此八字甲寅專祿之辰偏官之格兩干不雜秀氣挺然女人值此椿萱俱背早鴻鴈不行聯無祖業少根緣姿顏嬌媚天性機關立業多勤儉齊家無黨偏東嶺種松西嶺秀南園栽杏北園鮮此則義之命良人贅得英雄輩桂子生成孝義仙運行初辛未輕輕曉霧淡淡秋蟾庚午運中匹配名門友花從錦上添己巳運中千江有水千江月萬里無雲萬里天戊辰運中祥光籠羅綺沛澤蒲門闌丁卯運中莫言常顯煖還有一時寒丙寅運中財豐

福厚夫貴孫賢乙丑運中良霄一夢萬事徒然

甲戌年　壬申月　甲戌日　丙寅時

此八字甲戌日元相配柱中金水殺生印綬之格人生得此生於右族長於名門萱母先歸耐椿晚天邊鴻鴈各行鳴其爲人也丰姿清秀天性老誠頗知禮義能識古今有近貴親賢之德應上和下之能祖業添新慶根源勝舊家風終是功名客豈爲田舍翁不負十年苦李定應九載成名佳看頭角聳光躍舊門庭晚年多靄景德澤惠黎民此則榮貴之命篤偉有魁須招副子嗣秋來朵朵榮運行初癸酉上人庇下未斷平生甲戌運中雪晴天

未暖行樂未如心乙亥運中貴人相接引揮筆入公門須臾風雨雨過山青丙子運中雨晴雲路達跨馬入神京丁丑運中雖則崢嶸頭角還宜困守家門當此之際風雪滿空戊寅運中皇恩有感聲名顯紛紛德澤惠黎民己卯運中正宜加爵祿何事便辭榮庚辰運中逍遊閬苑魂返巫峯

甲戌年　壬申月　丁巳日　丁未時

此八字丁巳日元相配柱中金水才官之格女人得此生於右族長於名門椿父先帰萱耐晚天边鴻雁各行鳴其為人也丰姿清秀天性聪明箕箒頻繁存礼樂相夫教子稱賢明琅玕竹報平安日檻外花開富貴春此則榮藝之命良人金命榮華客子嗣生成奪錦郎運行初年未上人庇下毓秀蘭房庚午運中花放風生己巳運中夫門多快樂人事尚勵盈戊辰運中雨过山青丁卯運中夫榮子秀樂意忘情丙寅運中天上三陽太人間五福增乙丑運中子貴沾恩甲子運中粧楼人去鏡無光

甲戌年　壬申月　甲寅日　壬申時

此八字甲寅專祿之主相配柱中金水為煞生印綬之格煞印相生功名顯達注人生於茂族長於名門喬父喜冬誕萱母天邊遠落声丰姿浩浩志氣英英処帏正副方諧老子却蘭房早有成會文會武能賦能經機深能計較歷事甚聰明癸酉運中上人蔭下去路未生甲戌運中春早猶寒未是可人天氣花含宿雨乍情乍暖之時甲戌運中遠方轃集高人會熱地無人敢奪行乙亥運中一身添端氣頃刻躍潛鱗丙子運中已把威嚴微酤吏更將仁德露清名丁丑運中有意青山觀綠水無心贊政助朝堂戊寅運中歷下雖無蘇子印篋中自有老萊囊己卯運中西風簾捲畫視夢起夕陽

甲戌年　壬申月　丁巳日　辛丑時

此八字丁火天元相配柱中金水才旺生官之格亦有三奇之意人生得此豈不身榮主人生於富室長於衣纓薈播双皓首鴻雁少聯鳴丰姿清穩性格聰明胸羅今古事李識聖賢心万里扶搖驚騰螢一声霹靂躍潛鱗長安人似蟻爭看錦衣新此則榮貴之命鸞幃春麗桂子秋英運行初癸酉上人庇下詩礼趨庭甲戌運中篤李君顏巷潛心對短檠乙亥運中風雲相際會跨馬神京丙子運中風飛虬浪怒令重虎風生當此之際一番風雪

丁丑運中戢迁金紫字內澄清戊寅運中冲擊之所權重生殃己卯運中正歎崇閭故里胡爲䰟返仙鄉

甲戌年　壬申月　甲午日　癸酉時

此八字甲午日元相配柱中金水柔生印綬之格人生得此生於右族長於高門萱母先歸揞微顯天邉鳴鴈各飛雲其為人也丰姿清淡天性乖能斷高理直處事公平頗知礼義稍識古今有近貴親賢之德應上和下之能祖基宜革古事業必重新笋長名園過舊竹花開上苑勝先春君若有心於貨利仕雖必定耀門庭不費區區刀終為發福人財源富足家業餘盈此則撃石生賢之命鴛幃獨夜添新鳳子嗣秋来朶朶華運行初癸酉上人庇下禨祿平生甲

戌運中雲晴天未燰行樂未如心乙亥運中德寬夜深池雨過信知花放曉風生當此之際風雨還生丙子運中問名則名可就問利則利豊盈須叟素耗不損精神丁丑運中威權布瑞声名重祿進才高雨露均丑子之中花放風生戊寅運中庭前竹報平安日檻外花開富貴春己卯運中晚年多快樂庚辰運中一枕入佳城

甲戌年　壬申月　甲申日　丙寅時

此八字甲申專權之日相配柱中金水殺生印綬之格喜逢日祿以歸時主人生於右族長於高堂椿萱先别萱有晚天邊鴻鴈各行聯其為人也丰姿清秀天性機關不慈不勇可方可員知高識下近貴親賢才源旺足福祿駢臻終是功名之客豈為田舍之翁騰身何必登科試自有公門案牘權佇看頭角聳德澤惠黎民此則榮貴之命鶯啼有犯須招硬子嗣秋來顯桂蘭運行初癸酉上人庇下風雲盈巔甲戌運中貴人相指引祿馬旺前程須吏風雨頃刻巡邊乙亥運中雪晴雲散天如洗時來跨馬上長安丙子運中衣冠各異光家世还宜省祭幾多年丁丑運中皇恩有感声名显紅蓮幕下秉威權丑字之中一番風雨戊寅運中銀章紫綬當斯際何期解継返田園己卯運中并主晚梦迷胡蝶望帝春心托杜鵑

甲戌年　壬申月　甲戌日　戊辰時

此八字甲戌日元相配柱中金水殺生印綬之格雖印相生功名顯達只嫌才神在柱減吾科第成名主人生於右族長於名門椿萱有倚先嚴父天邊鴻鴈各行鳴其為人也丰姿清秀天性聰明般般稍覺件件不精有近貴親覽之德應上和下之能箭長名園過鶴竹花開上苑勝先春終是功名客豈為田舍翁一枝刀筆健九載姓名馨佇看頭角聳德澤惠黎民此則吏貴之命鶯啼水命須早小子嗣秋來朵朵榮運行初癸酉上人庇下風雲蒲庭甲戌運中世事短如春夢人情薄似秋雲乙亥運中時來逢貴助揮筆入公門須吏風雨雨過山青丙子運中雨晴雲路達天府便沾恩丁丑運中雖則崢嶸頭角還宜省祭家門戊寅運中皇恩重有感德澤惠黎民己卯運中大抵功名只如此不如解組向籬東庚辰運中春光去也一夢難醒

甲戌年　壬申月　丁丑日　甲辰時

此八字丁丑日主相配柱中金水才官之格才盛生
終身有慶女人得此生於右族長於名門椿萱有
倚雖双耄鳴鷹天边各行鳴其為人也丰姿清秀
鬓兒精神有針線一苑青桃鋪錦綉滿山松柏映圓
屏每懷九胆意時抱携憐心滔滔無復往莎步閑門惟
觸雅犯易喜易嗔錦綉花開春富貴琅玕竹報日
平安晚年子旺夫榮日也應帔服贈榮封此則榮益
之命良人同屬女年少子嗣堯枝有显榮丁亥運中
上人庇下毓秀閨門庚寅運中契合罕篤成好願

當緣紅葉是良姻須史風雨至山青巳巳運中雖
則友人多快樂幾多人事尚蘇盈戊辰運中罗綺千
般足裙釵日化臨當此之際花放風生丁卯運中
淡烟楊柳岸薄霧杏花村丙寅運中高堂同沐寵之䨪
花落水無声

甲戌年　壬申月　己卯日　丁卯時

此八字己卯專權之日相配柱中金木傷官制
殺之格財神在柱滅吾仕路榮登主人生於温
良之族長於善念之門火土椿萱双晚茂天邊
鴻鴈各行鳴其為人也丰姿清雅格性乖能雖
無深計較稍有淡聰明祖業添新慶根源勝舊
風萬里韶華世事每逆忙裏就一联美景財源
自向閑中生水光浮座盃盤瑩花氣侵人咲語
馨時来近貴財名旺何必天邊沐寵榮此則
旺足之命篤幃水命須年属子嗣森枝晚節

榮運行初癸酉上人庇下襁褓平生甲戌運
中世事宛如新折柳人情薄似半開荚乙亥
運中着意種花花不發無心揷柳柳成陰丙
子運中財源滾滾家居好尚有閑非素耗生
丁丑運中天上三陽泰人間五福增丑字之
中須史風雨戊寅運中富潤屋德潤身己卯
運中晚年閑快樂會交以閑樽庚辰運中春
光去也一枕清風

甲戌年　壬申月　丙寅日　壬辰時

此八字丙寅長生之日相配柱中金水財殺之格
女人得此生於平淡之族長於清白之門椿萱棠
根霜驕日妯娌翁姑不共群有針綴之巧立業之
能萬里無雲天一色三秋好景月長明天然衣祿
旺一世樂無窮非聘非奔亦有福中年晚節瑞祥
生玉產崑崗藏縕色蘭生楚澤散清馨此則祿旺
之命良人配旧殘婚客子嗣先虧後有盈運行初
辛未上人庇下雲月朦朧庚午運中正好倚樓觀
皓月無端又被黑雲生己巳運中踈踈風雨過淡
淡月華明戊辰運中子秀夫賢家業旺狐逞虎勢
逞精神丁卯運中一輪蟾魄連宵好萬里秋波徹
底清丙寅運中桑榆暮景樂意忘情乙卯運中春
光去也臺鏡空明

甲戌年　壬申月　壬戌日　壬寅時

此八字壬戌日德之辰相配柱中旺金印綬之格才神大盛藏
我功名主人生於右族長於名門金水椿萱双脫茂天邊鴻鴈
陣行分其為人也丰姿清秀天性老誠有徵々之計較浩々
之所能重成新事業再整舊門庭門外田疇千古計庭前
花木四時新有心於貨利無意慕功名得意江山詩句
健忘情日月酒盃深時來才祿旺運至福尤增翔凌雲
樓閣聳插漢之雕甍此則發福之命鸞幃有紀方年小
子嗣森枝有晚榮運行初癸酉上人庇下化日陽春甲戌
運中世事短如春夢人情薄似秋雲乙亥運中始覺陽
和滿目還愁微雨弄晴丙子運中天上三陽泰人間五福
增當此之際風雪滿庭丁丑運中才如春水滔々長福似
秋蟾皎々明戊寅運中延賓玩物會友閑擲己卯運中安
享晚景庚辰運中春夢無憑

甲戌年　壬申月　癸未日　癸丑時

此八字癸水日元相配柱中金土殺印之格人生得此生於右族長於名門萱母先歸椿富達天边鴻雁各飛騰其為人也手恣清爽自是自能胸包今古事章識聖賢心馬啼塵土三千里鵬翌風雲九萬程足步黃金殿身朝白玉京此則榮貴之命鴛幃得合如魚水子嗣金風有顯榮運行初癸酉椿新落下未斷平生甲戌運中刺鼓螢窓應繼夜埋頭雪重不知多乙亥運中特來名始銚𨂍馬上神京丙子運中自賜瓊林後朝班立縉紳丁丑運中一番風雪遇金紫戚加榮戊寅運中正宜食祿未許思奪己卯運中春光去也一遍訃音

甲戌年　壬申月　乙卯日　己卯時

此八字乙卯專祿之日相配柱中金水官印之格人生得此生於右族長於仁門萱毋先歸椿後別天邊鴻鴈各其鳴其為人也手姿清秀天性老誠頗曉三分道理文章一竅不通風月處友瀟洒客情祖業添新慶根原勝舊風田園卉柘茂畎畝稻粱馨市廛生計廣湖海祿元豐不必覓珠來水府何須求劍到豐城遇險終無險逢凶吉不凶但願一生多發福何必天門沐寵榮此則穩厚之命鴛幃土命須年長子嗣森枝晚節馨運行初癸酉上人庇下風雪未晴甲戌運中幾欲思高慕遠番成冒雪沖風乙亥運中雖則行藏有慶幾多人事虧盈丙子運中財源滾滾家居好須吏晦耗未如心丁丑運中成四時佳趣立萬古門庭戊寅運中一片畄畬連野綠週迴甲第聳雕甍己卯運中春光去也一枕清風

甲戌年　壬申月　辛酉日　戊戌時

此八字辛酉專祿之日相配柱中水火傷官制殺之格人生得此有於右族長配名門椿萱双晚茂鴻鴈各行鳴其為人也姿容清秀髮貌精神有針綴之巧立業之勤雲收華岳千山秀水到湘江一樣清箕箒頻繁有礼節相夫教子蹈賢明滔滔無阻滯步步聯夫門玉產崑崗藏蘊色蘭生楚漢散清馨克勤而克儉易喜而易嗔但傾才源富足何須帔服榮身此則益旺之命良人會合須年長子嗣秋來孕孕榮運行初辛未上人庇下未断平生庚午運中夢合翠鑾成好夢會緣紅葉是良姻巳巳運中雖則夫門多快樂幾番微雨幾番晴戊辰運中一抹曉烟迷芍藥半泓秋水浸芙蓉丁卯運中才旺生官家業長福星臨照喜非輕丙寅運中羅綺千般色珍羞百味新乙丑運中精神人去也蓋敬掩塵明

甲戌年　壬申月　辛巳日　癸巳時

此八字辛巳之日相配柱中水木傷官助才之格人生得此生於右族長於高門椿父先帰萱後別天边鴻鴈各行鳴其為人也丰姿清雅天性聰明般般稍覧件〻不精謀動居子威伏小人行藏愈消洒咲傲任枯榮自有順天之慶豈無福地之深祖基重整頓事業必增新若無桃李非春色人有笙歌是太平好意番成悪真心換得嗔田園桑柘茂畎畒稻粱馨江湖有意公卿小廊廟無心宇宙輕雖不建侯封爵自然潤屋潤身此則豐潤之命鴛幃珠連須配小子嗣生成孝義人運行癸酉上人庇下未断平生甲戌運中世事断如春夢人情薄似秋雲乙亥運中雖則行藏有分还愁素耗相侵丙子運中財源滚滚家居好須臾風雪皎然生丁丑運中威權有布人欽服財帛異隆福祿增當此進退逡巡过此戊寅運中財旺生官家業長福星晚照喜非輕寅字之中如月入雲已卯運中晚閑快樂庚辰運中一枕了平生

甲戌年　壬申月　乙卯日　丁丑時

此八字乙卯日主相配柱中金火官印之格混於雜殺未第成名主人生於右族長於名門豈親父別椿耐晚天邊鴻鴈各行群其為人也丰姿清秀天性聰明世事知好歹般般李欠精行藏果斷作事老成祖業添新慶根源勝舊風有心於貨利無意慕功名才源富足播国揚民得意江山須起興忽然日月酒盃深拙於自己仰托他人雖然不是金鞍客也是人間一老成此則高貴之命鴛幃内助尤宜碍子嗣秋未始挺棠運行初癸酉工人庇下未断平生甲戌運中雖則行藏有慶還愁風雪相侵乙亥運中才源富足風木有驚丙子運中桃有千般秀江山一屋屏須臾風雨頃刻途通丁丑運中作事逡巡代子運中子貴妻榮顕光耀一門閭己亥運中无思無慮一夢难醒

子平遺書　八

甲戌年　壬申月　丙寅日　辛卯時

此八字丙寅長生之日相生之日金水才然之格喜逢印綬生身人生得此生於文望之族長於詩禮之庭椿萱不逮雙榮贈鴻鴈天邊各奮騰其為人也精神烱烱智慧明明筆底詞源三峽遠胸中榮煥一天星驪珠照耀光難掩雷劍生豊氣自充終是功名客豈為田舍翁萬里扶搖驚睡蟄一聲霹靂躍潛鱗瑶池難靜朝南極五夜鍾聲拱北宸此則榮貴之命鴛幃春麗須招贈子嗣秋來朶朶榮運行初癸酉幼年之下未斷平生甲戌運中雪窗須留苦志天皆未許榮登乙亥運中不負寸陰之惜豈喜題柱之功丙子運中躍過禹門三級浪凛凛威風四海清丁丑運中腰横金作帶符剖玉為麟當此之際風雪滿庭戊寅運中赤心扶日月素志念經綸己卯運中晚年關故里樽酒樂怡情庚辰運中桃源春去也蓬島信難通

子平遺書　九

甲戌年　壬申月　丙子日　己丑時
此八字丙火相配柱中金水才殺之格喜逢印綬
生身人生得此生於右族長於名門椿樹高榮尤
且壽天边鴻雁有行鳴其為人也丰姿清秀天性
聰明胸羅今古事李識聖賢心北海蛟横頭角督
南山豹變爪牙新萬里扶摇鵬翅势一声霹靂雖
潛鱗一從姓字登黄甲凜々威風四海清都狄安
諸夏材高社稷臣此則榮貴之命鴛幃全正副子
嗣桂蘭榮運行初癸酉上人庇下未斷升沉甲戌
運中十年窗下業黄卷與青灯乙亥運中踏過三
層浪衣冠拜家龍丙子運中寒拂紫衣催驛騎光
生玉節下雲層丁丑運中三度君恩書一番風木
驚戊寅運中重紫重金倍振權衡己卯運中名利
薰心成老矣溪山招隱且閑身庚辰運中春光帰
去也一枕了平生

甲戌年　壬申月　戊寅日　癸丑時
此八字戊寅專禄之日相配柱中金木食神制殺
之格其為人也生於右族長於名門火木椿萱茂天边
鴻雁各行鳴其為人也丰姿清秀天性聰明胸窗
今古事李識聖賢心太山比斗千年在和氣春風
四座傾終是功名客豈為田舍翁奮身辭白屋平
步入青雲鵬路高搏知鵬翼江湖深處見潛鱗
一從姓名傳楊後榮肴次弟加陞此則榮貴之命
鴛幃得配名門女子嗣生成貴顕人運行癸酉上
人庇下未斷平生甲戌運中路遂平生志須加書業功
乙亥運中何事不辞今日昔時来頃刻便飛騰丙子
運中自沐天边寵声名百里聞丁丑運中一翻風
雪過禄位再加陞戊寅運中榮貴生阻節何不慕
思尊己卯運中晚年籬下酌酒論文庚辰運中百
年繾綣成何用一日無常万事空

甲戌年 壬申月 庚午日 癸未時

此八字庚午貴人之日傷官助才之格人生得此生於右族長於仁門椿萱有倚先亡父鴻雁聯群又斷群手姿平淡天性克勤雖無深計較稍有淡聰明市壆生計廣海湖路元豐萬里春風行樂頌四時佳趣瑞祥生無辱心常之何須達紫宸此則旺足之命鴛幃須同履子嗣尚懸盈運行初癸酉上人庇下不辱不榮甲戌運中鴻鈞氣轉喬木春逢丁丑運中得意江山詩句健忘情日月酒杯深戊寅運中雪消雲散天如洗依舊雲收月依明己卯運中花落水流春已失蘭摧析恨長明

甲戌年 壬申月 乙卯日 丁丑時

此八字乙卯專祿之日正官之格正官者貴氣之均也人生得此生於文望之族長於豐富之逕金水椿萱微青天邊鴻雁分群手姿清秀天性乖能頗知金石事稍識聖賢經享見成事業承遺蔭門風但頗粟沫弁貫朽何須衣紫與腰金此則富足之命鴛幃得合錦上聯攸桂子有成鸞鳳妣秀運行初癸酉嚴慈庇下化日陽春甲戌運中知花散盡似月離雲乙亥運中萬里無雲天一色三秋好景月長明丙子運中山前山後皆明月江北江南總是春丁丑運中雖則家居有慶还愁風木之驚戊寅運中歲寒松尚茂秋老菊尤馨己卯運中春光去也花落月沉

甲戌年　壬申月　丙辰日　壬辰時

此八字丙辰日德之辰才杀格人生得此生於良族長於仁門椿萱有倚雁双毫鳴鴈天邊不共群其為人也丰姿清雅天性聰明行藏果斷天性乖能自有順天之慶豈無福地之源東嶺栽松西嶺秀南園種柳北園青雖不錦衣騎馬自然才帛豐盈此則穩旺之命鴛幃得配名門女子嗣生成孝義運行初癸酉上人庇下未斷平生甲戌運中世事宛如春夢人情簿似秋雲乙亥運中漸、精神爽看、氣象新丙子運中才權兼美福祿駢臻丁丑運中佇時風雨過山青戊寅運中桑榆暮景第宅光榮己卯運中安閑晚景庚辰運中一枕难醒

甲戌年　壬申月　乙亥日　辛巳時

此八字乙未日相配柱中金水杀印之格人生得此宜乎仕路登榮椿萱双顯耄鴻鷹不和鳴丰姿洒落性格賢明理穷古事兼令事書對賢經与聖經霹靂一声雲霧合果然躍過浪三層此則榮顯之命鴛幃全正副桂子又英英運行初癸酉上人庇下黄卷青灯甲戌運中讀殘第店月囊聚集頭螢乙亥運中一從姓字傳臚後祿位輝輝肅氣清丙子運中一番風雪過祿位自階陞丁丑運中旺中生阻節依旧振威風戊寅運中晚年金紫貴来許解簪纓己卯運中榮回故里庚辰運中梦入蓬瀛

甲戌年　壬申月　甲申日　甲子時

此八字甲申專祿之日殺印之格人生得此生於良族長於高門虎命椿萱雙晚茂天邊鴻鴈有群聯其為人也多智慧有機關當仁不讓見善則遷不慈不愚可方可員門外田疇千古計庭前花木四時鮮不須誇馬長安道自然鄉里有威權此則穩旺之命鴛幃春色麗子嗣聲斑斕運行初癸酉上人庇下未必為安東君有疾生何處却文變目不光鮮甲戌運中如花向月似月嬋娟乙亥運中韶華滿目美景一聯丙子運中行蔽雖有慶風雨

一番寒丁丑運中屏列金釵行十二門迎珠履客三千戊寅運中平為福居之安己卯運中蟠桃已熟三千歲王母相邀入綺筵

甲戌年　壬申月　庚午日　辛巳時

此八字庚午貴人之日時上偏官之格陽刃合殺有功遇斯命者椿萱有倚分中道鴻鴈聯行獨出群其為人也天資穎悟操格精神理窮今古事書對聖賢經一朝但得風雲便頭角崢嶸顯利名此則出白之命鴛幃賢淑魚水同心桂子芬芳麟鳳競秀運行初癸酉淡淡梨花月翩翩柳絮風甲戌運中如花向日似筍穿林乙亥運中振道是龍還不信果然變化見通津丙子運中面帶霜威金斧重口傳天語澤沾均丁丑運中須臾風浪起來損

權衡戊寅運中錦衣肥馬重重貴贈上堯符字字真己卯運中光陰如撚指一夢返佳城

甲戌年　壬申月　壬戌日　乙巳時

此八字壬戌日德之辰配乎柱中金土杀生印綬之格人生得此宜乎得祿得名主人生於邃室長於高居椿萱有倚难双耋天边鴻鴈不同飛其為人也丰姿清秀氣宇高奇通今古覽詩書見善則持於己當仁不讓於師定擬得名得祿豈教南畝耕鋤一日風雲相際會濟濟衣冠拜鳳池此則榮貴之命兆幃宜有贈子嗣出高枝運行初癸酉上入庭下有何是非甲戌運中欲遂平生志潛心下董帷乙亥運中騰身離雪案夆足入雲衢丙子運中黎民皈父母政化洽東西丁丑運中皇恩有感重加祿選向烏臺姓字馳當此之際風雷紛飛戊寅運中有材宜大用未許便懸車己卯運中夕陽有限春夢无迴

甲戌年　壬申月　乙亥日　丁丑時

此八字乙亥日元相配柱中金水官印之格有官有印無破作廊廟之材只嫌身弱減我功名主人生於右族長於名門椿父先歸萱後别天邊鴻鴈各摶風其為人也丰姿清秀天性聰明般般稍覽件件不精謀助君子威伏小人行藏覺消洒嘯傲任枯榮祖業添新慶根原勝舊風朝中無姓字囊足珠璣孫英雄帷贈劍三尺豪傑相逢酒一鍾滿世功名身外事五湖風月樂怡情祿元成岳瀆威勢壓鄉氏此則穩孚之命鸞幃介摺須添寵子嗣森枝晚節榮運行初癸酉幼年之下未斷乎生甲戌運中梨花院落溶溶月柳絮池塘淡淡風乙亥運中世情濃不淡淡處又還濃丙子運中才源滾滾家居好尚有閑非耗生丁丑運中不使才源富足尚期聲勢豪洪戊寅運中庭前竹報平安日檻外花開富貴春己卯運中子貴晚年多快樂何愁白雪鬢邊生庚辰運中一從春夢斷萬事摠成空

甲戌年 壬申月 乙卯日 癸未時

此八字乙卯專祿之日相配柱中金水官印之格
人生得此生於右族長於名門萱母先歸椿既茂
天邊鴻雁各行鳴其為人也手姿清秀天性聰明
有近貴親賢之德應上和下之能重成新事業再長
舊門庭行藏果斷作事充誠福布江山外名聞湖
海中西郡秋邑皆喬木舊旧風流有成人自有順
天之慶豈無福地之深身將引矣又何用李不知
知味更真滿世功名身事五湖風月樂怡情此則
·穩厚之命鴛幃連珠低一數子嗣枝枝孝義見運
行初癸酉上人庇下天朗風清甲戌運中青風播
爽撤雨弄晴乙亥運中萬疊好山雲乍嶺一輪明
月雨初晴丙子運中才如春水滔滔長福似秋蟾
皎皎明丁丑運中雪晴雲散天如洗從此才源倍
有增戊寅運中延宵 物會變閑樽已卯運中人
生

甲戌年 壬申月 癸丑日 戊午時

此八字癸水相配柱中金土官印之格人生爲此
生於君族長於仁門椿萱双晚茂棠棣後聯榮羊
姿清秀天性聿能孝問三冬足群書萬卷通終是
功名之客豈爲田舍之翁龍門変化三春浪鵬路
逍遥萬里程此則榮之命鴛幃金玉潤子嗣秀金
蓮運行初癸酉上人庇下終息始勤甲戌運中十
年窗下無人問一舉成名天下聞乙亥運中自休
天運寵朝班立搢紳丙子運中一番風雪過三度
聖恩封丁丑運中猛虎渡河民快樂飛騰過境歲
豐登戊寅運中已遂退藏宜謹守免得藍關過雪
驚已卯運中歸去也

甲戌年　壬申月　丁巳日　辛亥時
此八字丁丑日元相配柱中金水才官之格才盛
生官終身有慶只嫌刑沖戕我功名人生得此生
於右族長於名門椿萱既別奚双耄天邊鴻鴈各
分飛其為人也手姿清秀天姓聰明般般稍覽件
件不精風月處友瀟洒客情有近貴親賢之德應
上和下之能水光浮座盃杯瑩花氣侵人笑語馨
歡為商賈思慕功名幾番酒醉思東海吞數次心
高欲步雲時未借得吹嘘力也應祿旺前程不費
區區力終為發福人此則擊石生烟之命篤幃有

犯須爭敵子嗣秋未有晚榮運行初癸酉上人庇
下未斷平生甲戌運中世事宛如春夢人情薄似
秋雲己亥運中藏器待時時必達時未謀望始如
心須臾風雨雨過山青丙子運中才權柬笏當斯
滌素耗閑非尚惱人丁丑運中有朋來自遠方親
戊寅運中子貴喜恩贈己卯運中花落無聲

甲戌年　壬申月　乙卯日　庚辰時
此八字乙卯專祿之辰官印之格正謂有官有印
無破作廊廟之材主人生於右族長於高居椿萱
中道別鴻鴈不聯飛丰姿清秀天性操持研窮今
古涉獵詩書定擬名成利就豈教田里耕鋤際會
風雲應有日魯敕沐寵拜丹墀此則青出於藍之
命篤幃連理合子嗣秀枝枝運行初癸酉上人庇
下安樂何知甲戌運中欲遂平生志潛心下董帷
乙亥運中到此始知文學好桂子秋風折一枝丙
子運中三年不改未時政百姓咸懷去後思當此

之際雪滿襟裾丁丑運中舒長化日桑麻茂融蕩
仁風雨露濡戊寅運中正宜輔國未許懸車己卯
運中遠歸千里驥閑釣五溪魚庚辰運中春殘花
落逝水無歸

甲戌年　壬申月　庚辰日　丁丑時

此八字庚辰日德之辰相配柱中木火才官之格丁壬作合有功女人得此生於右族配於高門姿容清爽髮皃精神有針綴之巧立業之勤翁姑有倚妯娌行輕一苑杏飛鋪錦綉滿山松栢映幃屏衣冠濟濟三從備家業昂昂四德新深明閨壼理洞識古今情楊柳無風枝嫋娜梅花有月萼精神性急如風翻浪心安似月離雲停看夫榮子显也應同沐皇恩此則榮旺之命良人同屬如魚水子嗣森枝孝且忠運行初辛未上人庇下毓秀閨門

庚午運中孔雀屏開花爛熳芙蓉帳暖氣氤氳己巳運中一輪明月當秋夜無限奇花正遇春戊辰運中錦綉花開家富貴琅玕竹報日昇平丁卯運中一番風雪初晴後從此滔滔福祿增丙寅運中彩中加彩色紅上增紅英乙丑運中安閒晚景甲子運中春夢無憑

甲戌年　壬申月　癸酉日　戊午時

此八字癸酉之日相配柱中金土官印之格人生得此生於良族長於高居椿萱雀並耄案棣咨芳菲其爲人也丰姿清秀天性操持行藏果斷作事三思心不受觸性性不感機春風桃李桃花是夏日荷蓮蕩樣特花盈上苑男盈圃稻滿年疇水池滿世功名身外事五湖風月樂多俞此則穩旺之命鸞幃得配豪門女子嗣生成孝感兄運行初癸酉上人庇下安樂何知甲戌運中不爲措花春起早多應受月夜眠遲乙亥運中雨過園桃霞錦風和堤柳拖絲丙子運中財帛盈囊人事廣也愁飛好龍室衣丁丑運中一聯美景居須記正是橙黃橘綠時戊寅八運中延賓玩物詩酒琴棋巳卯運中春光歸去也萬事總成

甲戌年　戊申月　辛未日　癸巳時
此八字辛未日元相配拄中火土雜氣才官之格人生得此生於右族長於名門椿萱有倚先歸母、天邊鴻鴈各行鳴其為人也手姿清秀天性乖態知高識下理白分清纖謀輙腹動用人欽自有順天之道豈無祿地之源萬里春風行樂趣四時佳趣瑞祥生祖基重再立事業又更新水光浮座盤盃瑩花氣侵人笑語聲不以功名為念豈將冠冕磨籠是非莫費門前事得失須憑塞上翁恩中慈怨德処成嗔雖不建侯封爵自然福祿無窮此則穩旺之命鶯啼土命方諧老子嗣森枝有繼榮運行初已巳上人庇下雲月朦朧庚午運中風帶雪寒應覺冷鳥啼花落始知春辛未運中世情濃又淡淡處又還濃壬申運中才旺祿昌人事廣還愁棄耗時生癸酉運中桃李千絡錦江山一函屏須吏風雨頃刻逡巡甲戌運中如花開上苑似菊綻籬東乙亥運中無憂無慮丙子運中花落月沉

甲戌年　壬申月　壬午日　乙巳時
此八字六壬生臨午位號曰祿馬同鄉印綬之格人生得此本顯功名只嫌才印混雜終為守困椿萱有倚成無倚鴻鴈聯群又出群丰姿英雅志氣清新學識頗知今古智謀能為英賢流水高山心逸樂清風明月興陶然榮看晚年光霽景遍從天降自綿綿此則高潔之命鶯啼賢淑桂子芬妍運行初癸酉庇佑之下未足為安甲戌運中水為浮迯沒山雲斷復連乙亥運中無心才自旺何處事索華丙子運中雨過山方秀云開月正懸丁丑運中行藏有慶人欽伏才帛豐隆總勝前戊寅運中遇貴生財何足羨一朝沛澤詞門蘭乙卯運中依然享用庚辰運中夢入重泉

甲戌年　壬申月　丙寅日　庚寅時
此八字丙寅長生之日相配柱中金水才殺之格
刑冲太重減我功名主人生於右族長於仁門壹
母先歸椿耐枕天邊鴻鴈各分群其為人也丰姿
清秀天性聰明世事頗能將就般般索欠精通才
亢浮在盃盤疊花氣侵人咲語馨祖業添新慶根
原勝舊風福布江山外名聞湖海中是非莫管門
前客得失須憑塞上翁好意番成惡真心換得嗔
才源旺足平居好何必天邊沐寵榮此則旺足之
命篤怫有碍須格副子嗣秋來朶朶成運行癸酉

上人疵下未斷平生甲戌運中雪情天未煖行樂
未如心乙亥運中有得有失有喜有驚丙子運
中才源旺足家居好素耗閑非咫尺生丁丑運中
正是太平光霽景五夜金風未肯晴戊寅運中福
元昌盛才祿余盈己卯運中安閑晚景庚辰運
中花落月沉

甲戌年　壬申月　乙亥日　丁亥時
此八字乙亥日元相配柱中金水官印之格有官
有印無破作廊廟之材只嫌身弱減我功名主人
生於右族長於高門金水椿萱一嵗長天邊鴻鴈
各行鳴其為人也丰姿清秀天性柔能雖無深計
較稍有涉聰明萬里春風行樂頌四時佳趣瑞祥
生祖業有依而再整才源廣積有餘盈施恩惹
怨為好成嗔江湖有意公卿小廊廟無心宇宙輕
鄉民仰德閭里推尊此則饒裕之命然篤情年小
方偕老子嗣森枝朶朶榮運行初癸酉幼年之

下未必評論甲戌運中世事宛如春夢人情薄似
秋雲乙亥運中雖則遨遊湖海幾多人事虧盈丙子
運中才源旺足家居好風雪閑非咫尺生丁丑運中
有得有失有喜有驚戊寅運中愈志黃花香馥
郁歲寒松栢耐長青己卯運中子貴光華遠庚
辰運中花落鳥無聲

甲戌年　壬申月　庚申日　丙子時

此八字庚申專祿之日相配柱中水火傷官殺印之格丈人得此生於右族長於名門椿萱有倚先蔭父天邊鴻鴈各持風其為人也姿容清秀德茂行真有針綴之巧立業之勤一苑杏花鋪錦繡滿山松柏映帶屏箕掃頻繁存礼節相扶教子滔賢明深明歸壼理洞識古今愁王廠崑崙藏驪色南生楚漢散清馨难觧难犯意喜意嗔雖不鳳冠披服自然福享無窮此則穩厚之命良人年長達珠配子嗣秋来朶朶成運行初上入庇下毓秀之門

庚辰運中路入桃源花爛熳橋紅銀漢水澄清已巳運中雖則夫門多快樂幾多人事尚虧盈戊辰運中家園旺足行藏好还愁花放尚風生丁卯運中濟濟裙釵循日輝輝羅綺臨風丙寅運中夫賢子秀樂意忘非乙丑運中春歸花落逝水無春

甲戌年　壬申月　甲戌日　甲戌時

此八字甲戌日元相配柱中金水殺生印綬之格雖不成名亦能發福主人生於良門長於高居椿親耐晚鴻鴈行飛其為人也手姿清秀天性能為般般精覧件件粗知知高識下不勇不慈豈無高士敬時有貴人携自有順天之慶豈無福地之時祖業添新慶才源厚積愈遨遊湖海馳逐東西豐年田舍禾盈譽臘日山家酒滿危但願一生多發福何須跨馬上邦畿此則豊厚之命駕幃配合須年敵子嗣生成有出奇運行初癸酉幼年之下有

何是非甲戌運中寒從梅上盡春向柳邊生乙亥運中正是太平光霽景還愁晦耗事盈虧丙子運中才源旺足家居好風雪飛来幸不危丁丑運中盈沼芰荷香馥郁滿園尭李色芳菲丑字之中一番風雨戊寅運中花盈上苑果盈圃稻滿田疇水滿池己卯運中脫年閑快樂庚辰運中一枕入仙衡

甲戌年　壬申月　癸酉日　己未時

此八字癸酉日元相配柱中金土鼓生印綬之格甲己作合有功主人生於右族長於高居火土椿萱双晚别鴈行天際不同飛其為人也丰姿清雅天性操持悪不遂善不欺煩知世事苴讀詩書有近貴親賢之德怡声下氣之機祖業重再整事業必添齊春風桃李韶華景夏日荷蓮蕩漾時田園桑柘茂畎畝稻梁肥但願一生逢貴助何須榮顯耀門閭此則旺足之命鴛幃有犯須相䑕子嗣秋來有出奇運行初癸酉上人庇下未斷高低甲戌運中不為惜花春起早多應愛月夜眠遲乙亥運中乍雨乍晴留客景或寒或暖困人時丙子運中雖則行藏有憂逐悲喜耗閑非丁丑運中天上三陽泰人間五福齊戊寅運中門楣壯觀福祿崔嵬己卯運中歲寒松栢暮景桑榆庚辰運中歸去也

甲戌年　壬申月　丙寅日　庚寅時

此八字丙寅長生之日相配柱中金水財殺之格喜逢印綬生身人生得此生於右族長於名門萱毋先帰重有継天邊鴻鴈各行鳴其為人也丰姿清秀天性聡明筆底詞源三峽流胸中瑩潔一天星驪珠照魏光難掩雷劍生豐氣自充終是錦衣肥馬客豈為田舍鑿耕人鰲逆玉蟾攀桂去馬隨青地踏花行一日風雲相際會九天雨露沐皇恩此則榮貴之命鴛幃正副方諧老子嗣生成貴顯人運行初癸酉上人庇下風雪蒲庭甲戌運中身衣蘆花絮燈窗宜用心乙亥運中莫愁雪阻藍関道時来風送馬蹄輕丙子運中寒拂紫衣催駿驥光生玉節下雲層丁丑運中腰横金作帶符剖玉為鱗當此之際風雪重重戊寅運中有材當大用未許便辞榮己卯運中春光去也花落月沉

甲戌年　壬申月　丙辰日　庚寅時

此八字丙辰日德之辰相配柱中金水月上偏官之格喜逢印綬生身人生得此生於右族長於宦門椿萱榮且壽鴻鴈有行群其為人也丰姿清雅天性聰明袖裏虹霓冲霄色筆端風雨駕雲程珪璋自是清朝器律呂偏諧治世音錦衣青瑣客金馬玉堂賓鵬路高搏知健翼龍門深躍見脩鱗一從姓字傳揚後秉笏金鑾拜聖明更有文章兼議論定居臺閣展經綸此則崇貴之命鴛幃魚水合子嗣桂蘭榮運行初癸酉上人庇下月白風清甲戌運中繼嚳終無聞何愁不顯名乙亥運中一聲春霹靂驚起困中人丙子運中威飛亂浪怒令重虎風生丁丑運中重重祿位声名顯風雪飛来也慘情戊寅運中股肱威世黼黻朝廷己卯運中有名聞富貴無事樂平生庚辰運中鵬鳥賦成人已去嘉魚詩在浪傳名

甲戌年　壬申月　庚辰日　丁亥時

此八字庚辰日德之辰相配柱中水木傷官印才之格人生得此生於右族長於名門椿萱双並耄鴻鴈各行鳴其為人也丰姿清秀天性聰明頗知礼義精識古今有近貴尊賢之德應上和下之能重成新事業再整旧門庭不必覔珠來水府何須求劍到豐城花無桃李非春色人有笙歌是太平但願才源富足任他身外無名此則發福之命鴛幃宜有贈子嗣晚運行初癸酉春風駘蕩夏日炎蒸甲戌運中寒梅向中盡春從柳上生丁亥運中欲速不達揚帆不待風丙子運中梅須遜雪三分白雪却輸梅一段香丁丑運中才源滾滾家居好还愁花放又風生戊寅運中延賓觀物會友開樽己卯運中人生從此別無復無見儀形彡

甲戌年　壬申月　癸酉日　戊午時

此八字癸酉日元相配柱中金土官印之格人生得此生於右旋長於名門椿萱容祀雙双耄天邊鳴嗎各博風其為人也精神烱烱智慧明明學問有成錦綉胷藏賢聖學英材敏徤珠璣吐武文風駕志十年勤泮水芳名一旦顯朝廷佇喜官封三級自然禄享千鍾此則榮貴之命鴛幃金玉潤子嗣晚光榮運行初庚酉上人庇下天朗氣清甲戌運中歆遂平生志須加量子功乙巳運中鰲遂玉蟾攀桂去馬隨青帝踏花迎丙子運中錦衣肥馬重重貴天上是波淡淡新丁丑運中南陽邵杜名高善西塞龔黄令大行當此之際風雲滿庭戊寅運中自嘆引年歸故里朝廷未遂兩棘心已卯運中歸去松笥三徑足倚來軒冕一毫輕庚辰運中春已去夢難醒

甲戌年　壬申月　戊寅日　壬子時

此八字戊寅專權之日相配柱中金木食神制殺之格女人得此生於右族長於名門椿萱双脱茂棠棣苑邉英其為人也丰姿清秀髮皃精神翁姑有倚妯娌同群有針綴之巧立業之能雲屏華岳千山秀水到湘江一抹清箕帚頻繁存禮節相夫教子鉊賢明难觸难犯易喜易嗔助夫旺子金谷豐盈此則穩厚之命良人連珠低一載子嗣秋來朵朵榮運行初辛未上人庇下未断平生庚午運中匹配名門交还愁風雨生已巳運中春風播奥微雨弄晴戊辰運中梨花院落溶溶月柳絮池塘淡淡風丁卯運中萬疊好山雲欠歛一樓明月雨初晴丙寅運中夫賢子秀樂意忘情乙丑運中花窣窣啼山鳥香夢悠悠入九重

甲戌年　壬申月　庚午日　癸未時

此八字庚午貴人之日相配柱中水木傷官印才之格伏此根基豈不發祿主人生於温潤之族長於穩厚之門椿父先歸萱耐晚天边鴻鴈各行鳴其為人也丰姿清秀天性聰明善能苦斷自是自能有理白分青之智裁長補短之能月離海嶠山山秀春入園林處處英有心於貨利無意慕功名水光浮座杯盤荳花氣侵人笑語聲但願一生湖海樂何必天邊沐寵榮此則穩厚之命兆幃同屬須年敵子嗣森枝晚節聲運行初癸酉上人庇下

風雪未晴甲戌運中雪晴天未暖行樂未如心乙亥運中才源旺處人交敬須臾風雨尚困循丙子運中福布江山生秀麗名聞湖海有光榮丁丑運中不獨財源富足尚祈樓閣凌雲當此之際風雪滿庭庚戌運中念老黄花香錦郁寒窓梅蕊占先春己卯運中無思無慮庚辰運中一道訃音

甲戌年　壬申月　癸酉日　丙辰時

此八字癸酉日元相配柱中金土官殺印綬之格人生得此生於右族長於仁門萱母先歸椿耐晚天邊鴻鴈各行鳴其為人也丰姿清雅天性乖皓頗知禮義稍識古今行藏知進退作事識重輕水光浮座盃盤紅花氣侵人咲語聲祖業添新慶財源旺積存有心於貨利無意慕功名身將隱矣文何用人不知之味更真但願一生財祿旺何須跨馬入青雲此則豐足之命鴛幃有犯須重續子嗣秋來旺宅門運行初癸酉上人庇下淡淡春雲甲

戌運中雪晴天未煖風雪又還生乙亥運中幾度悶中有悶數番靜裏憂生丙子運中才源富足家居好風雪飛來尚惱人丁丑運中天上三陽泰人間五福增丑字之中如月入雲戊寅運中門楣壯觀福祿駢臻己卯運中無思無慮庚辰運中一枕清風

甲戌年　壬申月　戊寅日　庚申時

此八字戊寅專權之日相配柱中金木傷官制殺之格人生得此生於右族長於仁門椿萱有倚难双耄天边鴻鴈各西東其為人也丰姿清秀天性聰明筆底詞源三峽遠胸中營潔一天星驪珠照魏光难攙雷鲂生豊氣自充終是功名之客豈為田舍之翁鳳凰池上客龍虎榜中人一從姓子傳揚後九天雨露沐皇恩此則榮傑之命鴛幃燭夜添新巹子嗣秋來有捷榮運行初癸酉只宜庇下襁褓平生甲戌運中十年窓下業黃卷與青灯乙亥運中莫愁雪阻藍關道時來須刻便升騰丙子運中禹浪三層都躍過秉笏金鑾拜聖明丁丑運中職位兩遷金紫貴愁看門外雪盈庭戊寅運中有材應大用未許便辭榮己卯運中春光去也一枕清風

甲戌年　壬申月　庚午日　丙戌時

此八字庚午貴人日元相配柱水火食神制煞之格人生得此生於右族長於名門椿父先歸萱後別天邊鴻鴈各行鳴其為人也丰姿清秀天性聰明行藏果斷作事老誠世事頗能將就般般學欠精曰福曰榮自有順天之慶豈無福地之深祖業添新慶根源勝舊風福布江山外名聞閭里中不以功名為念豈為福地之深才源有意家居生涯好何必天邊沐寵榮此則穩厚鴛幃有犯須等少子嗣秋來旺宅運行初癸酉上人庇下未斷平生甲戌運中瞞天未優行樂未如心乙亥運中雖則行藏有慶幾番人事虧盈丙子運中才旺足家業也愁素片時生甲戌運中天上三陽泰人間五福增癸酉運中延實說物會友開樽壬申運中酒鮮平生恨衣沾湖海塵辛未運中人生從此別無復見儀形

甲戌年　壬申月　乙丑日　戊寅時

此八字乙丑日元相配柱金水官印之格人生得此生於右族長於名門椿萱有倚先虧父天遇鳴雁各行鳴其為人也丰姿清秀天性聰明多聞多見自是自能知高下識重輕欲窮書史欲夲經営萬里春風行樂飲四時佳趣端祥生一朝時運至頃刻便成名此則淘沙見金之命鴛幃宜有贈十嗣晚光榮運行初癸酉上人庇下未斷平生甲戌運中雪案不留苦志天階豈得榮登乙亥運中隱隱輕雷抽瑒笋微微細雨潤紅英丙子運中韶華滿目行藏好世態炎涼未十分丁丑運中春色滿園関不住一枝梨玉出墻東丑字之中花放風生戊寅運中松尚茂栁尤青己卯運中一枕清風

甲戌年　壬申月　庚辰日　丙戌時

此八字庚辰日德之辰相配柱中水火食神制殺之格正謂食居先殺居後功名兩全遇斯命者生於右族長於高門椿萱双晚茂鴻雁各行鳴其為人也丰姿清秀天性乖能胸羅今古事學識聖賢心太山北斗千年在和氣春風四座傾豈是池中物尤來席上珎鰲逐玉蟾攀桂去馬隨青帝踏花行一從姓字傳揚後金紫榮看次第陞此則榮貴之命鴛幃有犯須招副子嗣榮門晚節馨運行初癸酉上人庇下未斷平生甲戌運中欲向雲中舉足須從灯下留心乙亥運中何事不諱今日苦時來頃刻便升騰丙子運中禹浪三層都躍過風生鉄面兒神驚丁丑運中金紫迁榮權任重愁看門外雪盈庭戊寅運中身居瑚璉器權任棟梁洪巳卯運中大抵功名只如此不如解組向離東庚辰運中春光去也一道訃音

甲戌年　　壬申月　　乙丑日　　丁丑時

此八字乙丑日元相配柱中金土才官之格女人得此生於右族長配殘婚椿萱棠棣霜騎日翁姑妯娌分尤輕其為人也姿容清雅髮貌精神有針綫之巧立業之能萬里無雲天一色三秋好景月長明雲斂華岳千山秀水到湘江一樣清雖非正聘亦不言奔楊柳無風枝嫋娜梅花有月莫精神時至自然有福祿何愁初景不如心此則穩厚之命良人榮貴殘婚客子嗣秋來有提榮運行初辛未上人庇下淡淡春雲庚午運中契合翠鸞成好

夢寅緣紅葉是良姻己巳運中萬疊好山雲乍斂一樓明月雨初晴戊辰運中抓駕甩威而獲福蛇居龍穴還精神丁卯運中子榮多快樂何慮事虧盈丙寅運中無思無慮樂享無窮乙丑運中粧樓人去也臺鏡掩長明

甲戌年　　壬申月　　己未日　　丁卯時

此八字己未陰柔之日相配柱中才官印三奇之格傷官在柱官殺混雜減我功名主人生於右族長於高門椿父先歸萱耐歲天邊鴻雁各行為其為人也姿容清雅天性聰明有近貴親賢之德應上和下之能重成新事業再整旧門庭生涯湖海上道路或西東兩都秋色皆喬木蒼旧風流有幾人消閑棊一局遣興酒三鍾才源旺足平生好何必天邊慕利名此則發福之命鴛幃連珠低一載子嗣榮門孝且忠運行初癸酉上人庇下雪霽未

晴甲戌運中漸覺夜涼池雨過信知花放曉風輕乙亥運中片時風雨頃刻逢迎丙子運中梅須遜雪三分白雪卻輸梅一段香丁丑運中天上三陽泰人間五福增戊寅運中桃李千谿錦江山一畫屏己卯運中有茶留客有酒盈樽庚辰運中一枕餘香隔年夢料風吹落楚山雲

甲戌年　壬申月　丙辰日　戊戌時

此八字丙辰日德之辰相配柱中金水才殺之格人生得此生於平淡之孩長於迁變之門椿父先歸萱晚别天边鴻雁各行明其為人也半姿清秀天性聰明頗知孔義稍識古今有近貴親賢之德應上和下之能雖成新事業难守旧門庭半步分枝曾出祖長成立志又歸宗時至才源旺足運来福禄駢臻。莫道枯枝难結果来君留意更殷勤此則離祖成家之命鴛幃須對敵子嗣尚遲生運行初癸酉上人庇下離祖更宗甲戌運中世事既如春梦人情薄似秋雲乙亥運中着意種花々不發無心插柳々成陰丙子運中梅須遜雪三分白雪每輸梅一段馨丁丑運中天上三陽泰人間五福增當此之際風雪满庭戊寅運中到此始知時運好萬物光華百事通己卯運中花落水流春已失蘭摧花折遇西風

甲戌年　壬申月　甲子日　丁卯時

此八字甲午之日相配柱中金木然生印綬之格只嫌身弱減我功名主人生於右族長於仁門椿萱有倚難雙耄天邊鴻鴈各行鳴其為人也丰姿清秀天性聰明般般稍覽件件不精有近貴親賢之德應上和下之能雖成新事業難守舊門庭東嶺栽松西嶺秀南園種樹北園青生源四海上道路或西東雖不建侯封爵自然財祿豐盈此則旺益之命鴛幃燭夜添新慶子嗣榮門旺節聲運行初癸酉上人庇下未斷平生甲戌運中世事短如春夢人情薄似秋雲乙亥運中乍雨乍晴留客景或寒或煖困人天丙子運中隱隱輕雷抽壁笋微微細雨潤紅英丁丑運中天上三陽泰人間五福增戊午運中愈老黃花香馥郁歲寒松栢耐長青己未運中夕陽有限春夢無憑

甲戌年　壬申月　丁巳日　辛丑時

此八字丁巳日元相配柱中金水才官之格才盛生官終身有慶遇斯命者生於右族長於名門椿萱榮𣊬茂鴻鴈各摶風其為人也丰姿清秀天性聰明理窮古事兼今事書對賢經與聖經驪句妙於天下白髙材俊似海東青終是功名之客豈為田舍之翁三級浪中龍變化九霄雲外鳳飛騰一朝騰踏飛黃去金紫榮看次第陞此則榮貴之命鴛幃金玉潤子嗣錦衣新運行初癸酉上人庇下詩禮趨庭甲戌運中十年窓下業時至便升騰乙亥運中禹浪三層都躍過衣冠濟濟拜明君丙子運中錦衣肥馬重重貴天上恩波浩浩新丁丑運中一番風雪初晴後金鱗光照紫薇宮戊寅運中正欲忠君輔國未應解組思尊己卯運中𣊬年離下樂庚辰運中一枕入巫峯

甲戌年　壬申月　丙子日　庚寅時

此八字丙子日元相配柱中金水財殺之格女人得此生於右族長配名門椿萱雙𣊬茂鴻鴈各行鳴其為人也丰姿清秀髮貌超群勝丈夫之氣槩有男子之材能一苑杏桃鋪錦綉滿山松栢映幃屏婀懷丸膽意時抱擇隣心楊栁無風枝嫋娜梅花有月䕒精神克勤而克儉易喜而易嗔錦綉花開春富貴琅玕竹爆日平安此則穩益之命良人木命須年長子嗣秋來有旋榮運行初辛未上人庇下未斷平生庚午運中契合鸞鳳成好夔夤緣紅葉是良姻須吏風雨雨過山青巳巳運中淡烟楊栁岸薄霧杏花村戊辰運中萬疊好山雲作歛一樓明月雨初晴丁卯運中滔滔無阻滯步步旺夫門丙寅運中羅綺千般色珎羞百味新乙丑運中子貴夫榮多快樂何愁第宅不光榮甲子運中粧樓人去也臺鏡掩晨明

甲戌年　壬申月　戊午日　乙卯時

此八字戊午日殳之良相配柱中水金木傷官制
殺之格官殺溫雜才神在柱滅我功名主人生於
右族長於名門堂上椿萱聯珠屬天邊鳴鴈各行
鳴其為人也丰姿青秀天性聰明般般稍覽件件
不精行藏果斷作事老誠祖基祖業添新慶才帛
貲囊日球成有心於貨無意慕功名兩都秋色皆
喬木耆舊風流有幾人英雄惟贈劍三尺豪傑相
逢酒一鍾雖不建侯封爵自然潤屋潤身此則懸
厚之命鴛幃水命須年小子嗣生成貴顯門運行
初癸酉上人庇下未斷平生甲戌運中登臨雨淨
賞玩春滚乙亥運中財源雖旺足人事尚虧盈丙
子運中福若泉源滯財如春氣生須臾風雨進退
運生丁丑運中簾幙垂珠光不夜林花剪彩景長
春戊寅運中門楣壯觀第宅增新己卯運中人生
從此別世路足何行

甲戌年　癸酉月　戊戌日　丁巳時

此八字戊戌魁顯之日傷官劫殺之格喜逢日祿歸時人生得此生於良族長於高堂椿萱有倚鴻鵬翱翔其為人也丰姿清秀天性果剛聰明書藝通洞淌世情長梅閑[illegible]飄東閣笋出新梢過北墻學問不深君不[illegible]平常履貴人鄉樓臺疊疊生涯富才帛盈[illegible]倉雖不建侯封爵自然希宅榮昌此[illegible]鴛幃得配名門女子嗣生成奪錦卯運行初、戊上人庇下未断炎涼乙亥運中正是梅青并月白還愁風雨暗滄浪丙子運中始覺春光明媚果然花木爭芳丁丑運中正在風光處還愁雪滿墻戊寅運中英雄維贈劍三尺豪傑相逢酒一觴己卯運中桑榆暮景樓閣軒昂庚辰運中春光一去無消息年年流水送殘陽

甲戌年　癸酉月　辛亥日　己丑時

此八字辛亥日元相配柱中水木傷官助才之格人生得此生於右族長於仁門椿父先歸萱晚茂天邊鴻鴈各行鳴其為人也丰姿清秀天性機關行藏果斷處事方圓萬里無雲天一色三秋好景月當天終是功名之客豈為豹隱龍蟠騰身何必登科試自有公門業績之權晚年光霽景德澤惠黎元此則成貴之命鴛幃有托須抬副子嗣秋來發桂蘭運行初甲戌上人庇下未斷暑寒乙亥運中登臨值雪賞玩春英丙子運中莫言此運多淹滯時來謀望片時間丁丑運中淹留幾載困守幾年戊寅運中皇恩有感也許為官己卯運中重沾新雨露德澤惠黎民庚辰運中三徑尚存元亮菊五湖空泛范家舡辛巳運中歸去也

甲戌年　癸酉月　壬寅日　甲辰時

此八字壬水生於酉月印綬之格傷官制殺之格主人生於大厦長於高門椿萱秀茂棠棣芬芳平須濟楚性格異常北海蛟撗名奮顕南山豹变福元昌劍珮声随玉墀步衣冠身惹御爐香此則顕達之命鴛偶重登子嗣軒昂運行初甲戌上人庇下其樂倘佯乙亥運中欲遂平生男子志且宜悫下習文章丙子運中声名從此顕汨没一朝揚丁丑運中赫赫声華重滔滔雨露長戊寅運中雖則權高而禄重還愁履霜與經霜己卯運中滿世英雄只有限何如解組返家鄉庚辰運中杳杳昏晲何處去年之流水送斜陽

甲戌年　癸酉月　乙未日　丁丑時

此八字乙未日相配桂中之金偏官之格人生得此丰姿清俊性理明良椿萱堂上双年耋鴻雁天邊有共翔稍識古今之學粗知禮義之方祖基祖業重新慶財帛財源自積蔵不獨江湖生計好尚祈市井貨財昌此則富旺之命鴛幃配合須年少桂子秋来吐異香運行初甲戌上人庇下冬煖夏凉乙亥運中尋章摘句入室升堂丙子運中萬象光華春信轉千紅萬紫映門墻丁丑運中一番梨雨過金玉有豐蔵戊寅運中時来財帛旺豪傑擁華堂己卯運中悠悠昌樂庚辰運中夢入仙鄉

甲戌年　癸酉月　乙巳日　丙子時

此八字乙巳日元相配柱中金水殺生印綬之格人生得此生於右族長於名門堂上椿萱同長天邊鴻鴈各行鳴其為人也丰姿清秀天性聰明般般稍覧件件不精世事每從忙裏得才源須向遠方生欲為商賈不慕功名重成新事業弄整舊門庭梨園之處曾行樂金綺叢中幾醒醒福布江山外名聞湖海中水光浮座氷盤潤花氣侵人咲語馨此則福厚之命鴛幃正副方偕老子嗣金鳳有顯榮運行初甲戌上人庇下雲散風清乙亥運中財為花晴多聚散禍因酒色困連辿丙子運中幾度樂中有悶数番静裏憂生丁丑運中雖則行歲有慶还愁人事遭迍戊寅運中時光正好百事亨通己卯運中庭前竹報平安福檻外花開富貴春庚辰運中夕陽有路春夢無憑

甲戌年　癸酉月　己亥日　癸酉時

此八字傷官用財之格雖有甲官透露生于八月金重木輕其為人也丰姿清瘦性格純和行歲慨悌志氣綿長其為事也立仁立義多見多聞能近君子會侮小人平生濟物為營計改業辻居自治生此則平穩之命妻如何鴛幃琴瑟百年魚水之歡子嗣桂蘭他日龍蛇之秀運行初甲戌乙亥之中生計妻凉落下無方行丙子丁丑運中貴人提挈財帛倘佯不富不貧安昌事無榮無辱兔驅馳行戊戌運中賞翫春帰登臨雨阻己卯運中花遭有酒從交賞身外功名一任休庚辰辛巳之中傷官木重花落馬蹄春去早海邊逢到信來希

甲戌年　癸酉月　丁未日　壬寅時

此八字丁未日相配柱中金水才殺之格人生得此手姿慷慨性格聰明椿萱双耐晚鴻鴈少飛鳴精知礼義稍近賢英祖業多華驟才囊學積成不困疾病崇身体可向雲霄問利為凶則守成之命鴛幃偕白首桂子秀英英運行初甲戌庇佑之下花放風生乙亥運中杏艷桃尤媚行藏稍称情丙子運中才源滚滚氣宇峥嵘丁丑運中英雄交散才来狂一度風狂柳絮輕戊寅運中滔滔進益樂極悲生己卯運中晚年安享庚辰運中一夢蓬瀛

甲戌年　癸酉月　乙酉日　己卯時

此八字乙酉日相配柱中之金殺重身柔之格喜逢日祿以歸時人生得此手姿英傑天性聰明椿親耐晚萱先别鴻鴈天邊有各鳴學問窮通今古事筆鋒能理憲原情機會來時逢貴助勞形案牘沐恩榮此則貴人之命鴛幃配合須年少桂子秋來三兩英運行初甲戌幼年之景庇下昇平乙亥運中身若芦花舞絮時來案牘勞形丙子運中才帛來多旺天門沐寵榮丁丑運中一番風雪過百里馳春榮戊寅運中再加祿位便鮮簪纓己卯運中悠悠處樂庚辰運中一夢難醒

甲戌年　癸酉月　壬子日　丁未時

此八字壬子之日相配柱中之金印綬之格印綬者上格也人生得此本顯功名嫌財印相混減我分數椿萱早歲同分別鴻鴈天邊少共翔羊姿洒落性格明良粗識古今之事成知賢聖之章空向仕途跋踄不如湖海經商佇看來晚節財旺揚脣揚此則守成之命鴛幃年小聯珠合柱子庭前吐異香運行初甲戌椿樹已凋萱維別門闌事業愈荒張乙亥運中詩書雖有志貨利又牽張丙子運中財旺福興家業藏江湖豪傑集門墻丁丑運中

貨利交通千里生涯旺財源在四方戊寅運中粟陳貫朽金玉滿堂己卯運中愈老愈佳新事業趨趄事要福軒昂庚辰運中子孫盤盤辛巳運中夢入何鄉

甲戌年　癸酉月　庚戌日　乙酉時

此八字庚戌魁罡之日金生水傷官之格傷官者拎变之物也主人識見高明行藏特達君子敬貴人欽嚴慈晚景蒼蒼翠數隻雁鴻天際鳴萬里韶華福布江山之外一聯美景名聞湖海之中此則潤屋潤身之命鴛幃能事錦上迴桂子成成氷中耿鯉運行初甲戌只宜蔭庇月白清風乙亥運中如花向日枝枝艷似剪穿林節節新丙子運中小池雨過添新綠深合春來發秀馨丁丑運中貴人相指引祿馬旺前程戊寅運中吳道四時常順利

一番風雨悶人情己卯運中良朋滿坐美酒盈樽庚辰運中繾綣成何用黃粮一夢醒

甲戌年　癸酉月　己亥日　乙亥時

此八字己土相配往中金木去殺爲才盛生官之格才盛生官終身有慶人生得此丰姿魁偉天性剛能遇文王則言善逢桀紂則行兇其爲人也生於名族長於豐門椿親已別萱堂去鴻鴈行中出類鳴學問聰明富貴必從天上降英材出類才祿聲名勝祖親非獨家門生涯富四遠賢良盡伏欽幼歲中年官災破驀年享福子腰金此則豪傑之命鴛幃宜贈子有威名運行初甲戌上人之下學礼攻書乙亥運中似笋穿林當奮發官災憂破未能伸丙子運中此運四遠人尊敬災難憂非未脫身丁丑運中才如春水滔滔漲福似秋蟾皎皎明戊寅運中嚴霜消盡才寶豐盈己卯運中門迎車馬客積玉與堆金庚辰運中子朝帝闕一夢往城

甲戌年　癸酉月　丁未日　庚戌時

此八字丁未陰刃之日相配提綱金水才殺之格喜逢印綬以扶身人生得此丰姿魁偉体貌清奇武足以應變文足以備身其爲人也生於文獻之族長於武勇之邦鶺鴒雙恩終一別鴻鴈天邊我奮騰學問聰明功績不曾勞汗馬英才出類自然承蔭掌軍兵甲觀豹畧知變化鎗刀弓馬演操特高遷職位聲名重腰懸金帶鎮蠻中此則將官之命鴛幃正副方無缺桂子生來貴顯榮運行初甲戌上人之下學礼趨庭乙亥運中自從沛澤恩沾日口舌災非素耗驚丙子運中忽逢總管称能事日日威權發放軍災除官素破仔細保前程丁丑運中畜畜麾下三千卒聲聲肯中一萬兵戊寅運中皇恩陞高爵雪雨洒衣襟己卯運中老來还有精神壯不肯辭官付與兒庚辰運中英雄留與兒曹掌且向東籬飲數杯辛巳運中功名書鐵券一夢入巫峯

甲戌年　癸酉月　乙亥日　乙丑時

此八字乙亥日相配柱中火金食神制殺之格亦有金神之意人生得此顯姓揚名椿親顯貴萱司鸞鳴鳳天邊有鶯鳴半姿洒落天性果剛理明令古事學貫聖賢經禹浪三層都躍過榮沾寵渥虎風生此則榮爾之命鴛帳全正副桂子有高榮運行初甲戌上人庇下月白風清乙亥運中讀書漂夢觀史引灯丙子運中時來雲霧合躍過浪三層丁丑運中一番風雪過禄位又加陞戊寅運中山河千里春陽照禄位加榮氣鏃騰己卯運中大才

大用未解簪纓庚辰運中黃花綠酒辛巳運中一夢難醒

甲戌年　癸酉月　丁未日　庚戌時

此八字丁未陰刃之日配合柱中金水財盛生官之格經云財盛生官終身有慶女人值此容顏濟楚性格能為生於良善之宅長於潤麗之門堂上公姑應有倚庭前妯娌我豈盈助勸每効九熊膽遺訓還從斷織心衣冠濟濟三從備家業昂昂四德貞良人年長榮華配子嗣生成跨灶人此則顯夫榮子女命運行初壬申閨門催喜動微滯雨紛紛辛未運中鳳舞鸞鳴光景致婦隨夫唱兩恩深庚午運中萬紫千紅花及錦煖風和日正熙春巳

巳運中藁砧身沾官禄顯簪金帶紫福非輕其中耗服雨過山青戊辰運中錦繡叢中家富貴重添氣象禄資深丁卯運中一子觀光朝帝闕皇恩有感換門新丙寅運中上五年華堂安享福奴僕有隨跟下五年蟠桃皆已熟王母却來尋歸去也

子平遺書

甲戌年　癸酉月　辛亥日　己亥時

此八字辛亥日相配柱中水土傷官用印之格人生得此手姿品落志氣英豪椿萱榮耐晚鴻鴈各飛高學問淵源准擬騰身登月殿英材卓冠定應牽足踏灵鰲恩渥榮沾後麻衣換錦袍此則榮耀之命鴛幃全正副桂子長梢豪運行初甲戌上人庇下其樂閏閏乙亥運中剌股苦窓朝繼夜埋頭雪案不知勞丙子運中宴賜瓊林畢寵渥一番風雪又飄飄丁丑運中禄元階進功光著一度顛風捲怒濤戊寅運中重沾沛澤福勢滔滔己卯運中金魚綰帶權衡重未許籬边酌美醪庚辰運中桃源春去也逢隔信来招

十五

子平遺書

甲戌年　癸酉月　辛丑日　甲午時

此八字辛金相配柱中火局時上偏官之格人生得此生於富室長於高堂椿萱双皓首鴻鴈有聯行手姿秀爽器宇軒昂學識高明終是登榮之客英才特達豈為避世之郎此則榮顯之命鴛幃春麗尤招副桂子秋来有継芳運行初甲戌上人庇下摘句尋章乙亥運中漂麥讀書似高鳳引燈觀史效匡衡丙子運中一從揚姓字天府沐榮光丁丑運中一番風雪禄位加昌戊寅運中謫謫桑麻茂融融化日長己卯運中晚年多壯觀威勢蓋黄堂庚辰運中榮歸故里辛巳運中夢入黄粱

十六

甲戌年　癸酉月　甲戌日　乙亥時

此八字甲木配水金水官印之格正謂有官有印無破作廊廟之材女人得之亦足以發其福其為人也心地聰明家園齊整三從四德全心靜似天和日精性急如風怒濤翻衣狼光足心常樂歲月光華身自安此則治家之命良人中道相分手桂子枝頭一果妍運行初壬申春花春柳春苑春山辛未運中華堂氣轉宇宙春還庚午運中歸道而夫唱福祿而增添己巳運中正是光華之景不妨樂處迎運戊辰到丁卯運中千里關山千里念一番風雨一番寒當此之際雲散依然丙寅運中一子標鈸以奉老年乙丑運中如松含晚翠似菊綻秋天丑字運末夢入九原

甲戌年　癸酉月　甲午日　丙寅時

此八字官居月〻日祿歸時只嫌午沖破之賊其福一對椿萱先別母幾枝〻棣各茁齊其為人也有知慧做呆痴性不悉滿心〻莊機莫思仕路登雲去且喜田園樂有餘此〻守心之命篤惟得合運理之枝子嗣有成斑衣之擁〻初甲戌輕烟漠漠微雨飛飛乙亥運中萬里無雲天一色三秋好景月輝光丙子運中春寒風峭料心急馬行遲丁丑運中正是梅青外月日豈愁行樂不清奇戊寅運中四景升平樂一番風雨木悲己卯運中桃源春去也蓬島信來稀

甲戌年　癸酉月　丁酉日　己酉時

此八字丁酉之日貴良相配柱中金水才殺之格
女人得此生於長族生於仁門椿父先歸萱別晚
天边鴻雁各行鳴其為人也姿容清秀髮皃超群
勝丈夫之氣槩有男子才能雲收華岳千山秀水
到湘江一樣清萬里無雲天一色三秋好景月長
明憂徊自能辞肉味憂琴應鮮辨絃声雖非正聘
亦不言夸雖觸難犯易喜易嗔若非二次同花燭
天定生來配舊婚此則平穩之命良人年長殘婚
客子嗣秋来朶朶成運行初壬申上入庇下未断

平生辛未運中紅葉溝中傳審意赤繩月下結良
姻庚午運中雖則夫門多快樂幾番微雨幾番晴
巳巳運中不用高燒銀燭月明添倍精神戊辰運
中狐駕虎威而獲福蛇居龍穴已施威丁卯運中
夫賢子秀樂意忘情丙寅運中安閑悅景乙丑運
中春夢無憑

甲戌年　癸酉月　戊子日　乙卯時

此八字戊母日主相配柱中金水傷官制殺之格
才生殺旺此乃官殺混雜多不十全主人生於右族
配於名門椿萱有倚一朝別天边鴻雁各行鳴其
為人也姿容清秀髮皃超群有針綴之巧立業之
能箕箒頻繁存礼節相夫教子踏賢門憂顔自能
辭肉味素名應鮮辨絃声喜則春陽和煦怒則風
捲殘雲別人夫婦同偕老偏我夫婕兩度新旺年
光霽景福祿念駢臻此則旺穩之命良人有配須
重續子嗣秋来朶朶成運行初壬申上人庇下繇

秀閨門辛未運中契合翠雲成好夢寅緣紅葉是
良姻庚午運中雖則行藏有慶還愁鏡破釵
分巳巳運中帳前復綰鴛鴦堂上重孔雀屏須更
風雨過山秀戊辰運中兩過園桃簇錦風和堤柳搖
金辰字之中一番風雨巳卯運中脫年開快樂
福祿修遵崇戊寅運中無悠無慮丁丑運中一枕難
醒

甲戌年　癸酉月　戊申日　壬子時

此八字戊申長生之日相配柱中水木傷官制殺之格歲殺喜見才生主人生於右族長於仁門播親先尅他死我生堂前萱母晚節方行天邊鴈鴈有各行群其為人也丰姿清秀天性聰明般般稍覽件件不精風月處女消洒客情豈無高仕敬時有貴人欽祖基重宜整事業再增新福布江山外名聞湖海中花無桃李飛春色人有笙歌是泰平好意番成悪嗔心換得嗔雖不達保封爵自然潤屋潤身此則豊潤

之命鴛幃連珠須配小子駒生成瑟灶人運行初甲戌萱親庇下風雪初晴乙亥運中寒向梅中尽春從柳上生丙子運中雖則行藏有變还愁蓁耗相侵丁丑運中才源滚滚家居好覓吏風雨斤時生遇此戊寅運中尭李千豁錦江山一岳昇當此之際風雨無驚己卯運中軒開化日千祥集鷹捲香風百福增庚辰運中子貴晚年多快樂辛巳運中訃音一播衆後情

甲戌年　癸酉月　己酉日　乙丑時

此八字己酉日相配柱中金木傷官用印之格亦有金神之意人生得此丰姿英俊天性果剛椿萱雙皓晉鴻鴈後隨翔學識聰明不向天山勞汗馬英才卓犖却來翰苑試文章一從姓字傳揚後祿位輝輝戩粉郎此則榮顯之命鴛幃全正副桂子發天香運行初甲戌庇佑之下快樂何當乙亥運中讀残筆店月踏破泮林霜丙子運中禹浪期三躍衣冠拜衮章丁丑運中一番風雪過化日煦衆桑戊寅運中權衡金紫貴戩列大夫行己卯運中

老當益壯未許還鄉庚辰運中榮田籬下辛巳運中樣斷人傷

甲戌年　癸酉月　乙丑日　丙子時

此八字乙木配合癸酉丑金傷官之格喜得時值貴人生于右族長于名門椿萱含晚秀棠棣發春英手姿濟楚天性高明难觸难犯自是自能不必覓珠蔽水府何須求劍掘豐城雖不問名干祿自然富屋潤身此則富足之命鴛幃全正副桂子壯門庭運行初甲戌淡淡天邊月飄飄壠上雲乙亥運中輕雷抽碧笋激雨發紅英丙子運非同當十五光華滿人到中年萬事新丁丑運中威權有布閭里人欽戊寅運中片雲能發千山雨雨過千山依舊青己卯運中妻賢而子秀樂意已忘情庚辰運中水流花春何處明月娟娟不返魂

甲戌　癸酉　辛亥　甲午

此八字時上偏官之格喜逢建祿身强主人生於右族長於華堂椿萱晚秀棠棣春芳手姿磊落性格明良心高氣勇智達理常出土黃金顯十分之貴色離雲皎月布萬里之清光此則穩達之命鴛幃春麗桂子秋香運行初甲戌上人祿祿襲慶近祥乙亥運中如花向日枝枝艷似笋穿林節節長丙子運中天然機會至步入貴人行丁丑運中手權秉美氣象軒昂戊寅運中落陽三月花如錦曾被顛風攪一塲己卯運中英雄相贈叙三足豪傑相逢酒一觴庚辰運中春光如過隙一夢邊黃粱

甲戌年　癸酉月　丙戌日　丁酉時

此八字丙戌日相配柱中之金水才官格人生得此丰姿英傑天性剛中椿萱堂上双雖耄鴻鴈天邊各奮風學問三冬足詩書万卷通驪珠終照魏雷劍豈藏豐膽踏飛黃沾寵渥果然身跨五花驄此則显揚之命鴛幃正副桂子秋榮運行初甲戌上人旂下快樂從容乙亥運中欲遂凌雲志須加映雪功丙子運中禹浪層層葯躍輝輝祿位榮封丁丑運中雪贖天仗晚千里大夫封戊寅運中駐中生阻滯依旧显威雄己卯運中老當大任庚辰運中夢入玉峯

甲戌年　癸酉月　庚寅日　甲申時

此八字日祿歸時之格喜得身坐貴人椿萱有倚如無倚鴻鴈分群又共群其為人也丰姿平穩性格聰明學問知今古行藏識重輕北海蛟橫蔪然而出頭角南山豹變巍然而露文英一旦風雲便天門沐寵榮此則貴達之命鴛幃貞淑子嗣良能運行初甲戌花紅柳綠雲淡風輕乙亥運中千里從師勤講學有時天路可能騰丙子運中一從折得蟾宮桂便向鱣堂覺後生丁丑運中文風郁郁祿位榮榮當斯時也白雪滿庭戊寅運中佇看祿秩重遷擢百里人民起頌聲己卯運中英華有限歸興偏濃庚辰運中一夢遊仙島東風杜宇鳴

甲戌年　癸酉月　庚寅日　甲申時

此八字庚寅日相配柱中木傷官財才之格喜逢日祿以歸時人生得此年姿雅淡性理剛明椿萱有倚歸中道鴻鴈分飛不共鳴學問聰明終是求名之客英才特達豈爲避世之靈一從揚姓字便擬沐恩榮此則清貴之命鴛幃有礙須偏正桂子秋來長嫩英運行初甲戌庇佑之下風雲嚴凝乙亥運中志思登仕路運守讀書燈丙子運中到此始知雲霧達長安道上馬蹄輕丁丑運中瀟瀟生儒沾德化雲晴祿位又階陞戊寅運中英英氣宇赫赫丈聲己卯運中萬民咸樂業此際鮮簪纓庚辰運中一夢歸何處哀猿三兩聲

甲戌　癸酉　丁亥　丙午

此八字丁亥日貴之展財殺之格喜逢日祿歸時椿萱有倚鴻鴈聯飛其爲人也行藏慷慨作事敢爲達時務讀詩書運至時來自有風雲濟會日地靈人傑豈無雨露沐恩時佇看頭角聳秉笏拜冊墀此則貴達之命鴛幃正副桂子枝〻運行初甲戌疎〻細雨過瀟〻月光輝乙亥運中歎遂平生男子志且觀灯下十年書丙子運中到此始知文學好長安道上馬頻嘶丁丑運中名聞遐迩澤被黔黎戊寅運中雖知恩廣被還愁風浪危巳卯運中田園快樂有何是非庚辰運中夕陽有限逝水無迴

甲戌年　癸酉月　庚寅日　甲申時

此八字庚寅日相配柱中之水傷官助財格人生得此依仁據德立恕存忠堂上椿萱榮耐晚天邊鴻鴈不成縱學問有成終是青雲之客英才敏捷豈為莘野之翁萬里扶搖騰彩鳳一聲霹靂躍滄龍沛澤沾濡後輝輝祿位隆此則榮顯之命鴛幃金玉質子嗣桂蘭叢運行初甲戌庇佑之下詩禮從容乙亥運中欲遂清雲志須加董子功丙子運中風雲相際會攀桂又秉龍丁丑運中仁風揚遠近政化給西東戊寅運中祿元陛進千里威雄己卯運中金魚初綰帶何事返鄉中庚辰到辛巳運中歸去也

甲戌年　癸酉月　癸丑日　癸丑時

此八字癸丑日相配柱中金局殺印之格人生得此本顯功名只嫌運入背鄉減其福力椿萱堂上雙年耄鴻鴈天邊有各鳴手姿穩俊性格聰明有交貴親賢之道抑強扶弱之能湖海市廛財兩旺自然晚節福崢嶸此則富實之命鴛幃同屬雙諧老桂子庭前三四英運行初甲戌幼承上庇快樂安寧乙亥運中便擬生財覓利何須講道窮經丙子運中春陽回宇宙風雪又飄零丁丑運中財帛來多旺何愁悲恨生戊寅運中粟陳貫朽金玉盈盈乙卯運中老當重發旺置立大門庭庚辰運中孫賢子秀辛巳運中一夢難醒

甲戌年　癸酉月　乙酉日　辛巳時

此八字乙木配合酉金偏官之格女人值此生於右族出于西房椿萱鄙賤鴻鴈有聯翔裙釵濟濟三從備家業昂昂四德昌出土黄金顯十分之貴色離雲皓月布萬里之清光千斯倉萬斯箱松自翠菊花黄此則助夫旺業之命良人配傑交子嗣產豪郎運行初壬申春風尚冷未稱尋芳辛未運中共結絲羅山海固永堦琴瑟地天長庚午運中萬疊好山雲乍斂一楼明月樂綃縳己巳運中休道一途常穩更防風捲滄浪戊辰運中夫賢而子秀財旺而身康丁卯運中夢入九泉終不返瀟湘流水送殘陽

甲戌年　癸酉月　丁酉日　庚戌時

此八字丁卯酉日貴之辰相配柱中金水才殺之格人生得此多機变作操持般般歷學件件粗知椿萱金土双年耋鴻鴈天边有共鳴祖基祖業添新慶才帛才囊自積成自有兵雄交敵豈無才帛生成但腰腰懸錢十萬何須天府沐恩榮此則富實之命駕怫配合須年少桂子秋来三四兵運行初甲戌椿萱庇下梛暗花明乙亥運中詩書雖有志貨利亦関情丙子運中不獨財囊充实尚祈家業新興丁丑運中萬象回春紅紫麗一番風雪洒門庭戊寅運中才源来旺人欽伏一旦風波不致驚己卯運中晚年興旺庚辰運中难一夢难過

甲戌年　癸酉月　壬辰日　庚戌時

此八字壬辰魁罡之日相配桂中金土煞印之格女人得此生於善族配於高門儀形清臻德性欠温椿萱棠棣難相守妯娌翁姑不共群有針綴之功立業之勤心靜似月明霄漢性急如雷霆驚奔佇看來晚節福慶自駢臻此則掌家之命良人諧白首桂子拂青雲運行初壬申父母之下化日陽春辛未運中雖則鸞歌鳳舞無端烟雨紛紛庚午運中財旺夫門身自樂一番行履尚逡巡己巳運中旺中生阻節幸不損精神戊辰運中到此方康泰風傷不損身丁卯運中冲擊之所福藉兒孫丙寅運中晚年安享乙丑運中鏡掩紅塵

甲戌年　癸酉月　丁亥日　丙午時

此八字丁亥日貴之辰月下偏官之格喜逢日祿臨時椿萱含悅翠棠棣長芳枝其為人也丰姿磊落天性能為理窮今古事學異聖賢書贊逐玉蟾扳桂上馬隨青帝踏花歸清風播遐邇德澤潤黔黎此則榮達之命鴛幃配淑女子嗣有賢雖運行初甲戌雙親庇下有何是非乙亥運中欽仰男子平生志且下當年董子帷丙子運中忽聞春霹靂變化在斯時丁丑運中威權赫赫祿位巍巍戊寅運中一番閑跋跡依舊覲皇威己卯運中正宜聖紫貴何事返鄉閭庚辰運中歸去也

甲戌年　癸酉月　辛丑日　庚寅時

此八字辛金相配寅戌之火財官之格只嫌生逢替令藏我功名堂上二親萱别早天邊鴈字少行郡其人丰姿俊俏性格聰明難觸難犯自是自能春入水光成嫩綠白勻花影上新孔祖父根基雖少分挺身成立福彌深此則傑者之命駕幃種得藍田玉子嗣生成誇丞人運行初甲戌踈踈細雨拂拂寒風乙亥運中雲散家家月歸春処処英丙午運中財源漸增進行履有光明丁丑運中風掃天邊雪依然景物榮戊辰運中但宜守分方為吉周有謀為必　此己卯運中訃音一道萬事成空

甲戌年　癸酉月　丁未日　丙午時

此八字丁未日相配柱中金水財官之格喜逢日祿以歸時人生得此丰姿清雅處用多機椿萱半道相分奉鴻鴈天邊不共飛知輕識重將高就低祖業重新重慶財囊自積自肥但喜貴人提挈何須身掛金魚此則自成之命駕幃配合須年少桂子班衣孝義齊運行初甲戌風輕日暖燕語鶯啼乙亥運中到此逢高貴財權假虎威丙子運中一番風浪過湖海姓名馳丁丑運中重興第宅廣植桑榆戊寅運中雪晴春信轉紅紫映門閭己卯運中晚年康泰財旺家肥庚辰運中悠悠處樂辛巳運中歸去來兮

甲戌年　癸酉月　丁未日　甲辰時

此八字丁未日相配柱中金水財煞之格喜逢印綬以歸時人生得此宜乎仕路以榮登椿萱堂上雙年耄鴻鴈天邊有奮鳴半姿清致天性良能窮今博古埋白分清擬必揚名顯姓豈教田野躬耕一朝跨馬登天路榮沭恩波出鳳城此則榮貴之命鴛幃配合雙諧老桂子蘭前三兩英運行甲戌幼承上庇詩禮趨庭乙亥運艸有心行仕路遇貴便身騰丙子運中歷過風霜道恩沾雨露迎丁酉運中幾度旺中生駁雜依然事安位加榮戊寅運中政化東西洽仁風遠近清己卯運中老當益壯位耀崢嶸庚辰運中惟有揀啼處山空月淡明

甲戌年　癸酉月　甲寅日　乙丑時

此八字甲寅專祿之辰正官之格書者時帶金神女人得此生於右族配於宦門姿容清秀髮貌精神翁姑榮倚妯娌行輊有針線之巧立業之能一苑杏桃鋪錦繡滿山松柏睽幃屏相夫應有道訓子撫成群錦繡花開春富貴琅玕竹報日昇平雖不鳳冠帔胝也應金玉豐盈此則榮旺之命良人連珠須配長桂蘭藹藹發春蓁運行初壬申上人庇下未断平生孔雀屏開花爛熳芙蓉帳煖氣氤氳辛未運中春園雨過花木增新庚午運中濟濟裙釵絢日狎狎羅綺臨風午字之中一番風雨己巳運中錦綉滿身扶不　金蓮無力戴娉婷戊辰運中食則珎羞百味衣則羅綺千層丁卯運中冲繫之所如月入雲丙寅運中春光去也

甲戌年 癸酉月 乙巳日 己卯時

此八字乙木日主相配柱中金水殺生印綬人生得此生於右族長於名門椿萱有倚还双耄天邊鴻鴈各行鳴其為人也半資清秀天性聰明頗知禮義稍識古今出土黃金顯長價離雲皓月自長明自有昭天之慶豈無福地之深祖業添新慶根源勝田風月掛碧天倫皎潔名揚湖海倍光榮無意盡傳詩禮樂有朋來自遠方親但願才源高足何須慕祿求名此則穩厚之命也央水命須年少子嗣榮門孝且恭運行初甲戌上人庇下未斷昇沉乙亥運中世事宛如新折桃人情渾似半開英丙子運中近水樓臺先得月自將花木早逢春丁丑運中才源雖富足人事尚虧盈戊寅運中一番風雪还情後猶有滔々福祿增己卯運中歲寒松尚茂秋老菊尤馨庚辰運中晚年快樂辛巳運中一枕清風

甲戌年 癸酉月 丙午日 戊戌時

此八字丙午日刃之辰相配柱中金水才官之格女人得此生於右族長於名門椿萱有倚雖双老天边鴻鴈各々鳴其為人也姿容閨朗休態和濕勝丈夫氣槩有男子才能雲收華岳千山秀水到湘江一樣清每懷九膽意特抱桂隣心楊柳無風枝妙娜梅花有月更精神浮世沾滯步明在人雖觸雖花易喜易嗔雖然不是榮封婦自然福祿享光榮此則豐潤之命良人同層須年小子嗣秋來朵朵成運々壬申上人庇下未斷平生幸未運中契合翠鳶成好夢會溝紅葉是良姻庚午運中正是梅青月白还愁花放風生過此己巳運中雖則夫門多快樂幾番人事亏盈戊辰運中羅綺千般色欽裙化日明丁卯運中夫賢子貴樂意忘情丙寅運中晚年閑快樂乙丑運中花落鳥無声

甲戌年　癸酉月　甲午日　乙亥時

此八字甲午日元相配柱中旺金正官之格喜逢印綬生身遇斯象者生於宦族長於名門椿萱雙晚茂鴻鴈各翱翔丰姿清秀禮樂鏗鏘聰明書義遠倜儻世情長驪珠照耀光雖掩雷劍生豐氣莫藏終是功名之客豈為田舍之郎咲顏登試院唾手入科場一朝馬上衣冠別此是男兒當自強此則榮貴之命鴛幃燭夜添新登子嗣生成貴顯郎運行初甲戌上人之下紹襲迎祥乙亥運中十年窓下業一舉便飛揚丙子運中高浪三層都跳過更趨朝內拜君王丁丑

運中皇恩重有感金紫戢加昌戊寅運中雪晴雲散天如洗金璧光輝步玉堂己卯運中沖擊之所辞爵還鄉庚辰運中黃粱未熟清夢先行

甲戌年　癸酉月　丙午日　己丑時

此八字丙午日月之辰相配柱中金水才官之格人生得此生於右族長於名門萱親先別還招繼椿父蒼年促去程天邊鴻鴈有各飛鳴其為人也丰姿清秀天性聰明般般不精過火黃金重長價離雲皎月倍清明祖業添新慶根源勝舊風門外田疇千古計庭前花木四時新不以功名為念豈将冠冕磨礱兩都秋色皆喬木耆舊風流有幾人雖不建侯封爵自然潤屋潤身此則穩厚之命鴛幃有碍須招小子嗣秋來朶朶馨運行初甲戌雪

晴天未㬢行樂未如心乙亥運中世事宛如春夢人情薄似秋雲丙子運中雖則行藏有慶幾多人事虧盈丁丑運中才源滚滚家居好尚有閑非耗生戊寅運中豊年田舍禾盈罌臘日山家酒滿斟己卯運中威權有布人欽服才帛興隆第宅新庚辰運中晚年快樂辛巳運中花落月沉

甲戌年　癸酉月　甲辰日　戊辰時

此八字甲辰日元相配柱中金土財官之格人生得此生於右族長於名門椿父先歸萱耐晚天邊鴻雁各行鳴其為人也丰姿清秀天性聰明五車書富三冬足兩名了當萬韈冲衣冠濟濟人中傑和氣怡怡席上珎終是功名之客豈為田舍之翁鰲逐玉蟾攀桂去馬隨青帝踏花行一朝騰踏飛黃去金紫榮看次第陞此則榮貴之命鴛幃有配須年小子嗣生成貴顯人運行初甲戌幼年之下未斷平生乙亥運中窓前雖篤志風雪尚沾身丙子運中藏器待時時必達時來頃刻便升騰丁丑運中到此始知文學好長安道上馬蹄輕當是時也風雪消空戊寅運中獄折斥言民訟息九天雨露再加陞己卯運中重紫重金當此際權高解組向辭東庚辰運中晚年閑故里辛巳運中一枕了平生

甲戌年　癸酉月　乙酉日　庚辰時

此八字乙酉日相配柱中金水杀印之格乙庚化金之從人生得此生於喬木長於高門椿萱耐晚萱先别天邊鴻雁陣行分其為人也丰姿清秀天性聰明胸藏古事與今事書對賢經與聖經衣冠濟楚人中傑和氣怡怡座上珎終是功名客豈非田舍翁大器晚成另量達早年乙未如心一朝騰達飛黃玄秉笏金鑾拜

聖明此則榮貴之命然幃有配須年晚子嗣春成盈貴人甲戌運中上人庇下未斷前程乙亥運中十年窓下勤心讀時來有日始升騰丙子運中到此始之文字好春風得意馬啼輕丁丑運中雖則青名量还愁風雪生戊寅運中一番風雪過我位秉權衡己卯運中背禄之地一枕風清

甲戌年　癸酉月　癸卯日　壬子時

此八字癸卯日貴之辰相配柱中旺金印綬之格女人得此生右族配於仁門椿萱棠棣霜晞日妯娌翁姑分尚輕其爲人也姿容清秀鬟貌精神有針綉之巧立業之勤一苑杏桃紅錦綉半溪山水綠波新紅日點穿湘水碧白雲堆破楚山青處事無偏無黨治家克儉克勤雖瞞難把易喜易嗔雖不鳳冠帔服自然福祿無窮此則旺之之命良人合配頭生雪子嗣秋來屢屢成運行初壬午上人底下未斷平生辛未運中紅葉清中傳兒意赤繩月下結良姻庚寅運中正是梅青月白還愁微雨弄晴巳巳運中萬里烟雲收僦一輪秋月光明戊午運中滔滔無阻滯步步助夫門丁卯運中冲急之聽如履薄氷丙辰運中粧樓人去也臺鏡掩光明

甲戌年　癸酉月　丁亥日　甲辰時

此八字丁亥日貴之辰相配柱中金水才殺之格喜逢印綬生身人生得此生於右族長於名門椿萱有倚先斷母天邊鴻鴈各行鳴其爲人也丰姿清秀天性聰明般般稍覽件件不精水光浮座盃盤瑩花氣侵人笑語馨高人起敬貴客相歡祖業添新慶根源勝舊風有心於貨利無意慕功名消閑碁一局遣興酒三鍾花無桃李非春色人有笙歌是太平拙於自巳巧於他人雖不建侯封爵自然潤屋潤身此則旺足之命鸞幃有犯須年長子嗣秋來朵朵榮運行初甲戌上人底下未斷平生乙亥運中風帶雪來應覺冷鳥啼花落始知春丙子運中才源旺足家居好還忌鬧非素耗生丁丑運中桃李千溪錦江山一座屏戊寅運中莫言此際多光影得一程時失一程己卯運中庭前竹报平安日檻外花開富貴春庚辰運中子貴家門多快樂春歸花落鳥無聲

甲戌年　丁酉月　戊戌日　丁巳時

此八字戊戌魁罡之日相配拄中金木傷官制殺
之格喜逢印綬生自人生得此生於温潤之族長
於詩礼之門椿父先歸萱柰晚天邊鴻鴈各行鳴
其爲人也丰姿清雅天性老成世事頗能将就般
般李久精通自有順天之慶豆與福地之深祖業
須重整根源勝爲風常爲萬里客有愧百年身月
掛碧天多皎潔名揚湖海有光榮但顧時来財祿
旺何必天邊沐寵榮此則發福之命鴛幃有犯須
年敵子嗣金風孝義深運行初戊戌幼年之下未
斷平生巳亥運中雪晴天未㥾行樂未如心庚子
運中才源頗有行藏好運忌閑非耗耗生辛丑運
中貝載不辞千里遠貨才惟喜四方通當此之際
耗耗還生壬寅運中到此始知時運好萬物光華
百事通須史風雨雨過山青癸卯運中門楣壯觀
福祿駢臻甲辰運中晚年閑快樂會友以開樽乙
巳運中夕陽有限春夢無憑

甲戌年　癸酉月　庚子日　丁亥時

此八字庚子日元相配柱中水木傷官助才之格
人生得此生於右族長於仁門椿萱双晚茂鴻鴈
各行鳴其爲人也丰姿清秀天性聰明斷高理直
處事公平般般稍覽件件不精行藏覺消洒莰傲
順枯榮重成新事業再整舊門庭不以功名爲念
豈將冠冕磨礱花無桃李飛春色人有笙歌是太
平滿世功名身外事五湖風月樂怡情此則穩厚
之命鴛幃有犯須招副子嗣秋来孝義深運行初
甲戌上人庇下天朗氣清乙亥運中登㾬雨佞賞
玩春陰丙子運中爆竹聲催發鵰盡折梅鄉飲早
春逢丁丑運中行藏雖有慶凤雪尚盈庭戊寅運
中到此始知特運好萬物光華百事通己卯運中
巡賓玩物會友閒樽庚辰運中無思無慮辛巳運
中一道訃音

甲戌年　癸酉月　辛丑日　甲午時

此八字辛丑日元相配柱中水火食神制煞之格喜逢建祿身強遇斯命者生於右俗長於名門丰姿清秀天性聰明理窮古事兼今事書讀賢經與聖經處句好為天下白高材俊似海東青豈是池中物尤來席上珎足履三千皆後學搏風九萬即前程一從性字傳陽後天府榮沾聖寵恩此則榮貴之命鶯幃有犯須稽副子嗣榮門朵朵馨運行初甲戌上人庇下天朗風清乙亥運中不負寸陰之情豈始題柱之功丙寅運中騰身離洋水舉足

入雲津丁丑運中寒拂紫衣驛驄光生玉節下雲層戊寅運中雖則職迁金紫迁愁柳絮輕盈己卯運中正宜芹㳚匡朝野未許懸車故里中庚辰運中晚年快樂辛巳運中一枕入巫風

甲戌年　癸酉月　庚寅日　丁丑時

此八字庚寅之中相配柱中木火傷官印才之格才旺發生官旺主人生於有旗長於名門金火椿萱榮晄茂天地鴻各行鳴其為人也丰姿清秀天性聰明胸藏今古事奉識聖賢心哇瑋自是清朝氣律呂倫偕治世音終是功名之客豈為田舍之翁雲程坦坦登天奉奉足悠悠名利成一日風雲相際會九天雨露沐皇恩此則榮貴之命鸞幃燭夜添新丕子嗣悠悠名利成運行初甲戌上人庇下未斷平生乙亥運中窮書覽史終有始丙子運中到此始知才李好長

安道上馬蹄輕丁丑運中三度君恩喜雨番風木驚戊寅運中雲晴雨散天如洗十郡山河化日長己卯運中權高損福總重淵明庚辰運中花已落月西沉

甲戌年　癸酉月　乙巳日　丙戌時

此八字乙巳日元相配柱中旺金月支偏官之論傷官制殺有功尸嫌運行背地賊我功名主人生於右族長於高門堂上椿萱萱崴長天邊鴻鳫各行鳴其為人也丰姿清秀天性聰明般般稍覧件件不精有近貴親賢之德應上和下之能祖業添新變根源勝舊門福布江山生秀麗名聞湖海有光榮掘於自己巧與他人仁信旺年多發福何必天邊沐寵榮此則旺益之命鴛幃配合須年少子嗣秋来旺宅門運行初

甲戌上人庇下未断平生乙亥運中世事宛如春夢人情薄似秋雲丙子運中有得有失有喜有驚丁丑運中財源旺足家居好尚愁素耗晦非生過此戊寅運中天上三陽泰人間五福增當此之際風雪还生己卯運中當之以潤其屋德之以潤其身卯字之中如履薄氷庚辰運中人生從此別無覆見儀形

甲戌年　癸酉月　癸卯日　丙辰時

此八字癸卯日貴之辰相配柱中旺金官印之格時逢喜見冲開主人生於右族長於盛門椿萱木土金章貴天邊鴻鴈獨行鳴其為人也丰姿清秀天性操持頗窮黃石畧稍識聖賢書見善則特於己當仁不讓於師終是継芽之客豈為田里耕鋤智勇人中傑麾分閫外司龍韜每助絲綸業豹畧還拖肅敎威此則忠義武臣之命鴛幃配合名門女子嗣生成貴顯兒運行初甲戌上人庇下有何是非乙亥運中開樽過胄北走馬向閑西丙子運

中德發太域方造亨衢丁丑運中不勞窻下攻書史兹喜天邊雨露濡戊寅運中金紫煌煌權任重萬馬聲名肅四夷當此之際風雪飛飛己卯運中欲全晚節當如此不待西風如見機庚辰運中晚年快樂詩酒琴碁辛巳運中春光去也花落月西

甲戌年　癸酉月　壬寅日　辛亥時

此八字壬寅趨艮之日相配柱中金土殺印之格女人得此生於右族長於名堂椿萱雙睆茂鳴鴈各翱翔其為人也姿容清秀髮貌異常有針線之巧並業之良風送芰荷香满院日匀花蕚色盈窓萬里無雲天一色三秋好景月長光心開似月離雲漢性急如風捲滄浪佇看夫榮子貴也應享福何當此則榮益之命良人火命須年敵子嗣生成貴顕即運行初壬申上人庇下毓秀閨房辛未運中竹惹花蝴蝶花貪竹鳳凰庚午運中雖則行蔵有慶還愁風捲滄浪己巳運中水向竹邊留出冷風送花香過來香戊辰運中羅綺千般色瑜羞百味香丁卯運中如月入雲丙寅運中春光去也一枕黃粱

甲戌年　癸酉月　甲辰日　甲子時

此八字甲辰日元相配柱中金水官印之格比肩太重蔵我功名主人生於右族長於高門金土椿萱聯珠屬天邊鴻鴈有隨鳴其為人也丰姿清秀天性平能世事頗能將就般般學問稍通水光浮座盃盤瑩花氣侵人笑語聲笋長名園過舊竹花開上苑勝先春不以功名為念豈將冠冕磨礱福布江山生秀氣名揚湖海有光榮拙於自巳巧於他人但願一生財祿旺何必天邊沐寵榮此則旺足之命鴛幃水命須招敵子嗣秋來朵朵成運行初甲戌幼年之下未斷平生乙亥運中雪開山聳翠雨過竹重青丙子運中有得有失或喜或驚丁丑運中財源富足素耗還生戊寅運中桃李千重錦江山一畫屏己卯運中威権有布人欽服財帛盈增福祿增卯字之中花放風生庚寅運中晚年閑快樂會友以閑摶辛卯運中歸去也

甲戌年　癸酉月　壬午日　丁未時

此八字六壬生臨午位號曰祿馬同鄉官印之格人生得此生於右族長於仁門椿萱双並毫鴻鳫各飛騰其為人也丰姿清秀天性聰明行藏亮消洒咲傲任枯榮謀動君子威伏小人般般精覽件件不精祖業添新慶根源勝旧風月掛碧天光皎潔名揚湖海有光榮无處畫傳詩礼樂有朋來自遠方親財源富足鄉里推尊晚年子貴同沐帝恩此則旺足之命鴛幃有犯須招副子嗣榮門朵朵馨運行初甲戌上人庇下來斷外沉乙亥運中如花向日似月離雲丙子運中雖則行藏有慶還愁人事虧盈丁丑運中得中有失暗後還明戊寅運中着意種花花不發无心插柳柳成陰己卯運中須史雲掩月須刻月離雲庚辰運中但使子榮家業旺何愁白髮鬢邊生辛巳運中享子孫之福慶壬午運中梦杳杳之佳城

甲戌年　癸酉月　戊戌日　壬戌時

此八字戊戌魁罡之日相配柱中金木傷官制殺之格才神在柱城吾科第成名主人生於右族長於高門椿父先歸萱後別天邊鴻鳫各行鳴其為人也丰姿清秀天性爭能雖無讀書志亦有貴人名般般精覽件件不精并長名園過嶺竹花開上苑勝先春終是功名之客豈為田舍之翁三級浪中難變化九年塲上郁馳名佇看頭角聳光耀舊門庭此則榮貴之命鴛幃有犯須招副子嗣秋來朵朵榮運行初甲戌上人庇下來斷平生乙亥運中雪晴天未煖行樂未如心丙子運中時來逢貴助驛馬旺前程須史風雨雨過山青丁丑運中雨晴踏馬長安道時來機會顕光榮戊寅運中雖則崢嶸頭角幾年省奈家門己卯運中呈恩重有威贊政姓名馨庚辰運中榮歸故里安享籬東辛巳運中歸去也

甲戌年　癸酉月　庚辰日　丙戌時
此八字庚辰日德之辰相配柱中水火傷官制六
之格陽刃合殺有功人生得此生於右族長於名
門椿父先歸萱耐晚天邊鳴鴈不同群其為人也
丰姿清秀天性聰明胸羅今古事學識聖賢心太
山北斗千年在和氣春風四座傾終是功名之客
豈為田舍之翁鵬路高搏之健翼龍門深躍見俯
鱗一從姓字傳揚後九五天門面聖容此則榮貴
之命鴛幃有犯須招副子嗣秋來朶朶榮運行初
甲戌上人庇下未斷平生乙亥運中欲遂平生志

須留燈下心丙子運中雪晴雲散後時至始升騰
丁丑運中躍過禹門三汲浪秉笏金鑾拜聖明富
此之際風雪滿庭戊寅運中戢迁金紫布德施仁
己卯運中有材應大用未許便辭榮庚辰運中晚
節閑時宜菊酒西風起處憶尊鱸辛巳運中夕陽
有限春夢無憑

甲戌年　癸酉月　丁酉日　丙午時
此八字丁酉日貴之辰相配柱中金水才殺之格
人生得此生於右族長於仁門椿萱榮晚別鴻鴈
各行鳴其為人也丰姿清秀天性老誠有傳古通
今之志截長補短之能般般稍覽件件不精行藏
果斷作事老誠水光浮座盃盤瑩花氣侵人咲語
聲終是功名之客豈為田舍之翁雲程坦坦登天
去學足悠悠名利成瓊林雖不叅高宴也應機會
便成名此則榮貴之命允幃有犯須招副子嗣秋
來朶朶榮運行初甲戌上人庇下未斷平生乙亥

運中閒詩學禮終怠始勤丙子運中幾欲思高慕
遠番成剪雪裁冰丁丑運中時來自有良機會跨
馬天門沐寵榮戊寅運中耿耿聲名重滔滔雨露
均霑花舞雪雨過山青己卯運中正宜食俸祿何
事便辭榮庚辰運中安閑晚景辛巳運中一枕清
風

甲戌年癸酉月戊申日甲寅時

此八字戊申長生之日相配柱中金木傷官助杀之格杀重身輕減我科第成名主人生於右族長於名門椿萱茂盛双榮瞻天边鴻雁各行鳴手姿清楚天性聰明般般精覽件件不精謀動君子志伏小人筭長名園過旧竹花開上苑騰青春終是功名之客豈為田舍之翁三級浪中难変化九年場上却馳名佇看居業續光顯旧門庭此則榮貴之命犯帨有犯須招硬子嗣生來貴且榮運行初甲戌上人庇下未断平生乙亥運中世事宛如春夢人情薄似秋雲丙子運中貴人相接引揮筆入公門須史素耗頃刻逡地丁丑運中雲晴雲散天如洗躍馬長安沭寵榮戊寅運中年強肴祭婦鄉里一旦天边沭顯榮己卯運中贊政声名振滔滔雨露均庚辰運中榮帰田里辛巳運中一夢唯醒

甲戌年　癸酉月　丙午日　甲午時

此八字丙午日刃之辰水官之格陽刃特令減我功名主人生於茂族長於高門火土椿萱雙晚茂天邊鴻鴈各飛騰其爲人也丰姿清雅性格昏沉般般好學終怠始勤重成新事業再整舊門庭春入水光成嫩綠日匀花萼發新紅田園有意公卿小廊廟無心宇宙輕此則勝祖强宗之命鴛帨得配名門女子嗣生成貴顯人運行初甲戌上人庇下未斷平生乙亥運中如花向日似月離雲丙子運中春色滿園関不住一枝紅杏出墻未丁丑運中威權有布人欽伏財帛興隆第宅新戊寅運中一番風雪過依舊瑞祥生已卯運中消閑棊一局遣興酒三鍾庚辰運中春光去也一枕清風

甲戌年　癸酉月　甲辰日　乙丑時

此八字正官之格時帶金神比肩太盛助我光華主人生於仁門長於右族椿萱金土雅双耋天遐鴻鴈不飛聯其爲人也丰姿清秀天性機関英材而出類學問以淵源魚佩玉鱗光照地雀啣瑞帶暫冲天機會既来吾快足紫騮嘶過玉楼前此則光揚之命鴛幃得配能家女子嗣生成貴顯人運行初甲戌上人庇下未断暑寒乙亥運中欽蹲騰雲驥灯窓用意觀丙子運中到此始知文季好果然蹲馬上長安丁丑運中名聞萬里獄析片言戊寅運中錦衣肥馬重重貴風雪飛来樸綉鞍已卯運中正冝侍明主未許帰得閑庚辰運中春光去也一枕推还

甲戌年　癸酉月　癸丑日　壬子時

此八字癸丑日元相配柱中金土杀印之格如人得此生於右族長于名門椿萱双晚茂鴻鴈獨飛鳴其爲人也姿容清秀髮貌精神有針綴之巧立業之勤雲收華岳千山秀水到湘江一樣清莫羨蘋蘩有禮節相夫教子騙賢鄉雖觸雖祀易喜易嗔錦綉花開春富貴琅玕竹報日平安晚年光霽景何用受榮封此則旺益之命良人连珠佤一載子嗣枝頭朶朶成運行初壬申上人庇下未断平生辛未運中雖則夫門多快樂还愁花放尚風生庚午運中花嬌優含宿雨柳媚尤帶金風巳巳運中萬疊好山雲下歛一秋明月雨初收戊辰運中冠釵濟濟家業餘盈丁卯運中粧楼人去鏡掩長門

甲戌年　癸酉月　己丑日　丙寅特

此八字己丑日元相配柱中財官印殺之格人生得此生於右族長於名門椿萱雙晚茂鴻鳳各行鳴其為人也丰姿清秀天性聰明胸羅千古事學識聖賢心太山北斗千年在和氣春風四座傾衣冠濟濟人中傑和氣怡怡席上珎終是功名客豈為田舍翁萬里扶搖一聲霹靂躍潛鱗長安人滿路爭看錦衣新卻独安跨馬才高社稷臣此則榮貴之命鴛幃有碍須招副子嗣秋來朵朵雲運行初甲戌上人庇下詩禮趨庭乙亥運中

不負寸陰之惜豈辜題柱之功丙子運中禹浪三層都躍過秉笏朝班立縉紳丁丑運中三度君恩喜兩番風木驚戊寅運中佇看官封三級酌然祿享千鍾己卯運中有材應大用何事便辞榮庚辰運中莫道只倍金馬貴也隨蝴蝶夢佳城

甲戌年　癸酉月　辛丑日　甲午時

此八字辛丑日元相配柱中火局時上偏官之格人生得此生於富室長於華堂椿萱双晚茂鴻鳳各行鳴半姿英俊氣語軒昂學問高明終是登雲之客英材特達豈為避世之郎一朝騰達飛黃去金紫煌煌拜聖明此則榮貴之命鴛幃春麗尤招副桂子秋來繼顯榮運行初甲戌上人庇下月白風清乙亥運中漂麦詩書似高鳳引燈觀史効匡衡丙子運中一從傳姓字天府後光榮丁丑運中一番風雪祿位明昌戊寅運中藹藹多雲旱融融化日來己卯運中

晚年多壯觀威勢蓋黃堂庚辰運中榮歸故里辛巳運中夢入黃泉

甲戌年　癸酉月　己酉日　甲戌時

此八字己土相配柱中金木傷官之格人生得此生於望族長於宦門椿親倜儻棠棣苗奕其為人也精神烱烱智慧明明美才而出類拏間似源深黄卷能傳業青雲早致身衣冠累世王公格名冑三朝社稷臣此則継榮之命鴛幃春色麗子嗣彩衣新運行初甲戌春風韶蕩夏日炎蒸乙亥運中欲遂平生志思囊照露螢丙子運中騰身離泮水業足上雲津丁丑運中衣惹御炉抛綈錦筆宣皇澤洒春霖戊寅運中雪消雲散天如洗金紫煌煌雨露新己卯運中冲繋之忓權显生驚庚辰運中夕陽有限春夢無憑

甲戌年　癸酉月　癸丑日　丙辰時

此八字癸丑月元相配柱中金土殺生印綬之格人生得此生於右族長於高門椿萱双脫茂鴻鴈各行飛其為人也丰姿清秀天性聰明知高識下不事不慾豈無高士敬時有貴人携万里無雲天一色三秋好景月光輝祖業添新慶才源顕昔時盈沼芰荷香馥郁蒲園花木色芳菲消開碁一局遣興酒三巵但頭才源富之何須天府帯歸此則旺足之命鴛幃春蕩蕩子嗣脫光輝運行初甲戌上人庇下未断平生乙亥運中寒向梅中尽春從桃上歸丙子運中莫作千年調还生一度愁丁丑運中才興當此景啟離喜無危戊寅運中小池雨過添新緑深谷春来發枝當是時也風雪还欺己卯運中樹正風難動樓高月影低庚辰運中延賓酌酒會友鬪碁辛巳運中歸去也

甲戌年　癸酉月　乙巳日　庚辰時

此八字乙巳日元相配柱中金水發生印綬之格人生得此生於良族長於名門椿萱双晚茂棠棣各數榮其爲人也丰姿清秀天性乖能高謀遠見機関别慷慨春風一好人祖業官脩暮才源勝舊風高人起敬貴客相欽朝中無姓字湖海播聲名消閑恭一局遣興酒三鍾身將隱矣文何用人不知之味更真拙於自已巧與他人但願平生多發福何須跨馬入青雲此則豐潤之命駕幃連珠添新歲子嗣森枝損後成運行初甲戌上人庇下淡、春雲乙亥運中世情濃又淡、處又還濃丙子運中才源富足家居好还愁素耗晦非生丁丑運中遨遊湖海多興旺尚有須史風雨侵戊寅運中花開上苑春光好片時風雨不爲驚己卯運中如松含晚翠似菊綻金英庚辰運中安閑晚景辛巳運中萬事成空

甲戌年　癸酉月　丙申日　己亥時

此八字丙申日配乎柱中金水偏官之格人生得此丰姿英傑天性明良椿萱双耐晚鴻鴈有隨翔學問有成定是登雲之客英材卓冠豈爲耕稼之即際會風雲登月殿陽関三疊沐恩光此則顯榮之命駕幃金玉貿子嗣桂蘭香運行初甲戌上人庇下何論炎凉乙亥運中尋章摘句入室升堂丙子運中執卷幾番探月時来便許名揚丁丑運中錫宴沾恩寵威風百里長戊寅運中一番風雪過化日照黄堂己卯運中榮回故里樂飲壺觴庚辰運中悠悠處樂辛巳運中夢入仙鄉

甲戌年　癸酉月　己酉日　庚午時

此八字己酉日元相配柱中金水傷官助才之格傷官者剛毅之格也主人生於右族長於名門搢萱双脆别鴻鴈各行鳴其為人也丰姿清秀天性聰明世事頗能将就般般李欠精通自有順天之慶豈無福地之源傲物氣高幸以時人不安已業新鋤継每嬀世事不如心芳長名園過舊竹花開上苑勝先春終是功名客豈為田舍翁三級浪中唯变化九年場上却馳名任看頭角聳光耀舊門庭此則荣貴之命鴛幃有犯須招副子嗣秋

来桒桒荣運行初甲戌上人庇下未断平生乙亥運中春帰柳葉晴初变紅入桃花燦未匀丙子運中貴人招引登仙府有尚趨趨未順情丁丑運中嚴霜都經過跨馬天門走一程戊寅運中雖則恩沾雨露还宜省祭家門己卯運中皇恩有感声名重賛政声名四遠聞庚辰運中重加禄位當斯何須解組帰籬辛巳運中一枕难醒

甲戌年　癸酉月　甲午日　辛未時

此八字甲午日元相配柱中旺金正官之格傷官在柱賊我功名主人生於右族長於仁門椿萱有倚雅双雀天边鴻鴈各行鳴其為人也丰姿清秀天性剛忠世事頗能将就般般李欠精通英雄帷贈劍三尺豪杰相逢酒一鍾但願一生財禄旺何必乘龍入帝京此則穗足之命鴛幃有犯須招寵子嗣森枝有顕荣運中行初甲戌上人庇下未断平生乙亥運中雲朧皎月水泛浮萍丙子運中得中有失旺後还非丁丑運中才源雖旺足人事尚

虧盈戊寅運中古樹金風常帯雨寒岩四月始知春己卯運中門楣壯觀福禄騈臻那字之中花放風生庚辰運中經霜松柏飄然秀冒雨芝蘭分外青辛巳運中春光去也花落月沉

甲戌年　癸酉月　癸卯日　乙卯時

此八字癸卯之日相配柱中金木傷官用印之格人生得此丰姿俊秀天性明良椿萱双晚順鴻雁有聯翔學識聰明未必身登仕路智謀宏遠也須威轄家鄉仔看時來財祿旺喧喧車馬集門墻此則富厚之命鴛幃配合須年少桂子秋來吐異香運行初甲戌幼年之景冬暖夏凉乙亥運中詩書雖有志焉得達科場丙子運中萬象光華沾沛澤四時佳趣樂安康丁丑運中一番梨雨過金玉滿華堂戊寅運中交四方之豪傑賴一族之門墻已卯運中粟陳貫朽快樂何當庚辰運中歸去也

甲戌年　癸酉月　辛卯日　戊戌時

此八字辛卯日元相配柱中水木食神助才之格人生得此生於右族長於名門椿萱有倚蒼年别一天邊鴻雁各行群其為人也丰姿清秀天性聰明知高識下理白分清謀動君子威伏小人行藏果斷作事老誠高謀遠見機關別慷慨春風一妙人祖業添新慶根原勝旧風有心於貨利無意慕功名得意江山詩句捷忘情日月酒盃深拙於自巳巧與他人時未才祿旺運至福無穷鄉民仰德閭里推尊此則豊饒之命鴛幃有把須招副子嗣秋未朶朶榮運行初甲戌上人庇下未断平生乙亥運中春帰柳葉晴初变紅入奼花煖未匀丙子運中雖則財源富足尚愁耗相侵丁丑運中天上三陽泰人間五福增丑字之中一番風雪花放風生戊寅運中才旺生官家業長福星臨照喜非輕巳卯運中門楣壯觀福祿駢臻庚辰運中訃音一播酹酒三鍾

甲戌年　癸酉月　丙午日　己丑時

此八字丙午日元相配柱中金水財官印才盛生官格終身有慶人生得此生於右族長於明門椿親有倚先鬭母天边鴻鴈數行聯其為人手姿清秀天性聰明暇又可足件又完全不愁自富但聽天然重興新事業再整舊根原旭日青苗茂盛薰風禾黍連阡紫詔任他來北闕草廬終不出南山山福祉江山外夕陽滄海間財源月分生涯好官祿漁緣誓不貪此則穩從之爺鸞幃宜合良逑子嗣聯芳佳裔甲戌運中上人庇下來斷榮枯乙亥

運中雪晴雲散後萬里見青天丙子運中數点雨餘雨一番寒食寒丁丑運中果然滾又足財源嚴霜積雪都經過戊寅運中正是不平雲霄景还幽人事尚迷遭己卯運中最列金釵人十二門迎珠履客三千白雲帰去路一夢再非还

甲戌年　癸酉月　甲午日　辛未時

此八字正官之格正官者貴氣之物也女人得此足以潤身堂親耐椿父先行姿顏清楚性格聰明有針繡之巧刺綉之能千江有水千江月萬里無雲萬里明在家平淡過出姓益夫星此則起家之命良人匹配仁門友子嗣花開果後成運行初壬申閨門毓秀事中平辛未運中紅葉溝中傳寄意赤繩月下會佳盟庚午運中家居有慶人事光新己巳運中一聯美景無瑕玉里長有順風戊辰運沖須史蒙感頃刻憂驚丁卯運中子秀夫賢家業

旺春風依旧滿門庭丙寅運中百年繾綣一夢难成

子平遺書

甲戌年　甲戌月　庚辰日　丙戌時

此八字庚辰日德之辰相配柱中戌土襍氣[illegible]之格才神在柱咸吾科第成名主人生於右族長於名門椿萱有喬雅双耄天邊鴻雁各行分其為也丰姿清秀天性聰明知高識下理白分清有[illegible]賢之德應上和下睦之能終是功名客豈[illegible]省堂治政[illegible]九朝祿廕[illegible]光榮都[illegible]帝京此則[illegible]外常宜有丁亥上人[illegible]下未[illegible]平生情[illegible]擬[illegible]丁丑運[illegible]跨馬[illegible]丑字之中[illegible]恩有感[illegible]惡除光梨花舞邪運中佐政琴堂民悅服皇恩有[illegible]運中皇恩應有感咫尺便腰金辛歸故里壬午運中花發風吹

子平遺書

甲戌年　甲戌月　庚午日　丁丑時

此八字庚午貴人之日相配柱中火木雜氣財官之格人生得此生於右族長於高門水土椿萱双晚茂天边鴻雁有飛騰其為人也丰姿清秀天性乖能知高下識重輕截長補短自是自能萬里鵬華世事每從忙裏就一聯美景財源自向遠方生福布江山外[illegible]開朝海中不以功名為念豈將冠冕磨礱江湖有[illegible]中[illegible]由無心宇宙輕財源富足平生樂何也天边沐寵榮此則饒裕之命鴛幃燭夜添新鳳子嗣[illegible]成貴显門[illegible]行[illegible]乙亥上人庇[illegible]來斷平生丙子[illegible]中春園[illegible]李[illegible]生英丁丑運中漸覺夜涼池南過偶知庭[illegible]曉風輕戊寅運中一枝梅破臘萬象漸回春己卯運中簾捲香風生百福軒開化日福先增[illegible]此之際風雪滿庭庚辰運中富足以潤其屋德足以潤其身辛巳運中人生從此別無復見儀形

甲戌年　甲戌月　戊午日　壬戌時

此八字戊午日刃之辰相配柱中木火雜氣余印之格人生得此生於右族長於名門椿親榮顯萱先别幾行鴻雁各分群其為人也丰姿清淡性格[illegible]沉頗知三分道理文章一竅不通萬里春風行樂頌四時佳趣瑞祥生福布江山外名聞湖海中[illegible]生涯好財帛豐盈喜慶增豐年田舍禾盈[illegible]山家酒滿斟但願一生財祿旺何必天門拜衮龍此則穩厚之命[illegible]幃燭夜添新丞子嗣大來[illegible]來[illegible]運行初乙亥上人底下未斷平生丙[illegible]之運中世事究如春夢人情薄似秋雲丁丑運中一枝梅破臘萬象漸回春[illegible]寅運中嚴霜積雪都[illegible]財源倍有增己卯運中山前山後皆明[illegible]汪[illegible]南總是春庚辰運中不獨財源旺足尚[illegible]新聲勢豪洪辛巳運中心事数變之白髮生涯一[illegible]之閑情壬午運中夕陽有限春夢無憑

甲戌年　甲戌月　丙寅日　己丑時

此八字丙寅季權之日相配柱中金水才旺生官只嫌運皆減我功名主人生於右族長於艮門椿又且歸萱亦别鴻雁天際捐飛鳴其為人也丰姿清秀天性乖能頗知禮義稍識古今有近貴親賢之德應上和下之能雖不成新業難守舊門庭雖不身[illegible]三宝也帶孤鳳三分処素無榮辱生平幸不富貧時至才添旺足運來宅第重新此則發福之命鴛幃有犯子嗣秋成運行初乙亥雪惰天未是行樂未如心[illegible]不量中天寒有日和雲[illegible]凍江潤氣[illegible]浪自生丑運中始覺陽和蒲月还愁霧鎖烟凝戊寅運中一枝梅破臘萬象漸回春己卯運中識四時佳趣立萬古門庭庚辰運中松尚茂栢木青辛巳運中春光去也花落月沉

甲戌年　甲戌月　戊寅日　丙辰時

此八字戊寅專權之日相配柱中木火襍亂敍印之格人生得此生於右族長於高門椿父先歸萱[illegible]後別天邊鴻雁各行鳴其為人也丰姿清淡性格[illegible]況娟曉三分道理文章一竅不通自有順天之慶豈無福[illegible]之隆祖基祖業添新慶才帛資囊脫[illegible]好四海[illegible]衣豐花無桃李非春色[illegible]太平雖[illegible]利平生近貴人但須一生財祿旺何[illegible]天邊[illegible]棠驚怖有犯須招硬[illegible]生戌孝義人運行初乙亥上人庇下未斷平

[illegible]丙子運中雪晴天未暖行樂未如心丁丑運中不意之中曾得[illegible]用心[illegible]不如心戊寅運中才[illegible]好須史[illegible]尚愁人己卯運中威權[illegible]常豐盈福祿增庚辰運中門楣壯觀會交朋[illegible]辛巳運中晚節黃花香馥郁歲寒松[illegible]耐長春壬午運中夕陽有限春夢無憑

甲戌月　甲戌日　癸酉日　丁巳時

此八字癸酉日元相配柱中火土雜氣財官之格女人得此生於右族長配名門椿萱有倚雅雙茂天邊鴻雁各行鳴其為人也丰姿清秀天性聰明勝丈夫之氣槩有男子之材能一苑杏桃鋪錦綉滿山松栢映嶹屛滔滔無阻滯步步助夫門楊梆無風枝嬝娜梅花有月喜精神每懷乜膳意時抱擇憐心克勤而克儉易喜而易嗔佇看夫榮子貴也膺同沐皇恩此則榮蓋之命良人司簋業自客子嗣秋來朶朶榮

癸酉上人庇下毓秀閨門壬申運中乳卜花爛熳芙蓉帳暖氣氤氳辛未運中雖小有多快樂已多人事上爲盈庚午運中天上一陽泰人間五福臻己巳運中羅綺千般色珍饈百味之新戊壬運中光華疊疊市澤紛紛丁卯運中采中加采色紅上贈紅英丙寅運中春光去也一枕清風

甲戌年　甲戌月　辛酉日　辛卯時

此八字辛酉專祿之日相配柱中火土雜氣殺印之格人生得此生於右族長於仁門金木椿萱耐晚茂天邊鴻鴈各行鳴其為人也丰姿清秀性格[illegible]誠機謀輙伏舉用人欽謀動君子感伏小人祖[illegible]添新慶根原再整新田園千古計花本四時新過[illegible]重長慣離雲皎月倍清明無慮盡傳詩[illegible]來自遠方親花無桃李非春色人没榮枯是本年此則[illegible]厚之命鴛幃連理合子嗣秀還榮運行初乙亥上人庇下夫朗氣清丙子運中始[illegible]畫永方費珠祥生丁丑運中爆竹聲催殘臘盡折梅香引早春逢戊寅運中[illegible]雨自添池小滿[illegible]海棠紅己卯運中天上三陽泰人間五[illegible]之際風雪滿庭庚辰運中晚年快樂辛巳運中一枕清風

甲戌年　甲戌月　乙巳日　己巳時

此八字乙巳日元相配柱中木火雜氣官印之格兩干不雜之論主人生於右族長於仁門水土椿萱双晚茂天边鴻鴈各行鳴其為人也丰姿清淡[illegible]老誠言不妄發事不妄行不以昭昭中節亦不明明隨[illegible]重成新事業再整旧門庭不向仕途求聞達却來湖海覓黃金得意江山詩句絶忘懷[illegible]酒盃深但願一生多富足何必天边沐寵榮此則發祿之命鴛幃有犯須年敵子嗣秋末朵[illegible]運行初乙亥上人庇下淡淡青雲丙子運[illegible]事究如[illegible]人情薄似秋雲丁丑運中精神又憔悴憔悴又精神戊寅運中才源滾滾家居好南[illegible]閑愁素耗生己卯運中簾捲香風生百福軒[illegible]日綠衣情庚辰運中延賓玩物會友開樽[illegible]運中憂辱不榮壬午運中春光去也一枕清風

甲戌年　甲戌月　壬午日　丙午時

此八字壬午六壬生於午位號曰祿馬同鄉祿氣才殺之格才旺身弱喊吾貴氣主人生於右族長於名門木土椿萱榮脫茂天邊鴻鴈各飛騰其為[illegible]丰姿清秀天性聰明般般稍覽件件不精有此貴親賢之德應上和下之能曰福曰荣自有順天之慶常安常樂豈無福地之深祖業添新慶根源蔭舊歲月卦碧天多皎潔名揚湖海有声名雖不建侯封爵自然潤屋潤身此則穩益之命鴛幃了配須召剋秋來旺宅門運行初乙亥上人庄下未也運中世事短如春梦人情薄侶秋雲丁丑運中雖則行藏有慶幾番人事虧盈戊寅運中爆竹声催殘臘盡折梅香引早逢春己卯運中庭前竹報平安日檻外花開富貴春庚辰運有旺足家居好風雨飛来尚惱人辛巳運中[illegible]春光去也

甲戌年　甲戌月　乙丑日　乙酉時

此八字乙丑日元相配柱中金土傷官印杀之格丙午不雜之論主人生於右族長於高門椿萱有倚先虧母天邊鴻鴈各行鳴其為人也丰姿清秀[illegible]性聰明斷高理直知重識輕般般稍覽件件不[illegible]謀動君子威伏小人行藏覚消洒咲傲任枯荣自有順天之慶豈無福地之深祖基宜革古事業必推新花無枇李非春色人有筌歌是太平江湖深得意軒冕不留心但顧時来財祿旺何必騎鯨上九重斗鴛幃有犯須招副子嗣森枝職蔚成上人庇下淡淡春雲丙子運中雪晴天未暖行樂未如心丁丑運中嚴霜積雪都徑過從此才源福祿增戊寅運中桃李千溪千錦江山一畫屏當此之際素耗还侵己卯運中負里遠貨財惟喜旺中生庚辰運中富之[illegible]其屋潤之以顯其身辛巳運中享子孫之福慶壬午運中梦香香之佳城

甲戌年　甲戌月　庚辰日　丙戌時

此八字庚辰日旺之辰相配柱中火土祿煞殺印
之格憂身僧道之首用殺反輕主人生於右族長
於玄門椿父先歸萱後別天邊鴻鴈各行鳴其為
[illegible]羊姿清秀天性聰明斷高理直處事公平理
[illegible]今事書對儒經與佛經四柱刑沖難入
春闈折桂重重華蓋好來梵刹持鐘盆給三重詩
標福宝樹并花佛國春佇看谷隱好光養享無窮
此則積[illegible]命運行初乙亥上人底下未斷平生
之地離俗入空門丁丑運中人
[illegible]馬尚匆匆戊寅運中倘逢
貴人相[illegible]明山主席位居中己卯運中檀那有
[illegible]生涯好普度齊粮福慶隆庚辰運中晚年閑快
樂札佛以閱經辛巳運中捏槃時到一枕清風

甲戌年　甲戌月　丙寅日　戊子時

此八字丙寅長生之日傷官帶印之格人生得此
萱毋先歸椿耐晚天邊鴻鴈各飛鳴羊姿清秀識
見高明立仁立義多見多聞鄉里韶華福布江山
外一聯美景名聞湖海中祖業添新慶根源勝舊
風沔都秋色皆喬木着舊風流有幾人攀開水府
朱光彩掘出豊城劍自明一朝時運至壯觀舊門
發達之命鴛帏得配名門女子嗣生成貴
乃乙亥上人底下月白風清飄飄瑞雪
如花向日似月離雲丁丑運
[illegible]氣象新戊寅運中三陽回宇
金巳卯運中威權有布人欽伏才帛
相當此之際風雪盈庭庚辰運中如花
利吐金英辛巳運中三盃酹酒一枕香
[illegible]

甲戌年　甲戌月　丁巳日　戊申時
此八字丁巳之日相配柱中金土傷官助財之格
人生得此生於右族長於名門椿萱便晚茂鴻鴈
各行鳴其為人也丰姿清秀天性聰明知高識下
理白分清高人起敬貴人相欽曰福曰榮自有順
天之慶常安常樂豈無福地之深重成新事業再
走嘗川蹉萬里韶華世事每從忙裏就一聯美景
迷方宝酒解平生恨衣沾湖海塵但願
大府求榮此則發福之命嶲幃有
我深運行初乙亥上人庇
也事宛如春夢人情薄似
竹声催殘臘畫折梅香東送春
運中財源富足家業興隆當此之際風雪
卯運中福若泉源長財如春水生庚辰運
婬寶玩物會交開樽辛巳運中晚年快樂壬午
運中一枕清風

甲戌年　甲戌月　壬申日　庚戌時
此八字壬申長生之日相配柱中火土祿氣才殺
之格只嫌身弱事不十全主人生於平淡之族長
於良善之門椿萱有萱萱先別天邊鴻鴈不同鳴
其為人也丰姿清淡天性老成雖無讀書志亦有
之數萬里先風光樂頌四時佳趣瑞祥生重成
形整肅門庭得意江山詩句健忘情日月
通達成事業地靈人傑旺才名初運
才祿始如心此則守成之命嶲
酌旺宅門運行丁亥幼年
甲雪晴天未煖行樂未成
又淡淡處又還濃戊寅運中始
還愁人事虧盈己卯運中嚴霜積雪
才源自有增庚辰運中尋常一輪月
梅花便不開辛巳才祿滔滔旺壬午運中夢斷入
佳城

甲戌年　甲戌月　丁巳日　癸卯時

此八字丁火日元相配柱中水土傷官制殺之格人生得此生於邃室長於高門椿父先歸萱後別天边鴻雁各行鳴其為人也丰姿磊落天性聰明謀[illegible]君子感伏小人般般好覽件件不精高人起[illegible]裕欽重成新事業再整旧門庭水光浮座[illegible]化氣侵人笑語馨欲為商賈思慕功名得[illegible]健忘情日月酒盃深雨部秋色蒼々[illegible]闇拙於自己巧與他人雖不建此則穩享之命鴛幃有犯

添運行初乙亥上人庇下寧青婦柳葉晴初變紅入桃花運中世情濃又淡淡処又还濃戊寅[illegible]中有悶數番靜裏憂生己卯運中雖婦駐足也應人事虧盈庚辰運中冲刑之所还錢福何事憋人事有因循辛巳運中享子孫之福慶壬午運中夢杳杳之佳城

甲戌年　甲戌月　辛未日　戊子時

此八字辛未之日相配柱中火土雜氣殺印之格殺印相生功名顯達主人生於宦族長於名門金土椿萱榮晚別天边鴻雁各行鳴其為人也丰姿清秀天性聰明李問有成錦綉胸藏賢聖李英材[illegible]吐武文風終是功名之客豈為田舍[illegible]跳飛黃去濟濟衣冠拜聖容却秋窩土晚年多發祿疊々祿階陞此則[illegible]夜添新丕子嗣秋来朵朵榮運[illegible]風清丙子運中欲遂平

上中聲名從此顯泪沒一從姓字傳揚波濤々威風四海蓋風雪初晴後從此滔滔祿位陞有材應大用未許向籬東辛巳運中榮壬午運中春夢無憑

甲戌年　甲戌月　癸酉日　己未時

此八字癸酉之日相配柱中土木合殺留官之格人
生得此生於盛族長於名門椿萱榮晚節棠棣各散
[illegible]書姿雅淡天性聰明有博古通今之志
高[illegible]之能筆長名園過舊竹花開上苑勝先春
[illegible]詩成征鬼神雲程坦坦登天去攀足悠
自辭白屋平步入青雲一日聲名遍天
下此則榮貴之命鴛幃金玉潤子
[illegible]人庇下天朗風清丙子運
[illegible]下幃功丁丑運中奮
[illegible]運中自沐天邊寵朝班
[illegible]中曉日催行站江上春風促去
[illegible]度雪盈庭庚辰運中有打虎大用
[illegible]華巳運中解組田田里籬邊樂性情壬
[illegible]散空留夢謙苑香消不返魂

甲戌年　甲戌月　辛酉日　己亥時

此八字辛酉專祿之日相配柱中火土雜氣殺印
之格殺印相生功名顯達財神助殺福力周全宜
此格者椿萱俱失倚鴻鴈不成聯岩嶙形狀怜變
[illegible]則自是國家臣子遨遊內苑神仙得祿不須持
[illegible]豈是覽書篇自有順天之慶豈無祿地
[illegible]逢大難還斷大難上青天仰看時通
[illegible]玉腰懸此則國苑宦臣之命鴛幃何
[illegible]運[illegible]初乙亥莫道少年多快樂一番
[illegible]竟春田喬木看看恩澤
[illegible]過穩步玉階前戊寅運
之[illegible]巍阜之權己卯運中公卿齊仰
[illegible]傳庚辰運中家國無窮盡年高未許
[illegible]中如松含晚翠似菊　壬午運中
[illegible]香[illegible]水消消

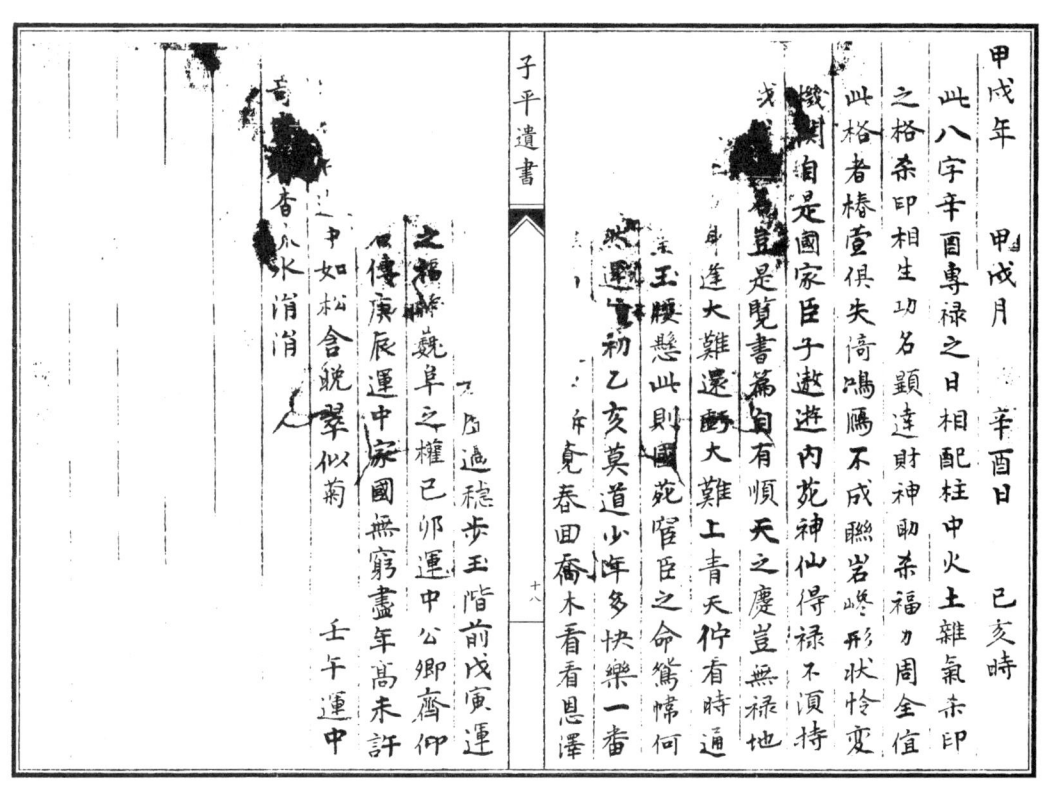

甲戌年　甲戌月　丁丑日　丁未時

此八字丁丑日元相配柱中木土傷官帶印之格
女人得此生於良族配於名門椿萱双晚茂鴻鴈
各飛鳴其為人也年姿閨助髮貌精神勝丈夫之
氣榮有男子之才能一苑杏花鋪錦綉满山松柏
春入水光成嫩緑日句花萼發新紅滔滔
步助夫門錦綉花開春富貴琨玕竹報
平安雖把易喜易真佇看夫榮子貴還期
盖之命良人火命榮華容子嗣
幼年之下爺秀閨門壬申
金上增辛未運中雖則夫
事尚虧盈庚午運中裙釵濟濟
時風雨片時晴己巳運中光華疊疊沛
辰運中彩彩彩中加彩色紅紅紅上照
卯運中子貴夫榮多快樂還愁微雨促行
寅運中春光去也一夢難醒

甲戌年　甲戌月　辛巳時　壬辰時

此八字辛巳日相配柱中火土雜氣才官之格遇斯
命者生於右族長於名門椿萱双晚茂鴻鴈各行鳴
其人年姿清秀天性聰明胞羅今古事斈識聖
賢心麗句好為天下白英材俊似海東青終是成名
客堂為田舍翁一朝但得風雲便九天雨露沐
皇恩日桑麻茂驅仁風雨露新此則榮貴
之命鴛幃子嗣彩衣新運行乙亥上人庇下
天朗氣款向雲中斧須灯下留心丁丑
必區區更盡心戊寅運中
上馬蹄輕己卯運中一天
風過處生當此風木怡情庚辰
歸故里朝迎來送雨擔心辛巳運中
清雨灑運中白頭引
春光容易過一枕入巫峯

甲戌年　甲戌月　壬午日　辛亥時

此八字六壬坐胎午位秀日祿馬同鄉祿氣才杀[illegible]格食神制杀有功生於右族長於名門擠双悅[illegible]鴻鴈各行遇其為人也丰姿清秀天性聰明胸[illegible]運斗牟貫古今筆落驚風雨詩成泣鬼神終是[illegible]吉為田舍之翁三級浪中龍變化九霄雲外鳳飛騰一從姓字傳揚後秉笏金鑾拜聖明遊則榮貴[illegible]命鴛幃有配須揩破子嗣生成貴星人運[illegible]

[illegible]庇下未斷平生　丙子運中欲[illegible]

丁丑運中何事不辭今日[illegible]

戊寅運中禹浪三層都躍過[illegible]風生鈕函

己卯運中戰廷金紫字內澄清當此之際風雪重重

壬午運中英雄都盡也高擱[illegible]臥鐵衕

甲戌年　甲戌月　辛未日　壬辰時

此八字辛金相配柱中火土襟氣殺印之格殺印相生功名顯達主人生於喬木長於名門椿樹萱有[illegible]天邊鴻鴈各飛騰其為人也丰姿清秀天性聰明理窮古事兼今事書對賢經與聖經比海蛟横[illegible]頭角南山豹變露文英萬里新旗驚過客一聲霹靂躍潛鱗長安人似蟻争看錦衣新足步黄金殿身朝白玉京此則榮貴之命鴛幃全正副子嗣桂[illegible]

[illegible]　乙亥上人衣下霄月光風　丙子[illegible]與青燈

丁丑運中鵬路高[illegible]脩鱗

戊寅運中自沐天邊翺翔

己卯運中雪晴雲散天如洗從此滔滔雨露均

庚辰運中錦衣肥馬重重貫天上恩波浩浩新

辛巳運中酒解平生恨衣沾上國塵

壬午[illegible]中弄光歸去也一枕入佳城

甲戌年　甲戌月　辛未日　癸巳時
此八字辛金相配柱中火土雜氣敘印之格五行清正
四柱得垣生於望族長於名門椿櫬榮僚萱先別天邊
鴻雁各行鳴其為人也丰姿清楚性格雄容窮書覽
史學足三冬雲程坦坦登天去學足悠悠名利成一朝
鵬達飛黃去滿城桃李映陽春此則榮貴之命鴛幃
得配名門女子嗣生成貴顯人運行初乙亥椿櫬榮
欃欃榇平生丙子運中欲遂志班超投筆志須加董子
下帷功　[illegible]中、朝春霹靂高跨玉花驄戊寅運中
披瘡當此之際舞雪謾空己卯運
封庚辰運中有財應大用未
許向[illegible]運中莫恋息波洽宣恩故里尊壬午
運中春光歸去也一枕了平生

甲戌年　甲戌月　乙丑日　己卯時
此八字乙丑日干相配柱中火土傷官助才之格
喜逢日祿以歸時人生得此生於望族長於名門
[illegible]毋先[illegible]椿耐晚天邊鴻雁各行鳴其為人也丰
姿清秀天性聰明般般都覽件件不精機關輙腹
[illegible]用人飲水光浮空盃盤瑩花氣侵人咲語馨田
園桑柘茂畝畝稻梁馨雖不成名利生平近貴人
五湖生計好四海祿元增花無桃李非春色人有
室[illegible]施恩慈悠布德成嗔琴樽風月平生
雖不建侯封爵自然鄉黨推
幃有犯須年長子嗣秋來朶
[illegible]祿乙[illegible]上人庇下未斷平生丙子運中
雪晴天未暖行樂未如心丁丑運中千里關山千
里念一番風雨一番驚戊寅運中財源富足家居
風雪閣非尚惱人乙卯運中威權有布人欽服
才帛興隆福祿增須臾風雨雨過山青庚辰運中
[illegible]上三[illegible]泰人間五福增辛巳運中簾捲香風生
百福軒開化日祿元增壬午運中夕陽有限春憂
無憑

甲戌年　甲戌月　辛未日　戊子時

此八字辛未日元相配柱中火土雜氣才官殺印之格殺印相生功名顯達主人生於文望長於官[illegible]椿萱會棠光榮客天邊鴻鴈各行鳴其為人也丰姿清秀天性聰明胸羅今古事學識聖賢心麗[illegible]好為天下白高材俊似海東青終是功名客豈為田舍翁雲程坦坦登天去幸足悠悠名利成一朝騰踏飛黃去九天雨露沐恩榮此則榮貴之命[illegible]巳領格定子嗣秋來喜喜榮運行初乙亥丙子運中欲向雲中舉足須中雷棄須留苦志天階未許[illegible]此始知文學好長安道上馬蹄輕己卯運中[illegible][illegible]聯班才祿称大夫職位貴重封當此之際風雪滿空庚辰運中有材應大用未許[illegible]辭榮辛巳運中子貴重榮贈壬午運中春歸鳥不吟

甲戌年　甲戌月　辛酉日　戊子時

此八字辛酉專祿之日祿氣才官之格人生得此生於望族長於名門椿萱双有倚棠棣獨光榮精神[illegible]智慧聰明世事頗能將就斛斛牵欠精通祖業[illegible]新慶根源勝旧風箏因落籜方成竹魚為奔波始化[illegible]君若有心於仕路必然富貴显其身此則淘沙見金之命鶯啼春色麗桂子攝衣新運行初乙亥上人[illegible]下[illegible]斷平生丙子運中欲思登仕路須用對青燈[illegible]貴皆前定何須心下太匆匆戊寅[illegible]甲己卯運中一輪蟾魄連霄[illegible]辰運中重重風雪過依舊東[illegible]大[illegible]風景好壬午運中一夢返佳城

甲戌年　甲戌月　壬戌日　甲辰時

此八字壬戌日德之辰食神制殺之格一殺一制富貴非常主人器量宏偉鴻鵠行聯丰姿清秀性格機關兼才出類李問淵源清名已在雲霄上迷氣運亮宇宙間緋衣日煖趨金闕宝殿雲開城聖賢此則榮貴之命鶯啼春色麗桂子長秋妍運行初乙亥上人[illegible]壬未斷暑寒丙子運中穷古今之事理讀聖人之廟偏丁丑運中質逐玉燈通青帝踏花還戊寅運中正欲忠君開辛巳運中莊生胝夢迷蝴

分鶴

[illegible]年　甲戌月　己卯日　己巳時

此八字己土日元相配柱中木火雜氣官印之格主謂有官有印無破作廊廟之材人生得此生於茂族[illegible]於名門椿親[illegible]萱資冰鴻鴻天邊有行群具為人也才[illegible]清秀天性亦能有博古通今之才武補短之能終是[illegible]華之客豈為田舍之翁[illegible]新任得風雲便題[illegible]嶸是利名此則學者之清帶正制才官[illegible]壬戌貴是人運行初己[illegible]士[illegible]下月[illegible]風[illegible]子運中歎向雲中舉足從大下留心丁丑運中[illegible]水風送騰上閣何必[illegible]盡[illegible]戊寅運中報道[illegible]能还不信果然平[illegible]己卯運中[illegible]耿耿當斯除只恐閑非[illegible]庚辰運中[illegible]家換轉舊家声辛巳運中子榮祿是壬[illegible]一夢無憑

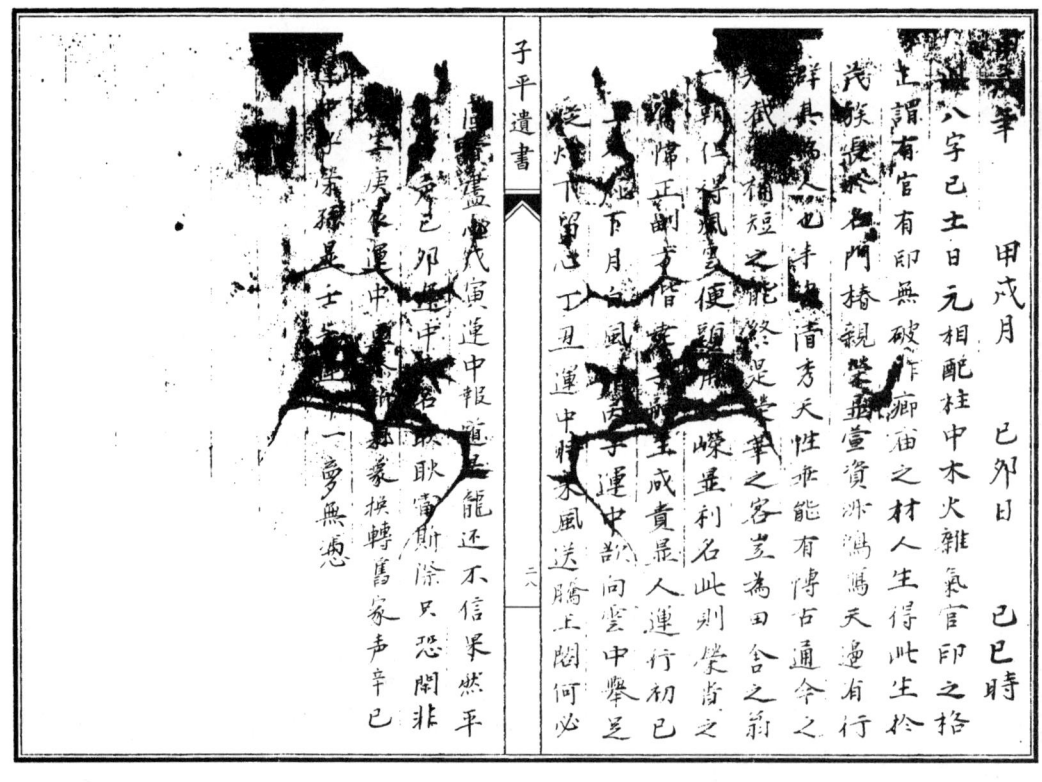

甲戌年　甲戌月　庚申日　辛巳時

此八字庚申專祿之日相配柱中火土雜氣煞印
之格才星在柱減我功名主人生於右族長於仁
門萱親先別逐招繼椿父替年始送程其為人也
丰姿清秀天性聰明知高識理下理白分清有微
儒之神較淡淡之材能[illegible]業添新慶根源勝舊風
於貨利無意慕功名萬里無雲天一色三秋
長明福若泉源邊財如春氣生消閑碁一
奩但願栗陳并貫朽何必天邊寵榮
有化須相敵子嗣生成貴幾
以庇下未斷平生丙子運中雪
樂未知心丁丑運中始覺陽春滿目
鎖烟凝戊寅運中財源長養家居好还忌
素耗生己卯運中香俟絳障何為貴秦帝阿
房未足称庚辰運中心事数莖之白髮生涯一片
之閑情辛巳運中楚臺雲散空留夢從教荒野聽
猿鳴

甲戌年　甲戌月　戊寅日　戊午時

此八字戊寅專權之日相配柱中木火殺氣殺印
之格丙午不祿之論人生得此生於右族長於名
門椿父先歸萱後別天邊鴻鴈各飛鳴其為人也
手姿清秀天性聰明胸羅今古事學識聖賢心辭
[illegible]穎利疑無敵筆力縱橫若有神終是功名容豈
田舍翁折桂場中[illegible]手標名鴈塔振蜚聲一
騰路飛黃去凜凜威風四海清晚年光霽景秉
則榮貴之命鴛幃春麗須招副子嗣
行切乙亥上人庇下風雪未晴丙
疊未称登荣欲遂平生志潜心對
中丁年窓下留心志時来頃刻便升
戊寅運中禹浪三層都躍過風生鉄面鬼神驚
己卯運中三度錦衣歸故里兩扶日月上天庭庚
辰運中赤心扶日月素志展經綸辛巳運中天邊
無沛澤羅下樂高情壬午運中落花寂寂啼山鳥
香夢悠悠入九重

甲戌年　甲戌月　辛巳日　己丑時

此八字辛巳日元相配柱中火土雜氣殺印之格人生得此生於右族長於右門金水椿萱壹歲長鴈行晚贈有聯鳴其為人也丰姿清秀天性聰明胸羅今古事業識聖賢心太山北斗千年在和氣春風四座傾驪珠照魏光難掩雷劍生豐氣自完終是文場所桂客豈為田舍鑿耕人北海蛟橫頭甲第山豹變爪牙新一旋姓字傳臚後直上金則業貴之命鴛幃金玉潤子嗣彩衣人上人庇下化日陽春丙子運中欲加董子功丁丑運中報道是龍還不錦裸新戊寅運中寒拂紫衣催驛驥先生主鄴下雲層己卯運中職廷金紫宇內澄清承恩歸貴業三世再整衣冠拜九重庚辰運中有材應大用未許便辭業辛巳運中晚年離下樂壬午運中一枕入巫峯

甲戌年　甲戌月　辛未日　癸巳時

此八字辛金相配柱中木火雜氣才官之格人生得此生於仁門長於右族丰姿清秀禮樂鏗鏘學問三冬足詩書萬卷藏咲顏登試院唾手赴科場一朝馬上衣冠別此則男兒當自强此則榮顯之命鴛幃蓁蓁子嗣芬芳運行初乙亥上人庇下未斷災祥丙子運中窮冬魁古摘句尋章丁丑運中文章金榜聲名播玉堂戊寅運中詔出芝泥封燭陽來香己卯運中權衡雖秉執風八運中榮中生阻節何不早還鄉辛巳此別香夢入泉鄉

甲戌年　甲戌月　壬戌日　丙午時
此八字壬戌日德之良殺重身輕之格人生得此
本為從殺惜乎運行亥子運扶干旺早長夭年不
足斷也

甲戌年　甲戌月　己未日　丙寅時
此八字己未陰身之日相配柱中木火穠氣官印
之格已臨木局時見丙寅乃顯膂纓遇斯象者
生於右族長於空門椿萱茂且壽棠棣各穿苗
其為人也幸婆讀秀天性聰明源流三峽誰能及
華掃千軍孰與倫礼樂縱横字詩書典雅文
不特覩珠能照乘還應題壁擁連城馬蹄塵
一鵬路高摶萬里程一朝鷹隱成文達千
鼠此則光揚之命鴛幃連理子嗣繈
一亥上人庇下花放鼠生遇此丙子運
浪一舉便騰身丁丑運中禹浪三層
鬧衣冠拜九重戊寅運中驛中晴日
行幻江上春風促去程己卯運中一番風雪初
晴後金鱗光照紫微宮庚辰運中赤心扶日月
素志展經綸辛巳運中桃源春去也逢島信
難通

甲戌[illegible]　甲戌月　丙寅日　庚寅時

此八字丙寅長生日之相配柱中旺土傷官助才之格人生得此生於右族長於仁門椿親先別萱後去天边鴻鴈各行嗚其為人也丰姿清秀天性聰明般般都曉件件應新出土黃金重價離雲皎月倍清明雖成新事業難整舊門庭常親貴客每近高人處世素無榮辱平生喜不富貪東嶺栽松南園種菊北園青蓮有酒光浮日月更無此則晚壯之命鴛幃終有犯子嗣晚亥上人庇下風雲滿空丙子運中江寒風自生丁丑運中雖則行藏有事虧盈戊寅運中不意之中曾得意用之處不如心己卯運中好如春水滔滔長福以秋蟾皎皎明康辰運中門朝壯觀福祿悉臻辛巳運中夕陽有限花落無声

甲戌[illegible]　甲戌月　辛未日　丁酉時

此八字辛未日元相配柱中火土雜氣生印之格人生得此生於右族長於名門萱母先帰椿顯達天邊鴻鴈各行鳴其為人也丰姿清秀天性聰明首羅今古事學識聖賢心麗句妙為天下白英才俊侶海東書終是功名客豈為田舍翁鵬路高騰知[illegible]異龍門深躍見脩鱗一朝姓字傳揚後乘鸞鳳拜聖明此則榮命鴛幃春色麗子嗣彩衣新運行未斷平生丙子運中欲遂平生願築丁丑運中勝身離日水攀桂步戊寅運中禹浪三層都㴶過風生鉄面為己卯運中戒[illegible]基声名顯風雲飛辛不凶庚辰但願官封三級自然祿享千巳運中天邊無阻滯離下樂高情壬辰運中春光去也一枕清風

甲戌年　甲戌月　壬午日　癸卯時

此八字六壬、　曰祿[illegible]
官之格食神制殺爲奇女人得此生於平順之族
長於清白之門椿父先歸萱耐晚天邊鴻鴈各行
鳴其爲人也姿容清雅天性老誠有肝食宵衣之
懊惱治家立業之材能青入水光成嫩綠日旬花
萼發新紅性急便如風捲浪片時言起片時停雖
不鳳冠帔服自然益旺夫門此則饒裕之命良人
連珠高一載子嗣秋來旺宅門運行初癸酉上人
庇下未斷平生壬申運中洞房生喜氣風雨尚回
循辛未運中幾度樂中有悶数番静裏生憂庚午
運中天上三陽泰人間五福增己巳運中財源有
進夫門好須史实晦不爲驚戊辰運中晚年快樂
慕景外平己卯運中桃源春去也蓬島信難通

甲戌年　甲戌月　辛未日　壬辰時

此八字辛金捐配柱中火土雜氣來印之格辰戌
相冲得其所宜主人生於盛族長於高門水命椿
萱有倚天邊鴻鴈翺翔其爲人也丰姿清秀天性
良明稍有賢良之志粗知礼義之力学問不深君
子欽敬生平常復貴人鄉才源富足樓閣軒昂安
貴必從天上隆定必納粟姓名揚此則富榮之命
鸞幃正剏子嗣珠光運行初乙亥上人庇下其果
何當丙子運中待尔觀書覽史定發入宜升片時
風雨過花牝披春陽丁丑運中漸漸精神錯爽者
看第宅軒昂戊寅運中富貴榮華當此際还然風
雨暗滄浪己卯運中一番風雪過依旧福元昌庚
辰運中光輝等交錯實的羨子秀賢倚勝常辛巳
運中春光去也流水綿綿

甲戌年　甲戌月　丙子日　辛卯時

此八字丙子日元相配柱中水土傷官帶印之格人生得此生於右族長於名門椿萱有倚難双耄天邊鴻鴈各行鳴其為人也丰姿清秀天性聰明源流三峽誰能及筆掃千軍孰與倫終是功名之客豈為田舍之翁鵬路高搏知健翼龍門深躍見脩鱗一從姓字傳揚後天府榮沾聖主恩此則榮貴之命鴛幃有犯須年敵子嗣秋來有挺榮運行初乙亥上人庇下未斷平生丙子運中欲遂平生志須加董子功丁丑運中莫愁雪阻藍関道時來頃刻便升騰戊寅運中凜凜威風寒鬼膽紛紛德澤惠黎民己卯運中三度君恩喜兩番風木驚庚辰運中一褒一贈名揚抑能盡忠誠多有隆辛巳運中正宜秉笏趣朝日未許懸車故里中壬午運中一枕難醒

甲戌年　甲戌月　乙卯日　丁亥時

此八字乙卯專祿之日相配柱中火土傷官助才之格人生得此生於右族長於仁門椿萱連株萱歲長天邊鴻鴈有行鳴其為人也丰姿清秀天性聰明斷高理直處事公平機謀渋腹舉用人欽祖基宜再整事業必重新田園桑柘茂畝畝稻粮馨學問不親顏孟平生慣弄金銀英雄惟贈劍三尺豪傑相逢酒一鍾施恩惹怨布德嗔成福元咸岳瀆威勢躍鄉隣此則豐饒之命鴛幃連須配小子嗣秋來朵朵馨乙亥運中上人庇下未斷平生丙子運中雲開山有色雨過竹重青水向石邊流出冷風叢花底送來香須史素耗頃刻邊延戊寅運中滾滾財源來正旺旺中尚有素非生己卯運中斥段畱畬連野綠週迴甲第聳雕甍卯字運中進退盈虧心事數莖之白髮生涯一斤之閑心

甲戌年　甲戌月　己未日　甲戌時

此八字己未陰刃之日柱中相配火木雜氣官印之格官多化煞減我功名主人生族高盛之族長於穩厚之門椿父早歸萱別晚天邊鴻鴈不同群其為人也丰姿清秀天性聰明般般稍覽件件不精風月處友瀟洒客情機謀衆服舉用人欽琴樽風月為生計金谷松筠舊歲青樓臺疊疊生涯好福禄駢臻人事亨夜酒醒時翫月風光簫管裏朝歌傳處賞花天氣綺羅中但願一生多富貴何須鏖戰入文場此則高貴之命鴛幃宜長須相敵子嗣森枝朶朶榮運行初乙亥上人庇下風雪滿空丙子運中財須富足行藏好須臾風雨不為驚丁丑運中福若泉源滾財如春氣生當此之際素耗還生戊寅運中簪冕何為貴家居樂有餘片時風雨雨過還晴己卯運中是非日有災晦紛紛庚辰運中庭前竹報平安日檻外花開富貴春辛巳運中子貴沾榮贈春歸鳥不啼

甲戌年　甲戌月　甲子日　甲子時

此八字甲子日主相配柱中火土傷官助才之格兩干不棟之論主人生於文望長於名門椿萱榮晚贈鴻鴈各摶風其為人也丰姿清秀天性聰明筆底詞源三峽遠胸中瑩潔一天星衣冠雅麗標格精神終是功名之客豈為田舍之翁北海蛟横頭角聳南山豹変爪牙新一從姓字傳臚後金紫榮看次第陞此則榮貴之命鴛幃燭夜須新配子嗣森枝朶朶榮運行初乙亥上人庇下未斷平生丙子運中不負寸陰之惜豈辜題柱之功丁丑運中報道是龍还不信果然奪得錦標新戊午運中寒拂紫衣催驛騎光生玉節下雲層當此之際風雪滿庭己卯運中職近金紫字內澄清丁未運中佇看官封三級酌然禄享千鍾辛亥運中萊田故里壬午運中花落月沉

甲戌年　甲戌月　甲子日　辛未時
此八字甲子日元相配柱中金火傷官助才之格
女人得此生於右族配於名門椿萱雖並耋鴻鴈
各行鳴其為人也姿容清致髮貌精神翁姑姑少
倚妯娌妙行英雖是女流之輩過如男子材能一
苑杏桃鋪錦綉滿山松栢映屏幃滔滔無阻滯步
步助夫門揭柳無風枝嬝娜梅花有月倍精神克
勤而克儉易喜而易嗔但願才源旺何須悵服榮
此則穩厚之命良人水命須年小子嗣秋來朵朵
榮運行初癸酉上人庇下毓秀閨門壬申運中路

入桃園花熳爛橋攅銀漢水澄清辛未運中雖則
夫門才業旺須更風雨尚朦朧庚午運中一輪明
月當秋夜滿苑奇花正值春己巳運中羅綺千般
色珍羞百味新戊辰運中紅日點穿湘水碧白雲
堆破楚山青丁卯運中無憂無慮丙寅運中遠播
訃音

甲戌年　甲戌月　庚申日　癸未時
此八字庚申專祿之日相配柱中木火雜氣財官
之格喜逢印綬生身女人得此生於右族長配名
門椿萱有倚先亡父天邊鴻鴈各行鳴其為人也
姿容清秀髮貌精神勝丈夫之氣槩有男子之才
能一苑杏桃鋪錦綉滿山松栢映幃屏滔滔無阻
滯步步助夫門萬里無雲天一色三秋好景月長
明克勤而克儉易喜而易嗔停看夫榮子秀也應
福祿無虧此則榮益之命良人金命九載成名子
嗣有成班衣孝感運行初癸酉上人庇下毓秀閨

門壬申運中契合翠鸞成好夢會緣紅葉是良姻
辛未運中千里關山千里念一番風雨一番驚庚
午運中雖則夫門快樂還愁人事虧盈己巳運中
羅綺千般色珍羞百味新須史風雨雨過山青戊
辰運中子貴夫榮多沐寵丁卯運中春光歸去鳥
無聲

甲戌年　甲戌月　辛未日　壬辰時

此八字辛未日元相配柱中火土雜氣殺印之格人生得此生於右族長於名門椿萱同屬不同壽天邊鴻鴈各行鳴其爲人也丰姿清秀天性聰明般般能好覧件件不全精風月是友瀟洒客情豈無高士敬時有貴人欽祖業須重立根源再整新酒解平生恨名揚湖海歷萬象光華涵霄景四時佳趣瑞祥生花無恙李非春色人有笙歌是太平浮世功名身外事五湖風月樂閑情雖不建侯封爵自然潤屋潤身此則穩富之命駕幃逢硬低三

載子嗣秋來朶朶成運行初乙亥上人庇下未斷平生丙子運中娟娟雲裏月灼灼花中英丁丑運中着意種花花不發無心插柳柳成陰須史風雨雨過山青戊寅運中正是太平光霽景片時素耗尚愁人己卯運中才旺生官家業長祿星臨照非輕梨花舞雪進退因循庚辰運中引鶴吟行三徑曉約梅同醉一壺春辛巳運中晚年多快樂一枕入佳城

甲戌年　甲戌月　庚辰日　辛巳時

此八字庚辰日德之辰相配柱中火土雜氣殺印之格女人得此生於右族長配高堂椿萱有倚准雙菴天邊鴻鴈各分行其為人也姿容清秀髮貌異常翁姑有倚妯娌翱翔箕帚頻繁存礼節相夫教子賢良月離海嶠山山秀春入園林處處香心靜似月明雲漢性急如風捲滄浪錦綉花門家富貴琅玕竹報日安康此則旺足之命良人金命須年長子嗣森枝晚節香運行初癸酉幼年之景毓秀閨房壬申運中紅絲牽綉幙翠減贈奩粧須

史風雨頃刻滄浪辛未運中萬疊好山雲乍斂一樓明月正光揚庚午運中羅綺千般色珍羞百味香己巳運中雖則夫門才榮旺旺中尚有事悠揚戊辰運中晚年快樂暮景淒凉丁卯運中子秀家庭多快樂丙寅運中訃音一播奠桝醬

甲戌年　甲戌月　癸未日　壬子時

此八字癸未之日相配柱中土火雜氣才官之格傷官助才之論主人生於右族長於高堂椿萱双晄茂鴻鳫各分行其為人也能擲布有商量胸内包羅千古事腹中織就綵雲章名登虎榜身造鵷班一朝馬上衣冠别此是男兒當自强清映梅窓曾玉雪容居相府發秋霜此則榮貴之命篤幃魚水洽子嗣晄枝香運行初乙亥上人庇下木斷炎涼丙子運中味道心千古披文日五行丁丑運中藏器待時時必達時来頃刻便名揚戊寅運中禹三層都躍過赫赫威風播郡庠己卯運中戰奸金紫声名顯風雪飛来濕錦囊庚辰運中雖則金瓶彩令還愁風捲滄浪辛巳運中天邊無信詔雜下有壷觴壬午運中歸去也

甲戌年　甲戌月　己未日　戊辰時

此八字己未陰丹之日雜氣才官之格女人得此生於家傑之家配於英賢之室椿親照显蕉熊壽鴻鳫分飛各一天羊姿清楚素質出衆崇家全礼節処事有機関自有順天之意豈無福地之縁敲砥成大用福禄享綿綿也則富貴之命篤情良人匹配英豪女子嗣班衣孝義全運行初癸酉双親庇下繞閨安然壬申運中路入桃源花爛熳橋横雲漢水將連辛未運中韶華萬里美景一臨庚午運中榮中生進退依旧福淵事巳巳運中無限榮華當此景滿庭佳氣樂欣然戊辰運中採雲明月薄露鎖層樓丁卯運中春光尽也花春殘

甲戌年　甲戌月　辛酉日　庚寅時

此八字辛酉專祿之日相配桂中火土祿氣柰印之格人生得此生於右族長於仁門金命椿萱双晚茂天邊鴻鴈有行鳴其為人也丰姿清秀天性聡明行藏果斷作事雖能有傳古通今之志截長補短之能翻白妙為天下白高材俊侶海東青終是功名之客豈為田舍之翁瓊林雖不叅高宴祿位榮看次第陞晚年光霄景職位秉權衡此則榮貴之命夗幃全正副子嗣桂蘭榮運行初乙亥上人庇下雲月朦朧丙子運中欲遂平生男子志且留灯下十年心丁丑運中執卷幾回空探月時來頃刻便弁騰戊寅運中百里絃歌民樂業九天雨露再加陞當此之際飛絮滿庭己卯運中綉衣耀日鐵面生風庚辰運中雪晴雲散天如洗金紫煌煌雨露陞辛巳運中榮回故里壬午運中一道訃音

甲戌年　甲戌月　癸亥日　甲寅時

此八字癸亥日元相配桂中火土雜氣才官之格傷官刑合尅我功名主人生於右族長於高門搘父早歸萱耐晚天邊鴻鴈各行鳴其為人也丰姿清秀天性聰明世事頗能將就般般學欠精通曰福曰榮自有順天之慶常安常樂豈無福地之深重成新事業雖守舊門庭有心於貨利無意慕功名水光浮座盃盤瑩花氣侵人笑語聲不以功名為念豈將冠冕縻襲施恩惹怨布德成嗔雖不建侯封爵自然福祿駢臻此則穩厚之命鴛幃火命須年敵子嗣先虧後有盈運行初乙亥上人庇下風雪滿空丙子運中登臨值雨賞翫春陰丁丑運中花枝風欺當此際雨睛雲散月重明過此戊寅運中不獨財源富足尚祈樓閣淩雲斥時風雨頃刻遂迴己卯運中財源富足家居好一度風波尚惱人庚辰運中成四時佳趣立萬古門庭辛巳運中春光歸去也丁枕了平生

甲戌年　甲戌月　甲戌日　乙丑時

此八字甲戌日元相配柱中火土金神帶殺之格傷官之論主人生於名門長於右族同属椿萱榮晚茂天邉鴻鴈各行飛其為人也丰姿清秀氣岸高奇高謀遠見孝礼聞詩袖礼虹霓冲霄色筆端風雨駕雲衢終是功名之客豈為田舍耕鋤一日風雲相際會濟濟衣冠拜鳳池此則榮貴之命鴛幃春靄靄子嗣曉光輝運行初丁亥上人庇下有何是非丙子運中啟遊班超志潛心下薰惟丁丑運中雖有凌雲志緣無接漢梯戊寅運中騰踏飛黃馳美譽青雲馬足蹶霜蹄己卯運中赫赫威權布紛紛雨露濡庚辰運中萬里人民悅一天膏雨施辛巳運中遠帰千里驥閒釣五溪魚壬午運中春光去也花落月西

甲戌年　甲戌月　戊午日　戊午日

此八字戊午日双之辰襟氣殺印之格人生得此椿萱双晚茂棠棣藹春英其為人也丰姿清秀天性乖能胸罗今古事孝識聖賢心龍門变化三春浪鵬路逍遥萬里程佇看居葦府霖雨降黎民此則榮貴之命鴛幃配合須年少桂子庭前有挺棠運行初乙亥上人庇下天朗氣清丙子運中十年窓下業黃卷與青燈戊寅運中霹靂一声云霧合禹門躍過浪三重己卯運中威飛乱絮重市風生庚辰運中一番風雪過金紫戰加封辛巳運中正宜金馬貴未許向龍東壬午運中一夢無还

甲戌年　甲戌月　丙寅日　已丑時

此八字丙寅長生之日相配柱中金水財官之格只嫌運背剋我功名主人生於仁門長於良族椿父先歸萱亦別鴈行天際独飛鳴其為人也丰姿清秀天性乖能頗知禮義稍識古今有近貴親賢之德應上和下之能須成新事業難守舊門庭雖不身授三寶也帶孤氣三分處世素無榮辱生平喜不富貪時至財源富足運來第宅重新此則發福之命鴛幃有碍子嗣秋成運行初乙亥雪晴天未暖行樂未如心丙子運中天寒有日雲欲凍江濶無風浪自生丁丑運中始竟陽和湍目還愁霧鎖烟凝戊寅運中一枝梅破臘萬象漸回春已卯運中戌四時佳趣立萬古門庭庚辰運中松尚茂栢尤青辛巳運中春光去也花落月沉

甲戌年　甲戌月　丙辰日　戊戌時

此八字丙辰日德之辰相配柱中旺土傷官之格人生得此生於右族長配名門椿萱有倚难雙耄天邊鴻鴈各行鳴其為人也丰姿清秀髮貌精神翁姑榮倚鴻鴈各分雖是女流之輩過如男子之材能風送芰荷香滿院日匀花蕚發新紅深明閨壼理洞識古今情楊柳無風枝嫋娜梅花有月蕚精神夫榮子貴顯福祿享無窮此則榮貴之命良人連珠榮貴客子嗣榮門桑桑馨運行初癸酉上人莊下未斷弁沉壬申運中匹配名門文花從錦上贈辛未運中萬象光華沾沛澤四時佳趣瑞祥生庚午運中夫榮何足羡子秀樂無窮須臾風雨雨過山青己巳運中萬疊好山雲乍斂一搂明月雨初晴戊辰運中光華疊疊沛澤紛紛丁卯運中晚年閑快樂丙寅運中一枕永不醒

甲戌年　甲戌月　乙亥日　丙戌時

此八字乙亥日元相配柱中火土傷官助財之格人生得此生於良族長在仁門椿父先歸萱耐歲天邊鴻鴈各行分其為人也丰姿清淡天性乖能頗曉三分道理文章一竅不通難成新事業再整舊門庭東嶺栽松西嶺秀南園種樹北園青是非莫管門前客得失須憑塞上翁不以功名為念豈將冠冕磨礱拋於自己巧與他人但願時來多發福何須跨馬入青雲此則離祖成家之命鴛幃有犯須招硬子嗣秋來朵朵成運行初乙亥上人庇下未斷平生丙子運中登臨雨濘賞翫春陰丁丑運中精神又憔悴憔悴又精神戊寅運中雖則行藏有慶還愁人事虧盈己卯運中成四時佳趣立萬古門庭須史素耗須刻遊迷庚辰運中天上三陽泰人間五福增辛巳運中晚年閑快樂壬午運中一枕入佳城

甲戌年　甲戌月　甲申日　乙亥時

此八字甲申日元相配柱中金水雜氣殺印之格才生官官生印印生身主人生於右族長於名門椿萱會合雙雙老天邊鴻鴈陣行分其為人也丰姿清秀天性聰明窮通經史學足三冬袖裏虹霓冲霄色筆端風雨駕雲程不特驪珠能照乘運應超壁擬連城禮樂縱橫字詩書典雅文馬歸塵土三千里鵬翼風雲九萬程一朝壓憑成文霧千里恩乘破浪風此則榮貴之命鴛幃燭夜添新丟子嗣秋成孝且忠乙亥運行初上人庇下未斷平生丙子運中讀殘茅店月囊聚案頭螢丁丑運中執手幾回空嘆月時來有日位升騰戊寅運中霹靂一聲雲霧合禹門躍過浪三層梨花舞雪雨過山青己卯運中金重奸邪伏威嚴見膽驚卯字之中又恐生驚庚辰運中重紫重金當是顯山河十郡仰威雄辛巳運中朝端回閭里雖邊樂性情壬午運中英雄都盡也高枕卧麒麟

甲戌年　甲戌月　戊辰日　丁巳時

此八字戊辰之日相配柱中木火雜氣殺印之格
女人得此生於右族長於名門萱毋先帰椿後别
天邊鴻鴈各行鳴其爲人也丰姿清秀駿銳超群
有針綫之巧立業之功翁姑姑有倚妯娌尚情軽
風送芰荷香淡蕩日匀花蕚發新紅滔滔無阻滞
步步助夫門相夫多有道訓子抱成群楊柳無風
枝裊娜梅花有月弄精神難犯難觸易喜易嗔定
須子孝夫榮顯地應福禄享無窮此則榮益之命
良人水命須招少子嗣生成貴顯人運行初癸酉
上人疪下未斷平生壬申運中路入桃源花爛熳
橋横雲漢水澄清辛未運中雖則夫門多艶景幾
番風雨幾番晴庚午運中正是太平光霽景還應
花放尚風生己巳運中羅綺千層色群釵化日明
片時風雪雨過山青戊辰運中子貴夫榮家業旺
何愁閭里不光榮丁卯運中晚年安享無窮福丙
寅運中夢入南柯竟不醒

甲戌年　甲戌月　丁丑日　甲辰時

此八字丁丑日元相配旺土傷官之格傷官傷
尽爲齊主人生於右族長於仁門椿萱有倚有
一期别天边鴻鴈各行鳴其爲人也丰姿清雅
天性老誠頗知礼樂稍識古今親閑賢近貴理
白分清出土黄金显十分之快樂雖雲散月有
萬里清明祖業添新慶根原勝旧風終是功名
之客豈爲田舎翁三級浪中难变化九年塲上
却馳名佇看頭角争光耀旧門元此則榮貴之
命死幃有碍須年小子嗣秋香朶朶榮運行初
乙亥上人疪下未斷平生丙子運中世事短如
夢人情薄秋雲丁丑運中特来近貴助揮筆入
公門須史風雨雨过山青戊寅運中旁刑累牘
榮光彩雪晴随步入神京己卯運中雖則峥嶸
頭角迟宜省祭家門庚辰運中
皇恩有感遵祭姓名揚辛巳運中榮回故里美酒
盈樽壬午運中帰去也

甲戌年　甲戌月　癸酉日　己未時

此八字癸酉之日相配柱中土木傷官合殺之格雜氣才官之論人生得此生於右族長於仁門椿萱有榮倚鴻鴈各飛騰其為人也丰姿平淡性格昏沉頑曉三分道理文章一竅不通曰福曰榮自有順天之慶常安常樂豈無福地之深祖業須重立根源再整新不以功名為念豈將冠冕塵聾但得高人提挈滔滔才祿添隆此則穩厚之命鴛幃有花須招副子嗣枝枝孝義深運行初乙亥上人庇下化日陽春丙子運中登臨雨淨賞翫春陰丁丑運中雲籠皎月水泛浮萍戊寅運中爆竹聲中殘臘盡折梅香引早春逢己卯運中雪晴雲散天如洗從此滔滔福祿增庚辰運中豐年田舍禾盈疊臘月山家酒滿斟辛巳運中桃源春去也蓬島信難通

甲戌年　甲戌月　辛酉日　庚寅時

此八字辛酉專祿之辰雜氣才殺之格喜逢印綬生身人生得此生於右族長於高門椿親耐晚萱母先行其為人也丰姿清秀天性聰明有博古通今之志截長補短之能珪璋自是清朝器律呂偏諧治世音財源富足名利興隆一朝但得吹噓力勝踏飛黃顯姓名此則光榮之命鴛幃燭夜添新蚕子嗣生成貴顯人運行初乙亥上人庇下未斷平生丙子運中欲思仕路須用青燈丁丑運中財名從此振福祿始駢臻戊寅運中富貴榮華當此際西風洒雪悶人心己卯運中澤感山川生秀麗恩沾草木動陽春庚辰運中沖擊之所倍振權名辛巳運中楚臺雲散空留夢漢苑香消不返魂

甲戌年　戊辰月　庚辰日　壬午時

此八字庚辰日得辰相配格中火土雜氣官印綬土重金埋減吾貴氣主人生於右族長於仁門金命捧揎双既茂天邊鴻鴈有聯行其為人也手資聰秀天性果剛聰明書義達徊倘世能長學問不親顏孟業生平常履貴人邦樓臺疊疊生風影才帛盈盈乃積倉田園桑柘茂畝畝稻粱香遇與基三局消閑酒幾觴但願乘愉景貨利何必量癸亥子貴此則穩厚之命外央有犯須偏正子嗣榮門貴且香運行巳已上人㡳下其樂何當庚午運中如花向日枝枝艷似箏穿泥節節長辛未運中水向石邊流出吟風從花底過來香壬申運中才源方足樓閣軒昂癸酉運中人生正是風光處重重風雪滿門墻甲戌運中門迎珠履三千客殿列金釵十二行乙亥運中晚年快樂子貴光揚丙子運中春光已過流水滔滔

甲戌年　甲戌月　己卯日　丙寅時

此八字己卯專權之日相配柱中木火雜氣殺印之格殺印相生功名顯達遇斯命者生於文望之族長於清白之門金木椿萱榮晚茂天邊鴻鴈谷飛翔其為人也手姿清秀天性果剛聰明書義遠倜儻世情長口吐珠璣實理胸藏錦繡文章終是功名之客豈為田舍之郎純學科場驚試院英材翰苑沐恩光清映梅窓堅玉雪寒生栢府凜秋霜此則榮貴之命鴛幃金玉潤子嗣長珠光運行初乙亥上人之下紹襲迎祥丙子運中讀殘芽店月蹈破泮橋霜丁丑運中蟾逐玉蟾攀桂去馬隨青帝踏花还戊寅運中獄折片言民訟息九天雨露再加昌己卯運中職廷金紫聲名重風雪飛來韋不妨庚辰運中雖則金甌金拜命還愁權重又生殃辛巳運中天邊少息澤籬下有壼觴壬午運中春光去也一枕黃梁

甲戌年　甲戌月　乙卯日　戊寅時
此八字乙卯專祿之日相配柱中火土傷官助才
之格人生得此生於右族長於仁門大土椿萱双
悅茂天边鴻爲各行鳴其為人也丰姿清秀天性
聰明世事始能將就俗學欠熟精通過大黃金重
長價高雲路月皓清明祖業添新廈根源勝旧風
月撐碧天多般潔名揚湖海有光業皆霞畨翁延
福禄週迴單弟雕棠棣姓字名香有足珠珍五湖
坐計多饒裕何必天遲沐官榮此則發福之命篤
悼有苞宜連理子嗣生來一果香運行初乙亥上
人蔭下淡月春雲丙子運中如花四月似月高雲
丁丑運中未歡桃李紅紅色且春湖光淡淡春戊
寅運中才如春水滔滔長福似狀蟻岐皎明己卯
運中天上三陽泰人間五福臻當此風雪重重庚
辰運中無雲尽傳詩礼樂時來才帛遠方生辛巳
運中有條留客有酒盈樽壬午運中夕陽有限春
多無憑

甲戌年　甲戌月　乙亥日　丙戌時
此八字乙木相配柱中火土傷官助才之格人生
得此椿萱双脫茂棠棣各敷榮丰姿清秀天性聰
明奔問三冬足群書萬卷通當仁不讓見善則欽
終是功名之客豈爲避世之靈一從折得蟾宮桂
凜凜威風四海清此則榮貴之命鴛幃得配名門
女子嗣生成貴顯人運行初乙亥上人庇下未断
平生丙子運中篤孝居陋巷潛心對短檠丁丑運
中霹靂一聲雲霧合禹門躍過浪三層戊寅運中
衣惹御爐拖瑞錦筆宣皇澤洒春霖己卯運中一
番風雪過金鑾再加陞庚辰運中山河歸舊國管
籥換離宮辛巳運中榮田處樂壬午運中春夢無
憑

甲戌年　甲戌月　戊寅日　甲寅時

此八字戊寅日相配柱中之木偏官之格人生得此本向仕途只嫌身衰殺重不貴而富椿萱數晄翠鴻鴈有同飛般般都好學件件只粗知祖業添新換舊財囊自積肥更有聲華布湖海豈無名勢伏黔黎佇看来晄節福慶自高弥此則富足之命鴛幃全正副桂子舞班衣運行初乙亥幼年尊庇快樂怡怡丙子運中詩書心力倦威勢布鄉閭丁丑運中萬象回春紅紫麗東風柳絮又輕飛戊寅運中交英雄百輩積金玉多餘己卯運中世事多光霽風波不致危庚辰運中老當發旺倉廩豊肥辛巳運中落日青山外西風猿自啼

甲戌年　甲戌月　戊子日　壬戌時

此八字戊子日相配柱中水木雜氣財煞之格人生得此仕路榮登椿萱榮贈雖全菱鴻鴈天邊各奮鳴半姿洒落天性剛明理窮今古事學貫聖賢經終是功名之客豈為避世之英一朝騰路飛黃去榮沐恩波肅氣清此則榮耀之命鴛幃配合須年少桂子庭前綻錦英運行初乙亥上人庇下快樂昇平丙子運中欲遂平生志潛心對短檠丁丑運中詩書勞萬卷探月便揚名戊寅運中錫宴沾恩寵威風四海清己卯運中一番風雪過禄位兩加陞庚辰運中重金重紫未解簪纓辛巳到壬午歸去也

甲戌年　甲戌月　庚辰日　丙子時

此八字庚辰日相配柱中之木火時上偏官之格人生得此本顯功名只嫌用殺帶才不貴而富椿萱堂上双年鶯鳴鴈天邊各奮翔手姿洒落天性果劉般般都要李件件只平常祖業添新慶才源自積藏湖海市㕓才兩旺自然豪傑擁門墻此則富足之命鴛幃配合須年少桂子秋來吐異香運行初乙亥上人庇下何論炎凉丙子運中尋章摘句難入科場丁丑運中便向江湖生貨利何愁風雪舞門墻戊寅運中一番梨兩過日日旺才囊巳卯運中交四方之豪傑生一度之平張庚辰運中老當益壯米粟盈倉辛巳運中落日西山外西風猿斷腸

甲戌年　甲戌月　甲寅日　壬申時

此八字甲寅專祿之日相配柱中火土傷官助才之格喜逢殺印相生女人得此生於平淡之族配於藝業之門椿萱春裏夢棠棣雨中燈其為人也姿容清秀体態和温有旰食霄衣之懊恤治家立業之材能春入水光戍嫩緑日匀花喜歎新紅萬里無雲天一色三秋好景月長明外家重拜夫業必克更動而克儉易喜而易嗔若非二次行花燭反定殘婚始適人莫思身作墻邊蓮半露紅英惹蝶蜂此則惨惻之命良人葛瓜須重配子嗣秋來朵朵武運行初癸酉上人庇下未断平生壬申運中紅葉濤中傳寄意赤繩月下結良姻須史風兩兩過山青辛未運中雖則行藏有慶還愁素耗相侵庚午運中幾度樂中有悶數番歡裏憂生巳巳運中兩過方山秀雲開月始明戊辰運中子秀家人增益旺丁卯運中春歸花落鳥無声

甲戌年　甲戌月　甲戌日　乙卯時

此八字甲戌日元相配柱中火土傷官助才之格女人得此生於右族匹配名門椿萱双挽茂鴻鴈各行鳴其爲人也姿容闓朗德茂行真有針綴之巧立業之勤春入水中成嫩緑日匀花萼發新紅憂福自能辞肉味𡖖琴應解辨絃声相夫應有道訓子捴成群萬里無雲天一色三秋好景月長明喜則春陽和煖怒則雷掣雷轟雖不鳳冠帔服自然一世興隆此則益旺之命良人同属須相骶子嗣金風朶朶成運行初癸酉上人庇下毓秀閨門壬申運中諳堯天之化冷落水之情辛未運中正是太平先霽景須㬰風雨尚愁人庚午運中不用高燒銀燭月明添倍精神已巳運中滔滔無阻滞步步助夫門戊辰運中彩中加彩色紅上贈紅英丁卯運中人生從此别無復見儀形

甲戌年　甲戌月　辛已日　壬辰時

此八字辛已之日身坐長生配合柱中火土雜氣殺印之格經云殺不離印印不離殺殺印相生功名顯達值此象者豈得不榮焉得不貴注人生於名望之家長於富室仁庭堂上椿萱蛇同壽鴻鴈行中我奮騰抱濟世安邦之業懐經天緯地之心𦾔喜秋闈必占一經之進快登天府光揚三代之名學問有成詞傾三峽誰欲及英才敏捷筆掃千軍天下聞緋衣日煥趨金闕寶殿雲開識聖人此則職兼文武之命鴛幃重重當有贈生招瑚璉出麒麟運行初乙亥上人之蔭下炎滞未清寧丙子運中灯窓宜努力雪案下功深淡雲不雨頃刻因循丁丑運中嘻手笑看秋榜上又向瓊林飲宴春戊寅運中星恩有感身榮貴動搖山嶽鬼神驚曉色催行站如氷一簾清己卯運中明刑重借風霜手肅政欲觀天地心腰横金作帯符剖玉爲鱗當是時也三載憂親庚辰運中山河闢十郡六卿正位尊辛已運中天上手曾扶帝座早晩扶龍出鍘墩壬午運中正作皇門之砥柱誰料一夢返蓬瀛歸去也

甲戌年　甲戌月　庚申日　辛巳時

此八字庚申專權之日相配柱中火土雜氣殺印之格殺印相生功名显達主人生於右族長於武門椿萱不如萱有壽天边鴻鴈各擇風其為人也丰姿清秀天性聰明頗知賢圣事稍識呂公文第長名園过旧竹花開上苑勝先春終是功名之客豈為田舍之翁三跳御溝沾寵渥紛紛德澤惠芳營雖不腰金紫也降千百兵此則武显之命鴛幃有犯須招副子嗣秋来有継榮運行初乙亥上人庇下霽月朦朧丙子運中續棨登上国相継祖先

子平遺書　一

功須臾風雨雨过山青丁丑運中耿耿声名重涵涵雨露均片時勝耗不損精神戊寅運中風生紫塞秋橫劍月落黃河夜渡岳己卯運中不入巫山路焉資將有功庚辰運中花將好艷傳与子竹有清陰傳与孫辛巳運中春光去也一枕巫峯

甲戌年　甲戌月　乙卯日　戊寅時

此八字乙卯專祿日相配柱中火土傷官助才之格人生得此生於良族長於高門椿父先歸萱後別天邊鴻鳫各行鳴其為人也丰姿清洒天性老誠頗知礼義稍識古今有近貴親賢之德應上和下之能重成新事業再整舊門庭但領無紫夸何須聞利名此則守成之命鴛幃重合蚤子嗣晚光榮運行初乙亥上人庇下来斷平生丙子運中雪晴天未暖行樂未如心丁丑運中春風播奕微雨弄晴戊寅運中着意種花不活無心揷柳成陰己

子平遺書　二

卯運中梅須遜雪三分白雪亦輸梅一段馨庚辰運中天上三陽泰人間五福臻辛巳運中春光去也一道訃音

甲戌年　甲戌月　庚午日　甲申時

此八字庚午貴人之日相配柱中木火雜氣官殺
之格人生得此生於右族長於名門金木椿萱榮
晚贈天邊鴻鴈各行鳴其為人也丰姿清秀天性
聰明錦綉胸藏賢聖學珠璣口吐武文風太平北
斗千年在和氣春風四座傾終是文場折桂客豈
為田舍鑿耕人鵬路高摶知健翼龍門深躍見鰭
鱗一從姓字傳揚後九五天門面聖容此則榮貴
之命鴛幃金玉潤子嗣晚光榮運行初乙亥上人
庇下未斷升沉丙子運中欲遂平生志須加董子
功丁丑運中莫愁雪阻藍關道時来有分便升騰
戊寅運中禹浪三層都躍過秉笏朝班立縉紳己
卯運中腰横金作帶符剖玉為麟當此之際風雪
滿庭庚辰運中佇看官封三級酌然祿享千鍾辛
巳運中西風起處蓴鱸美晚節閑時菊酒馨壬午
運中春光去也一枕清風

甲戌年　甲戌月　丁卯日　癸卯時

此八字丁卯日元相配柱中水木雜氣殺印之格
傷官若用印官殺不為刑主人生於右族長於高
門水木椿萱雙晚贈天邊鴻鴈各搏風其為人也
丰姿清秀天性聰明胸羅星斗學貫古今筆底詞
源三峽遠胸中瑩潔一天星終是功名客豈為田
舍翁鰲遊玉蟾攀桂去馬隨青帝踏花行一日風
雲相際會九天雨露沐皇恩此則榮貴之命鴛幃
帳底添新寵子嗣秋来朵朵榮運行初乙亥上人
庇下未斷平生丙子運中雪案須留苦志天階時
至榮登丁丑運中十年窓下業一舉便飛騰戊寅
運中寒拂錦衣催驛騎光生玉節下雲霄當此之
際風雪滿庭己卯運中職位兩廷金紫貴山河十
郡仰威雄庚辰運中明時柱石盛世股肱辛巳運
中鮮組閑田里春歸鳥不鳴

甲戌年　甲戌月　戊午日　己未時

此八字戊午日刃之辰相配柱中木火雜氣殺印之格女人得此生於右族長配名門椿萱双晄茂鴻雁各分鳴其為人也丰姿清秀髮包精神有針線之巧立業之能雲收華岳千山秀水到湘江一樣清箕帚頻繁存礼節相夫教子蹈賢名滔滔無阻滯步步助夫門楊柳無風枝嫋娜梅花有月蘂精神難觸難犯易喜易嗔雖不鳳冠帔服自然福祿駢臻此則益旺之命良人年長英豪客子嗣生成貴顯人運行初癸酉上人庇下未斷升況壬申運中紅葉溝中傳密意赤繩月下結良姻辛未運中雖則夫門多快樂幾番微雨幾番晴庚午運中羅綺千盤匜珎羞百味新己巳運中簾捲香風生百福軒開化日祿元增戊辰運中夫賢子貴樂意忘情丁卯運中無思無慮丙寅運中一枕清風

甲戌年　甲戌月　丁丑日　己酉時

此八字丁丑之日相配柱中金土傷官助才之格人生得此生於右族長於名門丰姿清爽自能自是胸次峥嵘書萬卷英材敏捷壓群倫驪珠照魏光難掩雷劍生豊氣自充笋長名園過舊竹花開上苑勝先春終是功名之客豈為田舍之翁萬里扶搖驚睡蟄一声霹靂躍潛鱗長安人滿路争看錦衣新此則榮貴之命鴛幃全正副子嗣雄衣新運行初乙亥上人庇下簷月光風丙子運中欲遂班超投筆志須加董子下惟功丁丑運中遠望天恩雲外降思攀桂子手中馨戊寅運中躍過三層浪朝朝識聖明己卯運中重紫重金當此之際六出花飛不損身庚辰運中藩臬一方超二品山河十郡仰威稚辛巳運中觧組回田里壬午運中春殘鳥不吟

子平遺書 七

甲戌年　甲戌月　辛巳日　戊戌時

此八字辛巳之日相配柱中火土祺氣殺印之格殺印相生功名显達主人生於仁厚之族長於穩旺之門金火椿萱双晚茂天边鴻鳫有聯鳴其為人也手姿清爽礼樂般樣胸羅今古事考識聖賢心麗句好四天下句高材俊似海東青驪珠照艷究难捻雲劍生豐氣自中豈足池中之物尤來座上之珎奮身白屋去步步入青雲鵬路高搏知健巽龍門深躍見騰麟一朝勝路飛雲去濟濟衣冠拜九重此則榮貴之命鴛幃有犯須招到子嗣榮門孝且忠運行初乙亥上人庇下未断深沉丙子運中欲向雪中奉足須當灯下留心丁丑運中遠望天恩雲外降恩攀桂子手中馨戊寅運中躍過三層浪朝班立俊神己卯運中戰迁金紫宇宙澄清當此之榮風雪满庭庚辰運中佳眉官封三品酌然一祿享千鍾辛巳運中困里悠悠樂壬午運中春殘鳥不吟

子平遺書 八

甲戌年　甲戌月　癸未日　甲寅時

此八字癸未日相配柱中土大祺氣才官之格傷官在柱減我科弟成名主人生於石族長於仁門椿萱有倚难及老天边鴻鳫各飛鳴其為人也手姿清雅天性聰明李問頗今古無終語有成積小蔵果断作事老誠閑处愛走於处不了筆下有救人之意心中無毒害之情特來自有淵源祖運至还當路適一日謀為運还称九載名不負區區力終為隱跡人此則繫石生烟之命死幃有犯須招副子嗣秋來有挽荣運小乙亥上人庇下未断平生丙子運中青帰柳粮精初發紅入桃園暖來歹丁丑運中粮在窠中得食荊棘叢裏安身須史風雨過此戊寅運中時來逢貴助福至旺荣親序特風雨過己卯運中雨精雲散馬入神京庚辰運中虫不峥嵘頭角还困富显門庭辛巳運中皇恩有感功名显簪衣烏帽沐荣身壬午運中一枕清風

甲戌年　甲戌月　壬申日　庚戌時

此八字壬申長生之日相配柱中火土雜氣財殺之格女人得此生於右族長於名門椿萱晚別一朝壽天邊鴻雁各西東其為人也姿容清雅婺貌超群有針綫之巧立業之勤春入水光成嫩綠日匀花萼發新紅萬里無雲天一色三秋好景月長明深明閨壼理洞識古今情喜則春和景媚怒則遙漢無星佇看子貴夫榮日也應福祿享無窮此則豈益之命良人年長榮華客子嗣秋來朶朶成運行初癸酉上人庇下未斷平生壬申運中路入桃源花爛熳橋横銀漢水澄清辛未運中雖則夫門多快樂幾番微雨幾番晴庚午運中正是太平光霽景還愁花放尚風生己巳運中天上三陽泰人間五福增戊辰運中子貴夫榮同沐寵丁卯運中春歸花落悄無声

甲戌年　甲戌月　辛未日　辛卯時

此八字辛金相配柱中木土雜氣殺印之格才神在柱賊我功名主人生於濕潤之族長於清白之門椿萱双晚茂棠棣苑邊清其為人也丰姿清秀天性聰明機謀輒伏牽用人欽梅開白雪飄開閣笋出新梢過北庭才源旺足弟宅重新薄有酒消閑日月苦無心緒慕功明此則旺足之命鴛幃雨敲偕老子嗣森枝一果榮運行初乙亥上人庇下月白風清丙子運中青陽柳葉晴初吏紅入桃花燦未匀丁丑運中不意之中曾同意用心之處不如心戊寅運中萬疊好山雲作歛一輪明月雨初晴己卯運中人生正在風光處天边洒雪遍門庭庚辰運中豐年田舍禾盈罌賸日山家酒滿斟辛巳運中楚臺雲散空留夢漢苑香消不逐竟

甲戌年　甲戌月　丁巳日　庚子時

此八字丁巳孤鸞之日相配柱中水土傷官制煞
之格喜逢印綬生身正謂傷官用印官殺為刑女
人得此生於生於右族長於名門其為人也姿容
閨朗髮貌超群有針級之巧立業之勤一苑杏
桃鋪錦綉滿山松栢映幛屏春入水光成嫩綠日
匀花葶發新紅每懷九臘意時抱擇憐心難觸
难紀易喜易嗔佇看夫榮子貴也應二次風光
此則榮貴之命鴛幃得此容榮容子嗣成龍貴显人
運行初癸酉上人庇下毓秀閨門壬申運中春入

園林花爛熳橋横銀漢水澄清辛未運中正是晚年
光霽景还愁花放曉風生庚午運中濟濟群釵絢日
輝輝羅綺臨風午字之中一番風雹過巳巳運中明
月當天生氣廣光華萬象色衣新戊辰運中子
貴孫賢多歡樂卯一中春光去也好夢憑

甲戌年　甲戌月　戊午日　壬戌時

此八字戊午日丙之辰雜氣殺印之格人生得此
生於富室長於高居椿親耐晚萱先别鴻雁天邊
不共飛丰姿清秀氣岸高奇高謀遠見機関别慷
慨情懷學識斉終是功名之客豈教南畝耕鋤一
朝騰踏飛黃去管取麻衣換綠衣此則脫白之命
鴛幃宜有贈桂子有標奇運行初乙亥春風習習
秋月揚輝丙子運中愀搖豐成為得劍不敵水府
怎逢珠丁丑運中欵逮不達蔵器待時戊寅運中
報道是龍還不信果然奪得錦標歸己卯運中取

耿聲名重滔滔雨露濡庚辰運中正宜食祿未許
懸車辛巳運中春光去也花落月西

甲戌年　甲戌月　庚辰日　辛巳時

此八字庚辰日配之辰雜氣殺印之格人生得此生於温潤之族長於清白之居椿萱晚蒼翠棠棣有聯枝其為人也丰姿磊落天性操持窮今古覽詩書比海蛟横頭角聳南山豹变介牙齐奮身辟白屋平步入雲衢濟濟衣冠朝北闕紛紛德澤恵黔黎此則出白之命鴛幃春馥桂子秋枝運行初乙亥嬌花逢雨滴弱柳被風欺丙子運中聞詩學礼員芰從師丁丑運中斯時未遂凌雲志且向窓前困幾時戊寅運中到此始知文學好長安道上躍霜啼己卯運中耿耿聲名滔滔雨露濡當此之際飛絮沾衣庚辰運中權高損福慎則無危辛巳運中春去也鳥空啼

甲戌年　甲戌月　壬辰日　甲辰時

此八字壬辰魁罡之日食神制殺之格一愁一制豈是常人遇斯命者椿萱榮且壽棠棣苑邊春丰姿青秀天性聰明筆鋒椎健千人敵淡笑風流四座傾萬里扶搖鶯燕蛰一声霹靂躍潛鱗長安人滿路爭看錦衣新此則青出於藍之命鴛幃蓑蓑子嗣英英運行初乙亥上人莊下襟裸平生丙子運中欲跨驥雲驥思囊照露螢丁丑運中奮身辞白屋平步入青雲戊寅運中重沐恩波鳳池裏翱翔染輸侍明君己卯運中腰橫金作帯符剖玉為鱗庚辰運中三度君恩喜一番風木驚辛已運中運扶千狂一道訃音

甲戌年　甲戌月　辛未日　壬辰時

此八字辛未日元相配柱中火土雜氣柰印之格才印化祿職我功名主人生於平淡之族長於迍變之門椿萱有倚或無倚鴻鳫聯群又斷群其為人也丰姿清淡天性老誠不通詩史定識古今有迫貴親賢之德治家和氣之能十斷九從成事業三番四覆立門庭初亦中年只如此晚年花發似春雖此則離祖成家之命鴛幃有苑須年啟子嗣秋來成給門運行初乙亥上人座下未斷平生丙子運中堆满三月花如錦華我來時還遇春丁丑運中騎石衣有風吞水听無声戊寅運中突向指中吞草陰柳上生己卯運中有得有失有喜有驚庚辰運中始知春吞永方右浪徙生辛巳運中人生須此別世復且便行

甲戌年　甲戌月　癸未日　癸丑時

此八字癸未日元相配柱中火土雜氣才官之格女人得此生於右族長配高門椿萱有倚難双耄天邊鴻鳫各行飛其為人也姿容清秀体態豐腴有針綫之巧立業之機過如男子威勝如丈夫鮮同心联妯娌不共侍翁姑楊柳無風枝婀娜梅花有月是光輝步步有助夫之樂滔滔無阻滯之光易喜易嗔难犯难欺雖不鳳冠帔服自然福享崔嵬此則益旺之命良人連珠礼豪傑子嗣生成美貌見運行初癸酉上人庇下鯀守蘭閨壬申運中共結綺羅山海固永諧琴瑟地天齊須更風雨頃刻趣趄辛未運中雖則夫門足播享幾多人事尚盈虧庚午運中天上三陽泰人間五福洛巳巳運中羅綺千般色裙釵化日輝戊辰運中大賢子貴慕葉桑榆丁卯運中花落水流春已尽蘭摧玉折根何明

甲戌年　甲戌月　丙辰日　戊子時

此八字丙辰日德之辰相配柱中水土傷官殺印之格女人得此生於右族長配名門椿萱雙脫别鴻鴈各行鳴其為人也姿容清秀髮貌超群有針綴之巧立業之勤一苑生桃鋪錦綉滿山松栢映帏屏翁姑姑有倚妯娌尚情軽春入水光成嫩緑日匀花鶯梭新紅憂禍自能辞肉味愛琴應辯鶴弦贊滔滔無阻滯步步助夫門雖不鳳冠帔服自然金谷豊盈此則穩厚之命良人主命須年長子嗣秋来孕孕成運行初癸酉幼年之下毓秀閨門

壬申運中契合翠鸞成好夢賓緣紅葉是良姻須臾風雨傾刻逡巡辛未運中雖則夫門多快樂幾多人事尚虧盈庚午運中花嬌後含宿雨柳媚猶帶金風過此己巳運中軒開化日千祥集簾捲香風百福臻戊辰運中夫賢子秀樂意忘情丁卯運中織絲閑晝景明月照黃昏

甲戌年　甲戌月　己卯日　丙寅時

此八字己卯專祿日相配柱中木火雜氣印綬格人生得此生於右族長於名門椿親先别萱常在天邊鴻鴈各分群其為人也丰姿清秀立性能為世事頗能將就般般學欠精神機謀韜腹舉用人欽行藏果斷作事老誠閑處愛走淨處不行萬里無雲天一色三秋好景月長明是非莫管門前客得失須憑塞上翁施恩惹怨布德成嗔雖然不是金門客更看一世旺財源此則豐閨之命鴛幃有碍須招士子嗣秋成有顯崇運行初乙亥上人庇下

未斷平生丙子運中雪情还更暖行樂未如心丁丑運中着意種花花不發無心揷柳柳成陰須臾素耗頃刻逡巡戊寅運中梅須遜雪三分白雪亦輸梅一段香當此時也風雪滿空己卯運中家門富足財源好庁特風雨庁晴庚辰運中富足以潤其屋德足以潤其身辛巳運中三更聞杜宇一梦入佳城

甲戌年　甲戌月　乙卯日　癸酉時

此八字乙卯日祖配柱中金木去殺留官之格人生得此姓显名揚桂萱榮耐晚鴻鴈有翱翔丰姿慷慨天性果剛孝悌三冬足詩書萬卷藏終是功名之客豈為田舍之翁一朝騰躍飛黃去此是男兒當自强此則显榮之命鸞幃全正副桂子有承芳運行初乙亥上人庇下何論炎凉丙子運中尋章摘句入室升堂丁丑運中禹浪三層都躍過榮諧寵握掖權衡戊寅運中一番梨雨遇祿位又加昌己卯運中金紫權衡千万里微風皷浪兩三場

庚辰運中秉持重福未擬还鄉辛巳運中黄花綠酒壬辰運中夢入黄粱

甲戌年　甲戌月　壬申日　庚子時

此八字壬申長生之日雜氣才官之格人生得生於右族長於仁門椿萱榮晚節鴻鴈各行鳴其為人也丰姿清秀天性聰明理窮古事兼今事書對賢經與聖經衣冠濟濟人中表和氣怡怡席上珎北海蛟騰頭角綠南山豹變爪牙新一朝騰踏飛黃去凜凜衣冠拜冕旒此則榮貴之命鸞幃合正嗣子嗣桂蘭馨運行初乙亥上人庇下穠褓平生丙子運中欲遂平生志須加董子功丁丑運子到此始知文學好長安道上馬蹄輕戊寅運中千里霜威金斧重三秋風色錦衣新己卯運中一番風雪初晴後金紫煌煌雨露深庚辰運中有材應大用未許便辭榮辛巳運中榮田故里美酒盈樽壬午運中春光如過隙一枕了平生

甲戌年　甲戌月　己巳日　丁卯時

此八字己巳日元相配柱中木火雜氣殺印之格人生得此生於右族長於仁門椿父早帰萱又别天邊鴻鴈不同群其為人也丰姿清秀天性剛忠頗知禮義稍識古今般般稍覧件件不精謀動君子感仕小人行藏覺消洒㗋傲任枯荣田園多晩茂畝畆稻禾馨世事每懷忙裏就才源自向衆中生英雄雖贈劍三尺豪傑相還酒一鍾好意番成悪直心換得嗔雖不見侯封爵自然衣禄無虧此則穗享之命鴛幃水命須年小子嗣森森一顕荣

運行初乙亥上人庇下雛禄平生丙子運中娟娟雲裏月灼灼葉中英丁丑運中春園雖雨過依舊楽平生戊寅運中陽與春木家居蔵須臾風雨不為驚己卯運中着意種花花不發無心揷柳柳成陰庚辰運中雖則家居有慶還愁人事虧盈辛巳運中有子有孫多快楽何必區區貴尽心壬午運中心字数莖白髮生涯一片楽情癸未運中子貴家庭楽花門風又生君若有陰隲甲申運中帰去也

甲戌年　甲戌月　己未日　甲子時

此八字己未陰刃之辰相配柱中水木雜氣才官之格人生得此生於良族長於名門椿萱分别先虧母天邊鴻鴈各行鳴其為人也丰姿清秀天性老誠世事頗能將就般般學欠精通常親堂客每近高人行藏覺消洒㗋傲任枯荣重成新事業再整舊門庭不以功名為念豈將冠冕磨礱萬里無雲天一色三秋好景月長明世事每從忙裏就才源自向遠方生時来財禄旺何必入青雲此則饒福之命鴛幃有犯須相敵子嗣金風孝且忠運

行初乙亥上人庇下月白風清丙子運中天冷雲還東江寛風上生丁丑運中春風播賞微雨弄晴戊寅運中才源雖旺足人事尚虧盈己卯運中梅須遜雪三分白雪亦輸輪一段馨當此之際風雨還生庚辰運中才源富足福禄駢臻辛巳運中一霄春夢斷萬事摠成空

甲戌年　甲戌月　戊午日　戊午時

此八字戊午日刃之辰襟氣殺印之格兩干不襟
之論人生得此椿萱双貶茂棠棣韡春英其為人
也丰姿清秀天性聡能胸羅今古事學識聖賢心
龍門変化三春浪鵬路逍遙萬里程住看居宰府
霖雨降黎民此則榮貴之命鴛幃配合須年少桂
子庭前有挺榮運行初乙亥上人庇下天朗氣清
丙子運中十年窗下業黃卷与清灯丁丑運中未
遂凌雲志潛心對短檠戊寅運中霹靂一声雲霧
合禹門躍過浪三層己卯運中威飛乱浪怒令重
虎風生庚辰運中一番風雲過金紫戰加封辛巳
運中正宜金馬貴未許向雞東壬午運中夕陽有
限一梦巫峯

甲戌年　甲戌月　乙丑日　己卯時

此八字乙丑日元相配柱中火土傷官助才之格
女人得此生於良族長於仁門椿萱堂棣霜晞晶
娌翁姑尚寡情其為人也姿容清爽鬓兒超群有
針綫之巧立業之能一苑杏桃鋪錦綉淄山松柏
映幃屏相夫應有道訓子挖成群晚年光景好福
禄享無穷此則旺益之命良人有犯須重適子嗣
秋成孝義人運行初癸酉上人庇下毓秀閨門壬
申運中離合悲歡當此際雨晴春日色融融
辛未運中雖則夫門多快樂还愁素耗晦
憂生庚午運中雛陽三月花如錦只恐花開風尚
生己巳運中不用高燒銀烛月明添倍精神當此
之際風雪还生戊辰運中夫貸子秀樂意忘情丁
卯運中帰去也

甲戌年　　甲戌月　　戊午日　　戊午時

此八字戊午日辰相配柱中木火雜氣柔生印綬
之格柔印相生功名量達丙午不雜其氣根基主
人生於右族長於名門椿父早傾萱耐晚天边鴻
雁各行嗷其爲人也丰姿清秀天性能爲有博古
通今之志窮經覽史之能驪珠照海光难掩雷劍
豐城氣自充終是功名之客豈是田舍之翁鵷鷺
三千皆後學搏風九萬鳳凰程瑶池風月光南極
五夜星辰拱北宸此則崇貴之命鴛幃有犯須年
敵子嗣崇門孝且忠運初行乙亥風雪初晴丙子
運中十年窗下留心志時来有日入青雲丁丑運
中時来風送滕王閣鵬翼高騰萬里程戊寅運中
處事但憑三尺法治民渾似一團春須吏風雪雨
過山青己卯運中此際此特當量達皇恩有感祿
加陞庚辰運中明時應大用辰字内歸去沐恩深
辛巳運中翩翩名旐翿翿佳城

甲戌年　　甲戌月　　戊子日　　辛酉時

此八字戊土相配柱中水木才殺之格人生得此
丰姿平穩處用多機精親年萱先去鴻雁天
邊不共飛不持得失不習詩書市塵生計廣畝畞
稻粱肥祖業再整再琢才源自樑自持此則平穩
之命鴛幃連珠他一歲桂蘭晚先損後不齊運行
初乙亥土入庇下来之安舒丙子運中雨過山方
秀雲開月始明丁丑運中幾多風雪来相恼歷
過艱豪喜復悲戊寅運中到此始知光景好
才源来旺勢崔巍己卯運中还有淒凉景依然
勝旧時庚辰運中冲擊之所人事廣好辛巳運
中歸去也

甲戌年　甲戌月　壬午日　辛亥時

此八字六壬生臨午位號曰祿馬同鄉雜氣財官之格人生得此生於右族長於仁門椿父先歸泉世萱親適與他人天邊鴻鴈有不同群其為人也丰姿清秀天性乖能般般稍覽件件不精有近貴親賢之德應上和下之能祖基革古事業增新世事每從忙裏就才源自向閙中生欲為商賈思慕功名時至才源富足運來福祿駢臻但願一生多發福何必天邊沐寵榮此則豐潤之命鴛幃有犯須重續桂子秋來朵朵成運行初乙亥上人庇下未斷平生丙子運中霎晴天未發行樂未如心丁丑運中正是太平光霽景還愁絃斷尚愁人戊寅運中着意栽花花不發無心插栁栁成陰須要風雨過山青已外運中財源雖旺足人事尚嚮盈庚辰運中晚年閒快樂會友以開樽辰字之中如月入雲辛巳運中無思無慮壬午運中一枕清風

甲戌年　甲戌月　庚午日　癸未時

此八字庚午貴人之日雜氣財官之格貴逢印綬生身女人得此生於右族配於高門翁姑無倚妯娌無群有針黹之巧立業之能雲妝華岳千峯秀水到湘江一樣清相夫廉有道訓子攬威群心靜似月明宵漢性急如波捲風濤錦綉花開春富貴琅玕竹報日昇平此則福旺之命良人連珠須配小子嗣森枝有挺秀運行初癸酉上人庇下毓秀閨門壬申運中匹配仁中友花從錦上增辛未運中萬疊好山雲作斂一擔明月雨初晴庚午運中錦綉滿身扶不起金蓮無力載娉婷己巳運中綵中加綵色紅上增紅英須要風雨不損精神戊辰運中食則珍羞百味衣則羅綺千層丁卯運中春光屏去也一枕入佳能

甲戌年　甲戌月　甲戌日　乙丑時

此八字甲戌日元相配柱中火土傷官制殺之格喜得值乎金神人生得此生於右族長於名門椿父先歸萱後別天邊鴻鴈不同群其為人也丰姿清秀天性聰明學問頗知今古筆鋒稍有威稜有近貴親賢之德應上和下之能行藏果斷作事知機終是功名客豈為田舍翁三級浪中難变化九重堦上却馳名佇看頭角聳光耀旧門庭此則榮貴之命鴛幃有礙須招副子嗣秋果有顯榮運行初乙亥上人庇下淡淡春雲丙子運中雪晴天未煖行樂未如心丁丑運中勞形累嘖更光齊尚有趑趄未順情戊寅運中騁馬起程登上國始知冠蓋可榮身當此之際風雲還生己卯運中幾年困守寒門內一旦天邊再寵榮庚辰運中年暮聲名振滔滔沛澤新辛巳運中子貴晚年多快樂壬午運中春歸花落鳥無聲

甲戌年　甲戌月　壬戌日　辛丑時

此八字壬戌日德之辰相配柱中火土雜氣才殺之格食神制煞為奇主人生於右族長於仁門椿父先歸萱耐茂天邊鴻鴈各行鳴其為人也丰姿清秀天性乖能雖無深計較稍有淡聰明自有順天之慶豈無福地之深重成新事業再整舊門庭有心於貨利無意慕功名時置才源旺足運來福祿駢臻初運不如終限好晚來愈覺福才增此則晚福之命鴛幃燭夜添新景子嗣金風有挺榮運行初乙亥上人蔭下未斷平生丙子運中雪晴天未暖行樂未如心丁丑運中始覺陽和滿目還愁霧鎖烟癰戊寅運中着意種花花不活無心插柳柳成陰己卯運中成四時佳趣立萬古門庭庚辰運中天上三陽泰人間五福增辛巳運中花落水流春已去蘭玉折恨何名

子平遺書　三一

甲戌年　甲戌月　丁巳日　丙午時

此八字日祿歸時貴人喜逢印綬扶身傷官傷盡豈不光榮主人生於宦族長於高門椿親榮侍鴻鴈飛鳴其為人也手姿清秀天性聰明筆鋒雄健千人敵談笑風流四座傾北海蛟龍頭角聳南山豹變正身新一從携姓字東筠拜金門此則光顯之命篤春顯子嗣襁衣新運行初乙亥上人庇下詩禮趨庭丙子運中未遂青年志潛心對短檠丁丑運中霹靂一聲雲霧合禹門躍過浪三層戊寅運中已把嚴威催酷吏更將仁政惠黎民當此之際三載添陰己卯運中腰横金作帶符剖玉為鱗庚辰運中正宜食祿未許思蓴辛巳春光去也一枕難醒

子平遺書　三二

甲戌年　甲戌月　庚辰日　乙酉時

此八字庚辰之日旺辰相配柱中火土雜氣殺印之格人生總此豈守金紫光榮主人生於右族長於名門椿萱榮膺难双耄天边鴻鴈各行鳴其為人也手姿清秀天性聰明理窮古事兼今事書對賢經為聖經太山比手千年在和氣春風四座傾終是功名之客宣為田舍之翁纔過玉蟾攀桂去馬随青帝踏花行一朝騰踏飛黃去濟濟衣冠拜聖明瑶池雖對朝南極五夜鐘停拱北辰此則榮貴之命篤懽春色麗子嗣襁依新運行初乙亥上人庇下化日陽春丙子運中十年窓下業黃卷与青灯丁丑運中時来為始就跨馬入神京戊寅運中禹浪三層都躍過鳳生鉄面兕神驚己卯運中三度君恩喜一番風木驚庚辰運中山河開十群未許便辞榮辛巳運中榮帰故里美酒盈樽壬午運中光陰有限春夢無憑

甲戌年　甲戌月　庚申日　戊寅時

此八字庚申貴人之日相配柱中更土雜氣殺印之格人生得此椿萱一亭期順壽天邊鴻鴈不同聯其為人也丰姿清秀天性機閑英材而出類學問以淵源衣冠雅暇頭角巍然清名已在雲霄上逸氣還充宇宙間豈係白衣閒故里定扶紅日上青天文章飄逸金圭彥標格風流玉筍琨此則榮貴之命鴛幃得合魚水情歡子嗣有成斑衣孝感運行初乙亥上人庇下春苑春山丙子運中欲遂斑超志還須對簡篇丁丑運中自沐天邊寵威飛百里權戊寅運中祿位階陞金紫貴西風柳絮又飄綿己卯運中權重也愁生進退一番揚抑不為安庚辰運中有材應大用未許乞身閒辛巳運中三徑尚存元亮菊五湖空泛蠡波船壬午運中雲横秦嶺家何在雪擁藍關馬不全

甲戌年　甲戌月　癸酉日　己未時

此八字癸亥日元相配柱中火土雜氣才殺之格傷官合殺有功遇斯命者生於右族長於名門椿萱有倚難双耄天邊鴻鴈各行鳴其為人也丰姿清秀天性聰明胸羅今古事孝識聖賢心袖裡虹霓沖霧色筆絃風雨駕雲程終是功名之客豈為田舍之翁鵬路高摶之健翼龍門深躍見脩鱗一徑姓字傳揚後直上金鑾輔聖明此則榮貴之命鴛幃同贈如魚水子嗣秋來旺顯門丁亥運中上人庇下未断升沉丙子運中欲遂平生志潛心對習榮丁丑運中莫愁雪阻藍關道時來鵬路便飛騰戊寅運中高浪三層都躍過風生鉄面鬼神驚己卯運中戟迁金紫宮内澄清當此之際風雪滿庭庚辰運中佇看官超二品酌然祿享千鍾辛巳運中子貴晚年閒快樂且宜籬下樂高情壬午運中春光去也一枕清風

甲戌年　甲戌月　乙卯日　癸未時

此八字乙卯專祿之日相配柱中火土傷官助才之格人生得此生於右族長於名門椿萱双挽別天邊鴻鴈共森鳴其為人也丰姿清雅天性乖能活播活柁理白分清有近貴親賢之德有敬上和下之能祖業添新慶財源勝舊風世事每從忙裏就財源自向閙中生不顯功名容終為發福人遇險終無險逢凶辛不凶但顧貴人親目顧自然財祿始添增此則閙處生財之命鴛幃水命須年敵子嗣秋來朵朵成乙亥初上人庇下未斷平生丙子運中狼虎窩中得食荊棘叢裏安身丁丑運中雖則行藏而有運還愁素號庁時生戊寅運中着意種花花不發無心插柳柳成陰須臾風雨雨過山青己卯運中天上三陽泰人間五福增卯字之中一番風雨庚辰運中堤柳已無新幹綠園梅不改舊時馨辛巳運中春光去花落月沉

甲戌年　甲戌月　丙辰日　辛卯時

此八字丙辰日德之辰相配柱中土木傷官助印之格人生得此生於右族長於高堂椿親倜倘萱招副天邊鴻鴈各翱翔其為人也丰姿清秀天性果剛行藏果斷作事商量聰明書藝遠倜倘世情長學問不親顏孟業生涯常履貴人鄉樓臺疊疊生涯好才帛盈囊又積倉重成新事業再整舊門庭雖不建侯封爵自然穀粟盈倉此則穩厚之命鴛幃連理合子嗣長珠光運行初己亥上人庇下紹襲迎祥丙子運中如花向日枝、艷似筍穿泥節、長丁丑運中水向石邊流出冷風從花底過來香戊寅運中春草春江相妬綠新鶯新柳競爭黃己卯運中才源富足家居好風雪飛來情慘傷庚辰運中門楣壯觀樓臺軒昂辛巳運中鶴髮龐眉尊壽酒壬午運中訃音一播奠椒漿

甲戌年　甲戌月　壬戌日　庚子時

此八字壬戌日德之辰相配柱中火土雜氣財官之格人生得此長於高門土命椿萱連珠合天遷鴻雁各行鳴其為人也丰姿清秀天情聰明高謀遠見機閑别慷慨情懷學識深萬里春風行樂頌四時佳趣瑞祥生有心於貨利無意慕功名春入園林香遍塵寰之藹月離海嶠光揚湖海之明滿世功名身外事五湖風月樂怡情鄉民仰德閭里推尊此則旺足之命鴛幃有犯須年長子嗣秋未朶朶成運行初丁亥上人庇下月白風清丙子運中片雲能發千小雨雨過千山依旧青丁丑運中著意種花花不發無心插柳柳成陰戊寅運中財源雖旺足人事尚虧盈已卯運中軒開化曰千祥集簾捲香風五福增庚辰運中門楣壯觀第宅增新辛巳運中春歸去也花落月沉

甲戌年　乙亥月　甲午日　丁卯時
此八字甲木日元相配火土傷官印綬之格逢印綬生身遇斯命者生於右族長於名門金命蔵慈双晚茂天邊鴻鴈各行鳴其為人也丰姿清秀天性清聰世事頗能將就般般季欠精通祖業添新慶根源發舊根自有順天之慶豈無福地之深門外田疇千古計庭前花木四時春不以功名為念豈將冠免磨砮雖不選侯封爵此財穏厚之命鴛幃年長方偕老子嗣森枝有晚容丙子上人庇下未斷平生丁丑運中世事宛如春夢人情薄似秋雲戊寅運中隠隠輕雷抽碧嫩微細雨潤紅芙己卯運中軒開化日千祥集蕉捲香風百福增庚辰運中家園滚滚安居好辛巳運中庭前竹報平安日檻外花開富貴春壬午運中晚年快樂癸未運中一道訃音

甲戌年　乙亥月　戊子日　乙卯時
此八字戊土相配柱中亥卯之木偏官之格人生值此丰姿洒落立性賢明生於故舊之宅長於名耀之門堂上宗翠萱敷晚鴻鴈天邊吾舊騰窮古今之事理講先聖之書經季問有成龍門変化三春浪英才敏雄鵬路高搏萬里程仲看衣紫光彩旺門庭此則奪錦之命鴛幃宜正副桂子出麒麟運行初丙子一番災滯初消後宜當詩禮且趨庭丁丑運中欲邀平生男子志宜加董子十年心戊寅運中長安道上人似蟻紛紛争看彩旗迎當此之間職任艱己卯運中一從高顯陞金後又見梅雪洒襟庚辰運中奉命暫辞三島北承貂霞布一方春下民仰德上聖垂恩辛巳運中重重祿位陞遷重腰帶金香天下聞壬午運中上五年歸未故里五斗解程下五年九地可憐埋片玉五雲無復見儀形帰去也

甲戌年　乙亥月　己酉日　己巳時

此八字己酉之日相配柱中水木才殺之格人
生得此生於右族長於名門木火椿萱双晚茂
天邊鴻鴈各飛騰其為人也丰姿清秀天性聰
明理宣古事兼令事出對賢經與聖經衣冠濟
濟人中傑詩礼怡怡席上珎終是登庸之客豈
為田舍之翁一朝騰踏飛黃去金紫榮看次第
陞更有文章豈議論定居其是展經綸此則榮
貴之命鸞幃春色麗子嗣桂蘭榮運行初丙子
上人庇下霽月光風丁丑運中十年窓下苦黃
卷與青燈戊寅運中禹浪三疊都躍過風雲斂
得鬼神驚己卯運中職迁金字声名顯風雪飛
來幸不凶庚辰運中錦衣肥馬重重貴天上恩
波浩浩新辛巳運中正宜輔國未許經棠壬午
運中解印回來生夢重赴音一枕早修程

甲戌年　乙亥月　癸丑日　甲寅時

此八字癸丑日元相配柱中木火傷官助杀之格
亦有刑合之意主人生於右族長於高門椿萱堂
上先虧父天邊鴻鴈各行群其為人也丰姿清爽
天性聰明多聞多見自是自能般般稍覽件件不
精有近貴親賢之德應上和下之能祖業添新慶
根源勝舊風遊山翫水夢詩卷對月觀花把酒斟
朝中無姓字底足亦珠拙於自己巧與他人但願
栗陳貫朽何須天府求榮此則豐潤之命鸞幃有
杞須怡副子嗣歆來有挺榮運行初丙子上人庇
下襁褓平生丁丑運中風雪初晴天未煖半攻書史
半無心戊寅運中行蔵有慶家居好世態炎凉
未十分己卯運中滾滾才源來正旺旺中素耗尚
相侵庚辰運中簾捲香風生百福軒開化日祿
元增須史風雨過山青辛巳運中有名鬧
富貴無事樂平生壬午運中子貴占恩贈癸
未運中春歸鳥不吟

甲戌年　乙亥月　丁亥日　乙巳時

此八字丁亥日貴之辰官印之格人生得此生於右族長於華居其為人也丰姿清秀性格操持權當有倚難双鳧棠棣根同葉不齊有傳古適今之志截長補短之機舣鍛頻曉件件粗知東嶺栽松西嶺秀南園種樹北園葬雖不文場鏖戰也教光耀門閭此則徼名厚利之命鶯帏正副子嗣摽奇運行初丙子未分榮辱豈斷高低丁丑運中灯火稍可親簡編宜卷舒戊寅運中機會忽從天上降薦書覓得上京畿己卯運中三年不改未時政百姓咸懷去後思庚辰運中雪消雲散方如意從此滔滔雨露濡辛巳運中全欲晚節當如此不待西風始見機壬午運中皆禄之地歸欤欤欤

甲戌年　乙亥月　癸丑日　丁巳時

此八字癸丑日元相配柱中火土才官之格只嫌傷官在柱事不十全女人得此生於右族匹合残婚椿萱难並鸞棠棣各敷荣姿容清秀髮鬒超群有針綫之功立業之勤一苑杏花紅勝舊半溪山水綠浮新雖非正聘益不言奔財源旺足福禄駢增葵蔓有心終向日楊花無力暫隨風時至自然多快樂運来子秀福無窮此則發福之命良人年長残婚客子嗣森枝一掌荣運行初甲戌上人庇下未断平[illegible]癸酉運中青歸柳葉晴初变紅入桃花燦未匀壬申運中孤鸞虎威而獲福蛇居龍穴逞精神辛未運中滔滔無阻滯步步夙夫門庚午運中雖則夫門多旺足还愁繡閣起悲風己巳運中桑榆暮景子秀光荣戊辰運中一枕餘香隔年夢斜風吹落楚山雲

甲戌年　乙亥月　甲寅日　巳巳時

此八字甲寅專禄之日配手柱中旺水金神帶印之格文人得此福足以受榮封主人生於宦族配於武門椿萱棠棣難全奉妯娌翁姑尚寡情其為人也姿顔窈窕体態和温有針綫之功立業之勤斷機曾効軻親訓剪髪能傳侃毋心滔滔無阻滞步步旺夫門王產崑崗藏韞色蘭生楚澤散清馨克勤而克儉易喜而易嗔佇看夫榮子貴重重沐寵沾恩可昔青春年少女却將王体配殘婚此則榮益之命良人配舊榮華客子嗣花多果後成運行初甲戌上人庇下未斷平生癸酉運中雖則夫門榮快樂幾多人事尚因循壬申運中羅綺臨風多壯觀五夜金風未放晴辛未運中一輪明月當秋夜無恨奇花正遇春未字之中風雨還生庚午運中光華疊疊沛擊紛紛當是時也一番索悶巳巳運中子貴家寬多享福何愁綉閣起悲風戊辰運中一宵春夢斷萬事捴成空

甲戌年　乙亥月　甲午日　甲子時

此八字甲午元日相配柱中旺水印綬之格印綬者上格也只嫌水泛木浮減吾科第成名主人生於石族長於名門萱親先別椿棠晚天邊鴻鴈各行鳴其為人也半姿清秀天性剛中頗知禮義稍識古今近貴親賢之德應上和下之能祖業重新慶根源勝舊風剖石終逢玉淘沙始見金君若有心於仕路也彥祿馬旺前程此則擊石生烟之命篤憚有犯須年敵子嗣生成貴顯人運行初丙子上人庇下未斷平生丁丑運中雲晴天未煖謀戊寅運中貴人相挈起成會入神京己卯運中跨馬超程登上國始知冠冕可榮身曉日迎來佩春風從去程庚辰運中雲情開闊祿位又嘉陞辛巳運中王宜食祿未許辭榮壬午運中晚年歸故里會友以閒樽癸亥運中春光去也一枕難醒

甲戌年　乙亥月　乙未日　丙子時

此八字乙未日元相配柱中印綬之格印綬者上
格也女人得此生於西室長於將門椿親豪傑萱
幃副天邊鴻鴈有随鳴其為人也姿容清秀德兹
行貞雖是女流之輩過如男子才能春入春光成
嫩緑日旬花蕚發新紅滔滔無阻滯步步助夫門
難觸難犯易喜易嗔佇看夫榮子貴也應同沐皇
恩此則榮貴之命良人同屬榮華有子嗣生成貴
顯人運行初甲戌上人庇下毓秀閨門癸酉運中
契合翠鸞成好夢黄緑紅葉是良姻壬申運中雖
則夫門閑快樂幾番人事尚虧盈辛未運中光華
疊疊當斯際幾番微雨幾番晴庚午運中濟濟裙
釵絢日輝輝羅綺臨風己巳運中彩中加彩色紅
上贈紅英戊辰運中晚年閑快樂丁卯運中一枕
了平生

甲戌年　乙亥月　丁酉日　庚子時

此八字丁酉日貴之格相配柱中水木來生印綬來印
相生功名顯達主人生於文望之族長於名宦之堂金
命播萱榮且壽天邊鴻鴈各翱翔其為人也丰姿清秀
天性果剛口吐珠璣言語胸藏錦綉文章驪珠照魏
光难掩雷勵生豐氣莫藏終是功名客豈為田舍郎紈
學科塲驚試院英材蔚苑沐恩光一從揚姓字秉忽見
明王此則榮貴之命死怫尅後重金命子嗣榮門孝
義昌運行初丙子上人庇下未斷炎涼丁丑運中焚膏
展卷秉燭尋章戊寅運中騰身離泮水舉足上朝
堂己卯運中劍佩聲催玉墀上衣冠尤帶御爐香庚辰
運中皇恩有感重加緑聲應當列大夫行當此之際風
雪門墻辛巳運中正欵忠君輔國何斯觧組還鄉壬
午運中春光去也一枕黄粱

甲戌年　乙亥月　庚戌日　戊寅時

此八字庚戌魁罡之日食神助才之格人生得此生於温潤之族長於青白之門土木椿萱歲長天逸鴻鴈我先鳴其為人也丰姿清秀天性聰明知高識下超吉避凶門外田疇千古計庭前花木四特春笋長名園過舊竹花開上苑勝先春閭里声名播江湖活計新虫不建侯封爵自然狂足平生此則總孚之命巂幃水命須牛属子嗣生成貴是人運行初丙子上人庇下月白風清丁丑運中如花得日似月离雲戊寅運中漸漸精神爽看看

氣象新己卯運中庭前竹報平安日檻外花開富貴春庚辰運中一番風雪初晴後從此財源便有增辛巳運中豐年田舍禾盈罍臘日山家酒滿斟壬午運中安閑晚景癸未運中一道訃音

甲戌年　乙亥月　乙未日　丙戌時

此八字乙未日元相配柱中水官傷官帶印之格女人得人生於良族長配殘婚椿父先帰萱後別天邊鴻鴈不行同其為人也姿容清秀髮皃精神何為伯毋何為嬸何是婆婆何是翁捧茶湯而奉其使喚侍箕箒以勞乎厥躬立業掌家惟以自專自任随特應变尚宜听令听從早年多少辛勤處晚節安能秀氣鏡非娉亦非嫁福禄自前生此則寵婦之命良人土命殘婚客子嗣生成孝義人運行初甲戌上人庇下未斷平生癸酉運中淡烟揚

揶岸薄霧杏花村壬申運中寒從梅上尽春向揶边生辛未運中乍雨乍晴留客景或寒或煖困人春庚午運中一聯美景無瑕玉萬里長江遇順風己巳運中無思無慮不辱不崇戊辰運中晚年閑快樂丁卯運中一挽入巫峯

甲戌年　乙亥月　壬寅日　辛丑時

此八字壬寅之日相配柱中木火傷官助才之格水金各旺平生有慶無憂主人生於豐阜之族長於穩旺之門椿萱双晚茂鴻鴈各行分其為人也丰姿清秀天性聰明般般稍覺件件不精機謀輒伏擧用人欽行藏覺瀟洒㗖傲任情榮不向仕進求聞達却來湖海覓黄金得意江山詩句健忘情日月酒盃深花無桃李非春色人有笙歌是太平滿世功名身外事五湖風月落怡情福布江山外名聞湖海中此則富足之命驚怖須配小子嗣晚光榮運行初丙子上人庇下未斷平生丁丑運中塞向梅中去春從柳上生戊寅運中梅須遜雪三分白雪亦輸梅一段馨已卯運中才源富足家居好尚有趣退來順情庚辰運中既濟尤防未濟剥中且喜復來當此之際風雨滿庭辛巳運中庭前竹報平安日檻外花開富貴春壬午運中一番風雨過雨過又山青癸未運中春光去也啼鳥無聲

甲戌年　乙亥月　丁酉日　庚戌時

此八字丁酉日元相配柱中水木官印之格人生得此生於右族長於仁門萱母續絃多磊落天邊鴻鴈各行鳴其為人也丰姿清秀天性老成頗知禮義稍識古今有近貴親賢之德應上和下之能祖業添新慶根源勝舊風笋因落籜方成竹魚為奔波始化龍一旦謀為遂還揚九載名佇看頭角聳光耀舊門庭此則榮貴之命驚怖有犯須招硬子嗣秋來朵朵成運行初丙子上人庇下未斷平生丁丑運中欲速不達揚帆待風戊寅運中時來機會好揮筆入公門己卯運中雨晴雲路遠驟馬入神京庚辰運中錐則崢嶸頭角還愁風雪滿空辛巳運中皇恩有感德洽民心壬午運中晚年開故里會友以開樽癸未運中春光去也一道訃音

甲戌年　乙亥月　戊戌日　癸亥時

此八字戊戌魁罡之日相配柱中木火才殺之格土逢印綬
生身人生得此生於右族長於名門椿萱双晚别天邊鴻鴈
各行鳴其為人也丰姿清秀天性乖能般般都好覧
件件不全精親賢近貴理白分清笋長名園過舊
竹花開上苑勝先春終是功名之客豈為田舍之翁
三汲浪中龍變化九重堦上却馳名佇看一朝沾寵澤
便將德惠黎民此則榮貴之命鴛幃有妃須招副
子嗣秋來有挺榮運行初丙子上人庇下未斷平生丁
丑運中古樹含風常帶雨寒岩四月始知春戊寅

運中鶯和鸞勝多光彩還忘閑非素耗生己卯運
中雨晴雲際踏馬入神京庚辰運中雖然沐得天邊
寵还當省際舊家門辛巳運中皇恩重有感蓬暴
姓名馨壬午運中六十一閑田里己未運中春歸鳥不
鳴

甲戌年　乙亥月　己丑日　丙寅時

此八字己丑日元相配柱中水木才殺之格喜逢
時值丙寅主人生於右族長於名門萱母續絃椿
磊落天邊鴻鴈一齊鳴其為人也丰姿清秀天性
聰明般般稍覧件件不精親賢近貴理白分清謀
動君子威伏小人行藏覺瀟洒咲傲任枯榮自有
順天之慶豈無福地之深重成新事業再整舊門
庭福布江山外名聞湖海中花無桃李非春色人
有笙歌是太平時来自有淵淵福運至還路路通
一朝但得良機會也應頭角聳峥嶸此則特達之

命鴛幃正副尤添寵子嗣秋來朶朶榮運行初丙
子上人庇下未斷平生丁丑運中始覺陽和滿目
還愁霧瑣烟凝戊寅運中財源旺足家居好還忌
閑非素耗生己卯運中庭前竹報平安月檻外花
開富貴春庚辰運中富貴榮華當此際何愁茅宅
不光榮辛巳運中引鶴涂行三徑晚約梅同醉一
壺春壬午運中人生從此别無復見儀刑

甲戌年　乙亥月　乙未日　庚辰時

此八字乙未日元相配柱中金水才官印綬女人得此生於右族長於名門貴親先刖重重續天邊鴻雁各行鳴其為人也平姿清秀發兒超群勝丈夫之氣豎有男子之才能雲收華岳千山秀水到湘江一樣清箕篇頻繁存禮節相夫教子蹈賢明克勤而克儉易喜而易嗔才源旺足福祿駢臻此則穩厚之命良人運硬低一載子嗣森然孝且忠運行初甲戌上人庇下風雪紛紛癸酉運中契合翠鳶成好夢賞緣紅葉就良姻須臾風雨世事逆巡壬申運中幾度憂中有悶數番靜東憂生辛未運中雖則夫門多快樂幾番微雨幾番晴庚辰運中男締臨風麗裙釵化日明己巳運中夫賢子秀樂意忘情戊辰運中花落水流春已去蘭摧玉折恨難明

甲戌年　乙亥月　丙辰日　己亥時

此八字丙辰日德之辰相配柱中水木發生印綬之格人生得此生於右族長於仁門椿萱有倚椿疾壽天邊鴻雁各行鳴其為人也丰姿清秀天性剛忠世事頗能將就般般事只精通自有順天之慶皇無福地之深重成新事業再整舊門庭不以功名為念豈將冠冕塵麈花無桃李非春色人有笙歌是太平特至財源旺足運來茅宅增新但愿一生財旺足何須務馬入神京此則穩厚之命允怫違珠低一載子嗣秋來朵朵榮運行初丙子上人庇下淡淡青雲丁丑運中淡烟楊柳岸薄霧杏花村戊寅運中漸覓夜京池雨過信知花放曉風生己卯運中到此始知時運好萬象光華百事通當此之際風雲滿庭庚辰運中才源富足家業餘盈辛巳運中晚年快樂會友開樽壬午運中一宵春夢斷萬事總成空

甲戌年　丁亥月　丙戌日　辛卯時

此八字丙戌日元相配柱中水木余生印綬之格余印相生功名顯達人生得此生於名門長於名族椿萱双晚别鴻雁各行鳴其為人也丰姿清秀天性聰明胸羅今古事事識全賢心爲句好為天下白高材俊似海東青終是之携折桂容豈為田舍鋻耕人萬里扶搖鷲翀塹一声霹靂耀潛鱗長安人滿路争看錦衣人此則荣貴之命鴛幃有紀須年少子嗣秋来朶朶荣運行初丙子上人庇下花放風生丁丑運中不負寸陰之惜菫書題榜之名戊寅運中禹門三層都躍過應在朝班立縉紳己卯運中三度君恩重雨番風雨驚庚辰運中皇恩有感重加戩金鱗光照紫薇宮辛巳運中正宜秉忠臣至国何事欲荣故里中壬午運中春老去也一梦难醒

甲戌年　乙亥月　壬辰日　辛亥時

此八字壬辰魁罡之日相配柱中土木傷官制殺之格人生得此生於温良之族長於遷变之門椿萱有倚戍無倚鴻鴈聯群又斷群其為人也丰姿清雅性格昏沉頗知禮義稍識古今無髙謀遠見之機策有截長補短之材能東嶺栽松西嶺秀南園種樹北園青享見成事業成遺蔭門庭不知詩禮不會經營是非莫嘗門前客得失須憑塞上翁將身寄托妻身側移桃接李色鮮紅此則守成之命鴛幃贅得年低年女子嗣秋来朶朶成運行初丙子上人庇下未断平生丁丑運中春園微雨過桃李未生英戊寅運中爆竹聲傳殘臘盡折梅香引早春逢須史風雨雨過山青己卯運中天上三陽泰人間五福增庚辰運中成四時佳趣立萬古門庭辰字之中花放風生辛巳運中簾捲香風生百福軒開北日禄元增壬午運中人生從此别無復見儀刑

甲戌年　乙亥月　丁亥日　庚戌時

此八字丁亥日貴之辰相配柱中水木官印之格人生得此生於右族長於名門椿萱双晚茂棠棣各數莱其為人也丰姿清秀天性聰明般般稍覧件件不精謀動君子威伏小人行藏覺瀟洒笑傲任枯榮祖業添新慶根源勝舊風不向仕途求閒逵却來湖海覓黃金兩都秋色皆喬木蒼舊風流有幾人田園桑柘茂畝畝稻粱馨福元成岳瀆威勢壓鄉邦此則穩厚之命鴛幃連珠低一載子嗣秋來有挺榮運行初丙子幼年之下霽月

光風丁丑運中雨過園桃筴錦風和堤柳拖金戊寅運中財源滾滾家居好尚有閒非素耗生己卯運中成四時佳趣立萬古門庭庚辰運中富之以潤其屋德之以顯其身辛巳運中延賓玩物會友開樽壬午運中春光歸去也一枕入巫峯

甲戌年　乙亥月　己丑日　甲子時

此八字己土相配柱中水木才殺之格人生得此生於茂族長於高門金土椿萱雙晚茂天邊鴻鴈不聯群羊姿磊落天性聰明善決善斷多見多聞福布江山生秀麗名聞湖海豈無聲玉產崑崙藏韞色蘭生楚澤散清馨此則穩足之命鴛幃全正副子嗣晚森森運行初丙子春風駘蕩夏日炎蒸丁丑運中未歡桃李紅紅色且喜湖光淡淡晴戊寅運中江湖有意公卿小廊廟無心宇宙輕己卯運中滾滾財源旺滔滔福祿增庚辰運中一番風

雪初晴後從此才名氣象新辛巳運中松尚茂栢尤青壬午運中人生從此別無復見儀形

甲戌年　乙亥月　乙未日　甲申時

此八字乙未日元相配柱中金水官印之格人生得此生於良族長於名門椿萱雙晚茂鴻鴈各飛鳴其為人也丰姿清秀天性剛忠知高下識重輕有近貴親賢之德應上和下之能祖業添新慶根源勝舊風萬里無雲天一色三秋好景月長明水光浮座盃盤瑩花氣侵人笑語馨不以功名為念豈将冠冕磨礱時至自然財祿旺運来福祿始駢臻此則旺益之命鴛幃有犯須年敵子嗣秋来孝義深運行初丙子上人庇下雲月朦朧丁丑運中登臨雨滭賞翫春陰戊寅運中小池雨過添新綠深谷春来發舊馨己卯運中財源雖富足風雪又盈庭庚辰運中桃李千溪錦江山一畫屏辛巳運中晚年閑快樂會友以閑樽壬午運中落花庁庁流水沄沄

甲戌年　乙亥月　癸巳日　甲寅時

此八字癸巳貴人日相配柱中木火傷官助財之格人生得此生於右族長於高堂椿萱荣贈难双老天边鴻鴈各翱翔其爲人也丰姿清秀礼樂鏗鏘口吐珠璣言語胸藏錦綉文章東海驪珠能幾見豊城雷劍不終藏終是功名客豈爲田舍郎一朝馬上衣冠別秉笏天門沐寵光此則榮貴之命鴛幃連珠須配小子嗣生成貴显郎運行初丙子上人庇下其樂何當丁丑運中味道心千古披文目五行戊寅運中但聞春靁靁從此姓名揚己卯運中慶事但憑三尺法理刑渾似九秋霜庚辰運中雪晴雲散天如洗金紫煌煌胞有堂辛巳運中有材應大用未許便还鄉壬午運中名利薰心成懶散溪山招隐且帰閑癸未運中春光去也一枕黄粱

甲戌年　乙亥月　壬寅日　甲辰時

此八字壬寅趨艮之日相配柱中土木傷官制殺
之格水居冬旺生平樂自無憂主人生於文望之
族長於名門椿萱有倚先虧父天边鴻雁各行鳴
其為人也丰姿清秀天性乖能雖無深計較稍有
淡聰明般般稍覽件件不精遊山翫水携詩卷對
花觀花把酒斟雖不成名利生平近貴人笙歌深
處曾行樂羅綺叢中幾醉醒拙於自已巧與他人
才源富貴樓閣凌雲雖不建封爵貴有金有粟光
榮此則因富量貴之命鴛幃正副方偕老子嗣榮
門孝且忠運行初丙子上人庇下未斷平生丁丑運
中雪晴天未煖行樂未如心戊寅運中雖則行藏
有慶幾多人事虧盈己卯運中才如春水滔滔長
福似秋蟾皎皎明須史風雨頃刻逡巡庚辰運中
簾捲香風生百福軒開化日綠元增壬辰之中花
放風生辛巳運中庭前竹報平安日檻外花開富
貴春壬午運中晚年閑快樂癸未運中一枕了平
生

甲戌年　乙亥月　乙卯日　乙酉時

此八字乙卯專祿日主相配柱中金水殺生印綬
之格乃殺印相生功名顯達只嫌刑冲太重減我
金紫之榮主人生於右族長於名門椿萱双晚別
鴻雁各行鳴其為人也丰姿清秀性格能為頗知
禮義稍識古今笋長名園過舊竹花開上苑勝先
春終為功名之客豈為田舍之翁一旦謀為遂還
揚三載名佇看頭角聳光耀舊門閭此則榮貴之
命運行初丙子上人庇下未断平生運行丁丑欲
速不達揚帆待風戊寅運中貴人招引登天府忝
承恩命佐公廳雪晴雲路穩天府便沾恩己卯運
中曉日迎來旆春風促去程庚辰運中百萬粮儲
吾職掌除奸捉惡又加陞辛巳運中佐政琴堂民
忧服未許離邊樂性情壬午運中顯榮帰里癸未
運中一夢入蓬壺

甲戌年　乙亥月　己丑日　甲子時

此八字己丑日元相配柱中水木財殺之格人生得此生於右族長於仁門椿父先虧萱後別天邊鳴鳫各行群其為人也手姿清雅天性乖能頗知禮義楷識古今有近貴親賢之德庭上和下之能重成新事業難守舊門庭福有江山外名聞湖海中是非莫嘗門前客得失須憑塞上翁不以功名為念豈將兔冕磨礱花無尭李非春色人有笙歌是太平撥於自己巧與他人雖不建侯封爵自然潤屋潤身此則穩享之命鴛幃有配須招副子嗣秋來旺宅門運行丙子上人庇下木断平生丁丑運中雪晴天未暖行樂未如心戊寅運中始覺湯和満目還愁素耗相侵己卯運中財源富足家居好片時風雨片時驚庚辰運中成四時佳趣立萬古門庭當此之際片時風雨辛巳運中天上三陽至人間五福臻己字五年如月入雲壬午運中人生從此別無跡見儀形

甲戌年　乙亥月　戊子日　丁巳時

此八字戊子日辰相配柱中水木財殺之格人生得此生於右族長於名門椿萱双晚别鴻鳫各行鳴其為人也手姿清秀天性聰明頗知礼義楷識古今有近貴親賢之德應上和下之能祖業添新慶性急勝如風終是功名客豈為田舍翁九載辛懃苦守一朝天府沐皇恩佇看頭角聳光諂耀門庭此則榮貴之命鴛幃有助須招副子嗣秋香有慶榮運行丙子上人庇下未斷平生丁丑運中藏器待時時必達時來遇貴入公門戊寅運中労形案牘多光霽雨晴跨馬入神京己卯運中皇恩有載声名顕麻衣換得緑衣新當此之際風雪満空庚辰運中薰幞光華當是景黎民訟德樂升平辛酉運中致正宜加爵禄何事便辭荣壬戌運中春光去也花落月沉

甲戌年　乙亥月　丁酉日　庚戌時

此八字丁酉日貴之辰相配柱中水木官殺之格運行背地減我功名主人生於右族長於名門椿萱有倚鴻鴈行分其為人也丰姿特達天性豪洪胸襟澄澈度量寬洪不窮書史只好經營萬里艱辛世事每從忙裏就一聯美景財源自向遠方生祖基重再整事業再磨礪十年道路霜蓬鬓萬里乾坤一草亭月掛瑤天多皎潔名揚湖海有光榮財源富足平生好何必天邊沐寵榮此則旺足之命此幃有配須年長子嗣森然旺後成運行丙子幼年之下雲月朦朧丁丑運中昼水有聲空有浪繡花雖艷不聞馨戊寅運中洛陽三月花如錦一度風波尚惱人己卯運中財源雖富實人事又逢迍梨花舞雪雨過山青庚辰運中福元昌熾家業增新辰字之中風雨滿堂辛巳運中引鶴徐行三逕晚約梅同醉一壺春壬午運中晚年多快樂會友以閒樽癸未運中翩翩舟桃鬱鬱佳城

甲戌年　乙亥月　丁亥日　癸卯時

此八字丁亥日貴之辰相配柱中水木殺生印綬格人生得此生於右族長於良門金土椿萱双挽別鴈行天際各飛空其為人也丰姿清雅天性志誠言不妄發自不胡行祖業移南就北根源革古鼎新不以功名為念豈將官冕磨礱是非莫管門前客自貴須憑賽上翁拙施自己巧与他人田園有意公卿小廟廟無心宇宙輕世事業無崇辱生平志不富貧則此旺寓之命此幃連珠低一歲子嗣花前果後成運行初丙子上人庇下未必評論丁丑運中登臨雨淨賞觀春陰戊寅運中始覓陽和轉日還愁素耗相侵己卯運中小池雨過添新綠深谷春來發舊馨片時風雪雨过山青庚辰運中天上三陽泰人間五福增辰字之中如花放風生辛巳運中無思無慮壬午運中一夢难醒

甲戌年　乙亥月　癸卯日　壬戌時

此八字癸卯之日貴命相配柱中木土傷官助財之格水旺之尔自無直受遇斯命者生於良族長於高貴椿萱雙晚老鴻鴈各行鳴其為人也手姿清秀天性機関知高識下近貴親賢琴樽風月平生計金玉松筠舊歲青童成新事業再整旧根源生涯湖海上道路四方傳才源有分生涯好官貴無緣誓不貪但愿良田千百畝果然富足勝為官此則旺足之命鴛幃有犯重整新婚子嗣有成班衣孝感運行初丙子上人庇下春苑春山丁丑運中登臨雨渟賞玩春蘭戊寅運中爆竹声催殘臘尽折梅香引早春逢己卯運中才源旺足樓閣增新庚辰運中軒開化日增光彩簾捲香風進祿元當此之際風雪盈巔辛巳運中清歌夜醉花前月行樂朝看堤上田壬午運中莊生曉夢迷蝴蝶望帝春隨啼杜鵑

甲戌年　乙亥月　癸丑日　庚申時

此八字癸丑日元相配柱中木火傷官助財之格女人得此生於右族配於高堂椿萱双晚茂鴻鴈各翱翔其為人也姿容清爽髮貌異常有針綴之巧立業之良風送芰荷香消院日匀花蕊發新粧萬里無雲天一色三秋好景月長光心靜似月明雲漢性急如風捲滄浪雖不鳳冠帔服也應金谷盈囊此則饒裕之命良人金谷須年長子嗣生成貴顯郎運行初甲戌上人庇下綵襲迎祥癸酉運中泥融飛燕子沙煖困鴛鴦須臾風雨頃刻滄浪壬申運中萬疊好山雲乍歛一樓明月正光揚辛未運中千箧千箱乃積乃倉庚午運中羅綺千般色珍羞百味新己巳運中財源滾滾福祿汪洋戊辰運中黃粱未熟清夢先惊

甲戌年　乙亥月　癸卯日　壬戌時

此八字癸卯日貴之辰相配柱中土木傷官助才之格人生得此生於右族長於名門椿萱双既茂棠棣各敷榮其為人也丰姿清秀性格聰明事乎氣數輕清宜乎揚名顯姓胸羅今古事參識聖賢心北海蛟横頭角豫南山豹变爪牙新衣冠濟濟人中表和氣怡怡席上珎鵬路高搏知健翼龍門深躍見脩鱗一朝騰踏飛黃去此際蛇化龍紵看官封三級酌然祿享千鍾此則榮貴之命鴛幃重合爸子嗣繼衣新運行初丙子上人庇下詩礼趨庭丁丑運中十年窓下業黄巷興青燈戊寅運中一聲春霹靂驚起困中人己卯運中虎風鷲郡縣化雨潤双旌庚午運中一番風雪初晴後三度君恩祿位陞辛未運中正冝輔国未許辭榮壬午運中春光歸去也一枕了平生

甲戌年　乙亥月　甲辰日　丙寅時

此八字甲辰相配柱中水火傷官帶印之格人生得此生於盛族長於高門火土椿萱雙晚茂天邉鴻鴈各行群其爲人也丰姿清秀天性聰明學問淵源筆底詞源三峽水英材敏捷胞中學業五車深黨逐玉蟾攀桂去馬随青帝踏花行一從姓字傳揚後濟濟衣冠拜衮龍此則榮貴之命鴛幃配合須年少子嗣生成貴顯人運行初丙子上人庇下未断平生丁丑運中不特槐珠能照乘還應趙壁擬連城戊寅運中鵬翮高搏知健翼龍門深躍見修鱗己卯運中衣惹御炉飄瑞靄筆宣皇澤洒青霖庚辰運中重沐恩沐鳳池裏朝朝染翰侍明君辛巳運中權高損祿慎則無驚壬午運中安閑田里癸未運中花落月沉

甲戌年　乙亥月　己亥日　甲子時

此八字己亥之日相配柱中水木才殺之格人生得此生於右族長於轅門椿親榮且壽鴻鴈有隨鳴共為人也丰姿磊落天性剛忠多智慧善操持見善則持於己當仁不讓於師詩礼古今講習韜鈐刀弓馬慣操持智號人中傑麾分閫外司龍韜每助經綸榮豹畧还拖肅殺威三跳御溝沾寵渥腰横金帶印皇恩此則忠義武強之命駕帷得合連珠之枝子嗣有成榮門孝感運行初丙子上人庇下有何是非丁丑運中不為惜花春起早多應夜月愛眠遲戊寅運中榮沾新雨露光耀舊門閭己卯運中万馬不嘶嘶號令諸藩無事樂耕勳庚辰運中一番風雪初晴後三度君恩墜紫泥辛巳運中有子承榮多喜福壬午運中訃音一夢衆傷悲

甲戌年　乙亥月　丙午日　甲午時

此八字丙午日月之辰相配柱中水木殺生印綬之格陽刃太重殺刃功名主人生於右族長於名門椿親耐悅萱先別天边鴻鴈各行鳴其為人也丰姿清爽天性聰明般般精攬件件久精祖業添新慶振宗聲旧風門外田疇千古計庭前花木四時新不已功名為念宜恃冠勉磨盤英雄惟贈劍三尺豪傑相逢酒一樽身恃隱隱文何用人不知言味更真拙於自己巧與他人但念一生衣祿耗何須騎馬入青雲此則穩當之命鴛帷年長方諧老子嗣秋來旺滿門運行初丙子上人庇下來新平生丁丑運中雪晴天樂滿已多人事如心戊寅才傍旺足家居好尚有紛飛素乾生己卯運中天上三陽泰人門五福臻須更風雨雨過山青庚辰運中威權有布人欽旺才常具達福祿增辰字之中花放風生辛巳運中晚年閑快樂一似會丈以閒樽壬午運中一夢南柯

甲戌年　乙亥月　戊戌日　癸亥時

此八字戊戌魁罡之日相配柱中水木財殺之格人生得此生於右族長於名門水木椿萱雙晚茂隨鳴鴻鴈有飛騰其為人也丰姿清秀天性聰明雖無深計較稍有淡聰明豈無高仕敬時有貴人欽曰福曰榮自有順天之慶常安常樂豈無福地之深楼臺疊疊生涯好財帛盈饒畝畝增消閑棊一局豈與酒三鍾但頗良田千万畝何必天邊沐寵歸此則特達之命鴛幃同属須弁敵子嗣榮門孝義深運行初丙子惠風和暢天朗氣清丁丑運中天邊雲外月岩上始開英戊寅運中寒向梅中盡春從柳上青己卯運中三陽泰泰運一氣轉鴻鈞庚辰運中正是太平光霽景天邊洒雪满門庭辛巳運中延賓翫物會文開樽壬午運中晚年閑快樂癸未運中一枕了平生

甲戌年　丁亥月　癸丑　癸亥時

此八字癸亥日元相配柱中土木傷官助才之格水居冬旺生平樂自無憂主人生於右族長於名門椿萱榮晚贈鴻鴈各凌雲其為人也丰姿性態天性豪横窮書覽史孝足三冬常以時人不如己每嘆世事不如心衣冠濟濟人中傑和氣怡怡席上珎終是文場折桂客豈為田舍鑿耕人比海蛟横頭角聳南山豹变爪牙新一朝騰踏飛黃去金紫榮看次第陞此則榮貴之命鴛幃重合丞子嗣晚光榮運行初丙子上人庇下難断平生丁丑運中欲遂班超投筆志須榛董子下帷功戊寅運中十年窓下留心志一旦天边拜聖君己卯運中衣惹御爐拖瑞錦筆宣皇澤洒春霖庚辰運中三度皇恩有感二番風木驚愁辛巳運中

甲戌年　乙亥月　壬辰日　癸卯時
此八字壬辰魁罡之日相配柱中木火傷官助才
之格水居冬旺生平樂自無憂遇斯命者生於石
族長於名門椿萱徵貴鴻鴈隨鳴其為人也丰姿
清俊天性聰明胸羅今古事學識聖賢心麗句妙
為天下白高材俊似海東青終是功名之客豈為
田舍之翁鵬路高搏知健翼龍門深躍見脩鱗一
朝騰踏飛黄去金紫榮看次第陞此則榮貴之命
鴛幃春暖須年小子嗣榮門孝且思運行初丙子
上人庇下化日陽春丁丑運中欲遂平生志潛心

對短檠戊寅運中騰身離泮水攀桂步蟾宮己卯
運中驛中曉日催行路江上春風促去程庚辰運
中三度君恩喜一番風雪驚辛巳運中錦衣肥馬
重重貴天上恩波浩浩新壬午運中鮮祖歸田里
簫遙樂性情癸未運中春光去也一枕清風

甲戌年　乙亥月、　壬子日　庚子時
此八字壬子日丑之辰相配柱中冬水傷官之格
身望無倚陽刃重起主人生於右族長於仁門椿
青耐晚萱先別天邊鴻鴈有行鳴其為人也丰姿
清秀天性聰明般般精覽件件不精謀動君子威
伏小人祖業添新慶財源厚積存無慮盡傳詩礼
樂有朋來自遠方親滿世功名身外事五湖風月
樂怡情此則旺足之命鴛幃有犯須重續子嗣榮
門孝義深運行初丙子上人庇下未斷升沉丁丑
運中如花向日似月離雲戊寅運中爆竹催聲殘

臘燭約梅香引早春逢己卯運中天上三陽泰人
間五福均庚辰春色滿門關不住一枝梨玉出墻東辛
巳運中晚年壯觀福亨無窮壬午運中無思無慮
癸未運中一枕巫峯

甲戌年　乙亥月　壬子日　戊申時

此八字壬子日刃之辰相配柱中木土傷官制殺之格人生得此生於文望之族長於顯宦之門椿萱榮倚難双耄天邊鴻鴈各行鳴其為人也丰姿清秀天性聰明千古文章逞榮耀一天星斗煥心胸太山北斗千年在和氣春風四座傾終是功名之客豈為田舍之翁鰲遊玉蟾攀桂去馬隨青帝踏花行一從姓字傳楊後金紫榮榮看次第陞此則榮肅之命鴛幃有犯須招副子嗣秋來朵朵榮運行初丙子上人庇下未断平生丁丑運中欲向雲峯足須從灯下留心戊寅運中莫愁雲阻藍関道時来頃刻便升騰己卯運中自錦瓊林後朝朝識聖明當此之際柳絮輕盈庚辰運中職位两迁金紫貴还愁風雨片時生辛巳運中赤心扶日月素志層經綸壬午運中子貴闘田里籬邊樂性情癸未運中歸去也

甲戌年　乙亥月　癸卯日　癸丑時

此八字癸卯日貴之根傷官之格水帰冬旺生平樂自無憂值斯命者生於望族長於高貴椿萱榮倚奚双耄天邊鴻鴈各翱翔其為也丰姿清秀天性果剛聰明書藝遠倜俏世情長終是登庸之客豈為田舍之郎一朝馬上衣冠别此是男兒當自強此則榮貴之命鴛幃連理會子嗣旺門情運行初丙子上人庇下襲慶迎祥丁丑運中趨庭負笈入室高堂戊寅運中靈鰲動処千山震丹桂開時萬里香已卯運中雖則金甌拜會还愁凤雪一場庚辰運中乱浪怒席凨生重全重全咸布一方辛巳運中未許懸車轎还留依攄棵壬午運中夕陽有恨一夢黃泉

甲戌年　乙亥月　癸卯日　壬戌時

此八字癸卯日貴之辰相配柱中木火傷官助才之格主人生於良族長於高門椿萱有倚先虧父天邊鴻鴈各西東丰姿清秀天性老誠有順天理之德豈無福地之深算長名園過旧竹花開上苑勝先春但願粟枯并貫朽果然富貴勝為官此則發福之命鴛幃有碍須羊敵子嗣生成蹺灶人運行初丙子上人庇下未斷平生丁丑運中飄飄雲霧散灼灼蓝中英戊寅運中寒向梅中放春從擲上生己卯運中桃李千谿錦江山一叠屏庚辰運中雪消雲散天如洗從此滔滔福有增辛巳運中到此始知時運好果然富貴显其身壬午運中享子孫之樂癸未運中夢杳杳佳城

甲戌年　乙亥月　庚寅日　丙戌時

此八字庚金配丙火時上偏官之格食神持令制伏得宜金命双親荣秀春闈棠棣芬菲其為人也丰姿清秀度量寬舒博文約礼廣覽遍知必擬名登龍虎榜定應身到鳳凰池身親龍家足躡天墀此則光耀之命鴛幃連理合子嗣秀森枝運行初丙子双親庇下有何是非丁丑運中學問必須窮六籍功名定是惜三餘戊寅運中三登黃甲凛凛威飛己卯運中一天膏雨隨車至千里仙風逐扇揮雷此之際瑞雪沾衣庚辰運中權高曾損福依舊照光輝辛巳運中威權赫奕祿位高巍壬午運中子規啼夜月香夢杳何之

甲戌年　乙亥月　丙戌日　丁酉時

此八字丙戌日元相配柱中旺水發生印之格女人得此生於右族長於名門椿萱雖並耄鴻鴈各行鳴其為人也年姿清秀天性聰明勝丈夫氣槩有男子材能雲妝華岳千山秀水到湘江一樣清箕帚頻繁存礼節相夫教子有賢明萬里無雲天一色三秋好景月長明雖觸雖犯易喜易嗔雖不鳳冠帔旺自然才祿豐盈此則穩厚之命良人連珠高一載子嗣森枝有挺崇運行初甲戌運中上人庇下蔭秀閨門癸酉運中契合春窩成好夢黃緣紅葉是良姻壬申運中雖則天門才帛旺、中尚有事兮盈辛未運中飛李千鋪錦江山一叠屏庚午運中濟〃𠱷釵絢日層・羅綺臨風己巳運中光華疊、沛澤紛〃戊辰運中子樂天賢、家業旺何須人事有周妨丁卯運中一枕清風

甲戌年　乙亥月　壬子日　辛亥時

此八字壬子日刃之辰相配柱中火土傷官助才之格水居各旺生平樂自無憂主人生右族長於仁門椿萱分别先虧母天邊鴻鴈各行鳴其為人也年姿清秀天性聰明行藏果斷作事老成般般廾覽件件不精有近貴親賢之德應上和下之能祖業添新慶根源勝舊風閙處愛去冷處不行施恩惹怨布德成嗔時来財祿旺運至福駢臻莫道拈枝難結果東君留意更殷勤此則穩厚之命鸞幃有犯須招觝子嗣秋来旺宅門運行初丙子上人庇下未斷平生丁丑運中風帶雪来應覺冷鳥啼花落始知春戊寅運中雖則行藏有慶还愁素耗相生己卯運中着意種花花不發無心插柳柳成陰須叟風雨頃刻逡巡庚辰運中才源雖旺足花放尚風生辛巳運中延賓玩物會友開樽壬午運中無思無慮癸未運中一枕清風

甲戌年　乙亥月　己丑日　己巳時

此八字己丑日元相配柱中水木才殺之格人生得此生於右族長於名門椿萱連珠一期臺天邊鴻鴈各飛行其為人也丰姿清趣天性果斷毅般稍覽件件求知不慈不勇可貧可方万里風光行樂須四時佳趣福元昌立成新事業再整舊門墻遊山玩水攜詩卷對月觀花把酒觴福布江山外名聞湖海中但願一生才祿旺何必思登天子堂此則旺之之命鴛幃有犯須相敵子嗣先成貴顕人運行初丙子工人庇下其樂何當丁丑運中梨花雨初晴後江湖風味長戊寅運中才源旺足家居好須臾素耗尚何當己卯運中湖海遨遊才祿旺還愁人事尚悠揚庚辰運中門庭珠履三千客屏列金釵十二行辰字之中戕度乖張辛巳運中簾捲香風生百福軒開化日祿元昌壬午運中稅年閑快樂會友且流觴癸未運中歸去也

甲戌年　乙亥月　戊子日　己未時

此八字戊子日之相配水木才杀之格合杀晉官之論主人生於右族長於高門椿父先帰萱帨别天邊鴻鴈各行群其為人也丰姿清雅天性剛忠穎曉三分道理文章一竅不通曰福曰崇自有順天之慶常安常樂豈無福地之深祖基宜葺古事業必重新常為萬里客有從百年身酒觧平生恨衣沾上國塵好意番成惡真心換得嗔雖不逮侯封爵自然福祿無窮此則豐厚之命鴛幃有犯須重續子嗣秋来有秀馨運行初丙子幼年之下未斷平生丁丑運中雪情天未縫斷又傷情戊寅運中湖海遨遊多快樂還愁人事尚虧盈己卯運中梅須遜雪三分白雪為輸梅一縣馨當是時也素耗突迯庚辰運中才源驟長世事如心辛巳運中軒開化日千祥集簾捲香風百福增壬午運中龜游闇苑魂返巫峯

甲戌年　乙亥月　己酉日　甲戌時

此八字己土天元相配柱中木水才杀之格女人得此多機變會操持火命椿萱有倚天邊鴻鴈獨飛姿容窈窕性格和怡家能擺布作事會施為一苑杏桃錦秀滿山松柏快屏幃無處無榮辱平生不益虧此則中平之命良人有碍須年敵子嗣春英秀幾枝運行初甲戌春園雨過花木芳菲癸酉運中路入桃源花爛熳橋橫銀漢水漣漪壬申運中片雲蔽日景色昏迷辛未運中雨晴山聳翠雲散月揚輝庚午運中漸登泰域始造專衢己巳運中冲擊之所旺處生非戊辰運中春光一去萬事成非

甲戌年　乙亥月　壬子日　甲辰時

此八字壬子日刃之辰相配柱中木土傷官制煞之格人生得此生於有族長於高門椿父先歸萱哥晚天邊鴻鴈各行聯其為人也丰姿清秀天性機關頗知今古事稍識聖賢篇自有順天之慶豈無福地之深旭日桑麻茂盛薰風禾黍連阡不慈不勇可方可貞福布江山外名聞湖海間處仕星孤輕世俗大夫松好賤官班羅綺飄香風蕩蕩壺觴列座草阡芊才源有分生涯好何須東努拜金鑾此則穩厚之命鴛幃有杷子嗣斑斕運行初丙子上人庇下春苑春山

丁丑運中雪晴天未燦行樂尚迍邅戊寅運中須臾雲掩月依舊月嬋娟己卯運中韶華萬里美景一聯庚辰運中才源富足福祿闕闃當此之際柳絮飄綿辛巳運中軒闊化日千祥集簾捲香風百福增壬午運中晚年閑快樂子傑旺門庭癸未運中春光去也一枕難還

甲戌年　乙亥月　壬辰日　乙巳時

此八字壬辰魁罡之日相配柱中木土傷官印殺之格水居冬旺生平樂自無憂主人生於右族長於高室鴻鴈幾行各奮椿萱一事期順其為人也丰姿清秀氣岸高奇妍窮今古覽過詩書袖礼虹霓冲霄色筆端風雨駕雲衢終是功名客豈翁田里耕鋤北海蛟龍頭角崢南山豹变爪牙齊一朝騰蹈飛黃去濟濟衣冠拜鳳池此則榮貴之命外悼有犯須招硬子嗣秋来有出奇運行初丙子幼年之下未断高低丁丑運中雪案須留苦志天階未許奔馳戊寅運中蔵器待時時必達時来頃刻步蟾蜍己卯運中到此始知文李好長安道上踏霜蹄庚辰運中片言能折獄一筆掃光兄當此之際風雪飛飛辛巳運中戰迁金紫貴何事便懸車壬午運中春光去也花落月西

甲戌年　乙亥月　戊子日　戊午時

此八字戊子日元相配柱中水木才殺之格日干無氣時逢陽刃不為凶主人生於右族長於名門火土椿萱雙晚茂天邊鴻鴈各飛鳴其為人也丰姿清秀天性聰明世事都好覽件件學久精行藏竟消洒咲傲任枯榮曰福曰榮自有順天之慶常安常樂宜無福地之深祖業宜脩整根源勝舊風福布江山外名聞湖海中花無桃李非春色人有笙歌是太平得意江山詩句絶忘情日月酒盃深好意畓惑惡真心換得嗔才源富足平生好何須跨馬入青雲此則穩厚之命篤悌有犯須年長子嗣森枝孝宜忠運行初丙子上人庇下未断平生丁丑運中青帰柳葉晴初變紅入桃花燦未句戊寅運中雖則行藏而有慶還忌鬧非素耗生己卯運中才源富足家婦好風雪飛来一度驚庚辰運中不獨才源富足尚祈声勢豪洪辛巳運中山前山後皆明月江北江南總是春壬午運中享子孫之福慶癸未運中夢杳杳之佳城

甲戌年　乙亥月　壬寅日　辛丑時

此八字壬寅趋艮之日相配柱中木火傷官助才之格人生得此生於右族長於名門椿萱双晚并鴻鴈各搏風其為人也丰姿清秀天性聪明行藏果断作事老誠機謀毅伏峯用人歆水光浮壓盃盤堂花氣侵人咲語響重成新事業再整旧門庭花無恙李非春色人有笙歌是太平得意江山詩句健忘情日月酒盃深滿世功名身外事五湖風月樂怡情此則蔭福之命鴛幃有犯須招副子嗣生來貴显人運行初丙子上人庇下化日揚春乙丑運中雨過山方秀雲開月始明戊寅運中風月高晴爽江湖意趣深己卯運中不独才源富足尚祈声势豪洪庚辰運中才帛盈餘人事廣也然飛紫藝衣襟辛巳運中如松含晚翠似菊吐含英壬辰運中晚年快樂會友開樽癸未運中花落水流春已失蘭摧玉折恨何明

甲戌年　乙亥月　己酉日　己巳時

此八字己酉日允相配柱中水木財殺之格人生得此生於右族長於名門椿父先歸萱晚別天邊鴻雁各行鳴其為人也丰姿清秀天性聪明古今一覧學足三冬衣冠濟濟人中傑和氣怡怡終是功名之客豈為田舍之翁雲程坦坦登天去仕路悠悠名利成一朝但得風雲便跨馬天門沐寵榮此則榮貴之命鴛幃有犯須招副子嗣秋來有挺榮運行初丙子上人庇下未斷平生丁丑運中雪晴天未暖行樂未如心戊寅運中不負寸陰之惜豈辜題柱之功自沐天邊寵朝班肅縉紳庚辰運中綉衣肥馬重重貴天上恩波日日新當此之際風雪満庭辛巳運中有才當大用未許便辭榮壬午運中歸去松筠三径茂倘來軒冕一毫輕癸未運中人生從此別無復見儀刑

甲戌年　乙亥月　癸丑日　己未時

此八字癸水日元相配柱中土木傷官合殺之格制伏太過减我貴氣值斯命者生於温潤之族長於清白之門木金椿萱椿別早天遣鴻鴈隻隨鳴其為人也丰姿清秀天性雍容頗知礼義稍識古有微微之計較淡淡之聰明世事頗能將就般般李好精通門外生涯千古計庭前花木四時春重成新事業再整旧門庭遣興三鍾酒消閑一曲琴才原旺足福禄駢臻前世為人脩不足今生註定缺其唇此則饒裕之命鴛幃金玉潤子嗣桂蘭香

運行初丙子上人庇下未斷平生丁丑運中風狂椿樹折行樂未如心戊寅運中春風播爽微雨弄晴己卯運中報道春光明媚果然柳絲花紅庚辰運中才如風捲浪福似月離雲當此之際風雪盈庭辛巳運中庭前竹報平安日檻外花開富貴春壬午運中安閑晚景樂享兒孫癸未運中歸去也

甲戌年　乙亥月　壬子日　辛丑時

此八字壬子日刃之辰相配柱中金木傷官帶印之格人生得此生於茂族長於名門椿萱双晚茂鳩鴈廣聯鳴其為人也丰姿清秀天性聰明胸羅今古事學識聖賢心辞鋒穎利疑無敵筆力縱橫若有神太山北斗千年在和氣春風四座傾終攀桂之客豈為避世之灵碧落九重騰鸞驁赤霄萬里奮鵬程瑶池鞭静朝南極五夜鍾停拱北宸此則榮達之命鴛幃金玉潤子嗣秀金英運行初丙子上人庇下霽月光風丁丑運中十年窓下禁黄

卷與青灯戊寅運中禹浪三層都躍過風生鉄面鬼神驚己卯運中佇看官封三級酌然禄享千鍾庚辰運中一番風雪過重紫與重金辛巳運中有材腐大用未許便辞崇壬午運中酒酣平生恨衣沾上国塵癸未運中楚臺雲散空留梦漢苑香消不返魂

甲戌年　乙亥月　甲寅日　丙寅時

此八字甲寅專祿之日相配桂中水火傷官帶印之格人生得此生於良族長於仁門堂上椿萱連珠配天邊鵠鴈各搏風其爲人也丰姿清秀天性志誠雖無深計較稍有淡聰明曰福曰榮自有順天之慶常安常樂豈無福地之深祖業添新慶根源勝舊風五湖生計好四海祿元增花無桃李非春色人有望歉是太平施恩惹怨布德成嗔但歉一生財祿旺何必

天邊沐寵榮此則豐潤之命鴛幃同屬須年敵子嗣

秋來桑系榮運行初丙子上人庇下未斷平生丁丑運中世事宛如春夢人情薄似秋雲戊寅運中雖則行藏有變幾多人事虧盈己卯運中財源富足家居好尚有官非耗耗生庚辰運中不獨財源富足尚祈福祿興隆辛巳運中富足以潤其屋德足以顯其身壬午運中晚年閑快樂癸未運中一枕了平生

甲戌年　乙亥月　辛卯日　戊戌時

此八字傷官帶才之格特逢印綬生身值此象者生於名望長於縉紳金火椿萱榮秀春風棠棣芳馨其爲人也機謀宏遠學有淵源隨時應變牽筆成文終是佳璋之器豈爲常俗之人龍飛九五青霄近鵬擊三千瀚海深昂然頭角從徒霖雨降黎民此則維顯簪纓之命鴛幃魚水情歡給桂子榮華秀戶建運行初丙子春風料倘未必精神丁丑運中歆逐平生男子志且留燈火十年心戊寅運中三月忽聞雷動地崢嶸勢要上神京己卯運中

令重奸心破威嚴鬼膽驚庚辰運中權重也曾生進退依然天府沐深恩辛巳運中皇恩有感迁高爵金紫榮看取次陞壬午運中晚年安逸暮景升平癸未運中香魂杳杳流九泫泫

甲戌年　乙亥月　乙未日　戊寅時

此八字乙未日元相配柱中旺水偏印之格人生得此生於右族長於名門萱毋先帰椿耐歲天邊鴻雁各行鳴其為人也丰姿天性聰明有博古通今之志窮書說史之能衣冠濟濟人中傑和氣怡怡席上珍終是功名之客豈為田舍之翁一朝倘得風雲便九重雨露沐皇恩錫長化日桑茂馳敎仁風雨露青㕍則榮達之命鴛幃燭夜添新鳳子嗣秋来有梃榮運行初丙子上人庇下風雪初晴丁丑運中欣思登仕路須用剔青灯戊寅運中人慈雲阻雲邊路時来機會便成名己卯運中皇恩有威声名顯給給德澤惠黎民庚辰運中雪晴開閶闔雨露再加陞辛巳運中冲擊之所鮮組帰榮壬午運中青春去也一枕難醒

甲戌年　乙亥月　甲辰日　壬申時

此八字甲木相配柱中金水缺印之格人生得此生於名望之族長於仁德之堂椿萱有倚鳰鷹聯行丰姿清秀礼樂鏗鏘學問有成一舉可冲天之勢英才敏捷片言有折獄之良自從姓字傳揚後濟濟衣冠拜家章此則承芳之命鴛帏全正副桂子有標香運行初丙子上人庇下摘句尋章丁丑運中讀書映雪觀史引光戊寅運中報道是龍還不信果然奪得錦標香己卯運中駟中曉日催行站江上春風拂綉衣庚辰運中一番風雪過金紫戝加昌辛巳運中冲擊之所權重生殃壬午運中正欲成瑚璉一夢入泉鄉

甲戌年　乙亥月　壬寅日　甲辰時

此八字壬寅遇艮之日相配柱中木土傷官助殺之格水居冬旺生平樂自無憂人生得此生於右族長於高堂金土嚴慈双晚茂天邊鴻雁各飛揚其為人也丰姿清秀天性聰明賢良書藝廣倜儻時非常李間不親顏孟業生平常優貴人鄉才源旺象帑宅榮昌不惡不勇可員可方妙術寧傳俗炅丹自有藏非吏非儒非釋道也應名魯遍鄉邦一生自得清高趣萬古賢英仰秘方此則清旺之命鴛幃小命須年少子嗣生成當顯郎運行初丙子上人庇下具樂何當丁丑運中如花向日枝枝旺似笋穿籬節節長戊寅運中妙術廣傳神効驗才源滾滾旺門墻己卯運中不獨才名振作尚期樓閣軒昂庚辰運中人生正在風光處豈知酒雪塗門墻辛巳運中于箇于筍乃積乃倉壬午運中延客觀物會飲流觴癸未運中春光去矣流水洋洋

甲戌年　乙亥月　甲寅日　甲子時

此八字甲寅專祿之日相配柱中旺水印綬之格水泛木浮藏吾貴氣主人生於右族長於名門金火椿萱雙晚茂天邊鴻雁各行鳴其為人也丰姿清雅天性聰明知高下識重輕過火黄金重長價離雲皎月陪清明重成親事業再整舊門庭有心於貨利無意慕功名得意江山詩句捷忘情日月酒盃深笋長名園過舊竹花門上死勝先春時至自然財禄旺運來福禄享無窮此則穩厚之命鴛幃有犯須年小子嗣秋來孫孫成運行初丙子上人庇下磁祿平生丁丑運中寒向梅中盡春從柳上生戊寅運中古樹含風常帶雨寒岩四月始知春巳卯運中財源瀼瀼家居好尚有閑非耗生庚辰運中成四時佳趣立萬古門庭辛巳運中有田皆種玉無地不生英壬午運中無思無慮不辱不榮癸未運中花落月西沉

甲戌年　乙亥月　己丑日　己巳時

此八字己丑之日相配柱中水木才殺之格人生得此生於右族長於仁門丰姿清秀天性乖能知高下識重輕祖基祖業須重整財帛資囊自琢成萬里無雲天一色三秋好景月長明鬧處愛走冷處不行不向仕途求聞達却來湖海覓黃金是非莫管門前客得失須憑塞上翁時至財源富足運來福祿駢臻此則穩厚之命鴛幃燭夜添新丞子嗣秋來旺宅門運行丙子上人庇下天朗風清丁丑運中春園雖雨過桃李未生英戊寅運中爆竹声催殘盡去折梅香引早逢春己卯運中萬疊好山雲乍斂一輪明月雨初晴庚辰運中簾捲香風生百福軒開化日祿元增辛巳運中無思無慮壬午運中春夢無憑

甲戌年　乙亥月　丙午日　庚寅時

此八字丙午日刃之辰相配柱中木水殺生印綬之格人生得此生於右族長於高門萱母先歸椿後別天邊鴻鴈各行鳴其為人也丰姿清淡天性聰明知高下識重輕世事頗能將就般般學欠精通自有順天之慶豈無福地之深重成新事業再整舊門庭不必覓珠來水府何須求劍到豐城江湖有意公卿小廊廟無心宇宙軒時至運通成事業地靈人傑旺財名晚年光露景福祿享無窮此則穩厚之命鴛幃有犯須同屬子嗣金風孝義深運行初丙子上人庇下風雪未晴丁丑運中古樹含風常帶雪寒岩四月始知春戊寅運中始覺春光明媚還愁風雨相侵己卯運中天上三陽泰人間五福增當此之際微雨弄晴庚辰運中成四時佳趣立萬古門庭辰字之中花放風生辛巳運中簾捲香風祥瑞集軒開化日福元增壬午運中無思無慮癸未運中一枕清風

甲戌年　乙亥月　辛亥日　戊戌時
此八字辛亥日元相配柱中水木傷官助才之格
只緣身弱減我功名主人生於右族長於名門椿
父先歸萱後別天邊鴻鴈各行鳴其為人也丰姿
清秀天性聰明般般稍覽件件不精有抵雪欺霜
之智截長補短之能祖業添新慶根原勝舊風欲
為商賈思慕功名田園桑柘茂畝畝稻粱馨花無
桃李非春色人有笙歌是太平施恩慈懇布德成
嗔滿世功名身事五湖風月可怡情此則豐潤之
命鴛幃水命須年敵子嗣秋來有顯榮運行初丙
子上人庇下未斷平生丁丑運中雷晴天未暖行
樂未如心戊寅運中雖則行藏有慶還愁素耗相
侵己卯運中不意之中曾得意用心之處不如心
片時風雨片時困循庚辰運中才源旺足家居好
何處閑非素耗生辛巳運中子貴晚年多快樂喧
喧車馬到門庭壬午運中安閑晚景癸未運中春
夢無憑

甲戌年　乙亥月　己丑日　乙亥時
此八字己丑日主相配柱中水木財殺之格人生
得此生於右族長於名門椿親有壽萱先別天邊
鴻鴈各行鳴其為人也丰姿清秀天性聰明頗知
禮義稍識古今有近貴親賢之德應上和下之能
重成新事業再整舊門庭福布江山外名聞湖海
中是非莫管門前客得失須憑塞上翁時至財源
富足運來福祿駢臻此則穩厚之命鴛幃重合遲
子嗣晚光榮運行初丙子上人庇下未斷平生丁
丑運中世事短如春夢人情薄似秋雲戊寅運中
始覺陽和滿目幾多人事虧盈己卯運中不偏財
源富足尚期聲勢豪洪庚辰運中天上三陽泰人
間五福增當此之際風雪滿庭辛巳運中軒開化
日千祥集簾捲香風百福增壬午運中春光去也
花落月沉

甲戌年　乙亥月　壬子日　庚戌時

此八字日壬子日刃之辰相配柱中木土傷官制殺之格人生得此生於右族長於名門萱母先凋椿耐脫天邊鴻鴈各行鳴其爲人也丰姿清淡天性乖敏斷高理直作事公平有微纖之計校有淡淡之聦明親賢近貴理白分清重成新事業再整舊門庭生涯湖海上道路或西東不是功名客生来近貴人花無桃李非春色人有笙歌是泰平遇險終無險逢凶幸不凶但顯明傳千里外只愁中景未如心此則穩厚之命鴛闈有杞須招硬子嗣

森枝有是榮運行初丙子春風駘蕩夏日炎蒸丁丑運中雪消天未煖行樂未如心戊寅運中始竟陽和滿目還愁花放風生己卯運中到此始知時運好萬物光榮世事通片時風雨過雨過山青庚辰運中成四時之佳趣立萬古之門庭辛巳運中福若泉源湧財如春氣生壬午運中晚年閑快樂會友以閑樽癸未運中夕陽有限春夢無憑

甲戌年　乙亥月　己亥日　乙丑時

此八字己未日元相配柱中水木才殺之格官殺渾雜講我功名主人生於西室長於高門椿親磊落萱歸副天邊鴻鴈各行群其爲人也丰姿清秀天性剛忠有理白分清之智絕長補短之能出土黄金顯十分之貴色離雲皎月布萬里之清明水光浮磨盃盤瑩花氣侵人咲語馨田園㮾柘茂献畝稻梁馨笋長名園過舊竹花開上苑勝先春滿功是名身外事五湖風月樂怡情此則穩厚之命鸞幃玉結冰清子嗣鳳凰並秀運行丙子上人庇

下化日陽春丁丑運中春園雖雨過桃李未生英戊寅運中始知春晝夜方學瑞祥生己卯運中軒開化日千祥集簫捲香風百祿增庚辰運中福布江山外名聞湖海中當此之際風雪滿庭辛巳運中延賓玩物友閑樽壬午運中鄉民仰德閭里推尊癸未運中春光歸去也逝水杳無聲

甲戌年　乙亥月　乙未日　丙戌時

此八字乙未日相醒柱中水火傷官用印之格人生得此生於右族長於名門木命椿萱連珠属天邊鴻鴈各行鳴其為人也手姿清秀天性聰明般般稍覧件件不精有近貴親賢之德應上和下之能萬里無雲天一色三秋好景月長明祖基祖業添新慶才帛資囊日漸成生涯湖海上道路武西東田園有意公卿小廊廟無心宇宙軽但願才源富足任他身外柴名此則發福仁厚之命鴛幃有犯須年長子嗣荣門朶朶馨運行初丙子上人庇

下天朗氣清丁丑運中乍雨乍晴留客景武寒武煖田人春戊寅運中雖則家居有慶幾多人事虧盈己卯運中着意栽花花不發無心揷柳柳成陰庚辰運中不獨才源富足尚祈声勢豪洪當此之際風雪滿庭辛巳運中庭前竹報平安日檻外花開富貴春壬午運中延賓玩物會友開樽癸未運中桃源悮入一夢難醒

甲戌年　乙亥月　辛亥日　壬辰時

此八字辛亥日元相配柱中水木傷官助才之格人生得此生於右族長於名門金水椿萱双晩茂天邊鴻鴈各行鳴其為人也手姿清秀天性聰明般般稍覧件件不精有近貴親賢之德應上和下之能重成新事業再整舊門風門外田疇千古計堂前花木四時春笋長名園過舊竹花開上苑勝先春鑿山終有路握井必泉通君若有心登仕路也應光耀舊門庭不費區區之力終為發福之人此則擊石生烟之命鴛幃有分須年歒子嗣秋来

有顯榮運行初丙子上人庇下月朗風清丁丑運中如日之恒如月之升戊寅運中淡烟楊柳岸薄霧杏花村己卯運中才源旺足家業餘盈庚辰運中西風洒雪令人悶過此才源福源增辛巳運中富潤屋德潤身壬午運中安閒老景會友開樽癸未運中夕陽有限春夢無憑

甲戌年　乙亥月　甲午日　甲子時

此八字甲午日元相配柱中旺水印綬之格印綬者上格也只嫌水泛木浮減吾科第成名主人生於右族長於高門水土播蓮連珠履天邊鴻鴈有成群其為人也丰姿清淡天性華能般般稍覽件件不精有近貴近貴親賢之德應上和下之能水光浮座盃盤瑩花氣侵人咲語馨田園桑柘茂畝畝稻粱馨花無桃李非春色人有笙歌是太平時来機會好献粟也榮身此則富貴榮華之命鶯幃正副須年長子嗣森枝晩節馨運行丙子上人庇下天朗氣清丁丑運中雲開山聳翠雨遇竹重青戊寅運中雖則家居富足幾番人事虧盈己卯運中正是太平光霽景还忌閒非素耗生庚辰運中富貴榮華當此際須臾風雨不為驚辛巳運中簾捲香風生百福軒開俗祿元增壬午運晚年閒快樂一枕入巫峯

甲戌年　乙亥月　乙未日　乙酉時

此八字乙未日元相配柱中金水殺生印綬之格正謂處身僧道之首用殺反輕主人生於右族長於禪居椿萱不相守鴻鴈各行飛其為人也丰姿清秀天性慈悲高人親敬貴客扶攜足跡如來地身穿忍辱衣六根清淨五戒監持竹影掃堦塵不染香雲滿座法傾英遇僧出口文給落宝珠瓔珞尚雕甍此則清潔之命運行初丙子上人庇下有何是非丁丑運中夭桃豔杏無心恋明月清風得自然戊寅運中雖則行藏有慶幾番人事趦趄己卯運中名山容席衆華來皈庚辰運中過戶清風為契友穿窓明月是相知辛巳運中經卷香灯為活計戒刀衣鉢足加持壬午運中好經滿目朝暮阿彌癸未運中莫道西方無去路金蓮步步接天池

甲戌年　乙亥月　戊戌日　甲寅時

此八字戊戌魁罡之日相配柱中木水財殺之格殺重身輕減吾貴氣主人生於右族長於高堂萱母先帰椿時晩天邊鴻雁各行鳴其爲人也丰姿清秀天性機関知高識下近貴親賢不慈不勇可方可員假假好覽件件不全重成新事業毋整旧根源旭日染麻茂盛薰風禾黍連阡詔旨任他来北闕草玄終見出南山福布山江外名聞湖海間施恩成怨布德成冤琴樽風月為生計金谷松筠旧歳寒但願一生財祿旺果然富足勝爲官此則

饒裕之命也帰有礙須年長子嗣秋来显桂蘭運行初丙子上人底下未断平生丁丑運中始覺陽和漏日还愁素耗一番戊寅運中春園雖雪遇行樂尚还遭己卯運中韶華萬里美景一聯當此之際進退一番庚辰運中千江有水千江月萬里無雲萬里天辰字之中一番風雨辛巳運中屏列金釵行十二門迎珠履客三千壬午運中無事浮生皆若此不如高卧且加飡癸未運中帰去也

甲戌年　乙亥月　甲午日　丁卯時

此八字傷官帶印之格人生得此椿萱有倚分中道鴻鴈天邊各奮鳴其為人也丰姿磊落天性聰明萬里韶華名利必從天上降一聯美景才源自伺閣中生乙入泮林勤古典何愁鴈塔不題名此則磨礪方成之命鶯啼宜有贈樫子旺門風運行丙子春風駘蕩夏日炎蒸丁丑運中春風播奕微雨弄晴戊寅運中如日外賜谷似月皎中庭己卯運中正是梅青開月白何愁第宅不增新庚申運中

難則家居有憂还愁風木之驚壬午運中是飛莫晉門前客得失須憑上翁癸未運中嵗寒松尚茂秋老菊尤青甲申運中莫年安享乙酉運中一夢巫峯

甲戌年　乙亥月　癸巳日　乙卯時

此八字癸巳貴人之日傷官助財之格水居冬旺生平樂自然憂遇斷命者金木椿萱双晚茂天邊鴻雁独居先其為人也丰姿清秀天性機関知今古識書編定擬得名得禄豈教豹隱龍蟠魚佩金鱗光照地雀啣瑞蔕游冲天但逢機會至跨馬去朝天此則貴顯之命篤幃正副子嗣班蘭連行初丙子上人庇下未斷暑寒丁丑運中欲遂平生志潜心對簡編戊寅運中馬蹄催我登程去又向橋門困幾年己卯運中到此始知文章好崢嶸頭角拜天顏庚辰運中一番風雪過金紫戢高廷辛巳運中榮回故里寄驢味壬午運中花落春殘啼杜鵑

甲戌年　乙亥月　辛卯日　己丑時

此八字辛卯日元相配柱中水木傷官助才之格傷官者剛毅之物也丰人生於右族長於名門椿萱蔭倚一期壽天邊鴻鴈各行鳴其為人也丰姿清秀天性老誠雖無深計較稍有溪聰明知高識下理白分清謀動君子感伏小人自有順天之慶豈無福地之深重成新事業再整旧門庭欲為商賈思慕功名第因落籜方成竹魚為春波始化龍一朝但得風人挈也應祿馬狂前程不費區區力終為隱跡人此則擡鼓有生之命篤幃有犯須抬副子嗣秋來有晚榮運行初丙子上人庇下未断平生丁丑運中幾歆思高春遠番成剪雪裁冰戊寅運中機會來時漸光彩还幾世事不如心須臾素耗頃刻逸走己卯運中問名則名可就問利則利豊盈當此之際風雨还生庚辰運中感權布德声名重禄進才高雨露墜辛巳運中庭前竹韜平安日檻外花開富貴春壬午運中訃音一播酹酒三鍾

甲戌年　乙亥月　甲午日　甲子時

此八字甲午日元相配柱中旺水印綬之格只嫌水泛木浮藏吾科第成名主人生於右族長於名門萱親先別椿棠晚天邊鳴鴈各行鳴其為人也丰姿清秀天性剛忠頗知礼義稍識古今有近貴親賢之德應上和下之能祖業添新慶根源勝舊風剖石終遇玉淘沙始見金君若有心於仕路也應祿馬旺前程此則蘗石生烟之命鴛幃有配須年敵子嗣生成貴顯人運行初丙子上人庇下未斷平生丁丑運中雪晴天未燦謀動未如心戊寅運中貴人相指引機會入神京已卯運中誇馬起程歸上國宜知冠冕可容身

庚辰運中　祿位又加陞辛巳運中正宜食祿未許辭榮壬午運中晚年閑故里會友以開樽癸未運中春光去也一枕難醒

甲戌年　乙亥月　丁亥日　乙巳時

此八字丁亥日貴之辰相配柱水木官印之格人生得此生於右族長於華居其為人也丰姿清秀天性操持播萱有倚先彫母棠棣根同藥不齊有博古通今之志截長補短之機般般稍覽件件粗知東嶺栽松西嶺秀南園種樹北園齊羅綺飄香風蕩蕩壺觴列座草萋萋五湖生計好四海祿元齊施恩惹慾布德成非雖不文場鏖戰也應光耀門閭此則微名厚利之命鴛幃年長尤招副子嗣秋來發異枝運行初丙子天分榮辱未斷高低丁丑運中春園雖雨過桃李未芳菲戊寅運中雖則行藏有廢還愁素耗閑非已卯運中財源旺足家居好風雪飛來未称機庚辰運中小池雨過添新綠深谷春來發舊枝辛巳運中沖擊之鄉還發福只愁喜處復成悲壬午運中花落水流春已失崗摧玉折恨何知

甲戌年　乙亥月　丁酉日　壬寅時

此八字丁酉日貴之辰相配柱中水木傷官助財之格人生得此生於巨族長在名門椿親微貴豈賢淋天邊鴻鴈各飛騰丰姿清秀天性聪明千古文章逞榮耀一天星斗煥心胸終是功名客豈為遯世翁碧落九重騰鸑鷟青霄萬里奮鵬程一從酎琱宴金紫職階陞此則榮貴之命鴛幃宜有贈子息襁衣新運行初丙子上人庇下未斷平生丁丑運中十年窓下業黄卷與青灯戊寅運中莫愁雪阻藍關道時来頭角便崢嶸己卯運中躍過禹門三級浪泉㔟金鑾侍聖明庚辰運中即署官御何足羡大夫金紫又加陞當此之際風雪滿空辛巳運中佇看官封三級着然祿享千鍾壬午運中榮歸故里癸未運中美酒千鍾甲申運中歸去也

甲戌年　乙亥月　甲午日　甲子時

此八字甲午日元相配柱中旺水印綬之格主人生於右族長於名門椿萱連珠配鴻鴈後前鳴其為人也丰姿清秀天性至誠頗知礼義稍識古今當仁不讓見善則欽祖業添新慶財源厚積存箕長名園過舊竹花開上苑勝先春田園有意公卿小廊廟無心宇宙輕才源富足平生好何必天邊沐寵榮此則穩學之命鴛幃全正副子嗣桂蘭榮運行初丙子幼年之下天朗氣清丁丑運中世事宛如春夢人情薄似秋雲戊寅運中爆竹聲随殘臘盡折梅香引早春還己卯運中桃李千谿錦江山一畫屏庚辰運中雖則才源富足還愁風雪滿庭辛巳運中延賓玩物會友開樽壬午運中無思無慮癸未運中一枕清風

甲戌年　丙子月　戊午日　甲寅時

此八字戊午日刃之辰相配柱中水木才殺之格
生得此生於良族長於高門椿萱双挽茂鳴鳳
各凌雲其為人也丰姿清雅性格剛忠雖不成名
利生平近貴人高謀遠見機関別慷慨春風一妙人
第長名園過旧竹花開上苑勝先春得意江山詩
句絶忘情日月酒盃深不以功名為念豈将冠冕
磨襲遊山翫水携詩卷對月観花把酒斟満
世功名身外事五湖風月樂怡情此則穩富之命
篤幨土命須年敵子嗣生成貴顯人運行初丁
丑上人庇下未断平生戊寅運中春園雖雨過
恙李未生英己卯運中不是一番寒徹骨焉得
梅花噴鼻香庚辰運中才擁雖重羡人事尚斟
盈辛巳運中西風吹過天边雪從此才源倍有增
壬午運中猶若泉源湧才如春氣生癸巳運中
夕陽有限春夢無憑

甲戌年　丙子月　丁卯日　癸卯時

此八字丁卯日元相配柱中水木來生印綬之格
人生得此生於遠室長於高居金命椿萱双晩茂
天遥鴻鴈各行飛其為人也丰姿清楚氣宇高奇
頗知礼義稍識詩書見吾則持於己當仁不讓於
師情不素饒心不藏機祖業添新慶才深異旧時
行藏果断作事三思羅綺飄香風蕩蕩壺觴列座
草萋萋滿世留名身外事五湖風月有多錢此則
發福之命篤幨有兎須招副子嗣生成貴显榮運
行初丁丑父母之卿未断高低戊寅運中不為横
花春起早多容素月夜眠遅己卯運中風寒春冷
人情淡薄急如按馬向遅庚辰運中天上三湯奉
人間五福臻辛巳運中湖登秦域始造高衢當此
風雪成堆壬午運中寒岩松栢茂暮景樂奉榆癸
未運中晩年閑快樂甲申運中一枕夢黃昏

甲戌年　丙子月　己巳日　癸酉時

此八字己巳日元相配柱中水木才官之格運行
背地箴我功名生於右族長於名門椿父先歸萱
後别天邊鴻雁各㨗風其為人也丰姿清秀天性
聰明頗知礼義稍識古今高人相敬貴客相欽過
火黄金量十分之貴色離雲皎月布萬里之清光
樓臺疊疊生涯好才帛盈盈福禄增不向仕途求
聞達却来湖海覔黄金消閑碁一局遣興酒三鍾
身將隱矣文何用人不知知味更真但願才源旺
足何須天府沾恩此則發福之命兆幃重合氬子

嗣彩衣新運行初丁丑上人疪下未断平生戊寅
運中風帶雪来方覔冷鳥啼花落始知春己卯運
中寒向梅中尽春從柳上生庚辰運中雨過園桃
簇錦和風堤柳茁金辛巳運中簷前竹報平安日
檻外花開富貴春壬午運中門楣壮觀楼閣凌雲
癸未運中經霜松栢蒼蒼秀雨過春山分外青甲
申運中人生從此别塵世隔儀形

甲戌年　丙子月　己卯日　辛未時

此八字己卯專權日相配柱中水木才殺之格正謂己卯日
不怕亦亦多㦖貴主人生於右族長於高門金命椿萱
双晚茂天边鴻雁各行鳴其為人也丰姿磊落天性聰明
五車書富三冬足一舉成名万騎冲終是功名之客豈為
田舍之翁奮身離白屋平步入青雲宜向月中攀桂
子何須天上沐陽春一朝騰達飛黄步衆芻趨朝
拜主咧此則榮貴之命兆幃燭夜添新慶子嗣森
枝有継榮運行初丁丑幼年之下詩礼趨庭戊寅運
中継題名與姓何愁不显名己卯運中高附三汉都領

色威風凜凜四方清庚辰運中三度君王寵雨沓
風雪驚辛巳運中雪晴闹閣藩臬戚君尊壬
午運中未許思平息还蜀侍聖明癸未運中花落
水流春已去計君無後返黃泉

甲戌年　丙午月　丁巳日　乙巳時

此八字偏官之格五行無破四極不形遇斯象者木火椿萱耐晚庭前棠棣聯飛其爲人也手姿高古性格能爲須成新事業难守舊根基难羈难犯易喜易悲惡不遂善不欺不爲商價莫季讀書自有順天之慶豈無福地之時此則穩足之命此幃有硬須偏正桂子秋来秀幾枝運行初丁丑上人庇下未斷盈虧戊寅運中萬里無雲天一色三秋好景月明時己卯運中成四時之佳趣立萬古之根基庚辰運中門外田疇千古計庭前花木四時香辛巳運中正寅玩物會友圍棊壬午運中春光暮短一夢西歸

甲戌年　丙子月　庚辰日　辛巳時

此八字庚辰日德之辰傷官制殺之格丙辛作合得其所宜主人生於右族長於高門椿萱雙脱茂棠棣兆邊生其爲人也丰姿清秀天性聰明斷事理直處事公平學問有成錦綉腹藏賢聖學英材玉絶珠璣口吐武文風終是錦衣驄馬客豈教南畝務躬耕鰲遂玉蟾攀桂去馬隨青帝踏花行一從性宇傳揚後濟濟衣冠拜九重此則榮貴之命此幃得配名門女子嗣生成貴顯人運行初丁丑上人庇下未斷平生戊寅運中歆遂平生志潜心對短琴己卯運中藏器待時時必逢時来攀桂步蟾宮庚辰運中寒拂紫衣催驛騏光生玉節下雲層辛巳運中只憐金紫聲名重風雪飛来倍慘悽壬午運中有財應大用未許向籬東癸未運中歸古松筠三徑足倘来軒冕一毫輕甲申運中春光去也一挑巫峯

甲戌年　丙子月　壬申日　庚戌時

此八字壬申長生之日相配柱中火土財殺之格陽刃合殺有功人生得此生於右族長於名門椿亡外道萱先別天邊鴻鴈各行鳴其為人也丰姿清秀天性聰能般般梢覽件件不精有近貴親賢之德應上和下之能祖基宜再整事業必重增五湖生計好四海祿元增萬里春風行樂頌四時佳趣瑞祥生鬧非莫管門前客得失須從塞上鴻施恩也怨布德成塵雖然不是金鞍客自然財祿會駢臻此則風順之命鴛幃有犯須相觝子嗣金風旺宅門運行初丁丑上人庇下未必評論戊寅運中雪晴天未煖行樂未為晴世情濃有淡淡處又還濃庚寅運中財源旺益行藏好花放生榮上腦人至此辛亥運中山前山後皆明月江北江南總是春片時風雨雨過山晴壬午運中連捲香風生百福軒開化日祿元增午字之中如月入雲癸未運中無思無慮甲辰運中萬事成空

甲戌年　丙子月　辛未日　己亥時

此八字傷官之格官星透露又不為官捧文早歸萱耐晚西風鴻鴈失行聯其為人也智謀遠大性格機關雖不遂侯封爵亦能近貴親賢軒開化日增光彩簾捲香風進祿元滿世功名身外事但惟安穩樂怡然此則溫和之命鴛幃得合如水之緣子嗣有成斑衣之慶運行初丁丑只宜繈褓未論衰妍戊寅運中一番風雪過方是太平年己卯運中滔滔增祿福疊疊長才源庚辰運中韶華萬里美景一聯辛巳運中報道行舟正穩須臾風浪滔天壬午運中晚年安逸癸未運中夢遶巫山

甲戌年　丙子月　乙亥日　乙酉時

此八字乙亥日元相配柱中金水殺生印綬之格
人生得此生於右族長於名門萱毋先歸椿耐晚
天邊鴻鴈各行鳴其為人也丰姿清秀天性聰明
般般稍覽件件不精有近貴親賢之德應上和下
之能重成新事業再整旧門庭福布江山外名聞
湖海中得意江山詩句絶忘情日月酒盃深才源
富足家業興隆満世功名身外事五湖風月足怡
情此則穩厚之命鴛幃有杞瀕年少子嗣森枝晚
節榮運行初已卯上人庇下未断平生戊寅運中
雪晴天未煖行樂未如心已卯運中春風快爽微
雨弄晴庚辰運中才源旺足家居好須史素耗尚
愁人辛巳運中天上三陽泰人間五福增壬午運
中簾捲香風生百福軒開化日祿元增癸未運中
晚年子貴显福祿享無窮甲申運中一枕清風

甲戌年　丙子月　甲戌日　甲子時

此八字甲戌日主相配柱中旺水印綬之格印綬者
上格也主人生於右族長於名門椿萱易遇双双老
鴻鴈関河各自群其爲人也丰姿清秀天性聪明高
謀遠見機関別慷慨春風一好人曰福曰荣自有順
天之慶常安常樂豈無福地之深祖業添新慶根源
勝旧風不向仕途求聞達郤来湖海覓黄金花無桃
李非春色人有笙歌是太平但願財源富足何須天
府求荣此則發福之命鴛幃春色麗子嗣晚光荣運
行初丁丑上人庇下未断平生戊寅運中寒向梅中
盡春從柳上生已卯運中隐隐輕雷抽碧笋微微細
雨潤紅英庚辰運中雨過園桃簇錦風和堤柳拖金
辛巳運中雪晴雲散天如洗財源浩浩旺門庭壬午
運中歲寒松尚茂秋老菊尤金癸未運中一枕餘香
隔年夢斜風吹散楚山雲

甲戌年　丙子月　甲戌日　丙寅時

此八字甲戌日元相配柱中旺水印綬之格人生得此生於右族長於高門椿萱双晚別鴻鴈各行鳴其為人也平安清秀天性聰明頗知禮義稍識古今有進貴之德和下之能重成事業再整門庭兩鄰秋色皆喬木耆舊風流有幾入花無桃李非春色人有筆歎是太平但願一生財旺何須天府求榮此則旺益之命鴛幃有碍須年小子嗣秋來有挺榮運行丁丑上人底下未斷平生戊寅運中寒向梅中尽春從柳上生己卯運中乍雨乍晴留客景或寒或煖困人春庚辰運中才源滾滾家居好尚愁素耗不如心辛巳運中不獨才源富足尚祈声勢甚洪壬午運中簾捲香風生百福軒開化日福元增年字之中如履薄水癸未運中夕陽有限春夢無憑

甲戌年　丙子月　己未日　乙丑時

此八字己未陰刃之日相配柱中水木才殺之格女人得此生於右族配於名門姿容聞朗髮皃精神有針綴刺繡之巧治家立業之能一苑杏花鋪錦繡滿山松柏映幃屛每懷丸膽意時抱擇憐心不產崑崗蔵韞色卣生楚澤散清馨难觸难犯易喜易嗔憂禍自能辞内味素琴雁鮮辨絃声雖不鳳冠帔服自然金谷餘盈此則穩秀之命良人得配名門女子嗣生成貴显人運行初乙亥上人庇下未斷升沉甲戌運中路入尭源巻爛熳橋横銀漢水澄清癸酉運中正是太平光霽光須曳風雨尚愁人壬申運中罗綺千般色珎羞百味新辛未運中不独裙釵濟濟尚祈金谷豊盈庚午運中冲擊之所如月入雲已巳運中粧臺人去也臺鏡掩晨明

甲戌年　丙子月　庚申日　丁亥時

此八字庚申專祿之日相配柱中水火傷官制
殺之格女人得此生於右族長於仁門椿萱有
倚難全老天边鴻鴈各行鳴其為人也資容清
雅德茂行真有針綴之巧立業之勤雲收華岳
千山秀水到湘江一樣清翁姑少倚妯娌尚清輕
春入水光成嫩綠日匀花萼發新紅難觸難犯
易喜易嗔雖不佩冠帔服自然茂旺夫門此則
穩福之命良人連珠高一截子嗣生成貴顯人
運行初丁丑上人庇下未斷平生甲戌運中路入
桃源花爛熳橋橫銀漢水澄清癸酉運中雖則
夫門多快樂發番微雨發番晴壬申運中萬盡
好山雲作斂一樓明月雨初晴當此之際素耗還
生辛未運中羅綺千般色珍羞百味新庚午運中
夫貴子貴樂意忘情己巳運中春歸花落盡空
悲子規聲

甲戌年　丙子月　乙丑日　乙酉時

此八字乙木日元相配柱中金水偏官助才之格
人生得此生於右族長於名門水金椿萱双晚茂
天邊鴻鴈各行鳴其為人也丰姿清秀天性老成
有理白分青之智裁長補短之能祖業添新慶才
源厚積存雖不成名利生平近貴人萬里韶華世
事每從忙裏就一聯美景才源自向閙中生豐年
田舍禾盈壑臘日山家酒滿斟得意江山詩句健
忘情日月酒盃深英雄惟贈解三尺豪傑相逢酒
一鍾但願一生多快樂何須天府沐皇恩此則發
福之命鴛幃金玉潤子嗣桂蘭榮運行初丁丑上
人庇下未斷升沉戊寅運中登臨雨淨賞翫春陰
己卯運中爆竹声催殘臘尽折梅香引早春逢庚
辰運中金勒馬嘶芳草地玉楼人醉杏花村辛巳
運中才源雖富足風雪又盈庭壬午運中延賓玩
物會友閒樽癸未運中松尚茂栢尤青庚申運中
翩翩名旐藹藹佳城

甲戌年　丙子月　戊午日　乙卯時

此八字戊午日刃之辰相配柱中水木才殺之格
官殺太重子午卯酉少一字不全主人生於右族
長於高門椿萱先别父鴻鴈各排空其為人也丰
姿清秀天性乖能有理白分清之智截長補短之
能行藏竟消洒咲傲任枯榮知高識下自是自能
月掛碧天多皎潔名揚湖海有光榮門楣壯觀福
祿駢臻時来自有滔滔福運至還教路路通雖不
綺羅衣錦綉自然時至福無窮此則福旺之命鴛
幃令健方偕老子嗣森枝有挺榮運行初丁丑上
人瓝下風雪未晴戊寅運中梨而初晴花爛熳西
風又布滿天雲己卯運中既濟尤防未濟得經尤
慮失經庚辰運中財帛盈囊人事賡幾番微而幾
番晴辛巳運中夜而自添池水滿西風吹綻海棠
紅壬午運中不獨財源旺足尚祈声勢豪洪癸未
運中百年繼綣戌何用一日無憑萬事空

甲戌年　丙子月　丙寅日　己亥時

此八字丙寅長生之日時上偏官之格官殺渾
襟棫我功名主人生於右族長於高門萱母先
歸椿後别天邊鴻鴈不同群其為人也丰姿清
秀天性聰明知高下識重輕祖業須重立財囊
自琢成君子敬貴人欽名聞湖海聲振鄉村身
將隱已文何用人不知之味更真何用功名光
故里但祈福祿享無窮此則旺足之命鴛幃碍
須交續子嗣秋来一顯榮運行初丁丑上人瓝
下未断升沉戊寅運中春園雨過萬物增新己
卯運中世情濃又淡淡處又還濃庚辰運中雨
過萬重山有色雲開千里月光明辛巳運中正
是梅青𦬊月白还愁微雨弄初晴壬午運中英
雄惟贈劍三尺豪傑相逢酒一鍾癸未運中得
中有失晦處还明甲申運中暮景桑榆多快活
須臾雲掩月朦朧乙酉運中花已落月尤沉

甲戌年　丙子月　丁卯日　乙巳時

此八字丁卯日元相配柱中水木殺印之格人生得此生於良族長於仁門椿父先帰萱耐晚天邊鴻鷹不行鳴其為人也丰姿清秀天性老誠雖無深計較稍有淡聰明曰福曰榮自有順天之慶常安常樂豈無福地之深重成新事業再整舊門庭福布江山外名聞湖海中得意江山詩句絕忘懷日月酒盃深不以功名為念豈将冠冕磨礱但傾時來財祿旺何必天邊沐寵榮此則發福之命鴛幃水命須年小子嗣秋來有挺榮運行初丁丑上

人庇下未断平生戊寅運中雪睛天未煖行樂未如心己卯運中雖則行藏有慶幾番人事虧盈庚辰運中財旺福興家業廣也愁素耗尚還生辛巳運中着意種花花不發無心插柳柳成陰須史風雨而過山青壬午運中簾捲香風生百福軒開化日祿元增癸未運中人生從此則無覆見儀形

甲戌年　丙子月　乙亥日　丙子時

此八字乙亥日元相配柱中旺水印綬之格印綬者上格也主人生於右族長於名門金木椿萱運晚翠天边鴛鴦不聯鳴其為人也丰姿清秀立性聰明頗知礼義稍識古今世事頗能将就詩詞奉問微通終是功名之客豈為田舍之翁三汲浪中難変化玉墀之上也却馳名行看頭角聳光彩旧門庭腰銀不用三場奉治政还從九載功此則榮盛之命允幃有碍須張配子嗣秋來朵朵榮運行初丁丑上人庇下未断平生戊寅運中欲思文中

可達者成詠月吟風己卯運中藏器侍時時未達時來遇貴入功公門庚辰運中労形於案牘時至有声名梨花鋒雪雨過山青辛巳運中雖則峥嵘頭角还當蹇剝虛名壬午運中賛政声名播滔滔祿位陞癸未運中榮歸田里何憲突生甲申運中訃音一播醉酒三中

甲戌年　丙子月　辛酉日　癸巳時

此八字食神助才之格人生得椿萱有倚雅双老天之鴻鴈各飛騰半姿清秀天性聰明英材而小顛孝闔琢磨成器石終逢玉淘沙始見金孝向勤中應有待名聞朝朝豈無勞不費區區之力終為田舍人此則頑石藏祿之命鴛配良家女子嗣金風旋秀發運行初丁丑上人庇下來論非沉戊寅運中攀開水府珠生綉擁山豐城劍炤明己卯運中到此始知光榮好觀物光華百事通庚辰運中衣冠雖仕麗風堂又盈庭辛巳運中峰感山川生秀麗見沾草木動信喜壬午運中世事善心成老檄溪山陽隱生高情癸未運中韜名隱微微之佳城

甲戌年　丙子年　丁卯日　甲辰時

此八字丁卯日元相配柱中水木傷官制殺之格殺生印綬之論人生得此生於石族長於名門椿萱双晚贈鳩鴈有飛騰其為人丰姿清秀天性聰胎羅今古事孝識聖賢心太山北斗千年在和氣春氣四座傾終是功名之客豈為田舍之翁獻案功名何足羨一朝奮志躍潛鱗瑤池鞭靜朝南極五夜鍾停拱北辰此則榮貴之命鴛幃燭夜添新慶子嗣秋來朵朵榮運行初丁丑上人庇下未斷平生戊寅運中機會來時沾寵渥依然泮水對青灯己卯運中十年窗下業時至便升騰庚辰運中躍過禹門三級浪秉笏趨朝拜聖明辛巳運中職遷金紫貴尚恐雪盈庭壬午運中仔看官封三級動然祿享千鍾癸未運中榮回故里子貴重封甲申運中夕陽有限春夢無憑

甲戌年　丙子月　丙子日　丁酉時

此八字正官之格時上喜見才顯主人生於宦族長於名門椿萱荣倚鴻鴈聯群手姿清秀天性聰明學問知今古群書貫一經北海蛟横頭角犢南山豹变依牙新一朝騰踏飛黃去祿位荣看次第陞此則荣貴之命鴛幃賢淑須招贈子嗣金風絲舞成運行初丁丑上人庇下化日陽春戊寅運中篤學居顏巷潛心對短架己卯運中雲程坦坦登天去事足悠悠名利成庚辰運中衣冠正在風光處只恐天邊雪滿庭辛巳運中獄拙片雲民訟息九天雨露再加陞壬午運中天上三陽太人間雨露均癸未運中西風觥處尊罇美悅節開時菊酒馨甲申運中帰去也

甲戌年　丙子月　辛酉日　癸巳時

此八字辛酉專祿之日相配桂中水木傷官助才之格人生得此生於右族長於名門椿萱荣倚鳥同老天边鴻鴈各飛騰其為人也手姿特達天性聰明截長補短理白分清學問資先竟窮書貫一經麗句妙為天下白高材俊似海東青終是荣華之客豈為田舍之翁奮身登仕路平步入青雲一朝但得風雲便九重天府沐皇恩此則荣貴之命此幃春色黎子嗣桂蘭荣運行初丁丑上人庇下月白風清戊寅運中繼畧終無問何愁不显名己卯運中自沐君恩後威飛郡縣驚庚辰運中寒拂紫衣催驛驥光生玉節下雲層當此之際風雪初晴後煌煌金紫職加陞辛巳運中任看官封三級爵然祿享千鍾壬午運中正宜輔国未許辭荣癸未運中春光去也花落月沉

甲戌年　丙子月　戊午日　庚申時

此八字戊午日刃之辰相配柱中水木財殺之格人生得此生於右族長於仁門椿萱雙晚茂鴻鴈各行鳴其為人也丰姿清秀天性聰明學問有成袖裡虹霓沖霄色英材敏捷筆端風雨駕雲程班璋自是清朝器律呂偏諧治世音終是功名之客豈為田舍之翁鵬路高搏知健翼龍門深躍見脩鱗一從姓字傳揚後直上金鑾輔聖明此則榮貴之命鴛幃連理合子嗣綵衣新運行初丁丑上人庇下未斷平生戊寅運中欲向雲中舉足須從燈下留心己卯運中時來風送滕王閣頃刻高搏萬里程庚辰運中寒拂紫衣催驛騎光生玉節下雲層辛巳運中一番風雪初晴後金紫煌煌面聖明壬午運中正宜秉笏匡朝野未許懸車故里中癸未運中晚年難下會交開樽甲申運中帰去也

甲戌年　丙子月　己巳日　丁卯時

此八字己巳日元相配柱中木水才官之格只嫌官殺混雜藏我功名主人生於右族長於仁門椿文先歸萱耐晚天邊鴻鴈各搏風其為人也丰姿清秀天性聰明般般精覽件件不精微謀輙舉用人欽重成新事業再整旧門庭福布江山外名聞湖海中花無桃李非春色人有笙歌是太平無慮盡傳詩礼有朋来自遠方親但顧才源富足何須天府求榮此則穩厚之命鴛幃連珠低一載子嗣秋来朶朶榮運行丁丑上人庇下未斷平生戊寅運中雪晴天未煖行樂未如心己卯運中雜則行藏有慶幾多人事虧盈庚辰運中才源滾滾家居好風雪飛来幸不驚辛巳運中蕭捲香風生百福軒開化日祿元增壬午運中高朋滿座酌酒盈樽癸未運中晚年快樂甲申運中一枕難醒

甲戌年　丙子月　丁卯日　甲辰時

此八字丁卯之日相配柱中水木杀生印綬之格刑冲太重事不十全主人生於右族長於名門當毋先帰椿耐晚天邉鴻鴈不同群其為人也丰姿清秀天性乖能頗知礼義稍識古今自有順天之慶豈無福地之深門外田疇千計好庭前花木四時春不以功名為念豈将冠冕磨礱是非莫管門前客得失須憑塞上翁運至特通成事業地灵人俊旺才名此則發福之命鴛幃重合丞子嗣晚光荣運行初丁丑幼年之下雲月朦朧戊寅運中雪晴天未煖行樂未如心已卯運中畫水無声空有浪繡花雖艷不聞馨庚辰運中梅須遜雪三分白雪亦輸梅一段馨辛巳運中黎花乱落溶溶月柳絮池塘淡淡風壬午運中門楣壯觀弟宅增新癸未運中百年繼繼成何用一日無常萬事空

甲戌年　丙子月　丙辰日　己亥時

此八字丙辰日德之辰配于柱中旺水偏官之格人生得此生於右族長於名門椿親帶疾萱賢淑天邉鴻鴈各行飛其為人也丰姿清秀氣宇高奇頗知禮義稍識詩書自有順天之慶豈無福地之時重成新事業再整舊根基田園桑柘茂畝畆稻粱肥花盈上苑果盈圃稻淵平疇水淵池市壓生計廣湖海福元齊雖不綺羅衣錦綉也應鄉黨姓名馳此則穩厚之命鴛幃火命須年小子嗣生成貴顯榮運行初丁丑上人庇下未斷高低戊寅運中寒從梅上畫春向柳邉歸己卯運中須吏風雨過從此福元齊庚辰運中財源滚滚家居好尚愁素耗未如機辛巳運中羅綺飄香風蕩蕩壺觴列座草萋萋當此之際須吏風雪壬午運中歲寒松尚茂秋老菊猶馨癸未運中春光去也一枕佳城

甲戌年　丙子月　丁卯日　壬寅時

此八字丁卯日元相配柱中水木傷官助印之格人生得此生於右族長於名門椿父先歸萱耐晚鴻鴈天邊有各騰其為人也丰姿清秀天性聰明胸羅今古事李識聖賢心麗句妙為天下白高材俊似海東青萬里扶搖鰲睛蟄一聲霹靂躍潛鱗豹変南山霧鵬摶北海風一從姓字傳揚後人似神仙馬似龍望尊四海祿享千鍾此則榮貴之命鴛幃春麗須招副子嗣崇門孝且忠運行初丁丑上人庇下月白風清戊寅運中欲遂平生志須加董子功己卯運中鵬路高摶知健翼龍門濯躍見脩鱗庚辰運中千里霜威金斧重三秋風色綉衣輕辛巳運中一番風雪初晴後金紫煌煌雨露陞壬午運中重金重紫布德施仁癸未運中榮回故里甲申運中一枕清風

甲戌年　丙子月　辛酉日　辛卯時

此八字辛酉專祿之日相配柱中水木食神助財之格財旺生官終身有慶遇斷命者生於右族長於名門椿父先歸萱耐晚天邊鴻鴈各行分其為人也丰姿清秀天性聰明世事頗能將就般般學文精通自有順天之慶豈無福地之深重成新事業再整舊門庭有心於貨利無意慕功名兩都秋色皆喬木替舊風流有幾人時來財旺足運至福無窮此則豐饒之命鴛幃運珠須配硬子嗣秋來朶朶成運行初丁丑上人庇下風雪初晴戊寅運中風帶雪來應覺冷鳥啼花落始知春己卯運中財源雖旺足風雪尚愁人庚辰運中正是太平光霽景須臾風雨尚愁人辛巳運中成四時佳趣立萬古門庭壬午運中家園旺足行藏好只愁風雨尚侵人癸未運中晚年閑快樂一枕入巫峰

甲戌年　丙子月　辛巳日　庚寅時

此八字辛巳日元相配柱中水火食神助財之格財旺自生官旺丙合辛生領掌威權之職主人生於右族長於名門椿萱不逮雙榮贈天邊鴻鴈各行鳴精神燗燗智慧明明理窮古事兼今事書對賢經與聖經定向月中攀桂子便從天上領陽春豹变南山露鵬搏北海風一日声名遍天下滿城桃李咲陽春此則榮貴之命鴛幃金玉潤子嗣有乘榮運行初丁丑未斷平生戊寅運中不負寸陰之惜豈辜題柱之功己卯運中莫愁雪阻藍関道

時來頃刻便升騰庚辰運中禹浪三層都跳過朝朝染翰侍明君辛巳運中雪晴重壮麗金紫職權衡壬午運中冲擊之所權重生驚癸未運中百年繾綣成何用一日無常萬事空

甲戌年　丁丑月　丙辰日　丁酉時

此八字丙辰日德之辰傷官助財之格女人得此生於仁門配於盛族椿萱雙晚翠棠棣邊春姿容情秀天性聰明有針黹之功立業之能一苑杏桃鋪錦綉淵山桃李映帷屏佇看夫榮子秀蝶粺羅綺千層天上三陽泰人間五福增此則益旺之命良人得配名門客子嗣生成貴顯人運行初丙子上人庇下未斷平生乙亥運中路入桃源巷爛熳橋横溪水澄清當此之際微雨弄晴甲戌運中萬疊好山雲乍歛一樓明月雨初晴癸酉運中羅綺千般色珎羞百味新壬申運中片雲蔽月雨過山青辛未運中紅日點穿湘水碧白雲惟破楚山青庚午運中春光去也啼鳥無聲

甲戌年　丁丑月　甲寅日　癸酉時

此八字甲寅專祿之日雜氣才官之格金神之助人生得此生於良族長於高門同偶椿萱先别父天邊鴻鴈有前飛其為人也丰姿清秀天性聰明之人之義多見多聞高謀遠見機閑别慷慨情懷學識深終是功名之客豈為田舍之翁一朝但得風雲便頭角崢嶸顯利名舒長化日桑麻茂融蕩仁風雨露均此則顯達之命鴛幃全正副子嗣桂蘭榮運行初戊寅運中雲裏娟娟月焰焰彙中英己卯運中欲遂平生志須加灯火功庚辰運中區區未遂男兒志且向家門困幾春辛巳運中雲程坦坦登天去舉足悠悠名利成壬午運中雪晴重壯麗雨露再沾恩癸未運中正宜食祿未許思尋甲申運中安閑晚景乙酉運中一枕清風

甲戌年　丁丑月　壬寅日　辛丑時

此八字壬寅趣艮之日相配柱中雜氣剎印之格女人得此生於右族長於高堂椿萱双晚茂鴻雁各分行其為人也行藏果斷處事多方自然清致髮兒異常有斜綴之巧立業之勤凤送芰荷香満㴱日旬花蕚發新粧深明閨壼理洞識古今情心靜似月明雲淡性急如凤捲滄浪錦綉花開家富貴琅玕竹脏日平安此則益旺之命良人同屬如魚水子嗣生來始發芳運行丙子上人庇下毓秀閨門癸亥運中洞房生喜氣人事向垂張過此甲戌運中萬疊好山雲乍歛一輪明月正光揚當此之際花放凤生癸酉運中罗脩千般色珎羞百味香壬申壬中子簹予筍乃積乃着辛未運中夫賢子貴樂享華堂庚午運中訃音一播酌酒三觴

甲戌年　丁丑月　丙辰日　丙申時

此八字丙辰月德之辰傷官助才之格人生得此椿萱双晚秀鴻雁各飛鳴其為人也丰姿磊落天性聪明行藏果断作事老成定擬黄金過火曾教白壁離塵田園桑柘茂畝畝稲梁馨雖不青雲得路自然福祿無窮此則旺足之命鴛幃春色麗子嗣襁衣新運行初戊寅上人庇下雲淡風輕己卯運中漸漸精神爽還愁雨弄晴庚辰運中雨過万重山有色雲開千里月光明辛巳運中一番風雪過從此福元增壬午運中夜雨自添池水満春風吹綻海棠紅癸未運中無思無慮甲申運中一道訃音

甲戌年　丁丑月　甲申日　戊辰時
此八字甲申專權日相配柱中金土雜氣才杀之
格人生得此生於良族長於名門椿萱有倚成無
倚隠鳳天遐有谷飛甚為人也半姿清秀天性老
誠艇艇稍覧件件不精有近貴親賢之德應上和
下之能祖業添新慶根泉勝旧風水光浮座盃盤
席花氣侵人笑語馨不必覔珠來水府何須求劍
到豐城消閑碁一局遇客酒三鍾花無虎李非春
色人有筆歌是太平時來自有渊渊福運至迎敎
路路通一旦貴人相携引也應福祿尚榮昌此則

穩學之命鶯啼有把須年敵子嗣森枝晚節榮運
行初戊辰上人庇下雲月朦朧己卯運中世事寃
如春夢人情薄似秋雲庚辰運中一枝梅破臘萬
象漸回春辛巳運中漸覺夜涼肥雨過始知花放
曉風輕壬寅運中天上三陽泰人間五福增癸卯
運中庭前竹報平安日檻外花開富貴春甲申運
中夕陽有限春夢無憑

甲戌年　丁丑月　癸未日　癸丑時
此八字癸未日元相配柱中金土雜氣殺印之格
女人得此生於右族長於右門椿萱双晚戊棠棣
各數榮其為人也姿容窕窈娉貌精神有針綴之
巧立業之勤雲收華岳千山秀水到湘江一様清
箕箒蘋蘩存礼節相夫教子總賢明雖觸難犯易
喜易嗔帔服鳳冠身外事平生財祿足豊盈此則
穩厚之命良人本命須年長子嗣秋來有棠英運
行初丙子上人庇下未斷升沉乙亥運中路入桃
源花爛熳橋横銀漢水澄清甲戌運中雖則夫門

多快樂幾番微雨幾番晴癸酉運中天上三陽泰
人間五福增須史風雨雨過山青壬申運中萬疊
好山雲乍歛一樓明月雨初晴辛未運中不用高
燒銀燭月明添倍精神庚午運中享子孫之福慶
己巳運中夢杳杳之佳城

甲戌年　丁丑月　戊申日　丁巳時

此八字戊申長生之日相配柱中金木傷官制殺之格喜逢日祿歸時遇斯命者生於右族長於名門木火椿萱雙脫茂天邊鴻鴈有飛鳴其為人也丰資消洒天性垂能頗知礼義稍識古今有近貴親賢之德應上和下之能節長名園過舊竹花開上苑勝先春終是成名之客豈為田舍之翁一旦謀為遂還掛三考名佇看頭角聳德澤惠黎民此則榮貴之命鴛幃連珠高一載子嗣生成貴顯人運行初戊寅上人庇下未斷平生己卯運中欲速不達揚帆待風庚辰運中貴人相接引揮筆入公門辛巳運中霜雪蒲天輕拂掃雨晴跨馬入神京壬午運中祟沾新雨露光顯傳門庭癸未運中皇恩有感重光顯贊政声名德澤新甲申運中曲突徙薪人不會溪边今作釣漁翁乙酉運中春光已去一枕清風

甲戌年　丁丑月　乙巳日　丁亥時

此八字乙巳日元相配柱中金土褋氣才赤之格喜逢印綬生身人生得此生於右族長於高門椿父先歸萱後別天邊鴻鴈各行鳴其為人也丰姿清秀天性剛忠頗知理義稍識古今行藏覺消洒笑傲任枯榮雖不成名利生平近貴人有心於貨利無意慕功名世事每從忙裡就才源自向遠方生酒解平生恨衣沾湖海塵但願一生多獲福何必天邊沐寵榮此則豐潤之命鴛幃燭夜添新壟子嗣金風孝且忠運行初戊寅上人庇下淡淡春雲己卯運中雪晴天未暖行樂未如心庚辰運中得中有失晦後還明辛巳運中才源滾滾家居好風雪鬧非尚惱人壬午運中一輪明月連宵皎萬里秋波徹底清當是時也風雨還生癸未運中不獨才源富足尚祈聲勢豪雄甲申運中咲傲壷中日月優游醉裡乾坤乙酉運中花已落月尤沉

甲戌年　丁丑月　戊申日　壬子時

此八字戊申長生之日相配柱中木火雜氣然印之格才神在柱減我功名主人生於右族長於華堂嚴慈秀茂棠棣分芳其為人也丰姿秀麗天性果剛善決善斷可圖可方重成新事業再整舊門墻田園桑柘茂畎畝稻粱沓喜則發舟不吝逆則風怒濤翻不須上國求名去富則安和樂此生此則穩盛之命驚惶有犯須重續子嗣秋來朶朶榮運行初戊寅上人庇下韶蘐迎祥己卯運中洛陽三月花如錦又被顛風攪一場庚辰運中幾番進退都經過目然漸旺旺資囊辛巳運中門迎珠履三千客屏列金釵十二行壬午運中一得一失一抑一揚癸未運中且將詩酒閑心事不慮風波驟怒狂甲申運中晚年開快樂乙酉運中一夢入黃粱

甲戌年　丁丑月　癸卯日　癸亥時

此八字癸卯日貴之辰相配柱中火土雜氣杀印之格人生得此生於右族長於高門金命椿萱双晚別天邊鴻鴈各行鳴其為人也丰姿清秀天性聰明般般稍覽件件不精風月處友瀟洒容情高謀遠見機關別慷慨春風一妙人祖業添新慶根源勝舊風不以功名為念豈將冠冕磨礱豐年田舍禾盈疊膳日山家酒滿斟施恩慈悲布德成嗔鄉民仰德閭里推尊此則豐潤之命驚惶有犯須招贈子嗣秋來朶朶成運行初戊寅幼年之下財斷平生己卯運中古樹合風常帶雨寒岩四月始知春庚辰運中雖則行藏有慶還愁素耗相侵辛巳運中萬里煙雲收歛一輪秋月光明當是時也風雪還生壬午運中威權有布人欽服才帛興隆福祿增癸未運中天上三陽泰人間五福臻甲申運中無恩無慮乙酉運中春夢無憑

子平遺書　十一

甲戌年　丁丑月　己酉日　甲子時

此八字己酉日元相配柱中木水雜氣才官之格人生得此生於右族長於高門椿萱有倚雖雙老天邊鴻雁各行鳴其為人也丰姿清秀天性剛忠有微微之計較淡淡之聰明曰福曰禁自有順天之慶常安常樂豈無福地之深水光浮座盃盤縈花氣侵人咲語馨不又驪珠來水府何須求觙到豊城身將隱奐文何用人不知之味更真瀟世功名身外事五湖風月樂怡情此則饒福之命鴛幃有犯須年敵子嗣秋來孝且忠運行初戊寅上人庇下淡淡春雲己卯運中娟娟雲裏月灼灼葉中英庚辰運中才須雖旺足入事尚虧盈辛巳運中萬里烟雲妝斂一樓明月光明壬午運中旺中尚自盈頭雪雪霽才源倍有增癸未運中天上三陽泰人間五福臻甲申運中人生從此別無復見儀形

子平遺書　十二

甲戌年　丁丑月　甲寅日　辛未時

此八字甲寅專禄之日相配金火雜氣財官之格傷官在柱減我功名主人生於右族長於高門水木椿萱双晚茂天邊鴻雁不同鳴其為人也丰姿清秀天性乖能頗知禮義稍識古今雖無深計較稍有淡聰名祖業添新慶財源晚積存不以功名為念宣將冠冕磨礱是非莫晉人前客得失須憑塞上翁時來財禄旺運至福無窮莫道枯枝難結果東君有意更慇懃此則穩厚之命鴛幃有犯須年長子嗣秋來旺宅門運行初戊寅上人庇下未断平生己卯運中雲籠皓月水泛浮萍庚辰運中不是一番寒徹骨焉得梅花噴鼻香辛巳運中着意種花花不發無心插柳柳成陰壬午運中嚴霜積雪都經過從此財源福禄增癸未運中戌四時佳趣立萬古門庭甲申運中如松含晚翠似翁吐秋英乙酉運中歸去也

甲戌年　丁丑月　丁丑日　丙午時

此八字丁丑日元相配柱中金土傷官助才之格喜逢日祿以歸時遇斯命者生於名門長於右族椿萱雙悅茂天邊鴻鴈兩滋鳴其人也丰姿清秀天性聰明頗曉三分道理文章一竅不通福布江山外名聞湖海中春入桃園香遍塵寰之藹月離海嶠宇宙之間江湖有意公卿小廊廟無宇宙輕時來才祿旺運全福駢臻此則豐饒之命鴛幃連理合子嗣旺光榮運行初戊寅只宜褫稱未論平生己卯運中世事究如春夢人情薄似秋雲庚辰運中得中有失晦後還明辛巳運中小池雨過添新綠深谷春來發舊馨壬午運中雪情雲散天如洗從此才源倍有增癸未運中有名聞富貴無事小神仙甲申運中有酒逢仁客會友以談文乙酉運中夕揚有夕春夢無憑

甲戌年　丁丑月　辛亥日　甲午時

此八字辛金日元相配柱中火土雜氣殺印之格人生得此生於仁門長於右族萱母續絃椿倜儻木火元來是納音天邊鴻鴈有双飛鳴其為人也丰姿清秀天性聰明世事頗能將就般般學欠精通過火黃金重長價離雲皎月倍清明祖業添新慶才源厚積存不是朮名客終為潤屋人祿布江山生秀麗名聞湖海有光榮樓臺疊疊生涯好才帛豐盈福祿增田園有意公卿小廊廟無心宇宙輕但欲一生多富足何須騎馬入青雲此則穩富之命鴛幃有花須招副子嗣榮門孝且忠運行初戊寅上人庇下天朗風清己卯運中如花向日俗月離雲庚辰運中漸漸精神爽看看氣象增辛巳運中近水樓臺先得月向陽花木早逢春壬午運中富貴榮華多快樂何愁人事有虧盈當此之際風雲滿庭癸未運中季倫錦綺何為貴秦帝何房未足稱甲申運中晚年壯觀子貴光榮乙酉運中人生從此別無復見儀形

甲戌年　丁丑月　癸卯日　甲寅時

此八字癸卯日貴之辰祿氣官印之格亦官刑合之意人生得此生於盛族長於仁門椿萱雙眺秀鴻鴈獨飛騰其為人也丰姿瀟洒天性平能禮樂規模字詩書典籍文終是簪纓客豈為田舍人一朝騰踏飛黃去果然白屋出公卿此則脫白之命鴛幃春嚴須招副子嗣花前果後主運行初戊寅上人庇下詩禮趨庭已卯運中欲遂平生志宜加繼登功庚辰運中霹靂一聲雲霧合禹門躍過浪三層辛巳運中紛署聯班才獨称皇恩有感職加陞壬午運中一番風雪過祿位再加榮癸未運中錦衣肥馬重重貴牖上桃符字字真甲申運中春光去也一枕蓬瀛

甲戌年　丁丑月　癸亥日　甲申時

此八字癸亥魁罡之日雜氣財官之格人生得此生於盛族長於仁門椿萱雙眺茂棠棣兖邊春其為人也精神炯炯知慧明明英才而出類學問以淵源定擬榮登仕路豈教鑾井躬耕一朝騰踏飛黃去此際不羞蛇作龍此則顯揚之命鴛幃配合須年少子嗣榮門孝且忠運行初戊戌上人庇下未斷升沉已加運中淨几明窓清燈黃卷庚申運中一聲春霹靂驚起困中人辛巳運中三慶君恩盡一番風木驚壬午運中佇看官封三級事祿千鍾癸未運中明時柱石盛世股肱癸酉運中春去也桃源蓬島信難通

甲戌年　丁丑月　壬子日　戊申時

此八字壬子日刃之辰相配柱中金土雜氣扶助
之格人生得此生於右族長於名門木火椿萱双
晚别天邊鴻鴈有行鳴其為人也丰姿清秀天性
剛忠知高下識重輕出土黄金重長價離雲皎月
倍清明篤長名園過舊竹花開上苑勝先春不向
仕途求聞達却来湖海覓黄金得意江山詩句健
忘情日月酒杯深但願粟陳并貫朽何須天府去
求榮此則穩盛之命鴛幃有犯須年敵子嗣森枝
有旺榮運行初戊寅上人庇下天朗氣清己卯運
中世事短如春夢人情薄似秋雲庚辰運中春風
金風常帶雪容寒四月始知春辛巳運中財如風
捲浪福似月離雲當此之際風雪還侵壬午運中
不獨財源富足尚期聲勢豪洪年字之中花放風
生癸未運中門楣壯觀弟宅增新甲申運中晚年
快樂會交閒樽乙酉運中春光已去一枕清風

甲戌年　丁丑月　丁未日　乙巳時

此八字丁未陰刃之辰相配柱中金土傷官助才
之格女人得此生於大厦長於高門椿萱雙並奉
鴻鴈不聯飛其為人也姿容清秀體態豊腴有針
綴之巧立業之機上堂不敢專權勢入室還須聽
指揮初運不如中限好晚年光景勝常時此則寵
人之命良人年長殘昏客子嗣枝頭秀幾枝運行
丙子上人庇下有何是非乙亥運中共結絲羅山
海固永諧琴瑟地天齊甲戌運中淡烟楊柳岸薄霧
杏花村癸酉運中才旺生官家業立始知福祿倍光輝
壬申運中孤駕虎威而獲福何愁人事有虧盈辛
未運中有子士林成大業斯時名譽即非甲庚午運
中安閑晚節萬事稱機已巳運中春光已逝歸去
來兮

甲戌年　丁丑月　丙午日　癸巳時

此八字丙午日刃之辰相配柱中金水襍氣才官之格女人得此生於右族長配名門椿萱双晚茂鴻鴈有行鳴其為人也姿容闓朗髮皃精神有針綴之巧樂業之能一苑杏花錦鋪綉繡山松栢映幃屏箕箒頻繁存礼節相夫教子陷賢明春入水光成嫩緑日匀花蕚發新紅心静似月明雲漢性急如風捲殘雲雖不鳳冠帔服自然金玉豊盈此則穏阜之命良人連珠低二載子嗣枝枝有挺榮運行初丙子上人庇下未斷平生乙亥運中契合翠鸞成好夢須臾風雨尚愁人甲戌運中雖則夫門多快樂幾番人事有虧盈癸酉運中羅綺臨風多壯觀片時風雨片時晴壬申運中簾捲香風生百福軒開化日祿元增申字之中一番風雨辛未運中夫賢子秀樂意忘情庚午運中粧楼人去也臺鏡掩晨明

甲戌年　丁丑月　癸卯日　辛酉時

此八字癸卯日元相配柱中火土襍氣才殺之格喜逢印綬生身遇斯命者生於良族長於仁門木土椿萱双晚別天边鳴鴈各行鳴其為人也丰姿清秀天性剛忠頗曉三分道理文章一竅不通重成新事業再整旧門庭福布江山外名聞湖海中不以功名為念豈将冠冕磨礱田園有意公卿小廊庙充心宇宙輕滿世功名身外事一生才旺樂充窮此則發福之命鴛幃金合須年小子嗣森枝孝且忠運行初戊寅上人庇下未斷平生己卯運中春園雖雨過桃李未生英庚辰運中乍雨乍晴留客景或寒或煖困人春辛巳運中雪晴雲散天如洗從此才源倍有增壬午運中豐年田舍禾盈豐膳日山家酒滿斟須臾風雨雨過山青癸未運中桃李千溪錦江山一叠屏甲申運中人生從此別充後見儀形

甲戌年　丁丑月　己亥日　甲子時

此八字己亥日元相配柱中金土祿氣才官之格春運印綬生身人生得此生於右族長於高門椿父先歸晚別天邊鴻雁各行鳴其為人也丰姿清秀天性聰能般般稍覽件件不精有抵雪欺霜之知截長補短之能祖業添新慶根源勝旧風五湖生計四海緣元增琴樽風月為生計金玉松筠旧歲春雖不成名利生來近貴人花無桃李非春色人生笙歌是太平好意番成惡真心換得嗔雖不建爵封爵自然潤屋潤身此則豈潤之命篤幃有

犯須同爵子嗣秋來朵朵榮運行初戊寅上人庇下未斷平生己卯運中風帶雪來寒覺冷鳥啼花落始知春庚辰運中雖則行藏而有藏还忌閑非索耗生辛巳運中才源富足家居好風雪飛來尚有鶯明月當空生氣爽光華萬景色尤奇庚時風雨雨過山青癸未運中庭前竹根平安日檻外花開富春貴甲申運中門婿壯觀福祿無窮乙酉運中夕陽有限春梦無憑

甲戌年　丁丑月　辛亥日　己丑時

此八字辛亥日主相配柱中火土祿氣杀印之格杀印相生功名益達主人生得寵足長於高門萱母椿別椿堂量天邊鴻後先鳴其為人也丰姿清雅天性老誠有精古通今志貫书覽史之能太山北斗千年在和氣春風四座傾終是功名之客豈非田舍之翁已揚隱隱登天玄筆業攸攸名利成一朝勝達飛黃玄九重雨露沐

皇恩此則榮貴之命允幃有配須年繼子嗣秋成貴量人初行戊寅運中上人庇下未斷平生己卯

運中雪情天霽朗芹泮有書情庚辰運中歎思老筆道番成松柏風辛巳運中抛卷幾回空探月時來方始入青雲壬午運中寄跡橋門十載寒沾雨硯勤功已開月彩雪後山青癸未運中皇恩大用青名量便將德澤惠黎民甲申運中百里弦声民樂業九天雨露再加陞丁酉運中子貴名榮贈丙戌運中馬踏佳城

甲戌年　丁丑月　甲午日　辛未時

此八字甲木相配柱中火土傷官助才之格人生得此生於盛族長於華堂萱毋先歸椿後別天邊鴻雁各分翔丰姿清秀礼樂鏗鏘聰明書藝倜倘老情長稍有賢良之志粗知礼義之方市廛生計廣湖海祿元昌但顧粟陳并貫朽必求崇上帝鄉此則穩旺之命鴛幃水合須年敵桂子森枝有挺秀運行初戊寅惠風和暢天朗氣清己卯運中如花散彩似月離雲庚辰運中正是梅青月白還愁微雨弄情辛巳運中旺中會駁雜依旧瑞祥生壬午運中須臾風浪幸不成凶癸未運中片雲能散千山雨雨過千山依旧青甲申運中得失相半憂喜並行乙酉運中春年安享酉字之中一夢巫峯

甲戌年　丁丑月　乙巳日　丙戌時

此八字乙巳日元相配柱中金土傑氣才官之格女人得此生於右族長配名門姿容閨朗髮貌超群是女流之輩過男子之能女工機巧維合晚婦道蘋蘩尽頗能紅日点穿湘水碧白雲堆破楚山春有遺訓斷機之志相夫教子之能滔滔無阻滯步步助夫門性急便如風捲浪片時言起片時停仍看晚年光霽景自然福祿享無窮此則榮益之命良人得配名門友子嗣生成貴顯人運行初丙子上人庇下毓閨門乙亥運中紅葉溝中傳寄意赤繩月下結良姻甲戌運中乍雨乍晴留客景或寒或煖困人春癸酉運中萬疊好山雲乍歛一樓明月雨中晴壬申運中羅綺千般色珍羞百味新辛未運中子貴夫賢多快樂庚午運中訃音一播衆傷情

甲戌年　丁丑月　乙卯日　庚辰時

此八字乙卯專祿之日相配柱中金土雜氣才官之格運行背地減吾科第成名主人生於右族長於仁門土木椿萱一期耄天边鴻鴈各行鳴其為人也丰姿清秀天性老誠高謀遠見機關别慷慨春風一好人親賢近貴理白分清絡是成名之客豈為耕鑿之翁一旦謀為遂不揚三考名晚年光霽景德澤惠生民此則徼貴之命鴛幃土合須年小子嗣金風孝且忠運行初戊寅幼年之下禨禑平生己卯運中寒向梅中畫春從枝上生庚辰運中藏器待時時必達時来祿馬向前程辛巳運中跨馬起程登上國始知冠冕可榮身壬午運中雪晴天未暖人事尚匆匆癸未運中皇恩有感声名顯粮税何當日用心甲申運中雞下黃花酒缶中白雪琴乙酉運中夕陽有限春夢無憑

甲戌年　丁丑月　丙辰日　壬辰時

此八字丙辰日德之辰相配柱中水土傷官制殺之格丁壬作合有助主人生於微宦長於名門水木椿萱榮晚别各分群其為人也丰姿清秀天性平能般般稍覺件件不精風月處友消洒客情親賢近貴自是自能筭長名園過旧花開上苑勝先春施恩惹怨布德成嗔時来自有淵淵福運至還教路路通一旦滔然幾會至也應祿馬旺前程晚年光霽景光耀旧門庭不廢區區力終為蔑福人此則擊石生烟之命鴛幃有犯須年長子嗣光榮果後成運行初戊寅紉年之下未断平生己卯運中欲速未達揚帆待風庚辰運中時来機會好從事入公門須史風雨雨過山青辛巳運中雖則禁沾雨露还愁風木憷情壬午運中皇恩有感重增顯贊政声名四境清癸未運中正宜加爵祿解組便辞榮甲申運中夕陽有限春夢無憑

甲戌年　丁丑月　乙巳日　丙戌時

此八字乙巳日元相配柱中火土傷官助財之格人生得此生於右族長配高門椿萱難並鸞鳳各行鴛其為人也姿容清秀髮貌精神有針綴之巧立業之勤一苑杏花鋪錦綉滿山松栢映幃屏萬里無雲天一色三秋好景月長明春入水光成嫩綠日勻花蕚發新紅滔滔無阻滯步步助夫門難觸難化易喜易嗔雖不鳳冠帔服自然禎福無窮此則旺益之命良人得配榮華反子嗣秋來朵朵榮運行初丙子上人庇下未斷平生乙亥運中路入瑤園花爛熳橋橫銀漢水澄清甲戌運中雖則夫門多快樂幾多人事尚因循癸酉運中羅綺臨風多遂欲還愁風雨驟相侵壬申運中一輪明月連空皎萬里秋波澈底清辛未運中晚年多快樂庚午運中一夢入巫城

甲戌年　丁丑月　丁未日　辛亥時

此八字丁未陰丹之日相配柱中水土傷官助財之格喜逢印綬生身主人生於右族長於仁門椿父先歸萱後殞天邊鴻鴈有聯鳴其為人也丰姿清秀天性聰明世事頗能將就般般只欠精通自有順天之慶豈無福地之緣有心於貨利無意慕功名得意江山詩句健忘情日月酒杯深施恩惹怨布德生嗔滿世功名身外事五湖風月樂怡情此則旺益之命鴛幃連珠高一載好嗣秋來朵朵榮運行初戊寅上人庇下未斷平生巳卯運中雪晴天未暖行樂未如心庚辰運中始覓陽和滿目還愁風雪滿空辛巳運中梅須遜雪三分白雪卻輸梅一段馨壬午運中財源旺足家居好還忌鬩非晦耗生癸未運中門楣壯觀福祿駢臻甲申運中無思無慮乙酉運中一枕清風

甲戌年　丁丑月　辛丑日　辛卯時

此八字辛金日干丁火為偏官之格五行天忌物四柱帶吉神女人得此亦显其身椿父耄年萱少壯棠花一朵占芳春朱顔嬌媚雲鬟光新治家有道処事惟誠楊柳無風枝婀娜梅花有月薯精神此則福貴兩全之命良人貴显年底配桂子芬芳向日榮運行初丙子蘭生楚澤玉韞崑城乙亥運中佳配承勳友滔滔喜慶增甲戌到癸酉運中一聯二運光華好鳳管鸞簫一樣聲壬申運中楚塞遥遥三載恨粧臺寂寂十年情辛未運中夢回南浦魄散瀟湘

甲戌年　丁丑月　庚寅日　丙戌時

此八字庚寅日元相配柱中火土旗氣赤生印綬之格殺印相生功名显達主人生於右族長於名門水木椿萱茔歲長天边鴻鴈各行群其為人也丰姿清秀天性聡明胸羅今古事李識聖賢心麗句妙為天下白高材俊似海東青終是文場折桂客豈為田舍鑿耕人萬里扶摇驚睡鼇一声霹靂躍潛鱗一從姓字傳揚後九五天門面聖容此則榮貴之命鴛幃連珠低一載子嗣秋未有捷榮運行初戊寅上人庇下詩礼趨庭己卯運中十年窓下無人問一举成名天下聞庚辰運中自鍚瓊林後威飛郡縣驚辛巳運中腰横金作帯符剖玉為鱗壬午運中雪晴雲散天如洗金鱗光照紫微堂癸未運中有材應大用未許便辞榮甲申運中晚年籬下樂乙酉運中一枕入巫峯

甲戌年　丁丑月　壬寅日　丁未時

此八字壬寅趁艮之日相配柱中金土襍氣
才官之格喜逢印綬生身遇斯命者生於右
族長於名門同屬椿萱榮壽天邊鴻雁森鳴
其為人也丰姿清秀天性聰明知高下識重
輕有理白分清之智截長補短之能重成新
事新業再整旧門庭萬里鵬華世事每從忙
裏就一點美景才源自向遠高生得意江山
健忘情日月酒盃深　花無桃李飛春色
人有笙歌是太平但願一生才祿旺何必天
邊沐寵恩此則發福之命兆幃須配名門女
子嗣生成貴顯人運行初戊寅上人庇下未
斷平生巳卯運中雨過園桃簇錦風和堤柳
拖金庚辰運中淡烟楊柳岸薄霧杏花村辛
巳運中一枝梅破臘萬象漸回春壬午運中
才源雖富足風雪又盈庭癸未運中延賓翫
物會友闗樽甲申運中無思無慮乙酉運中
一夢难醒

甲戌年　丁丑月　乙巳日　丙子時

此八字乙木相配柱中金土襍氣才木之格人
生得此生於右族長於富門椿萱有倚鴻雁分
群丰姿瀟洒天性老誠學問有成一萕可冲天
之勢英材敏捷片言有折獄之能一從姓字傳
揚後濟濟衣冠拜聖明已道當權宜謹守免得
藍閤遇雪驚此則榮顯之命鴛幃得合錦上腮
紋子嗣有成班衣孝感運行初戊寅上人庇下
化日陽春己卯運中欲向雲中舉足須從灯下
留心庚辰運中雲程坦坦登天去舉足悠悠名
利成辛巳運中雪消雲散天如洗從此滔滔雨
露均壬午運中一天膏雨隨車至千里仁風逐
扇生癸未運中一揚一抑帰効渊明甲申運中
翩翩名沵欝欝佳城

甲戌年　丁丑月　乙卯日　丙戌時

此八字乙卯專祿之日相配柱中金土雜氣才殺之格女人得此生於右族長於名門椿萱雅双耄鴻鴈各搏風其為人也姿容清雅德懿淑真雖是女流之輩過於男子之能女工機巧以維全婦道頻繁盡頌能萬里無雲天一色三秋好景月長明衣冠濟濟三從備家業昂昂四德新性急如風捲浪心変似月離雲平生才祿旺一世祿無窮此則益旺之命良人年小方偕老子嗣森枝脫節馨運行初丙子上人庇下未渐平生乙亥運中雖

則夫門快樂幾度人事虧盈甲戌運中淡烟楊柳岸濃霧杏花材癸酉運中正是太平時運还愁素耗片時生壬申運中不用高燒銀燭月明添倍精神辛未運中羅綺千般色珍羞百味新當此之滌崇喜还生庚午運中春光去也花落月沉

甲戌年　丁丑月　辛亥日　己亥時

此八字辛亥日主相配柱中火土雜氣殺印之格傷官若用印官殺不為刑主人於生右族長於名門椿萱难並壽鴻鴈各行分其為人也丰姿清秀聪明頗知礼義稍識古今有近貴親賢之德應上和下之能祖業增新慶根基勝舊風終是功名之客豈為田舍之翁書堂十年足夲定應九載成名佇看若逢貴助福旺前程此則榮貴之命鴛帏火命須年少子嗣秋未朵朵榮運行初戊寅上人庇下未斷衰興己卯運中世事短如春夢人情薄似秋雲

庚辰運中蔵器待時時必達時未我合入公門年己運中雨晴雲散天如洗躍馬天門進一程重重禄位頭角峥嵘壬午運中還家閑守門庭癸未運中皇恩依舊重光顕還慕光華德澤新甲申運中解組回田里離邊足称情乙酉運中夕陽有限春夢無憑

甲戌年　丁丑月　壬辰日　庚戌時

此八字壬辰魁罡之日相配柱中金土襟氣發印之格人生得此生於右族長於宦門椿萱做貴椿先別天邊鴻鴈不行鳴其為人也丰姿清秀天性乖能般般稍覺件件不精行藏果斷作事老誠高謀遠見機關別慷慨風流一妙人欲為商賈思慕功名擊開水甪珠生彩掘出豐城劍始明君羨有心懷出仕三年九載也成名不費區區力終為發蹟人此則擊石生烟之命鴛幃有犯須年歛子嗣秋來有挺崇遲行初戊寅上人庇下享福無窮己卯運中雪晴天来暖竹樂来如心庚辰運中時来機會好遇貴入公門辛巳運中聞名則名里遠聞利則利豐盈一番風雪雨過山青壬午運中黎民頌德職位重陞癸未運中正宜食俸祿何事便歸身甲申運中一枕難醒

甲戌年　丁丑月　壬辰日　甲辰時

此八字壬辰魁罡之日相配柱中火土雜氣才殺之格從殺之論主人生於右族長於仁門金土椿萱萱歲長天邊鴻鴈各行鳴其為人也丰姿清秀天性聰明源流三峡誰能及筆掃千軍孰與論珪璋自是清朝器律呂偏諳治世音終是功名客豈為田舍翁時至不須攀桂去馬隨青帝踏龍門一從姓字傳揚後滾滾衣冠拜聖明此則榮貴之命鴛幃全正副子嗣桂蘭馨運行初戊寅上人庇下雲月朦朧己卯運中欲遂平生志須加董子功庚辰運中執卷幾回空嘆月時来頃刻便升騰須曳風雨雨過山青辛巳運中瑤池鞭斷朝南極五夜鐘傳拱北宸壬午運中西風吹過天邊雪金紫煌煌雨露侵癸未運中有材應大用何事便辭榮甲申運中春光如撚指一枕了平生

甲戌年　丁丑月　癸丑日　丁巳時

此八字癸水相配柱中火土樸氣才官之格值斯象者椿萱双皓首鴻鳫独先榮其為人也丰姿魁梧天性剛忠奉問知今古群書萬卷通終是功名客豈為田舍翁一朝馬上衣冠别禄位榮看次第封此則榮華之命鴛幃全正副桂子有乘龍運行初戊寅上人庇下桀亨無窮己卯運中歆伸男子志須加継娶功庚辰運中風重相際會奉足拜飛龍辛巳運中重重禄位赫赫威權壬午運中正是權

衡之景須史無雪譲空癸未運中皇恩有感金紫重重甲申運中莫恋恩波洽宜歸故里中乙酉運中春光去也一夢巫峯

甲戌年　丁丑月　壬寅日　乙巳時

此八字壬寅逢艮之日相配柱中火土雑氣才殺之格人生得此生於右族長於高居椿萱雙脫別鴻鳫不同飛其為人也丰姿清秀天性能為斷高理直作事三思心不受觸性不藏機重威新事業再整舊門閭遊山翫水携詩卷對月觀花把酒斟羅綺飄香風蕩蕩壺列座草萋萋满世功名身外事五湖風月樂有餘此則旺足之命鴛幃春麗真年敵子嗣秋来有顯榮運行初戊寅上人庇下未断高低己卯運中夜涼水冷魚不食满舡空載月

明歸庚辰運中淡烟楊柳岸薄霧杏花村辛巳運中財源雖旺足素耗與閑非壬午運中威權有布人欽服財帛興隆福禄增癸未運中如松含晩翠似菊吐秋英甲申運中但使家園富足何愁白髮鬢生乙酉運中歸去也

子平遺書

甲戌年　丁丑月　戊戌日　己未時

此八字戊戌魁罡之日相配柱中木火雜氣殺印之格陽刃合殺有功又刃重殺輕藏吾科第成名主人生於右族長於名門椿父先歸萱耐晚天邊鴻雁各行鳴　其為人也丰姿清秀日月黯盈般般稍覽件件不精有近貴親賢之德應上和下之能祖業添新慶根元勝舊鳳笋長名園過舊竹花開上苑勝青春終是功名之客豈為田舍之翁不貴十年書學定應九載成名晚年常處樂光耀旧門庭此則榮貴之命為憐有犯須年小子嗣秋來有挺榮運行初入官々人庇下未斷平生己卯運中雪晴天未墢行樂未如心庚辰運中藏器待時々必逢時來機會入公門須史晦耗動則無驚辛巳運中雪晴雲散天如洗跨馬天邊沐寵榮壬午運中雖則崢嶸頭角顯幾年省癸再沾恩癸未運中蓮幕声名播滔滔祿位榮甲申運中子貴晚年閑快樂訃音一播重傷情

子平遺書

甲戌年　丁丑月　丙午日　戊戌時

此八字丙午日主相配柱中水土印綬之格人生得此長於高門椿萱茂長違天邊鴻雁各能行其為人也豐姿清雅天性聰明稍有賢良之志頗知礼義之方重添新事業再整旧門庭出土黃金重長價高云皎月陰光明祿布江山外名聞湖海中此則穩學之命外怫逢配桂子秋香戊寅運中工人庇下未斷風清己卯運中如花向日枝々艷似笋穿泥節々長庚辰運中近水樓台先得月向陽花木早芬々

中財源富足生涯穩只恐天邊雪漾拁

敝者綠柳秋菊艷黃甲申運中延賓酌洛會客閑觴乙酉運中一旁黃梅

甲戌年　丁丑月　己丑日　丁卯時

此八字己丑日主相配柱中木火雜氣殺印之格女人得此生於右族長於名門椿萱双晚茂鴻雁各行鳴其為人也姿容清秀体態和從勝丈夫之氣槩有君子之材能一苑杏花鋪錦綉滿山松栢映幃屏滔滔無阻滯步步旺夫門玉產崑崗蔵韞色蘭生楚野散清馨克勤而克儉易喜而易嗔雖不鳳冠帔服自然金谷豐盈此則豐潤之命良人上命須年長子嗣秋來發異根運行初丙子上人庇下未斷平生乙亥運中契合鴛鴦減　一人有刑　上刑夫

居如風雲飛去　巳小人壬申運中万里無雲天一家色三秋好景月長明當其特也風雨还生辛未運中晚年閑快樂福禄合駢臻庚午運中無愁無慮己巳運中春夢無憑

甲戌年　丁丑月　乙亥日　丁亥時

此八字乙亥日相配柱中之木雜亂財官之格生得此半姿厚重天性公平心下存救人德留中無殺害心椿萱分半菴鴻雁不交鳴祖業重新慶才源自積成江湖生計廣畝訟接梁響佇看未晚節家旺沐恩榮此則富壽之命鴛幃有犯先歸去桂子榮看有顯英運行初戊寅上人庇下快樂畢平己亥運中

甲戌年　丁丑月　辛亥日　戊戌時

此八字辛亥日相配柱中火土雜氣殺印之格人生得此宜乎仕路榮登椿萱金木双榮棣棠先凋後有英丰姿慷慨天性剛明理窮今古事李賈聖賢經擊開水府珠生彩掘出豐城劍有声一從拐姓字肅氣便飛騰此則显耀之命鴛幃同屬尤招副桂子森森向晚榮運行初戊寅尊人庇下快樂昇平己卯運中欲遂平生志潛心對短檠庚辰運中一番風雪過躍過浪三層辛巳運中萬民樂業威声振祿位榮加肅氣生壬午運中權衡千萬里金紫大夫榮癸未運中大才大用未鮮簪纓甲申運中榮回故里乙酉運中一梦難醒

甲戌年　丁丑月　辛亥日　戊戌時

此八字辛亥日相配柱中火土雜氣殺印之格人生得此行藏覺洒落咲傲任枯榮堂上雙親榮耄庭前棠棣聯英粗知今古事頗識聖賢經自有英雄交敬豈無才祿生成佇看時来財祿旺門前車馬自喧争此則富足之命鴛幃年少雙彌壽桂子花開果有成運行初戊寅無思無慮庇下昇平己卯運中詩書心志餒貸利便生成庚辰運中門外田園千古計庭前花木四時榮辛巳運中梨雨初消後桑麻遍野青壬午運中翱凌雲之樓閣交心腹之賢英癸未運中人生正在安榮處柱字無端三兩聲

甲戌年　丁丑月　甲辰日　乙丑時

此八字雜氣才官金神之助格局清高當毋畀婦椿顯達春風棠棣異根苗其為人也丰姿穩秀天性傲驕虛老實假風騷萬里韶華紅杏叢中閒綺席一聯美景綠楊汀外跨金貂但願平生財帛好不須東帶立於朝此則從容之命鶯幃色潤子嗣香飄運行初戊寅風吹弱柳雪壓夭桃己卯運中悲秋來已鴻雁嘹嘹庚辰運中郭道光華從此好紛紛高友喜相邀辛巳運中富貴榮華當此景碧筒荷館吸香醪壬午運中紛紛人事滾滾風濤癸

未運中無處畫傳詩禮樂有朋來自遠方親甲申運中佳城鬱鬱卅蔬飄飄

甲戌年　丁丑月　丁酉日　甲辰時

此八字丁酉日貴之辰相配柱中金土傷官助才之格人生得此生於右族長於高門水土椿萱雙晚茂天邊鴻雁有行鳴其為人也丰姿清秀天性聰明行藏果斷作事老成學問有成筆底詞源三峽遠英才敏捷胸中李業五車深比海蛟橫嶄然而出頭角南山豹變槩然而露文英衣冠濟濟人中傑和氣怡怡席上玠鵬路高摶知健翼龍門深躍見脩鱗一朝騰踏飛黃去金紫叢看次第陞此則榮貴之命鶯幃有犯須招贈子嗣秋來孝且忠

運行初戊寅上人底下天朗氣清己卯運中十年窗下業一舉便成名庚辰運中雨浪三層都躍過鳳生鉄面見神驚辛巳運中一番風雪初晴後金紫煌煌雨露陞壬午運中錦衣肥馬重重貴天上恩波浩浩新癸未運中正欲忠君輔国未應解組思尋甲申運中榮回故里美酒盈樽乙酉運中歸去也

甲戌年　丁丑月　庚子日　丁亥時

此八字金生水傷官之格只嫌傷官見官減虧福力注人丰姿奇特言語爭能椿親早别萱重姓鴻鴈天邊行斷鳴祖業自離自達財源旋積旋成梅開白雪飄東閣竹長新梢過北庭守待晚年時運達家園豐厚旺才名此則離祖成家之命鴛幃年少還招副桂子斑衣綵舞成運行初戊寅上人庇下剪雪裁氷己卯運中傍貴攻書史滔滔氣象增庚辰運中虎豹關中須得肉棘剔道上自馳名辛巳運中貴人相輔助食廩愈豐盈壬午運中旺處生頗躋依然享太平癸未運中生涯成輻輳平地聳雕甍甲申運中夕陽西下後空聽水泠泠

甲戌年　丁丑月　丙戌日　戊戌時

此八字丙戌日配合柱中旺土傷官之格傷官者剛毅之物也人生得此丰姿秀爽禀賦良能生於衣冠華胄長於詩礼家庭椿萱榮皓首棠棣各呈榮學問淵源鰲逐玉蟾攀桂去英才出類馬隨青帝踏花行駟中曉日催行站江上春風從去程此則顯赫之命鴛幃全玉潤桂子發秋英運行初戊寅上人光庇詩礼趋庭己卯運中霹靂一聲隨变化果然頭角聳崢嶸庚辰運中一番風雪過禄位又加封辛巳運中猛虎渡河民快樂飛蝗過境歲豐登壬午運中十郡十河開戰掌九重恩命再封榮癸未運中權高直欲成瑚璉何事仙原從㳺行

甲戌年　丁丑月　庚戌日　丁丑時

此八字庚戌魁罡之日相配柱中火土雜氣官印之格正謂有官有印無破作廊廟之材人生得此丰姿慷慨立性剛忠生於文明之世長於詩禮之宗椿親高貴鴻鴈排空錦綉胸藏賢聖學珠璣口吐武文風一從宴錫瓊林後人似神仙馬似龍此則英肅之命鴛幃全正副桂子長秋叢運行初戊寅上人庇下明月清風已卯運中欲遂平生志冝加董子功庚辰運中躍過三層浪衣冠拜九重辛巳運中一番風雪後祿位兩加封壬午運中旺中生阻節依舊振威權癸未運中金魚初綰帶簾下樂從容甲申運中人生從此去無復見儀容

甲戌年　丁丑月　辛丑日　辛卯時

此八字辛金日干取丁火爲偏官之格五行無忌物四柱帶吉神女人得此亦顯其身椿父耄年萱少壯棠花一朵占芳春朱顏嬌娟雲鬟光新治家有道履事惟誠揭柳無風拔娜梅花有月藹精神此則福貴兩全之命良人貴顯年低配桂子芬芳向日榮運行初丙子蘭生楚澤玉韞崑域乙亥運中佳配承歡友滔滔喜慶增甲戌運中到癸酉運中一聯二運光華好鳳管鸞簫一樣声壬申運楚塞遥遥三載恨拉堪寂寂十年情辛未運中夢廻南浦魄返瀟湘

甲戌年　丁丑月　丙午日　戊戌時

此八字丙午日刃之辰相配柱中金土傷官助才之格人生得此丰姿清朗天性雍容未聞學足三冬貴先念觀音一卷經其為人也生於望族長於滅門棄却双親誰是父火命嚴師撫頭成學問聰明桑門不理塵中事英才俊秀泣政还超物外情白璧黄花雖有價高山流水少知音初運中年灾非耗掌香諸山晚有威此則僧表之命駕幪料然終無分徒弟紛紛送奉終運行初戊寅投師學業聡法聞經己卯運中金刃下落青絲髮王体全披

上界衣灾非憂耗謹己無侵庚辰運中三昧無障五戒能持崎嶇之儉保祐而行辛巳運中門迎金馬客壇越玉堂基壬午運中諸山威伏雪雨飛飛癸未運中徒弟滿堂吾快樂清閑無事念阿彌甲申運中唐僧三藏西天取治

甲戌年　丁丑月　壬子日　庚戌時

此八字壬子日刃之辰相合柱中火土雜氣才官之格惜乎柱中太刑减其分数得此格者丰姿蕭洒天性剛能遇文王則言善逢桀紂則行兇其為人也生於望族長於名庭嚴慈齊有慶鴻鴈我飛鳴學問難通頓孟理行藏自有貴賢欽非獨家門名勢顯積玉堆金四遠聞初歲中年灾非耗暮年享福子腰金此則富貴之命駕幪土命須添贈子嗣班欄勝祖親運行初戊寅双親之下無辱無榮己卯運中懶觀夫子語灾憂險未寧庚辰運中如

花向日枝枝艷急風驟雨又來臨辛巳運中自有高人来薦引福似秋蟾皎皎明壬午運中嚴霜消盡才寶豊盈癸未運中門迎車馬客四遠貴人欽甲申運中子朝帝闕乙酉運中一夢巫峯

甲戌年　丁丑月　丙午日　丙申時

此八字丙午日刃之辰相配柱中金土雜氣財官之格人生得此姓顯名揚椿親榮且耄棠棣有同芳丰姿洒落天性果剛理窮今古事學貫聖賢章終是役名客宦為田舍郎一朝騰踏飛黃去此是男兒當自強此則顯耀之命鴛幃全正副桂子發天香運行初戊寅幼承尊庇冬暖夏凉已卯運中尋章摘句入室升堂庚辰運中風雲相際會三跳上天堂辛巳運中威風鸞郡縣雪霽戰加昌壬午運中專城聲價重徽擢位蘭堂癸未運中邊城弥德望還擬上天堂甲申到乙酉運中歸去也

甲戌年　丁丑月　癸巳日　癸亥時

此八字癸日坐向巳宮乃是財官雙美偏官之論其為人也丰姿俊偉体態精神生於高堂長於詩礼之門堂上椿親多洒落駕行出我跳龍門學問有成筆底詞源三峽水英才敏捷胸中皆記五車書長安人瞞路笑看綠衣郎此則榮貴之命鴛幃得合宜當贈桂子應招連理枝運行初戊寅椿府之鄉趨庭詩礼已卯運中上五年名題鴈塔下五年鳳闕馳名就此運中皇恩有感身榮貴理刑深是一團春庚辰辛巳運中皇恩有感身榮貴光生玉節下雲層皇門顯姓戢掌刑名壬午癸未運中辭闕天威求雨露口傳天語鎮南方腰橫金作帶符刻玉為鱗未字運中甲申運中錦衣肥馬貴班肅早朝天乙酉運中辭印歸來春夢重留得芳名

上古文

甲戌年　丁丑月　丁未日　甲辰時

此八字丁未日相配在中金土雜氣才官之格女人得此儀容秀與天性良賢春萱棠棣雍相守妯娌翁姑志不駢有應上和下之葉趋事立業之權初運淹延中頗順晚年孤変雨威權此則能事女命良人豪貴客子嗣錦成聯運中初丙子閨門之內快樂自狀乙亥運中紅綠牽纏慎良玉種藍田甲戌運中蹤跡烟雨過日日樂平安癸酉運中釵裙壯秀人事光鮮壬申運中不獨金粧玉飾尚和子秀孫賢辛丑運中老當康樂庚子運中粧鏡空懸

甲戌年　丁丑月　庚辰日　己卯時

此八字庚辰魁罡之日雜氣財官之格喜逢印綬生身禀得中和之道女人值此生於名家遷於喬木掌家多智處事乖能性不受觸心不藏機沛澤紛紛多壯觀裙釵濟濟有光輝此則輝煥之命良人榮耀半途別子嗣英豪秀一枝運行初丙子少年之下未剖高低乙亥運菡萏花深鴛鴦並立梧桐枝穩鳳双棲甲戌運中春色迎新袖光華勝初時癸酉運中夫唱婦隨恩澤廣鴛飛鳳舞福元齊壬申運中藥砧歸去一度憂悲辛未運中冲擊之所獨守空閨庚午運中安享兒孫之福己巳運中香魂歸去不回

甲戌年　丁丑月　丙申日　乙未時

此八字丙申日相配柱中之金雜氣才官之格人生得此本顯功名只嫌才印相混不貴而富椿萱双耐晚鴻鴈有隨鳴丰姿慷慨天性聰明般般都好學件件不全精但願市廛才帛旺自然湖海有才名此則昌厚之命鴛幃同屬双諧老桂子庭前三四英運行初戊寅幼承上庇快樂未平已卯運中才源来便旺何必守青燈庚辰運中雨過山色麗湖迴水練清辛已運中財囊充實倉廪豊盈壬午運中不獨金珠滿目尚祈車馬喧爭癸未運中悠悠康樂甲申運中花落月傾

甲戌年　丁丑月　己丑日　乙丑時

此八字己未陰丑之日相配柱中木火雜氣官印之格人生得此生於右族長於名門椿父先帰萱耐晚天邊鴻鴈各行分其為人也丰姿清秀天性聰明顛曉三分道理文章一竅不通曰福曰業自有順天之度當安常樂宜無福地之深祖業移向就北根源華故鼎新得意江山皆秀閑忘情日月酒盃深此則穩厚之命鴛幃同屬尤宜長子嗣秋桑桑榮運行初壬申上人庇下未斷平生癸酉運中登臨雨淨賞玩春陰甲戌運中行雨下晴西客景不寒不煖困人天乙亥運中雖則行藏有慶还愁素耗灾生丙子運中財源旺足當斯際五夜金風未放晴丁丑運中高明滿座美酒盈樽戊寅運中向煖笑容香馥郁歲寒松栢耐青春己卯運中人生從此去別無復見識刑

甲戌年　丁丑月　甲辰日　戊寅時

此八字雜氣財官之格插此象者生於仁德之家
長於信義之族堂上椿先秀天邊鴻雁聯其爲人
也學詩學禮能語能言研窮精奧洪纖簡編推擬
蛟攢北海之期豹變南山一旦時通名覺顯紫騮
馳聚上長安此則貴顯之命鴛幃合連理子嗣彝
斕班運行初戊寅上人庇下事事從然己卯運中
剌脈慈窓應繼庶埋頭雪案不知寒庚辰運中斯
時當發奮頃刻步金鑾辛巳運中名權爾祿信高
迁壬午運中人生正值權景一度寒風一度酸癸
未運中正宜從政未許歸閑甲申運中鳥落春光
短杳蒐逐杜鵑

甲戌年　丁丑月　甲寅日　丙寅時

此八字甲寅日元相配柱中火土雜氣才官之格人
生得此金紫光榮椿親榮壽萱同耄鴻雁天
邊有共騰步姿磊落天性剛明學問淵源三峽水
胷中瑩潔一天星禹浪三層連躍過榮沾寵渥
耀門庭此則榮肅之命鴛幃全正副桂子秀英、
運行初戊寅上人福庇天朗風清己卯運中讀殘
官舍月行落曉天星庚申運中霹靂一聲雲霧
合果然躍過浪三層辛巳運中威風驚郡縣
雲霄𢦏加陞壬午運中𢦏列大夫金紫貴山河
十郡仰威稜癸未運中鳳詔榮徽成大用未應
此襟解簪纓甲申運中榮回故里乙酉運中夢入
巫峯

甲戌年　丁丑月　癸丑日　壬子時

此八字癸丑日相配柱中火土襍氣財官之格喜逢日禄以歸時秉得五行之秀氣人生得此丰姿英傑天性聰明椿萱土木雙榮壽鴻鴈天邊有奮騰歷學古今之事精通賢聖之經應聘定須須紫詔節還待試文英貴人薦引登天去榮沐恩波顯政聲此則榮貴之命鸞幃全正副桂子有光榮運行初戊寅幼承上庇月白風清己卯運中詩書雖勉力仕路未馳名庚辰運中執卷幾番嘆息依然困守青燈辛巳運中到此時来雲路達飛黃騰達沐恩榮壬午運中仁風揚百里黎庶听弦喝癸未運中一番風雪過祿位又加陞甲申到乙酉運中歸去也

甲戌年　丁丑月　癸巳日　癸亥時

此八字癸日坐巳宮雜氣才官之格人生得此丰姿明敏体貌精神有慈祥愷悌之德懷出類拔萃之能其為人也生於望族長於良庭堂上嚴慈雖耄別庭中棠棣我枝馨學問聰明終是利名之客英材特達豈為田舍之人非獨家門名勢重田連阡陌積堆金倘得貴人来提起頭角崢嶸顯祖親此則顯達之命鸞幃宜敵子嗣全鱗運行初戊寅幼年之下學禮攻書己卯運中他日声名從此振官災憂破謹身行庚辰運中錦衣肥馬重重貴嬌上桃符字字新辛巳運中梨花俱落盡門楣喜氣增壬午運中富貴之中加富貴榮華之上更榮華癸未運中得子朝綱顯官誥贈門庭甲申運中春光一去無消息夢入黃粱再不歸

甲戌年　丁丑月　辛亥日　戊戌時

此八字月上偏官之格喜得印綬生身人生得此生於善族長於良門金水携萱雙白首西風鴈字後聯鳴其為人也丰姿洒落智慧聰明辯鋒穎利筆力縱横北海蛟横聳頭角南山豹变霧文英一朝機會到光顕耀鄉城此則榮華之命鴛幃得合魚水之情子嗣有成桂蘭之秀運行初戊寅只宜庇下安樂生平己卯運中欲伸男子志努力對青燈庚辰運中佇看雲霧合項刻有前程辛巳運中到此始知名譽顕長安道上馬蹄輕壬午運中名威凛冽禄位崢嶸當此之際風浪層層癸未運中秋風起勵蓴鱸美晩節閑時菊酒馨甲申運中訃音一道萬古難醒

甲戌年　丁丑月　辛卯日　甲午時

此八字辛金相配柱中火土雜氣殺印之格殺印相生功名顕達人生得此丰姿明敏天性標能蛟龍豈是池中物一旦升騰化作鱗其為人也生於名族長於豊門双親難並耄鴻鴈我飛鳴學問有成衣冠濟濟趋金闕英材出類鍾皷齊齊振王京佇看天下揚名日那時顕祖又封親此則貴顕之命鴛幃正副桂子麒麟運行初戊寅上人之下學禮趋庭己卯運中紫有淩雲之秀氣宊憂耗素謹身行庚辰運中皇恩陞髙爵人民盡伏欽辛巳運中嚴霜消盡耿耿威名壬午運中一運二陞權顕耀每日朝班拜帝君癸未運中有才大用鮮印帰程甲申運中留名千載一夢蓬瀛

甲戌年 丁丑月 己酉日 庚午時

此八字雜氣財官之格喜逢日祿歸時嚴慈晚秀棠棣春菲其為人也能言能語多見多知俯觀世事漁獵詩書宜向豐城取劍好於滄海求珠機會忽從天上降財源豐溢姓名蜚此則富榮之命鴛幃配淑女子嗣有賢兒運行初戊寅烟迷楊柳霧鎖花枝己卯運中萬里碧天如洗一輪皓月揚輝庚辰運中滿園桃李春風好正是尋芳拾翠時辛巳運中威權有布人欽伏世業豐盈世所希壬午運中空自惜花春起早枉教愛月夜眠遲癸未運中鮮悶三杯酒消閒一局棊甲申運中康寧晚節乙酉運中一夢難迴

甲子年 丁丑月 辛亥日 己亥時

此八字辛亥日相配柱中火土雜氣才殺之格人生得此北路生揚椿萱皓首雙全贈鴻鴈大邊有名翔學問有成定是登科之名英材卓冠豈為白屋之郎一朝遇得風雲便騰路蜚黃上帝鄉此則騰身之命鴛幃合正副桂子發天香運行初戊寅上人庇下何論炎涼己卯運中朵筆摘句入室升堂庚辰運中風雲相際會探月便光揚辛巳運中錫宴沾恩寵仁風百里長壬午運中祿元重顯擢肅氣布侍方癸未運中金魚綬帶未擬還鄉甲申到乙酉運中歸去也

甲戌　丁丑　戊子　壬戌
此八字戊子日配壬柱中水木雜氣才官之格人
生得此湖海名揚椿萱堂上双年耄鴻鳫天邊各
自翔丰姿清穩天性聡明學識有成不向仕途干
爵禄智謀宏遠却来湖海歴風霜行看来晚節財
旺福安康此則富實之命鴛幃命合双諧老桂子
庭前吐錦芳運行初戊寅上人庇祐何論炎凉已
卯運中便擬生財歴湖海何須講道向書窓庚寅
運中一番風雪過金玉滿華堂辛巳運中四海英
雄敬仰一番颯浪驚馳壬午運中翀凌雲之樓閣
積滿蓰之珪璋癸未運中老當享用甲申運中夢
入他鄉

甲戌年　丁丑月　辛卯日　己亥時
此八字辛卯日配柱中木大雜氣財煞之格人生
得此不剛不勇多智多機椿萱皓首相勸奉鴻鳫
天邊有共飛學識粗知書史智謀能别是非祖業
添新慶財囊自積齊不獨田園桑柘茂尚祈閭里
有光輝此則穩實之命鴛幃年長雙偕老桂子金
風三兩枝運行初戊寅上人庇下有何是非已卯
運中志不思登仕路窓前倦讀詩書庚辰運中財
源来便旺人事有傷悲辛巳運中飄残楊柳絮紅
紫映門閭壬午運中鄉隣尊德性湖海有名馳癸
未運中老當益壯人事光輝甲申運中人生從此
别無復見容儀

甲戌　丁丑　己亥　丙寅

此八字己亥日相配柱中水木雜氣才官之格人生得此多機多變不柔不剛椿萱榮耐脱鴻雁有聯翔李問窮通今古事筆鋒能理憲條章終是功名之客豈為田舍之郎等閑借得吹噓力際會風雲沐寵光此則榮傑之命鴛幃配合須年少桂子秋来吐異香運行初戊寅上人福庇快樂何當已卯運中雖則詩書有志焉能身入文場庚辰運中特来機會好足馬上天堂辛巳運中一番風雪過化日照晨業壬午運中權名　来財帛豊昌癸未運中老當益壯倍振權衡甲申運中悠、康樂乙酉運中猿断人傷

甲戌年　丁丑月　癸巳日　壬子時

此八字癸巳日相配柱中水土雜氣才官之格喜逢日禄以歸時人生得此顕姓揚名椿萱榮養難雙老棠棣庭前有挺榮丰姿洒落天性剛明學問胸中廣河源筆下精一從揚姓字便擬沐恩榮此則榮顕之命鴛幃配合須年少桂子秋来有继榮運行初戊寅上人庇下何論生平已卯運中欲遂平生志潛心對短檠庚辰運中執卷幾回探月時来一旦馳名辛巳運中足馬登天路恩沾雨露榮壬午運中權衡千百里風雪一番生癸未運中禄元重曜显職列大夫陞甲申運中榮田慶樂乙酉運中花落月傾

甲戌年　丁丑月　辛巳日　己丑時

此八字辛丑日相配柱中火土煞印之格人生得此丰姿英厚天性仁慈椿萱半道相分别鴻鴈天邉不共飛有濟人之心德無殺害之軀馳十斷九連成事業三番四覆整根基江湖財帛悠悠旺晚日光華異昔時此則富貴之命鴛幃先有别柱子晚方奇運行初戊寅幼承上庇無慮無思己卯運恰似洛陽三月景牡丹開處柳花飛庚辰運中世事如春夢人情似奕棋辛巳運中財源來旺處風雪一番飛壬午運中財帛多饒裕趦趄不致危癸未運中晚年昌樂景霜冷不成悲甲申到乙酉運中歸去也

甲戌年　丁丑月　壬子日　辛丑時

此八字壬子日月之辰雜氣才官之格萱親継續椿衾枕棠棣春風有異根其為人也有微微之計策淡淡之聡明祖基祖業應加立財帛資囊勝旧風習習和風壹頓杏桃紅錦點化日融融半溪山水緑羅新盖世英雄甘不頋但無汨沒足平生此則守成之命鴛幃魚水情歓洽子嗣班衣旺宅門運行初戊寅或寒或暖乍雨乍晴己卯運中萬疊好山雲乍斂壹樓明月雨初晴庚辰運中柳暗花明春色好尋芳拾翠称心情辛巳運中世事儼如新折柳人情还似半英壬午運中家居有慶人事光新癸未運中百年繾綣成何用壹夢南柯萬事昏

甲戌年　丁丑月　壬辰日　辛丑時

此八字壬辰魁罡之日相配柱中火土雜氣財官之格人生得此手姿儒雅性格明良椿萱双皓首棠棣有同芳學識聰明終顯貴筆鋒雄健擬鷹揚滄海驪珠能幾見豐城雷劍不終藏一番騰踏去便擬沐恩光此則文貴之命鴛幃配合須年少桂子庭前有發芳運行初戊寅幼承尊庇便向講堂已卯運中探月幾番跋涉時來也許覩光庚辰運中名揚沾寵渥祿位便軒昂辛巳運中雪霽鬧天伏威風肅一方壬午運中歷過崎嶇蒙聖澤輝輝化日照黃堂癸未運中秉持重柄甲申運中夢入仙鄉

甲戌年　丁丑月　辛酉日　戊子時

此八字辛酉日相配柱中火土殺印之格人生得此顯武揚威椿親曾顯勇鴻鴈有隨飛手姿洒落天性能為理明韜畧法學貫聖賢書旗穿曉日煙霞雜山倚秋空劍戟攢一從沾寵渥祿位便加崑此則武榮之命鴛幃金玉質嗣子桂蘭奇運行初戊寅上人庇下未必為奇己卯運中鬪雞未紫陌走馬向花衢庚辰運中號令飛營花聲華有九夷辛巳運中汗馬功成加祿位紛紛士卒擁門閭壬午運中總持重柄威風肅符節崇分閫外司癸未運中英雄傳驥子酌酒向東籬甲申到乙酉運中歸去也

甲戌年　丁丑月　己亥日　甲子時

此八字己亥日配乎柱中之水雜氣才官之格人生得此娃顯名揚椿萱榮養難全奉鴻鴈天邊有奮翔羊姿俊秀天性果剛學問聰明一舉明登上第英才卓冠三場娃文場自錫瓊林從朝朝拜袞章此則顯貴之命篤帳招賢選置副桂枝還擬孚天香運行初戊戌寅幼承尊庇冬暖夏涼己卯運中潛心讀書史何慮守荒涼庚辰運中幾番探月情懷慘時至尤期折桂香辛巳運中沾恩趋玉殿日日造天堂壬午運中雪晴鬧闢職列大夫行癸未運中老持重柄萬里聲光甲申運中禁田厎樂乙酉運中夢度石梁

甲戌年　丁丑月　乙巳日　戊寅時

此八字乙巳日相配柱中之土雜氣才官之格人生得此羊姿洒落性理明良椿萱堂上崇還耄鳴鳳天邊有共翔學問淵源終是登雲之客英才卓冠豈為田舍之郎一朝但得風雲便變化登天沐寵光此則顯揚之命篤帳全正副桂子有承芳運行初戊寅上人福庇其樂何當己卯運中欲遂平生志潛心向雪窗庚辰運中躍過三層浪衣冠事聖王辛巳運中雷霄開天仗威風大振揚壬午運中重重金紫位列蘭臺癸未運中邊城旆德望甲申運中一夢入仙鄉

甲戌年　丁丑月　丙申日　甲午時

此八字傷官帶財之格主人生於富室長於高堂火水椿萱雙皓首幾行鴻雁獨前翔其為人也知輕重識圓方學問不深知禮義平生恒到貴人邦花發園林香遍塵寰之藹月離海嶠布揚宇宙之光千斯倉萬斯箱此則富實之命鴛幃早就東床選子嗣斑衣孝義昌運行初戊寅只宜蔭庇襲慶迎祥己卯運中如花開上苑似筍出東墻庚辰運中春草春江相妬綠新鶯新柳競爭黃辛巳運中財源滾滾福慶昂昂壬午運中家繁事冗人情廣曾有顛風攪一場癸未運中蓋緣財業富雖老只奔忙甲寅運中莫道富翁無了日也隨鶴夢逐雲翔

甲戌年　丁丑月　壬寅日　甲辰時

此八字壬寅日相配柱中火土雜氣才官之格人生得此丰姿清楚性格謙和生於富潤之室長於安樂之窩金土椿萱雙皓首連枝棠棣更無多寫聖賢之經學就詩禮之規模萬里韶華福佈江山之外一聯美景名揚湖海之河但願一樽交貴客何須騰踏沐恩波此則富足之命運行初戊寅庇佑之下安樂如何己卯運中志欲登雲路詩堂苦琢磨庚辰運中江湖生計廣市井貨財多辛巳運中幾多世事番還覆依舊花前樂醉歌壬午運中掀凌雲之樓閣歷一渡之風波癸未運中孫賢子秀氣襲陽和甲申運中依然壯麗乙酉運中夢入黃梁

甲戌　丁丑　乙未　辛巳

此八字時上偏官之格食神制伏有功主人生於右族長於華宗金火椿萱榮且壽聯枝棠棣獨光榮其為人也丰姿俊俏天性豪雄五車書富三冬學兩石弓當万騎衝一旦風雲便不羞蛇化龍此則光顯之命鶯幃宜長宜柏贈子嗣蓊茅秀氣鍾運行初戊寅春風習習化日融融己卯運中欲遂男兒志恒加継登功庚辰運中到此始知文學好長安道上跨花驄辛巳運中声名耿耿爵祿重重壬午運中褒德封侯權勢重片雲掩日恨無窮癸未運中消閑棋一局遣興酒三鍾甲申運中訃音莫遣行人說三嘆英雄馬鬣封

甲戌年　丁丑月　己亥日　乙丑時

此八字己亥日相配柱中木土時上偏官之格女人得此儀容秀爽天性明良椿萱棠棣齊年耋妯娌翁姑福慶昌有針刺綴秀之巧相夫教子之方心靜似月明霄漢性急如風捲滄浪佇看未晚節羅綺積千箱此則榮旺女命良人年長豪華客桂子森森顯貴郎運行初丙子閨門之內冬暖夏涼乙亥運中配匹成佳偶鸞歌鳳亦翔甲戌運中雖則富大門才業旺樂中尚有事悲傷癸酉運中羅綺千般色珍羞百味香壬申運中一番風雪幸喜無傷辛丑運中老當益壯樂守華堂庚子到己亥運中歸去也

甲戌　丁丑　戊申　壬子

此八字戊申之日身坐長生雜氣才官之格人生得此本乎得祿得名只嫌運入殺鄉減彀福力注人手姿秀麗性格能為生於文望之族長於華麗之居椿萱皓首先歸母鴻鴈天邊各自飛笙歌旋擁春遊處羅綺爭扶夜醉時不須涔馬長安道且對琴樽樂有餘此則穩富之命鴛幃全正副桂子彝班衣運行初戊寅上人庇下氣象光輝己卯運中杏艷桃嬌春色麗高乘駿馬躍花衢庚辰運中刻鵠不成終類鶩一番風雪俎威儀辛巳運中門外田疇千　計庭前花木四時齊壬午運中延賓玩物會友彈棊癸未運中夕陽有限春夢無回

甲戌年　丁丑月　癸巳日　丁巳時

此八字癸巳日相配柱中火土雜氣才官之格人生得此乎姿玉麗性格金剛椿萱有倚分中道妯娌無情各一方心靜似月明霄漢性急如風捲滄浪倚羅叢裏悠悠樂晚節榮晉福慶長此則能家女命良人豪傑士桂子顯榮即運行初丙子閨門之内樂享安康乙亥運中杏艷桃還媚鶯歌風亦翔丙戌運中但願才來家業旺不妨風雪墜門墻癸酉運中裙釵濟濟氣勢洋洋壬申運中水向石中流出冷風從花裏過來香辛未運中有子有孫宜自樂任他風雨洒斜陽庚子運中夢别家何處猿啼人斷腸

甲戌年　丁丑月　丙申日　壬辰時

此八字丙申之日相配柱中水土傷官制殺之格丁壬作合有功女人得此生於右族配於高門椿萱双晩别棠棣各數榮其為人也姿容清致德茂行貞雖是女流之輩過如男子才能女工機巧雖全晩婦道蘋蘩盡頗能衣冠濟濟三從倫家業昂昂四德新心靜似月明雲漢性急如風捲殘雲錦綉花開春富貴琅玕竹報日昇平佇看子榮夫顯也應福禄無窮此則榮益之命良人得配須年長子嗣生成貴顯人運行初丙子幼年之下未斷平

生乙亥運中雖則行藏有慶幾多人事因循甲戌運中精神又憔悴憔悴又精神癸酉運中兩過桃園簇錦風和堤柳拖金壬申運中天榮子貴當斯之際片時風雨不為驚辛未運中光華疊疊沛澤紛紛庚午運中子貴重榮贈何愁世事榮已巳運中春光去也花落月沉